Bibliothèque d'Élite pour la Jeunesse.

BEAUTÉS
DE LA
LITTÉRATURE FRANÇAISE
OU
LEÇONS ET MODÈLES DE LITTÉRATURE

extraits des auteurs modernes,

PRÉCÉDÉS
D'UN TRAITÉ DE VERSIFICATION
PAR
M. LÉON GUÉRIN.

POÉSIE.

PARIS
DIDIER, LIBRAIRE-ÉDITEUR,
35, quai des Augustins.

1841

Bibliothèque d'Ouvrages d'élite pour la Jeunesse.

BEAUTÉS
DE
LA POÉSIE FRANÇAISE

BIBLIOTHÈQUE
D'OUVRAGES D'ÉLITE POUR LA JEUNESSE,

PUBLIÉE

sous les auspices de M. le Ministre de l'Instruction publique.

53 volumes format anglais dit CHARPENTIER.

Tous les volumes de cette belle Collection sont imprimés sur papier vélin satiné, et ornés de très-jolies vignettes sur acier.

Chaque ouvrage se vend séparément.

OUVRAGES DE MAD. GUIZOT.

L'ÉCOLIER, ou *Raoul et Victor*, ouvrage couronné par l'Académie française; 6ᵉ édition, 2 vol., ornés de 8 jolies vignettes.

UNE FAMILLE, ouvrage continué par madame A. Tastu; 6ᵉ édit., 2 vol., ornés de 8 jolies vignettes.

LES ENFANTS, contes à l'usage de la jeunesse; 6ᵉ édit., 2 vol., ornés de 8 jolies vignettes.

RÉCRÉATIONS MORALES (les), contes à l'usage de la jeunesse; 6ᵉ édit., 1 vol., 4 vignettes.

NOUVEAUX CONTES à l'usage de la Jeunesse; 6ᵉ édit., 2 vol., ornés de 8 vignettes.

LETTRES DE FAMILLE SUR L'ÉDUCATION, ouvrage couronné par l'Académie française; 3ᵉ édit., 2 vol., portrait.

CONSEILS DE MORALE, ou Essais sur l'homme, le monde, l'éducation, etc., avec une notice, par M. Ch. de Rémusat; 2ᵉ édit. 2 vol.

MESD. TASTU ET VOIART.

ÉDUCATION MORALE POPULAIRE, *Lectures graduées pour l'enfance, l'adolescence, la jeunesse, etc.;* ouvrage imité de l'italien de CÉSAR CANTU; 2 beaux vol., ornés de 8 jolies vignettes.

LECTURES POUR LES JEUNES FILLES, leçons et modèles de littérature en *prose* et en *vers*, extraits des auteurs modernes; 2ᵉ édit., 2 vol., ornés de beaux portraits.

LES ENFANTS DE LA VALLÉE D'ANDLAU, ou Notions familières sur la *Religion*, la *Morale* et les *Merveilles de la Nature*, par mesd. E. Voïart et A. Tastu; 2ᵉ édit., 2 vol., ornés de 8 jolies vignettes.

ROBINSON CRUSOÉ, de D. de Foé, traduit par madame A. Tastu; 2 vol., *illustrés de* 40 grav.

ROBINSON SUISSE, traduit de Wyss, par madame E. Voïart; 4ᵉ édit., 1 gros vol., 9 vign.

MAD. J. DELAFAYE-BRÉHIER.

LES PETITS BÉARNAIS, ou Leçons de morale; 7ᵉ édit., 2 vol., ornés de 8 jolies vignettes.

LES ENFANTS DE LA PROVIDENCE, ou Aventures de trois jeunes orphelins; 5ᵉ édit., 2 vol., ornés de 8 jolies vignettes.

LE COLLÉGE INCENDIÉ, ou les Écoliers en voyage; 5ᵉ édit., 1 vol., orné de 4 jolies vignettes.

MAD. LAURE BERNARD.

LES MYTHOLOGIES DE TOUS LES PEUPLES, racontées à la jeunesse; 2ᵉ édit., 1 vol., *illustré de* 60 jolies vignettes d'après l'antique.

L'ABBÉ BARTHÉLEMY.

ANACHARSIS ou *le jeune Voyageur dans l'ancienne Grèce*; abrégé du grand ouvrage de Barthélemy; 2 vol., ornés de vignettes.

MAD. MÉLANIE VALDOR.

LES HEURES DE RÉCRÉATION, 3ᵉ édit., 1 vol., orné de 4 jolies vignettes.

MADEM. ULLIAC-TRÉMADEURE.

LES JEUNES NATURALISTES, ou Entretiens familiers sur les *Animaux*, les *Végétaux* et les *Minéraux*; 3ᵉ édit., 2 forts vol., ornés de 32 jolies vignettes.

LES JEUNES SAVANTS, ou Entretiens familiers sur l'*Astronomie*, la *Météorologie*, la *Géologie*, la *Physique*, la *Chimie*, la *Mécanique* et l'*Industrie*; 2 forts vol., ornés de 100 vignettes.

CLAUDE BERNARD, ou le Gagne-Petit, ouvrage couronné par l'Académie française; 1 vol., orné de 4 jolies vignettes.

ÉTIENNE ET VALENTIN, ou Mensonge et Probité; suivis de *Jean Marie*, ouvrage couronné; 3ᵉ édit., 1 vol., orné de 4 jolies vignettes.

ÉMILIE, ou la Jeune Fille auteur, ouvrage dédié aux jeunes personnes; 2ᵉ édit., 1 vol., 4 vign.

CONTES AUX JEUNES NATURALISTES sur les *Animaux domestiques*; 3ᵉ édit., 1 vol., 4 vign.

CONTES AUX JEUNES ARTISTES sur la *Peinture*, la *Sculpture*, la *Gravure* et la *Musique*; 4ᵉ édit., 1 vol., orné de 4 jolies vignettes.

CONTES AUX JEUNES AGRONOMES; 7ᵉ édit., 1 vol., orné de 4 jolies vignettes.

LÉON GUÉRIN.

BEAUTÉS DE LA POÉSIE FRANÇAISE, ou Leçons et Modèles en vers, extraits des auteurs modernes, précédées d'un Traité de versification; 1 très-fort vol. avec portrait.

SIMPLES RÉCITS historiques et moraux pour la jeunesse; 1 vol., orné de 4 vignettes.

BEAUTÉS DE LA LITTÉRATURE FRANÇAISE. Modèles en *prose* et en *vers* extraits des auteurs modernes; 2 gros v., ornés de beaux portraits.

MICHEL MASSON.

LES ENFANTS CÉLÈBRES, ou Histoire des enfants qui se sont immortalisés par le malheur, la piété, le courage, le génie, le savoir et les talents; 3ᵉ édit., 1 vol., orné de 8 vignettes.

MISTRISS EDGEWORTH.

CONTES DE MISS EDGEWORTH, à l'usage de la jeunesse, trad. de l'anglais; 2 forts vol., 16 fig.

DE MARLÈS.

LES JEUNES VOYAGEURS en *France* et en *Angleterre*, Voyages pittoresques dans ces deux grands pays; 1 vol. avec vignettes et cartes.

BERQUIN.

L'AMI DES ENFANTS, nouvelle édition conforme à l'édition originale; 2 gros vol., 16 vignettes.

DEPPING.

MERVEILLES ET BEAUTÉS DE LA NATURE EN FRANCE; 9ᵉ édit., 2 vol., 16 fig.

MAD. CAMPAN.

THÉATRE D'ÉDUCATION pour les jeunes personnes; 4ᵉ édit., 1 vol., orné de 4 jolies vignettes.

J. RACINE.

BEAUTÉS
DE LA
POÉSIE FRANÇAISE

OU

LEÇONS ET MODÈLES DE LITTÉRATURE

EN VERS

extraits des auteurs modernes

PAR M. LÉON GUÉRIN

PRÉCÉDÉS D'UN TRAITÉ DE VERSIFICATION

et

D'UN COUP D'OEIL SUR CHAQUE GENRE

DONT IL EST TRAITÉ DANS CE RECUEIL.

PARIS

DIDIER, LIBRAIRE-EDITEUR

35, QUAI DES AUGUSTINS.

1843.

Imprimerie de Ducessois, 55, quai des Augustins.

AVERTISSEMENT.

Fournir à la mémoire des exercices qui élèvent l'âme et pénètrent le cœur, des exercices religieux, moraux, ou de philosophie pratique; offrir des modèles de puissance, de souplesse, de naïveté ou de splendeur dans le style, suivant les sujets; de justesse, de grandeur ou de grâce dans les images; de netteté, de force ou de finesse et de délicatesse dans le récit et le dialogue; éclairer le cœur en allumant les plus nobles facultés de l'imagination : tel est le but multiple de ces sortes de recueils poétiques. Nous espérons ne l'avoir jamais perdu de vue. Sans que nous ayons cru devoir adopter, pour la poésie, les divisions et classifications des *Leçons de littérature* de Noël, nous avons cru moins convenable encore de faire un recueil par noms d'auteurs seulement. Ce moyen trop facile, et dont abusent tous ceux qui n'ont pas le discernement ou ne veulent pas se donner la peine de démêler les différents genres, a pour moindre inconvénient de manquer tout à fait le but de ces sortes d'ouvrages, quand ce but est l'éducation. En vain l'on alléguerait pour excuse que maintenant tous les genres sont confondus ; c'est positivement quand tous les genres tendent à se confondre, qu'il importe de les débrouiller, pour les faire ressortir dans tout l'éclat qui est propre à chacun d'eux. Hors de là, on ne fait qu'un recueil, qu'un album de pièces de vers plus ou moins dignes, sans objet précis et sans fruit certain pour l'instruction.

Quoique nous n'ayons l'intention de faire ni des poëtes, ni même des versificateurs français des lecteurs de ces *Beautés de la poésie française*, nous avons pensé qu'il était au moins utile que les lecteurs en général comprissent bien le langage à part dans lequel nous allions nous adresser à eux, et fussent mis à même d'en saisir les qualités et les imperfections, d'en goûter les détails comme l'ensemble, et aussi d'en mesurer la cadence et l'harmonie. C'est pour cela que nous avons jugé indispensable de faire précéder les *Beautés de la poésie française* d'un traité de versification.

Nous n'ajouterons plus que quelques mots : c'est au sujet de deux ou trois pièces de vers de l'auteur de ce recueil, glissées par lui à l'ombre de tant de chefs-d'œuvre. Il pourrait peut-être s'excuser en faisant observer qu'elles avaient été précédemment insérées dans des ouvrages du même genre, notamment *les Dix francs d'Alfred*, qui, depuis plusieurs années, se trouvent dans les *Leçons de Littérature* de Noël ; mais il aime mieux l'avouer franchement, lorsque tant de gens, qui ne se doutent pas même de ce que c'est que la poésie, offrent, à l'aide de vieilles traditions et d'une paire de ciseaux, des modèles de leur choix en apparence, il n'a pas cru inutile d'essayer à prouver qu'il avait, lui du moins, quelques droits de plus que la plupart des autres à s'occuper d'un tel travail.

NOUVEAU TRAITÉ

DE

VERSIFICATION FRANÇAISE.

La versification française est l'art de la mesure, de la cadence, de l'harmonie à l'aide de certaines formes inconnues à la prose et qui pourraient même faire tache chez elle. Ce n'est pas à dire que la prose ne puisse être poétique, mesurée, harmonieuse; mais elle le devient à des conditions moins précises et moins tranchées. La prose peut donc se montrer poétique, mais le vers manquerait à la première de ses conditions s'il se montrait prosaïque.

Nous différons cependant des anciens régulateurs de la versification française, en ce point que toutes les expressions à peu près, à l'exception de celles dont la trivialité serait repoussée même dans la prose soutenue, peuvent être heureusement amenées dans le vers. Autrefois les mots *c'est pourquoi, pourvu que, afin que, puisque, d'ailleurs, or, car,* etc., etc., étaient rejetés comme indignes de la versification. Des versificateurs habiles et corrects en ont su faire depuis un si gracieux usage, que l'on serait injuste d'en condamner l'emploi; ce n'est pas dire qu'il faille en abuser comme font quelques poëtes d'à présent.

La langue française ne possédant, absolument parlant,

d'une manière bien distincte, ni longues ni brèves, il a fallu adopter, pour règles de versification, un autre mode de rhythme.

La mesure la mieux et la seule parfaitement dessinée n'a lieu que dans les vers de douze ou de dix syllabes, parce que ces seules sortes de vers possèdent l'hémistiche. On verra plus loin ce que c'est que l'hémistiche.

Il y a en outre des vers de huit, de sept, de six, de cinq, de quatre, de trois et même de deux syllabes. Si nous trouvons déjà ces derniers vers d'une grande puérilité, nous ne parlerons que pour mémoire du vers dit à *écho,* qui n'a qu'une syllabe, reproduction de la dernière du vers précédent ; le ridicule s'en fait surtout sentir lorsque la syllabe ainsi reprise n'ajoute rien au sens, comme dans cette insignifiante plaisanterie tirée d'une longue pièce de vers peu digne de son auteur, M. Victor Hugo :

> Il m'a trahi...
> Hi !

Si nous exceptons ce qui a uniquement rapport à l'hémistiche, toutes les règles de la versification française peuvent indistinctement s'appliquer à toutes les mesures de vers.

Le vers de douze syllabes est en général accentué, c'est-à-dire grave, sonore, modulé, et convient aux poëmes de longue haleine, à la tragédie, aux sujets grandioses et aux sujets graves ou tristes. Quoique ce genre de mesure semble quelquefois dégénérer en monotonie, c'est cependant le vers que l'oreille s'habitue le plus aisément à écouter longtemps de suite. Voici un exemple du vers de douze syllabes, que l'on appelle aussi Alexandrin, du nom d'Alexandre, vieux poëte français, qui fut, dit-on, son inventeur :

> On dit qu'en les voyant couchés sur la poussière,
> D'un respect douloureux frappé par tant d'exploits,
> L'ennemi, l'œil fixé sur leur face guerrière,
> Les regarda sans peur pour la première fois.

Le vers de dix syllabes a été heureusement employé dans les poëmes du genre gracieux :

> Il est un Dieu qui préside aux campagnes,
> Dieu des coteaux, des bois et des vergers ;
> Il règne assis sur les hautes montagnes,
> Et ne reçoit que les vœux des bergers.

En général, le vers de dix syllabes est léger et sautillant. Toutefois, il est des poëtes qui ont su en faire usage avec un rare bonheur dans des sujets qui n'ont souvent de léger que leur titre.

Le vers de huit syllabes, étant d'une grande souplesse, a été employé fort souvent et à peu près pour tous les genres. Quand l'oreille s'est, pendant quelque temps, accoutumée à l'entendre, il prend une harmonie qu'on ne lui accorde pas toujours de prime abord. Il est d'ailleurs le plus facile à faire, ce qui assurément ne veut pas dire qu'il soit le moins agréable à lire :

> Source limpide et murmurante
> Qui de la fente du rocher
> Jaillis en nappe transparente
> Sur l'herbe que tu vas coucher ;
> Penché sur ta coupe brisée,
> Je vois tes flots ensevelis,
> Filtrer comme une humble rosée
> Sous les cailloux que tu polis.
> J'entends ta goutte harmonieuse
> Tomber, tomber et retentir,
> Comme une voix mélodieuse
> Qu'entrecoupe un tendre soupir.

Le vers de sept syllabes ne s'emploie guère que dans les sujets lyriques, et dans les morceaux inspirés par l'enthousiasme. Il a besoin d'être relevé par la splendeur du sujet et de l'expression ; il nous semble en effet que par lui-même il est un peu prosaïque, bien qu'assez rapide dans sa marche :

> Dans sa course dévorante
> Rien n'arrêtait ce torrent !

> L'épouse tombait mourante
> Sur son époux expirant :
> Le fils au bras de son père,
> La fille au sein de sa mère
> S'arrachaient avec horreur ;
> Et la mort livide et blême
> Remplissait le palais même
> De sa brûlante fureur.

On se sert harmonieusement du vers de six syllabes, soit qu'il tombe en cadence à la suite d'un alexandrin, soit qu'il se renouvelle sans l'aide d'aucune autre mesure :

> Ah ! bien loin de la voie
> Où marche le pécheur,
> Chemine où Dieu t'envoie !
> Enfant, garde ta joie !
> Lys, garde ta blancheur !

> Sans cesse, en divers lieux errant à l'aventure,
> Des spectacles nouveaux que m'offre la nature
> Mes yeux sont égayés ;
> Et, tantôt dans les bois, tantôt dans les prairies,
> Je promène toujours mes douces rêveries
> Loin des chemins frayés.

Le vers de cinq syllabes est d'une extrême rapidité : certains poëtes l'ont néanmoins merveilleusement appliqué aux sujets les plus graves et les plus solennels :

> Sa voix redoutable
> Trouble les enfers ;
> Un bruit formidable
> Gronde dans les airs ;
> Un voile effroyable
> Couvre l'univers ;
> La terre tremblante
> Frémit de terreur ;
> L'onde turbulente
> Mugit de fureur ;
> La lune sanglante
> Recule d'horreur.

Le vers de cinq syllabes ne se mêle d'ordinaire que collectivement à d'autres mesures. Il roule cependant avec une étincelante rapidité après une suite de vers alexandrins; ce qui ne nous empêchera pas de faire observer que dans les vers de cinq syllabes, comme dans ceux dont il nous reste à parler, il est bien difficile de ne pas se laisser entraîner à une sorte de galimatias qui ne présente plus qu'un flux de sons, sans aucune idée, sans aucune image.

Le vers de quatre syllabes a tous les avantages de celui dont nous venons de parler. Il a été employé aussi avec beaucoup de grâce dans les tableaux naïfs :

> A vos chansons
> Nous vous prenons
> Pour Philomèle.
> Aussi bien qu'elle
> Vous cadenciez.
> . . . .

Le vers de trois et celui de deux syllabes ne sont guère usités que dans les sujets auxquels le chant peut s'appliquer :

> Elle garda la fleur fidèle ;
> Et, depuis, cette fleur s'appelle :
> Souviens-toi
> De moi.

Au reste, pour l'emploi des mesures du vers, c'est le goût qu'il faut consulter, et personne mieux que le poëte lui-même ne saurait être juge du rhythme qu'il convient d'appliquer à sa pensée.

Il n'y a pas de vers de neuf, de onze syllabes ; il n'y en a pas non plus au-dessus de douze syllabes.

DE LA RIME.

La rime, en raison du retour des mêmes sons, a dû être d'abord la mnémonique du chant, dans une langue qui n'a-

A.

vait ni brèves ni longues, et par conséquent qui ne possédait pas de mesure naturelle. Tel était l'idiome roman duquel est sorti le français. La rime se retrouve dans tous les patois des anciennes provinces, au nord aussi bien qu'au midi, à Toulouse comme à Valenciennes. Les vers se récitant, se chantant autrefois continuellement et partout, on comprend facilement de quel avantage la rime fut pour la mémoire, particulièrement dans un temps où l'imprimerie n'existait pas et où il n'y avait qu'un très-petit nombre de personnes assez riches pour être à même de se procurer des manuscrits. A cette époque, presque tout, l'histoire comme le roman, s'habilla de rimes pour se mieux graver dans les esprits. Un peu plus tard, tout ce qui n'était pas une pensée de poésie proprement dite se retira de la mesure et de la rime. Le théâtre cependant, ou au moins ce qu'on appelait alors théâtre, conserva l'une et l'autre, bien plus toujours comme question de mnémonique pour l'acteur, qui avait ainsi plus de facilité à retenir son rôle, et pour l'auditeur dans l'esprit duquel on tenait à mettre en relief des maximes et des sentences, que dans l'intérêt réel des excursions que l'auteur aurait pu désirer faire dans le domaine lyrique. Plus tard encore, on crut s'apercevoir qu'à mesure que la langue s'épurait, circonscrivait ses formes, et, par conséquent, perdait de sa souplesse, la rime de plus en plus s'imposait, comme une nécessité rigoureuse, à notre versification. Dès lors ceux qui la combattirent y perdirent leur temps et n'y gagnèrent que du ridicule. Cependant, en lisant certaines pages de Fénelon, de Bernardin de Saint-Pierre et de Chateaubriand, qui ne s'est demandé plusieurs fois s'il n'y aurait pas eu dans la langue française la possibilité de créer une poésie toute de cadence, toute d'harmonie, sans l'exigence de la rime, et même sans le secours des brèves et des longues, qui caractérisent si magnifiquement les poésies grecques et latines? La question n'étant plus à résoudre, ni même à discuter sans une sorte de blasphème contre les sublimes imaginations qui ont créé ou enrichi notre poésie versifiée, hâtons-nous de dire que la rime a aussi ses grands avantages. N'eût-elle que celui dont nous avons parlé, de graver mieux dans la mémoire le vers, qui déjà, par la mesure, met la pensée et l'expression en relief, pour cela seulement elle serait précieuse. Mais quand elle est abondante, quand elle ne commande pas à la poésie et qu'elle lui obéit sans peines, qualités indispensables, elle a en outre le mérite de lui donner du brillant et de l'éclat : elle imprime aux vers du genre grave ou sentimental un retentissement majestueux ; aux vers légers et faits pour le chant, un retour de son qui n'est pas sans grâce. Il n'est pas d'esprit raisonnable qui ne sente combien la poésie de la pensée s'embellit de ce bienfait d'une versification heureusement rimée.

Il y a deux espèces de rimes : la rime masculine et la rime féminine.

La rime féminine est celle qui se termine par des sons sourds, qui finissent par un *e* muet simplement, comme dans ces vers :

> Or, sachez que Dieu seul, source de la lu*mière*,
> La répand sur toute âme et sur toute pau*pière* ;
> . . . .
> . . . .
> Et qu'il donne ici-bas sa goutte à tout le *monde*,
> Car tout peuple est son peuple et toute onde est son *onde*.

Ou par un *e* muet suivi d'un *s*, comme dans ceux-ci :

> Croyez-vous m'abuser ? Couverts de noms su*blimes*,
> Les crimes consacrés en sont-ils moins des *crimes* ?

Ou par un *e* muet qui n'est pas immédiatement précédé des voyelles *ai* réunies, et qui est suivi des consonnes *nt*, comme dans ceux-ci :

> C'est lui-même ; il m'échauffe ; il parle : mes yeux *s'ouvrent*,
> Et les siècles obscurs devant moi se *découvrent*.

La rime masculine est celle dans laquelle l'*e* muet ne se trouve pas être la dernière ou la pénultième lettre :

> Ce n'est pas d'un hasard que doit rougir mon *front;*
> Mon sort est un malheur, mais non pas un af*front.*

> Vingt familles enfin couleraient d'heureux *jours,*
> Riches des seuls trésors perdus pour vos at*ours.*

Ent, qui n'est pas troisième personne du pluriel des verbes, et *ens,* se prononçant comme *ant* ou *ans,* forment des masculines, comme dans ces vers :

> Quel autre que Dieu seul peut dans ce mouve*ment*
> Reconnaître une forme, un être, un élé*ment?*

Les troisièmes personnes du pluriel de l'imparfait de l'indicatif et du conditionnel présent des verbes n'ont pas la rime féminine, quoique terminé en *aient,* parce que ces cinq lettres ont le son de l'*e* ouvert et que par cette raison ils forment une rime masculine, comme dans ces vers :

> Aux accords d'Amphion les pierres se mou*vaient,*
> Et sur les murs thébains en ordre s'éle*vaient.*

Nous ferons observer que cette rime est traînante et qu'on ne la trouve que rarement dans les bons poëtes.

On ne considère presque jamais que le son de la dernière syllabe des mots pour la rime masculine. Ainsi *vérité* rime avec *piété, raison* avec *maison, douleur* avec *malheur, succès* avec *procès,* etc.

Mais le son de la dernière syllabe des mots ne suffit pas pour la rime féminine, parce que la prononciation sourde et obscure de l'*e* muet empêche d'y apercevoir une convenance sensible. Ainsi, quoique la dernière syllabe du mot *monde* soit semblable à la dernière de *demande,* cependant ces deux mots ne riment pas, non plus que *louange* avec *mensonge, fidèle* avec *scandale.*

Il faut donc encore faire attention à la convenance des sons pour la rime féminine, et prendre, pour cette rime, la pénultième syllabe des mots que termine une syllabe muette. Ainsi *monde* rimera avec *profonde*, *demande* avec *offrande*, *louange* avec *mélange*, *fidèle* avec *modèle*, *scandale* avec *morale*, etc.

En règle générale, la rime, tant masculine que féminine, est d'autant plus parfaite qu'il y a plus de ressemblance dans les sons qui la forment. Ainsi, quoique *plaisir* rime bien avec *soupir*, et *prudence* avec *récompense;* cependant *plaisir* rime encore mieux avec *désir*, et *prudence* avec *providence;* parce que, outre la conformité des sons *ir* et *ence*, essentielle à l'une et à l'autre rime, les consonnes *s* et *d* qui les précèdent sont encore les mêmes, ce qui ajoute un nouveau degré de perfection à la rime.

On appelle *rime riche* ou *heureuse* celle qui est formée par la plus grande conformité de sons; et *rime suffisante* ou *commune* celle qui n'a rien de plus que les sons essentiels et absolument exigés.

Il arrive même que les sons essentiels à la rime ne suffisent pas dans bien des occasions, et qu'il faut encore y ajouter le son des consonnes ou des voyelles précédentes. Ainsi *liberté* ne rimerait pas avec *aimé*, quoique l'*e* fermé soit le son final de l'un et de l'autre mot; ni *créa* avec *allia*, quoique ces deux mots aient la voyelle *a* pour dernière syllabe.

Les sons que l'on appelle pleins sont ceux de l'*a* et de l'*o*, des *é* ouverts, des syllabes composées *ai*, *ci*, *oi*, *au*, *eau*, *eu* et *ou*; des syllabes nasales *an*, *am*, *en*, *em*, *in*, *im*, *ain*, *ein*, *aim*, *an*, *om*, *un*, *um*, *eun*; des voyelles longues; des diphthongues *ie*, *oi*, *ui*, *ieu*, *ien*, *ion*, *oin*, et des voyelles suivies de plusieurs consonnes semblables ou différentes.

Le son de l'*a* n'est plein et suffisant, pour la rime, que quand il se trouve dans la pénultième syllabe du mot, ou lorsque, se trouvant dans la dernière, il est suivi de quelque consonne, comme dans *agréable*, *favorable; état*, *sénat; trépas*, *soldats; rempards*, *étendarts*, qui forment des rimes suffisantes. Mais s'il est la dernière lettre du mot, comme dans toutes les troisièmes personnes du singulier du prétérit des verbes de la première conjugaison, il faut absolument qu'il soit précédé de la même consonne ou de la même voyelle. Ainsi *condamna* rimerait avec *donna*, mais non pas avec *tomba, marcha, confia*, ni avec d'autres mots où l'*a* ne serait pas précédé d'un *n*. Si *condamna* rime avec *donna*, c'est à cause de l'uniformité du son nasal.

Quoique la rime en *ant* ou *ent*, qui n'est pas troisième personne du pluriel des verbes, donne un son plein, néanmoins, à cause du grand nombre de mots où elle se trouve, on ne doit faire rimer ensemble que ceux où *ant* et *ent* sont précédés des mêmes consonnes ou des mêmes voyelles. Ainsi, *diamant* ne rimera bien qu'avec un mot terminé en *mant* ou *ment*, comme *égarement ;* et *suppliant* ne rimerait qu'avec un mot terminé en *iant*, comme *criant*, etc.

Il en est de même de *eu* et *on* précédés de la voyelle *i*. Ainsi, *heureux* ne rime pas rigoureusement bien avec *ambitieux*, ni *moisson* avec *passion*, mais *heureux* rime avec *courageux ; moisson* ne rimerait pas avec *trahison*, à cause du son dur de l'un et du son doux de l'autre; *ambitieux* rimera parfaitement avec *factieux*, et *passion* avec *possession*.

C'est en renchérissant sur ce principe que les poëtes nouveaux sont devenus de plus en plus difficiles sur les rimes en *eur*, en *eux* et en *euse* et sur celles en *ure*. Ainsi, on ne fait rimer que le moins possible *murmure* avec *nature*, *bonheur* avec *flatteur*, *courageux* avec *généreux*. Ces dernières façons de faire rimer forment néanmoins ce qu'on appelle la rime suffisante, et nous sommes loin de vouloir donner le conseil de s'exposer à torturer sa pensée pour éviter d'en faire usage.

Les voyelles qui n'ont pas un son plein sont l'*e* fermé ou l'*e* isolé, ou encore l'*e* suivi des consonnes *s, z, r ;* l'*i* et l'*u* seuls, ou suivis d'une consonne qui n'en allonge pas sensiblement le son : ces voyelles ne pourront former de bonnes rimes masculines qu'autant qu'elles seront précédées des mêmes consonnes ou des mêmes voyelles, comme nous l'avons déjà indiqué. Ainsi *beauté* rimera avec *divinité*; *beautés* avec *divinités*; *aimez* avec *animez*; *aimer* avec *animer*; *pitié* avec *amitié*; *ami* avec *endormi*; *vertu* avec *combattu*; *amis* avec *permis*; mais *beauté* ne rime point avec *charmé*; ni *vertu* avec *connu*, etc.

De ce que certaines rimes féminines, comme *puissante* et *chancelante*, *heureuse* et *furieuse*, sont passables, il ne s'ensuit pas que les rimes masculines du même genre le soient aussi; car *puissant* rimerait mal avec *chancelant*, et *heureux* avec *furieux*, ainsi que nous l'avons déjà fait observer.

On peut s'exempter d'une si rigoureuse conformité de sons, quand on fait rimer un monosyllabe avec un autre monosyllabe, ou même un monosyllabe avec un mot de plusieurs syllabes; il suffit alors que le son essentiel à la rime s'y trouve. Ainsi, *loi* rimera avec *foi* et avec *effroi*, *pas* avec *bas* et avec *états*, *paix* avec *faix* et avec *jamais*, *vous* avec *loups* et avec *courroux*, etc. Cependant, il y a un choix à faire que l'oreille dicte mieux que nos préceptes. *Loups* rimera mieux avec *coups* qu'avec *vous*, et *paix* avec *faix* et même avec *jamais* qu'avec *je sais*, dont le son est tout différent.

Lorsqu'il n'y a qu'un très-petit nombre de mots dans lesquels les sons essentiels à la rime soient précédés des mêmes consonnes ou des mêmes voyelles, cette rareté est une excuse et autorise à se contenter de *rimes suffisantes*; ainsi, comme il y a très-peu de mots terminés en *pir*, on tolère que le mot *soupir* rime avec *désir*; et il est permis de faire rimer *trahir* avec *obéir*, à cause du petit nombre de mots dans lesquels *ir* se trouve précédé des mêmes lettres.

Cette licence n'est prise en considération que pour ne pas entraver l'émission de la pensée poétique.

Les mots terminés en *ui*, *uie*, *uis*, *uit*, doivent toujours rimer avec ceux qui ont la même terminaison; et le son de la diphthongue *ui* étant assez plein par lui-même, il n'est pas *rigoureusement* nécessaire qu'elle y soit précédée des mêmes consonnes.

C'est toujours une faute grossière de faire rimer les infinitifs en *er* avec les substantifs et les adjectifs aussi en *er* qui n'ont pas la même consonnance, comme *achever* avec *hiver*; *mer* avec *aimer*. C'est ce que Malherbe appelait *rimes normandes*.

Les substantifs en *er*, aussi bien que les substantifs et les infinitifs en *ir*, sont une des infirmités de notre langue; car, bien qu'on les prononce en quelque sorte comme s'ils avaient aussi un *e* muet à la fin, ils n'en comptent pas moins parmi les rimes masculines. Il faut s'abstenir autant que possible de les employer surtout dans l'intérieur du vers devant une consonne qui leur donne presque le son d'une syllabe, et semble par conséquent allonger le vers. Il faut savoir placer ces mots avec goût et devant une voyelle pour en éviter le son prolongé.

Quoique *r* ne se prononce pas dans l'infinitif des verbes terminés en *er*, cet infinitif ne rime jamais avec l'*é* fermé; en outre, la voyelle ou la consonne qui précède le son *er* sur lequel repose plus spécialement la rime, doit toujours être exactement pareille, comme dans ces vers :

> Bien peu de généreux vont jusqu'à déd*aigner*,
> Après un sceptre acquis, la douceur de ré*gner*.

Il en est de même des rimes en *ier* qui ne s'accouplent bien qu'avec des syllabes positivement semblables; ainsi, *héritier* ne saurait rimer avec *pitié*, mais rimera bien avec *potier*; *fier* ne rime richement qu'avec *hier*.

Les versificateurs français anciens et nouveaux font tous rimer abusivement *o* long avec *o* bref; malgré la rareté de la rime, ce n'en est pas moins une difficulté qu'il faut vaincre : ainsi *trône* ne rime nullement pour l'oreille avec *couronne*, et c'est encore une rime des plus blâmables que la suivante :

> Viens donc, je te promets, sur leurs arides *côtes*,
> Le bonheur enivrant de mes compatr*iotes*.

Nous n'admettons pas plus cette rime que celle de l'*a* long avec l'*a* bref, que celle de l'*ai* long et de l'*é* long avec l'*ai*, l'*ei* ou l'*e* bref : ainsi, *peine* rimant avec *chaîne*, nous semble tout au plus excusable, à cause de la pénurie de la rime ; et ce n'est que grâce à cette pénurie et à celle des monosyllabes employés que l'on passera sur ces vers :

Vous ne la verrez pas dans sa robe de *fête*,
Cette France d'azur que vous nous avez *faite*.

A long, comme dans *âge*, se rencontre dans presque tous nos poëtes, rimant avec *a* bref. Ils vont plus loin, et font rimer *femme* avec *âme*, s'efforçant, malgré l'œil et l'oreille, d'accorder ensemble ces syllabes si disparates. Cela est à éviter. *Ame* ne rime bien qu'avec *flamme* ou un son analogue, et *femme* rigoureusement rimerait mieux avec *trame* qu'avec *flamme* ou *âme*. Il faut aussi se dispenser, autant qu'on le peut, de faire rimer *âge* avec *sage*, *page* ou d'autres sons brefs.

On proscrivait autrefois la rime en *erre* accolée à celle en *ère* ; mais on a, selon nous, bien fait de l'admettre depuis quelque temps, en exigeant toutefois que la fin de la syllabe soit exactement conforme : ainsi, pour nous, *terre* rime bien avec *mystère*, *paupière* avec *pierre*, comme dans ces vers :

Bien ! vos mains au saint temple ont mis assez de *pierres*,
Vous pouvez sans regret clore enfin vos pau*pières*.

Nous approuvons aussi la rime en *eau* et en *au* avec celle en *o*, à cause de la rareté des mots terminés en *o*, pourvu que la consonne qui précède soit la même :

Mais, timides amis, loin du royal châ*teau*,
Vous versiez, dans ces jours, vos pleurs *incognito*.

Nous n'en dirons pas autant de la rime de la première personne en *ai* des verbes avec l'*é* fermé. Ainsi nous n'approuvons pas ces rimes :

C'est en vous défendant que sur moi j'amas*sai*
Ce fardeau de douleurs dont le poids m'a las*sé*.

Dans ce cas, les rimes complètes à l'œil comme à l'oreille sont trop peu rares pour qu'on ne tourne pas la difficulté.

La seconde personne du pluriel des verbes terminée en *ez* rime, à la rigueur, avec l'*e* fermé suivi d'un s, pourvu que la lettre qui commence la syllabe soit semblable : ainsi *vous aimez* peut rimer avec *charmés*; mais ce n'est pas là ce qu'on appelle une rime heureuse.

Le singulier ne rime avec le pluriel que dans les mots qui ont le singulier terminé par un *s*, un *x*, ou un *z* : *cheveu* ne rime pas avec *vœux*; mais *secours* au singulier rime avec le pluriel *jours*. C'est ce qu'on appelle faire accorder la rime avec l'orthographe.

Il n'est plus permis maintenant de supprimer, même au théâtre, où c'était jadis un usage fort commun, le *s* des terminaisons en *ois* ou en *ais*, dans les verbes, pour les faire rimer avec des terminaisons en *oi* ou en *ai*. Quoique venant de Racine, ces deux rimes sont donc mauvaises :

> Mes yeux sont éblouis du jour que je *revoi*,
> Et mes genoux tremblants se dérobent sous *moi*.

Excepté dans les circonstances que nous avons indiquées, on peut faire rimer ensemble toutes les voyelles qui ont le même son, bien qu'elles soient différentes par le nombre ou par l'orthographe : ainsi *être* formera une rime suffisante avec *connaître* et *maître*, *race* avec *terrasse*, *contraire* avec *frère*, etc.

L mouillé ne peut jamais rimer avec un *l* simple : ainsi, *travail* ne rimerait pas avec *cheval*, ni *merveille* avec *nouvelle*, ni *famille* avec *tranquille*, etc.

Un mot ne peut jamais rimer avec lui-même, à moins qu'il ne soit pris dans des significations différentes : *jour* ne rimera jamais avec *jour*; mais *livre* (feuilles reliées ensemble) rimera avec *livre* (poids, monnaie).

Un mot simple ne rime pas d'une manière qui satisfasse avec son composé : *écrire* avec *souscrire*, *voir* avec *prévoir*, *mettre* avec *remettre*, *faire* avec *défaire*, etc., ni un primitif avec un dérivé : ainsi *jour* ne saurait prendre pour rime *abat-jour*, ni *juste, injuste.* Nous blâmerons même la rime de ces vers :

> Soumettez-vous comme eux à d'horribles *épreuves,*
> Et de la même foi donnez les mêmes *preuves.*

Et encore moins aimons-nous la rime de ceux-ci :

> Et l'air qui s'*enflamme*
> Repliant la *flamme.*

A l'égard des composés d'un même mot, on peut les faire rimer entre eux, lorsque leurs significations n'ont point de rapport : ainsi, *commis* rimera avec *permis, cède* avec *succède, lustre* avec *illustre, temps* avec *printemps, front* avec *affront, fait* avec *parfait, être* avec *peut-être.*

Une seule lettre, même formant une syllabe, n'est pas suffisante pour la rime : *créé* rime mal avec *lié; créée,* malgré l'adjonction de l'*e* muet, ne rime même pas avec *liée.*

Depuis quelques années on est devenu très-difficile sur la rime, et c'est maintenant qu'on peut dire que la rime est la moitié du vers français. La rime que l'on appelle *suffisante* n'est que tolérée, et cela par une invincible nécessité. Malgré ces exigences renouvelées des temps reculés de la vieille poésie française, il faut prendre garde de tomber dans des exagérations contraires et de sacrifier la pensée à une rime insignifiante, comme dans ces vers de M. Victor Hugo :

> Et s'enivrant des sons de la flûte *vantée,*
> Des fleurs, des lustres d'or de la fête *enchantée.*

Qui ne s'aperçoit que *vantée* et *enchantée* sont mis là uniquement pour la rime ? En général, en poussant à l'excès la volonté d'avoir toujours des rimes parfaites, on tombe dans le mot impropre ou dans un amas d'épithètes qui grimacent plutôt qu'elles ne riment ensemble ; et c'est le plus misérable des défauts.

Au reste, il est quelquefois arrivé que l'oreille perdait ce que l'œil gagnait aux exigences de la nouvelle poétique des rimes : ainsi, l'on ne se fait plus aucun scrupule de faire rimer *puissant*, dont le son est traînant, avec *sang*, dont le son est bref, comme dans ces vers :

> Colosse qui, sans peur, marche d'un pas *puissant*,
> Le front dans la tempête et les pieds dans du *sang*.

Autrefois, on aurait de beaucoup préféré faire rimer *sang* avec *flanc*, ce qui satisfaisait mieux l'oreille. La rime précitée eût même été interdite.

DES CONSONNANCES A ÉVITER.

Un vers pèche contre l'harmonie quand le premier hémistiche rime, ou a une apparence de conformité de son avec le second hémistiche, soit du même vers, soit du vers qui suit ou qui précède, ou lorsque les deux premiers hémistiches de deux vers qui se suivent riment ensemble :

> Tous perdirent leurs biens et voulurent trop *tard*
> Profiter de ces *dards* unis et pris à *part*.

Ceci ne s'applique pas seulement aux finales de chaque hémistiche ou de chaque césure, mais encore aux consonnances trop rapprochées ou trop répétées dans le même vers ou dans plusieurs vers qui se suivent. Voici d'ailleurs un exemple qui offre le nombre de ces défauts réunis dans un court espace :

> Heureux qui, s'éloignant pendant que l'er*reur* dure,
> Emporte dans son *cœur* une image encor pure ;
> Qui peut dans les hor*reurs* de son triste ave*nir*
> Nour*rir*, comme un flambeau, quelque cher souve*nir*.

Cependant il arrive quelquefois que la répétition de la consonnance ne choque pas l'oreille, qui seule peut être bon juge de la véritable harmonie. Il arrive aussi, mais plus rarement encore, que les terminaisons masculines, offrant un son à peu près semblable à celui des terminaisons féminines qui suivent ou qui précèdent, communiquent du mouvement et de l'éclat aux vers, comme dans ceux-ci :

> Mais qui sait comment Dieu travaille ?
> Qui sait si l'onde qui tressaille,
> Si le cri des gouffres amers,
> Si la trombe aux ardentes serres,
> Si les éclairs et les tonnerres,
> Seigneur, ne sont pas nécessaires
> A la perle que font les mers !

Ailleurs, les rimes féminines *tonnerres*, *nécessaires*, *serres*, auprès des rimes masculines *mers* et *amers*, eussent pu être un grand défaut en raison même de la conformité des sons qui peuvent passer ici pour une beauté.

DE LA RIME EN ÉPITHÈTES.

Les rimes en épithètes sont presque toujours ce qu'on appelle, parlant trivialement, des chevilles. Nous avons dit plus haut comment le désir excessif d'obtenir des rimes toujours parfaitement riches ne compense pas la pauvreté, le vide d'expression qu'il entraîne souvent. C'est en général bien assez que, sur deux vers qui riment ensemble, il y en ait un qui finisse par une épithète. Cependant, il y a des exemples, très-rares il est vrai, où la multitude des rimes en épithètes donne un certain éclat qui n'est pas toujours faux. Tels sont ces vers de J.-B. Rousseau que nous avons déjà cités :

> Sa voix redoutable
> Trouble les enfers,
> Un bruit formidable, etc.

DE L'HÉMISTICHE ET DE LA CÉSURE.

La césure est un repos qui coupe en deux parties les vers de douze et de dix syllabes. Chacune de ces parties s'appelle hémistiche, et l'espèce de suspension qu'elles exigent entre elles contribue naturellement à la cadence et à l'harmonie du vers français. Boileau a dit :

> Ayez pour la cadence — une oreille sévère ;
> Que toujours dans vos vers — le sens, coupant les mots,
> Suspende l'hémistiche, — en marque le repos.

Il n'y a que les vers de douze et de dix syllabes qui aient une césure obligatoire. Le vers de huit syllabes en a quelquefois une après la quatrième syllabe ; mais aucune loi poétique n'en fait une obligation : l'oreille et le goût seuls l'amènent à propos et en déterminent, dans ce cas, l'usage. La césure du vers de douze syllabes vient après la sixième syllabe ; de sorte qu'elle le partage en deux parties égales, ainsi que nous venons de le voir dans la citation de Boileau. Celle du vers de dix se trouve à la suite de la quatrième syllabe.

> Quittons ce toit — où ma raison s'enivre.
> Oh ! qu'ils sont loin — ces jours si regrettés !
> J'échangerais — ce qu'il me reste à vivre
> Contre un des mois — qu'ici Dieu m'a comptés.

La césure est mauvaise quand le mot qui la forme ne peut pas être séparé du mot suivant dans la prononciation. Les vers qui suivent sont vicieux :

> Les yeux sur le soleil — couchant, entre ses doigts
> Il roulait, etc....

Mais il n'est pas nécessaire pour la régularité de la césure que le sens fini arrive absolument après la quatrième ou la sixième syllabe, et qu'il n'y ait rien dans un hémistiche qui soit régime ou qui dépende de ce qui est dans l'autre. Il suffit qu'on ne soit pas obligé de lier, en prononçant, la dernière syllabe d'un hémistiche avec la première de l'hémistiche suivant. Ainsi dans ce vers :

> Quittons ce toit — où ma raison s'enivre,

on peut s'arrêter sans choquer l'oreille et le sens, après *quittons ce toit*. Dans cet autre au contraire :

> Les yeux sur le soleil — couchant, entre ses doigts...;

il est évident qu'il faut lier tout d'une haleine *soleil* avec son épithète *couchant ;* car il n'est pas seulement question du *soleil,* mais du *soleil couchant,* du *soleil qui se couche ;* l'épithète *couchant* est inséparable du mot *soleil.*

Nous en dirons autant de ce vers :

> Puis aussi les moissons — joyeuses, les troupeaux, etc.

On n'a pas besoin de dire qu'un mot ne peut jamais être coupé en deux à l'endroit de l'hémistiche ; alors il n'y aurait plus de vers.

Les monosyllabes *les, que, qui, et, plus, très, fort, pour, si, mais, vous,* et tous ceux que l'on ne peut séparer dans le discours des mots qui les suivent, forment une intolérable césure, comme dans ce vers :

> Tu m'es bien cher, mais si — tu combats ma tendresse.

L'*e* étant muet dans *le* ne peut former césure ; ainsi ce vers est mauvais, d'après les règles jusqu'ici convenues :

> Allez, assurez-le, — que sur ce peu d'appas, etc.

Toutefois, nous sera-t-il permis de dire que, dans ce cas, *le* formant un sens complet, il n'y a pas un grand inconvénient à l'employer comme a fait Rotrou dans le vers cité ? Si l'on ne peut se servir de *le* pronom personnel joint au verbe à la fin des vers, c'est parce qu'on ne lui trouve pas de rime pour l'oreille ; mais ce n'est pas une raison pour l'exclure de la fin d'un premier hémistiche quand le poëte en a besoin.

Il n'en est pas de même de l'*e* muet à la fin de tous les autres mots, parce qu'on ne le prononce pas. Ainsi, à moins d'une élision avec la voyelle qui commence l'hémistiche suivant, on ne peut employer ces mots même au pluriel, à la fin du premier hémistiche, et ce ne serait pas un vers que ceci, quoiqu'il y ait le nombre voulu de syllabes :

> J'ai vu chez les hommes bien peu de probité.

Les mêmes restrictions s'appliquent aux troisièmes personnes en *ent* des verbes.

Quelques mauvais plaisants se sont quelquefois fait un jeu de couper un mot en deux et d'en rejeter la fin au commencement du vers suivant; cela ne saurait être qu'un ridicule, et les mots, même ceux qui sont composés de plusieurs, comme *parce que, quoique*, etc., ne peuvent jamais se désunir à la fin, pas plus qu'à la césure des vers. Il en est de même de *afin de, afin que, de peur de, de peur que, avant que, avant de, aussitôt que, encore que*, etc.

Celui, celle et *ceux*, se placent quelquefois à la fin du premier hémistiche, mais ils n'y produisent pas un bon effet; il en est de même de *lequel, laquelle*, etc., si prosaïques en toutes circonstances, et qui ne sauraient s'employer à la fin des vers, à moins qu'ils ne soient immédiatement suivis d'un point interrogatif. Ainsi, rien de plus détestable que ce prétendu vers d'un poëte contemporain :

Un bois, et dans ce bois un arbre, sous lequel.

Les verbes auxiliaires, immédiatement suivis des participes, ne doivent pas être coupés par la césure, si la personne du singulier ou du pluriel, à laquelle on les emploie, n'est que d'une syllabe; ainsi la césure du vers qui suit ne serait pas bonne :

Qu'un honnête homme *soit-traîné* honteusement.

Mais on tolèrerait celle-ci :

Et pourtant vous *étiez-adoré* de son cœur,

parce qu'il y a deux syllabes dans *étiez*.

Lorsque deux verbes ou un seul verbe lié à un nom, forment un sens indivisible, c'est user d'une bien forte licence que de les séparer, comme on a fait dans ces vers :

Ne m'a jamais rien *fait-apprendre* que mes heures.

Si bien que vous *jugeant-mort* avant ce temps-là.

Règle générale : une césure est bonne pourvu qu'elle satisfasse l'oreille ; elle est mauvaise, quand elle choque le bon goût et l'ouïe.

DE L'ENJAMBEMENT.

L'enjambement, c'est-à-dire l'empiétement de la fin d'un vers sur une partie seulement du vers qui suit, ou l'empiétement d'un hémistiche sur une partie seulement de l'hémistiche qui suit, rompt en général toute mesure, et change la phrase en prose rimée, et en fort triste prose, comme dans ces vers d'un poëte contemporain déjà cité :

> Au fond du bois, à gauche, il est une vallée
> Longue, étroite, à l'entour de peupliers voilée;
> Loin des sentiers battus, à peine du chasseur
> Connue et du berger....

Cependant au théâtre, et surtout dans la comédie, l'enjambement a été de tout temps reconnu indispensable, pourvu qu'on n'en fasse point abus. Molière et Racine en donnent des exemples. Depuis quelques années, on a élargi son domaine jusqu'à l'exagération, et ce serait toute une lutte à soutenir que de réfuter la dureté, le ridicule du trop fréquent emploi qu'on en fait aujourd'hui. Les bornes de ce *traité de versification* ne nous le permettent pas.

L'enjambement n'existe point lorsque le sens d'un vers est continué jusqu'à la fin du vers ou des vers qui suivent :

> Je croyais, quand sur lui mes yeux voyaient peser
> Un sommeil convulsif qui semblait m'accuser,
> Qu'un avis du cercueil, qu'un rêve, que Dieu même
> Lui dénonçait mon crime à son heure suprême.

> On cherche le plaisir : il vous fuit, on s'étonne
> De ne trouver qu'un luxe, un éclat monotone.

L'enjambement n'est point un défaut, lorsqu'il procède par suspension ou sens subitement interrompu, comme dans le cas suivant :

> Faut-il qu'en un moment un scrupule timide
> Perde !... Mais quel bonheur nous envoie Atalide?

B

Il peut même devenir d'une grande beauté et d'un grand effet, comme dans ces vers d'André Chénier :

> Je te perds. Une plaie ardente, envenimée,
> Me ronge... Avec effort... je respire... et je crois
> Chaque fois respirer pour la dernière fois.

Il n'y a pas, à la rigueur, enjambement dans ces mots : *plaie ardente* immédiatement suivis de *envenimée*. *Me ronge* peint bien, ainsi rejeté au commencement du second vers, la torture du malade. *Avec effort... je respire* devant nécessairement être lu avec l'intention du poëte, qui montre le malade ayant peine à achever ce que ses lèvres voudraient articuler, l'enjambement a ici un autre but que celui de briser la monotonie du mètre.

Citons encore :

> Elle arrive ; et bientôt revenant sur ses pas...
> Haletante... de loin : « Mon cher fils, tu vivras,
> Tu vivras. » Elle vient s'asseoir près de la couche.

Haletante, rejeté au commencement du second vers, étant d'ailleurs précédé de points de suspension, peint certainement tout ce qu'exige la situation.

On peut hardiment prendre ces sortes d'enjambements pour modèles ; on ne sera jamais blâmé de les avoir imités.

Mais voici des vers inachevés du même poëte, où se trouvent des enjambements que lui-même ne se serait pas définitivement permis sans aucun doute, parce qu'ils ne peignent rien ; et pourtant on a affecté de les confondre avec ceux que nous avons précédemment cités :

> . . . . . . Et d'une voix encore
> Tremblante : — Ami, etc.

L'hémistiche qui manque au premier vers n'a même jamais été fait.

> Près de Lycus, sa fille, idole de la fête,
> Est admise. — La rose a couronné sa tête.

Certes, nous ne nous établirons pas les défenseurs de cet

enjambement; il est au moins médiocre et insignifiant : cela prouve qu'il y a un choix, et un grand choix à faire, même dans les licences tolérées.

DE L'HIATUS.

L'hiatus, dans la poésie comme dans la prose, est le choc, sans élision possible, de deux voyelles, dont l'une finit un mot et l'autre commence le mot suivant. La prose le supporte ; la versification française ne le tolère pas, et avec raison, car il produit partout le plus déplorable effet. L'*e* muet est, comme nous l'avons indiqué, la seule voyelle qui s'élide à la fin des mots. On ne pourra donc jamais introduire dans un vers *loi éternelle*, *Dieu immuable*, *vérité éclatante*, *charma encore*, etc.

On a cependant admis quelques rares exceptions. On répète volontiers dans le vers, à la suite l'un de l'autre, *oui! oui!* et on y trouve souvent *hé! oui!*

C'est sans doute en partant de ces rares admissions de l'hiatus que quelques poëtes contemporains ont introduit dans le vers quelques locutions adverbiales repoussées par l'ancienne poétique, telles que *çà et là*, *peu à peu*, *une à une*. Elles sont d'un très-fâcheux effet à l'oreille, et l'abus, pour ne pas dire l'usage, en est intolérable.

H aspiré étant considéré comme une véritable consonne, en prend toutes les prérogatives.

<pre>Chacun s'arme *au hasard* du livre qu'il rencontre.</pre>

Certains versificateurs ne se font aucune difficulté d'en user avec quelques mots comme avec ceux qui ont l'*h* aspiré pour initiale. Ainsi font-ils quelquefois pour *onze*, *onzième ;* mais il faut user de cette licence avec beaucoup de modération. Jamais nous ne donnerons de lettres de naturalisation poétique à ce vers :

<pre>Autant que ces deux tours, ce grand *numéro onze*.</pre>

T, qui se trouve dans la conjection *et*, ne se prononçant jamais, on ne peut se servir de cette conjonction devant une voyelle.

Il faut encore éviter, autant que possible, d'employer, avant un mot commençant par une voyelle, des mots qui finissent par des syllabes telles que : *oin*, *on* et *en*, etc. La rencontre de ces mots *raison entière, nom ancien, soutien antique, besoin utile, besoin affreux*, etc., est donc contraire à la bonne harmonie; l'effet devient plus fâcheux encore quand la dernière syllabe du mot qui précède est la même pour le son que celle du mot qui suit, comme dans ces rencontres : *raison honteuse, lointain incertain*, etc. Mais le défaut d'harmonie disparaît quand la dernière lettre des mots se prononce et forme ainsi une sorte d'élision, comme dans ces rencontres : *en entendant, c'est bien à vous*, etc.

DE L'ÉLISION.

Si dans le corps d'un vers la dernière syllabe d'un mot est terminée par un *e* muet, et que le mot qui suit commence par une voyelle ou par un *h* non aspiré, cette syllabe se confond, s'absorbe, s'élide dans la prononciation avec la syllabe du mot suivant :

> Foulez au pied la cen*dre où* dort le Panthéon,
> Et le li*vre où* l'orgueil épè*le en* vain son nom.

L'élision donne de l'euphonie et de l'harmonie au vers, et cela est tellement compris par tout le monde, qu'il n'est aucun homme de goût qui ne sente que les mots *enfer, sentir, mourir*, qui semblent avoir dans leur prononciation finale un *e* muet, forment, comme nous l'avons déjà fait observer, un son dur devant un mot commençant par une consonne.

Le pronom *le* offre toujours une élision désagréable :

> Forcez-*le* à vous défendre ou fuyez avec lui.

il faut prononcer : Forcez-*l'* à vous défendre, etc.

L'*e* muet, dans le corps d'un vers et précédé d'une consonne, quand le mot qui suit commence également par une consonne, forme syllabe. Mais il faut éviter l'amas de ces syllabes muettes que l'on n'élide pas dans le corps du vers ; elles sont du plus mauvais effet.

Lorsque l'*e* muet suivi d'un *s* ou des lettres *nt* se trouve avant un mot qui commence par une voyelle ou par un *h* non aspiré, il forme syllabe comme dans la prose, et, dans ce cas, les lettres *s* et *t* se prononcent comme s'ils faisaient partie du mot suivant :

> Ils vin*rent-a*briter leurs têtes sous cet arbre.
> Ces hom*mes-h*abitaient sous un toit protecteur.

Les mots qui ont une voyelle avant l'*e* muet final, tels qu *vie, envie, patrie, vue, proie, joie, sacrée,* etc., ne peuvent entrer dans le corps d'un vers, à moins qu'ils ne soient suivis d'un mot qui commence par une voyelle avec laquelle l'*e* final s'élide, comme dans cet exemple :

> C'est Vénus tout entière à sa *proie attachée.*

Mais si ces mots sont suivis d'un *s*, ils ne peuvent s'employer qu'à la fin des vers. Aujourd'hui l'usage, ou plutôt la nécessité, fait tolérer l'emploi, dans le corps d'un vers, des syllabes en *oient*, même monosyllabes, comme *croient, soient*, et celui des syllabes en *aient*.

> Va, ces mortels si fiers qui nous ont rejetés,
> De ce bonheur en vain nous *croient* déshérités.

Déjà Racine avait mis :

> Qu'ils *soient* tels que la poudre et la paille légère.

DE LA DIPHTHONGUE OU RÉUNION DE DEUX SONS EN UNE SEULE SYLLABE.

Il est essentiel, pour la mesure et la lecture des vers, de savoir quand plusieurs voyelles de suite doivent se prononcer en une ou plusieurs syllabes ; mais cette connaissance est en quelque sorte l'art primaire d'épeler et appartient autant à la prose qu'à la versification, si ce n'est que dans les vers il est nécessaire de faire sentir un peu plus les syllabes quand on les prononce.

Nous nous bornerons ici à quelques observations qui serviront à lever quelques doutes pour les lecteurs peu habitués.

Ia forme généralement deux syllabes, soit dans les substantifs, soit dans les verbes ; ainsi on prononce *di-a-pré, di-a-pha-ne, di-a mant, é-tu-di-a*. Les mots *fia-cre, diable*, et un ou deux autres, forment exception ; *ia* n'y fait qu'une syllabe.

Ié ou *iè*, avec l'*é* fermé ou l'*è* ouvert, n'est généralement que d'une seule syllabe, comme dans *fiè-vre, liè-vre, piè-ce, diè-te, moi-tié, pi-tié*, etc.

Cependant il faut excepter les verbes en *ier* à l'infinitif, et en *ié* au participe, qui font *ie* de deux syllabes, comme *é-tu-di-er, ma-ri-er, é-tu-di-é, ma-ri-é*.

Dans quelques mots substantifs aussi, par goût et exception, nous ferions *ié* de deux syllabes, comme dans *di-é-se*.

Ier, quoique de deux syllabes, comme on vient de le voir, à l'infinitif des verbes, n'en forme qu'une dans les adjectifs et les subtantifs, comme dans *fier, sou-lier ;* à moins toutefois que dans les substantifs l'*i* ne se trouve précédé de l'*r*, comme dans *meur-tri-er*, où *ier* est de deux syllabes.

Ière ne forme qu'une syllabe, comme dans *lu-mière, fière, bière, pau-pière*, etc. Il faut excepter les mots dans lesquels l'*i* est précédé de l'*r* et d'une autre consonne avant l'*r*, comme dans *pri-è-re*.

Ierre est monosyllabe, comme dans *pierre*.

Ion et *ions* sont de deux syllabes dans les substantifs, comme dans *pas-si-on, pas-si-ons, am-bi-ti-on, am-bi-ti-ons*. Mais *ions*, première personne du pluriel des verbes, ne forme généralement qu'une syllabe : *ai-mions, ai-me-rions, i-rions, fe-rions*. Il faut excepter les cas où l'*r*, qui peut précéder *ions* dans les verbes, se trouve précédé lui-même d'une autre consonne, et alors on prononce *rom-pri-ons, pri-ons*. Il faut excepter aussi les verbes qui ont l'infinitif en *ier*; *ions* y forme deux syllabes, comme dans *é-tu-di-ons, dé-li-ons,* etc.

Quoique dans le verbe *rire*, l'*r* de *rions* ne soit pas précédé d'une autre consonne, on prononce volontiers *ri-ons* en deux syllabes. Le son dissyllabique y est moins dur à l'oreille.

Ief est monosyllabe dans *fief, re-lief;* il est dissyllabe dans *bri-ef, gri-ef.*

Iel est monosyllabe dans *ciel, miel, fiel, mi-nis-té-riel;* il est dissyllabe dans *es-sen-ti-el, Ga-bri-el, ma-té-ri-el, sub-stan-ti-el.*

Ielle est de deux syllabes, comme dans *ky-ri-elle.*

Iet est monosyllabe dans *miet-te, as-siet-te.* Il est de deux syllabes dans *ou-bli-ette.*

Ieu est monosyllabe, comme dans *pieu, es-sieu, lieu, mi-lieu.*

Ieux est dissyllabe dans les adjectifs, comme dans *pi-eux, pré-ci-eux, o-di-eux*, etc.

Il est monossyllabe partout ailleurs que dans les adjectifs, comme dans *cieux, lieux, mieux.*

Iant forme deux syllabes, comme dans *é-tu-di-ant, li-ant*, etc. Il faut excepter le mot *viande*, dont on n'a souvent fait qu'une syllabe.

<blockquote>Autour de cet amas de viandes entassées.</blockquote>

Ient forme également deux syllabes, comme dans *ex-pé-di-ent, cli-ent, pa-ti-ent,* etc.

Ien est aussi de deux syllabes, comme dans *pa-ti-en-ce, au-di-en-ce,* etc.

Oé, *oè* ou *oë* forment deux syllabes, comme dans *po-é-sie, po-è-me* ou *po-ë-me, po-è-te, No-é.*

Oel ne forme qu'une syllabe, comme dans *moel-le, moel-leux.*

Est-il besoin de dire que *oi*, qui presque partout ne forme qu'une syllabe, comme dans *loi, em-ploi,* etc., en forme deux dans *hé-ro-ï-que, zoï-le,* etc.

Ui, uir, uis, uit et *uits* ne forment ordinairement qu'une syllabe, comme dans *lui, fuir, buis, nuit, puits, fuis, luis*, etc., et au milieu des mots, comme dans *dé-dui-re, ai-gui-ser, cons-trui-re,* etc.

Ui et *uis*, dont l'*i* semblerait devoir prendre un tréma, forme deux syllabes, comme *bru-is, bru-i-re, ru-i-ne, bru-i-ne,* etc.

Ué, avec l'accent, est de deux syllabes, comme dans *su-é, tu-é,* etc.

Uer est également de deux syllabes, comme dans *at-tri-bu-er, tu-er,* etc.

Oué est de deux syllabes, comme dans *lou-é, a-vou-é,* etc.

Ouer est de deux syllabes, comme dans *lou-er, a-vou-er,* etc.

Ouet est pareillement de deux syllabes, comme dans *jou-et*. Il faut excepter *fouet* et *fouet-ter*, mots dans lesquels *ouet* est monosyllabe.

Oue, sans accent sur l'*e*, ne forme qu'une syllabe, comme dans *en-joue-ment*, je *loue-rai*. L'*e* peut même s'y remplacer par l'accent circonflexe sur l'*u*.

Iais est de deux syllabes dans *ni-ais*. On le fait, à volonté, d'une ou de deux syllabes dans *biais, biaiser*.

Iau est de deux syllabes, comme dans *mi-au-ler*.

Iaux est aussi dissyllabe, comme dans *pro-vin-ci-aux, im-pé-ri-aux*, etc.

Ien, dans *chien, bien, mien, sien, rien, combien*, ne forme qu'une syllabe. Il en forme deux dans *li-en, gram-mai-ri-en, co-mé-di-en, mu-si-ci-en, his-to-ri-en, gar-di-en, Indien, ma-gi-ci-en*. Dans *ancien*, il est à volonté d'une ou de deux syllabes. Dans *chré-tien*, il est monosyllabe.

Oin est toujours monosyllabe, comme dans *soin, ap-poin-te-ments,* etc.

Ua est ordinairement de deux syllabes, quoique Racine ait varié dans ces deux vers,

Vous le souhaitez trop pour me le *per-sua-der.*
Il suffit de tes yeux pour t'en *per-su-a-der.*

Oui, réponse affirmative, est monosyllabe. Mais *oui*, dans les verbes qui ont l'infinitif en *ouïr*, forme deux syllabes, comme dans *ou-ï* (du verbe *ouïr*), *jou-i*, *é-blou-i*, etc.

Ouïr forme deux syllabes, comme dans *ou-ïr*, *jou-ir*, etc.

Louis s'est fait à volonté d'une ou de deux syllabes. Il est préférable dissyllabe.

Hier est monosyllabe ou dissyllabe à volonté. Nous le trouvons mieux dissyllabe.

Duel ne forme quelquefois qu'une syllabe dans les vers

Nous, des *duels* avec vous!... Arrière!... assassinez.

Mais plus fréquemment il en forme deux.

DE L'INVERSION.

L'inversion ou interversion, transposition des mots ou de partie des phrases, est un des plus grands moyens de la poésie du style en général, et du vers en particulier ; elle lui donne du mouvement, et le distingue éminemment de ce qu'on appelle le prosaïsme ou style traînant et vulgaire. Voici des exemples d'inversion poétique :

Déjà des assassins la nombreuse cohorte.

Et bientôt dans le flanc, ce monstre furieux
Lui plonge son épée en détournant les yeux,
De peur que d'un coup d'œil cet auguste visage
Ne fît trembler son bras et glaçât son courage.

La prose aurait dit, dans le premier cas, en suivant mot à mot la construction grammaticale.

Déjà la nombreuse cohorte des assassins ;

et dans le second :

Et bientôt ce monstre furieux lui plongea son épée dans le flanc en détournant les yeux, de peur que cet auguste visage ne fît trembler son bras d'un coup d'œil et ne glaçât son courage.

Et il n'y avait plus alors de vers, ni même de style poétique.

La poésie est donc pleine d'inversions, mais la poésie française l'est moins toutefois que les langues grecques et latines, et surtout que plusieurs des langues étrangères vivantes. Il en est, comme la langue allemande, qui se permettent d'intervertir, non-seulement jusqu'à l'ordre grammatical des phrases et des mots, mais souvent jusqu'à l'ordre des syllabes. La poésie française, qui ne saurait perdre de vue l'un des grands mérites de la langue à laquelle elle appartient, son admirable clarté, ne se laisse pas aller à tant d'écarts; non-seulement elle n'admet pas les interversions de syllabes, mais encore elle rejette celles des parties de phrases et des mots, quand elles paraissent forcées, rendent le sens confus et blessent l'oreille, en blessant la raison.

DE LA SUSPENSION.

On interrompt souvent dans un vers un sens commencé pour en reprendre un autre, ou pour continuer le même sens sur un autre ton.

. . . . Ah! ça, mais le vicomte,
Lui qui comptait... Eh bien! il faudra qu'il décompte.

Une suspension mieux dessinée encore dans le vers, c'est celle qu'on est obligé d'employer pour le dialogue dramatique : elle se remarque alors par le seul changement des personnages. Dans les vers qui sont faits uniquement pour la lecture et sans noms d'interlocuteurs, cette suspension, ou plutôt ce changement dans le ton du vers, s'indique par des tirets.

Quel est ton crime? — Aucun. — Qu'as-tu fait? — Des ingrats.

DE L'HARMONIE IMITATIVE.

L'harmonie imitative, dans les vers français, consiste uniquement dans l'accord plus ou moins doux, plus ou moins vigoureux de l'expression avec la pensée. Tout le monde a remarqué l'harmonie imitative du fameux vers de Racine :

> Pour qui sont ces serpents qui sifflent sur vos têtes?

Oserons-nous dire pourtant qu'elle nous paraît un peu affectée dans la situation, et qu'alors elle perd peut-être en partie son effet.

On cite encore entre autres ces vers du même poëte :

> Mes yeux sont éblouis du jour que je revoi,
> Et mes genoux tremblants se dérobent sous moi.
> Quand pourrai-je, au travers d'une noble poussière,
> Suivre de l'œil un char fuyant dans la carrière.

On voit que, faute de brèves et de longues, nous faisons consister notre harmonie imitative dans ce qui fait image, surtout par l'expression. Qui ne sentirait la beauté de ces vers de La Fontaine :

> Un pauvre bûcheron, tout couvert de ramée,
> Sous le faix du fagot, aussi bien que des ans,
> Gémissant et courbé, marchait à pas pesants.

Les poëtes de nos jours offrent de nombreux exemples d'harmonie imitative, telle que nous la comprenons.

> Je l'entendis passer, s'arrêter, puis parler.

> Je crus sentir des pleurs y tomber goutte à goutte.

> . . . . La neige me portait
> Et craquait sous mes pieds comme un morceau de verre
> Qu'on trouve sous ses pas et qu'on écrase à terre.

> Un souffle aigu du nord, courant comme un frisson.

> L'eau qui fuit, l'air qui passe, et le vent qui soupire.

> J'entendais dans la nuit les coups sourds du marteau
> Qui clouait dans la nuit le bois de l'échafaud.
> J'entrai dans la prison; des escaliers rapides
> La descente était longue et les marches humides,
> Et dans leur froid brouillard chaque pas, en glissant,
> Semblait sur les degrés se coller dans du sang.

DU MÉLANGE DES VERS ET DES RIMES.

La versification la mieux soutenue et la plus symétrique, celle surtout qui convient aux grands poëmes, n'admet ordinairement que les vers de douze syllabes régulièrement accouplés par deux rimes féminines et deux rimes masculines qui se suivent immédiatement, comme dans ces vers :

> Le rayon concentré, dardant sur sa figure,
> La détachait en clair de la muraille obscure ;
> Comme si du cachot pour racheter l'affront
> Une auréole sainte eût éclairé son front.

Ce mode de vers a été généralement adopté aussi pour la tragédie et pour la haute comédie.

Le mélange des rimes, dans les vers de douze et de dix syllabes comme dans tous les autres, s'opère soit en séparant la rime masculine d'avec la rime féminine, et *vice versâ*, par un accouplement de deux rimes pareilles, comme dans cet exemple :

> Et je meurs ; de sa froide haleine
> Un vent funeste m'a touché,
> Et mon hiver s'est approché
> Quand mon printemps s'écoule à peine.

Soit en entrecoupant régulièrement la rime masculine ou féminine par un vers seulement ayant sa terminaison d'un autre genre, comme ici :

> Au banquet de la vie, infortuné convive,
> J'apparus un jour et je meurs.
> Je meurs ; et sur la tombe, où lentement j'arrive,
> Nul ne viendra verser des pleurs.

Dans les stances de huit vers, on allie ordinairement ensemble ces deux manières d'entrecouper les rimes, soit en mettant quatre rimes du même genre entre deux rimes d'un autre genre, comme dans cet exemple :

> Qu'un stoïque aux yeux secs vole embrasser la mort ;
> Moi je pleure et j'espère ; au noir souffle du nord

Je plie et relève ma tête.
S'il est des jours amers, il en est de si doux !
Hélas ! quel miel jamais n'a laissé de dégoûts*
Quelle mer n'a point de tempête ?

Soit en entrecoupant trois rimes pareilles de deux rimes différentes, soit en laissant les trois rimes semblables à côté l'une de l'autre, comme dans les exemples suivants :

Quelle Jérusalem nouvelle
Sort du fond du désert brillante de clartés,
Et porte sur le front une marque immortelle ?
Peuple de la terre, chantez :
Jérusalem renaît plus charmante et plus belle.

Lève, Jérusalem ! lève ta tête altière ;
Regarde tous ces rois de ta gloire étonnés :
Les rois des nations, devant toi prosternés,
De tes pieds baisent la poussière ;
Les peuples à l'envi marchent à ta lumière.

Trois ou quatre rimes pareilles à la suite l'une de l'autre ne s'emploient guère que dans la poésie lyrique, où l'imagination supplée, ou du moins prétend suppléer à la majesté de la règle, par la splendeur des images et les éclairs de l'enthousiasme.

DE LA STANCE ET DE LA STROPHE.

La stance et la strophe sont des assemblages de quatre, de cinq, six, sept, huit ou dix vers, formant entre eux un sens plus ou moins complet. Les stances et les strophes parfaites n'enjambent pas les unes sur les autres ; elles se terminent ordinairement chacune par un sens à peu près complet, et emportant au moins le *point et virgule*. Dans l'ode, le poëte peut disposer comme il lui plaît les vers de la première strophe, et y mêler les rimes à son gré ; mais cette disposition une fois faite, toutes les autres strophes doivent se modeler sur ce type

Il faut avoir soin encore de ne pas commencer la strophe qui suit par un vers du même genre que celui qui finit la précédente.

La stance, qui est plus calme et régulière que la strophe, tombe et se renouvelle en vers égaux de mesure.

On trouvera des modèles de tous les genres de stances et de strophes dans les poésies lyriques de ce recueil.

Parmi les arrangements de la stance, il en est un qui, pour la forme, sinon pour la pensée, produit le *sonnet*, petit poëme de quatorze vers, qui, dans sa perfection, en vaut seul un long, dit Boileau. Le sonnet avait été longtemps chose négligée, oubliée en France; mais des poëtes contemporains l'ont assez remis en honneur, pour que nous en posions ici les règles. Il se compose donc de quatorze vers, toujours de même longueur. Ces quatorze vers doivent être partagés en deux quatrains et un sixain. Les deux quatrains doivent avoir les rimes masculines et féminines semblables, et on entremêle ces rimes de la même manière dans l'un que dans l'autre. Le sixain commence par deux rimes semblables, et il a, après le troisième vers, un repos qui le coupe en deux parties qu'on appelle tercets, ou stances de trois vers. Il faut éviter, autant que possible, que le mélange des rimes, dans les quatre derniers vers du sixain, soit le même que dans les quatrains. Le sonnet est un poëme trop court pour qu'il ne soit pas disgracieux à l'oreille d'y retrouver plusieurs fois le même mot, nous voulons dire le même mot de quelque sonorité. Mais la pensée et le trait final font surtout le mérite du sonnet.

DU VERS FACILE ET DU VERS COMMUN.

Il faut bien distinguer le vers facile du vers commun. Une absolue nécessité imposée aux bons vers, c'est de ne jamais paraître faits avec peine; il faut au contraire qu'ils semblent couler de source, d'inspiration. L'expression du poëte doit se montrer au lecteur tellement inhérente à la pensée, que l'on sente que l'une n'a pu guère venir sans l'autre. En général, les beaux vers, même ceux que l'on s'apprend, comme Racine, à faire difficilement, s'échappent tout d'un jet de l'imagination. Il ne doit plus rester qu'à adoucir les tons un peu trop rudes, à rejeter le mot oisif ou trop faible qui pourrait s'être glissé dans cette création subite. Si le coloris ne vient pas large et vigoureux du premier coup de pinceau; s'il faut déjà, en même temps que la pensée enfante, revoir, réformer son vers mot par mot, hémistiche par hémistiche; enfin s'il n'y a pas eu abondance dans l'expression comme dans la pensée, c'est qu'on a manqué à la première condition du vers, qui veut être avant tout poétique, inspiré. On a bien pu accoupler des rimes, mais on n'a pas fait réellement des vers.

Cependant, au-dessous du vers obtenu difficilement, arraché hémistiche par hémistiche, lambeaux par lambeaux, il y a quelque chose de plus fatigant encore : c'est le vers commun que l'on retrouve partout, à quelques syllabes près, et dans lequel gravite impitoyablement le servile troupeau des plats imitateurs, qui finissent par rendre monotone jusqu'au genre même des maîtres, qu'ils décalquent ordinairement de la façon la moins originale et la plus pâle. Feuilletez la tragédie depuis Racine jusqu'aux derniers auteurs dramatiques, se prétendant classiques, vous trouverez, à très-peu d'exceptions près, un moule unique de vers fades et insipides; la faute en est à leur perpétuelle reproduction. Ce sont tantôt des hémistiches empruntés au complet et répétés sans cesse, comme ceux-ci et mille autres de même force :

. . . . . . Je tremble, je frissonne,

rimant avec :

La force m'abandonne.

. . . . . . De si trompeurs appas,

rimant avec :

Gardes, suivez mes pas !

ou bien avec :

> Un généreux trépas.

Tantôt ce sont des vers entiers dont toute l'idée poétique repose sur des points d'exclamation ou d'interrogation, comme dans ceux-ci :

> Madame, quel transport! qu'entends-je! et quel discours.
> Quoi! vous me reprochez de coupables amours!

> Ciel! que viens-je d'entendre? Amante infortunée!
> A ce comble d'horreur j'étais donc destinée!

> Princesse, vous partez! vous partez! Et pourquoi?
> Qui peut vous imposer cette barbare loi?

Nous connaissons cinquante tragédies représentées depuis Racine, Crébillon et Voltaire, qui sont écrites tout entières de réminiscences de cette force. Les auteurs de ces pièces nées de la mémoire des rimes ont tous

> Des transports furieux,

qu'ils font rimer avec

> Un spectacle odieux.

Certains fabricateurs d'odes, qui croient posséder l'admirable facture de Malherbe et de Jean-Baptiste Rousseau, composent tous leurs vers

> D'un sublime délire,

que doivent toujours accompagner

> Les accords de leur lyre.

Ils ne réfléchissent pas, les malheureux! que ces formes sont devenues triviales, tant la médiocrité en a abusé. Il n'y a pas d'écolier de quatrième qui ne puisse faire de ces vers-là, et c'est même ce qui abuse tant de jeunes gens qui se croient poëtes, parce qu'ils accouplent des hémistiches dont ils ne sont, sans s'en douter, que se souvenir.

La plupart de ceux qui méprisent, avec raison, les éternels plagiaires des plus médiocres vers du siècle de Louis XIV, depuis Campistron jusqu'à nos jours, font la sourde oreille pour eux-mêmes, eu égard aux auteurs nouveaux qu'ils imitent; ils oublient trop que leurs hémistiches langoureux, rédondants, saccadés, toujours froids, ont été déjà lus et relus mille fois. Ils ont accouplé des mots qui leur ont semblé doux ou saisissants, des mots qu'ils avaient rencontrés dans M. de Lamartine ou dans M. Victor Hugo, et ils n'ont pas fait attention, les aveugles-nés qu'ils sont, que ces génies ont des formes à eux, qui n'appartiennent qu'à eux, et auxquelles aucune main sacrilége ne peut toucher sans encourir la peine du ridicule, dernier degré de la misère en matière de littérature. Ces tristes prosateurs en vers, écoutez-les en nous parlant de la lune s'écrier :

. . . . Que ta lumière est douce !
. . . . Quand tu dors sur la mousse ;
Quand tu trembles, le soir, à travers les rameaux...

ou bien :

Quand tes pâles rayons se bercent sur les eaux ;

ou :

. . . . . . Caressent les eaux,

ou :

. . . . . . Flottent sur les eaux.

Dans les vers de ces messieurs, c'est

Un flot après un flot qui baise le rivage.

Tout chez eux est *mol azur, ciel pur.*

Tout s'en va

De colline en colline,

ou :

D'abîme en abîme,

ou bien

De vague en vague.

Partout, c'est dans leurs bals,

> Une femme *ingénue*,
> Une voix *inconnue*,
> Une taille *menue*.

Il y a eu un moment où pas un recueil de vers ne s'éditait sans que l'*Andalousie* n'y rimât avec *jalousie;* sans qu'*une danseuse ingénue* ne sentit frissonner quelque chose sur son *épaule nue;* aucun livre de poésie ne se publiait sans allonger des *bras osseux* ou sans montrer *des spectres aux doigts noueux*, sans qu'*un regard timide* ne tombât *noir ou bleu d'une paupière humide.*

Pour eux tout fut *incisif, corrosif: les pensers incisifs, les heures corrosives.* Ils crurent, en copiant l'épithète, avoir surpris le génie de l'auteur; les maladroits ! ils n'avaient fait que le heurter. Mais s'il ne faut pas imiter les grands poëtes en les copiant, en quoi consiste donc l'étude des bons et des beaux vers ? A avoir assez peu de mémoire pour ne se rappeler que l'ensemble, que la forme générale, afin de ne pas courir le risque de piller les détails et de se les approprier dans un ordre d'idées qui n'est jamais absolument semblable, ou a posséder une mémoire assez bien douée pour garder la faculté de distinguer sur-le-champ ce que l'on tire de sa propre imagination de ce dont on ne fait que se souvenir. Celui qui va rapinant çà et là des hémistiches pour en composer ses vers, ne peut être comparé qu'à un peintre inhabile, incapable, qui, prenant une tête de femme au Titien, des muscles d'homme au Dominiquin, poserait le tout sur une sandale grecque de David, et sous un chapeau claque d'Horace Vernet, dans la persuasion de réussir à faire de ces parties, bonnes en elles-mêmes et ainsi réunies, un tout égal aux modèles. Celui-ci n'aurait arrangé qu'une méchante caricature, l'autre n'a arrangé que de méchantes rimes.

COUP D'ŒIL

SUR

LES GENRES

DONT IL EST TRAITÉ DANS CE RECUEIL.

LE CONTE.

Le conte est le récit toujours simple d'une action amusante ou touchante. Il y a le conte merveilleux, c'est-à-dire qui n'a de possibilité que dans le domaine et les fantasmagories de l'imagination : c'est celui qui a trait à la féerie ; on en peut tirer néanmoins une conséquence et des leçons morales quand il n'est point qu'un vain amas de mensonges fantastiques. Il y a le conte philosophique : il est emprunté à une action réelle ou tout au moins possible dans la vie commune, et s'il s'embellit des séductions du style et des détails de l'esprit, c'est pour atteindre plus sûrement son but : moraliser en égayant ; il s'attache à tous les âges. Il y a le conte plus spécialement destiné à la jeunesse et qui ne choisit ses modèles et son action que dans les scènes de la vie du jeune âge : nous l'appellerons le conte naïf ; il est, du moins en vers, une création de notre époque sérieuse, à laquelle le genre merveilleux ne convenait plus autant ; son but est d'animer la morale par une action attrayante et persuasive ; quand à cela il sait réunir un style qui n'est pas sans charmes pour les grandes personnes, et surtout pour les mères, une poésie bien compréhensible, même pour l'enfance, il est tout près de la perfection.

L'APOLOGUE OU LA FABLE. — LA PARABOLE.

Quand on sentit le besoin de dire la vérité aux hommes sans les offenser trop directement et d'attirer leur attention sur leurs propres défauts par des images saisissables, on dut inventer la fable ou l'apologue. En effet, la fable n'est autre chose que la vérité déguisée et prenant, au besoin, jusqu'à la forme des bêtes pour instruire les hommes de leurs propres défauts. Ses qualités sont, entre autres, la justesse dans les applications, la bonne logique dans les déductions morales, et la souplesse et la naïveté dans le style. La Fontaine est le plus grand des fabulistes ; mais, comme l'enseignement de la jeunesse n'est pas ce qui l'a préoccupé avant tout, et qu'il s'est exercé à peindre l'homme sur toutes ses faces et dans toutes les situations, sa morale se contredit souvent, et il est moins le poëte et le philosophe de ceux qui entrent dans la vie que de ceux qui en sortent. Nous nous sommes donc plutôt appliqués à choisir, pour ce recueil, dans la Fontaine, les fables qui étaient d'une morale bonne en tous les temps, que celles qui renfermaient les plus hautes qualités du style et de l'imagination de ce merveilleux poëte ; nous étions toujours sûrs d'ailleurs que la moindre serait encore un diamant.

L'apologue proprement dit est une histoire faite pour instruire ou pour corriger.

La parabole est l'apologue religieux.

L'ÉPITRE ET LA SATIRE.

L'épître n'est autre chose qu'une lettre écrite en vers. Il n'est point de genre plus libre dans le choix de ses sujets et dans celui de son style. Elle peut traiter de toutes choses depuis la plus humble jusqu'à la plus sublime, et prendre, pour arriver à son but, le ton le plus noble et le plus familier.

Il y a plusieurs genres de satire. La satire littéraire a pour but de ramener au bon goût par la critique des mauvais auteurs ; mais comme le plus sage n'est pas exempt de passions, elle peut être injuste, et sacrifie trop souvent un nom honorable au plaisir de lancer un trait acéré, témoin les satires de Boileau lui-même, dont la postérité, fort heureusement, a cassé plus d'un arrêt. La satire de mœurs, que l'on nomme aussi la grande satire, s'adresse aux erreurs et aux vices des hommes, qu'elle gourmande impitoyablement.

Les passions de notre temps ont enfanté la satire exclusivement politique. C'est de celle-ci surtout que les sentences, rendues selon l'exaltation du quart d'heure, sont sujettes à appel ; aussi inconstante que les partis, on l'a vue qui relevait le lendemain ce qu'elle avait insulté la veille. Les plus médiocres esprits ont pu y prétendre : car souvent un amas d'épithètes injurieuses et de noms plus ou moins bien rimés lui suffisent. Beaucoup s'en sont mêlés ; mais quand on la relit à distance des passions et des colères du jour, même dans son versificateur le plus éminent, on est tout étonné de la trouver froide et décolorée, et d'y rencontrer plus de mots discordants que d'idées. Que sera-ce donc quand il n'existera plus rien de ce qu'elle a attaqué ?

En somme, la satire est une arme plus dangereuse pour ceux qui s'en servent que pour ceux contre lesquels elle est dirigée.

DE LA POÉSIE LYRIQUE ET DE LA POÉSIE ÉLÉGIAQUE.

La poésie lyrique fut, suppose-t-on, le premier besoin de l'âme, et, par conséquent, fut la mère de toutes les autres poésies. L'homme, sortant des mains du Créateur, dut, à l'aspect des merveilles qui l'entouraient, jeter un cri de surprise et d'admiration. C'était un élan lyrique. Il semblerait résulter de là que le travail et trop de perfection nuisent à ce genre de poésie, et que l'abrupte nature pour lui ferait mieux que l'art. Mais il n'en est rien : le goût et l'art doivent passer partout pour tout anoblir. Le désordre même qui semble convenir à la poésie lyrique n'est chez elle, comme l'a dit Boileau, qu'un effet de l'art. Toutefois, hâtons-nous de faire remarquer que le lyrisme ne doit jamais avoir l'air compassé, et que le travail qui s'y fait trop sentir le rend froid, monotone, ou, pour mieux dire, en change toutes les conditions. On reprochait, quelquefois à bon droit, avant le siècle présent aux poëtes lyriques français l'excès trop apparent de ce travail. On trouvait aussi qu'ils manquaient en général d'inspiration, premier caractère du lyrisme, parce qu'ils empruntaient la plupart du temps leurs sujets ou leurs images à la vieille mythologie grecque, qui n'a plus qu'un sens mort pour les peuples modernes. Il y avait du vrai dans ces reproches que nous faisaient les étrangers, quoique nos poëtes lyriques classiques nous aient laissé plusieurs chefs-d'œuvre du genre. Un grand mouvement poétique s'est opéré depuis vingt à vingt-cinq années en France, et les poëtes lyriques, ceux qui s'inspirent du sentiment, sont ceux qui y abondent maintenant le plus. Cette abondance même est devenu un véritable flux, une contagion; et il n'est plus guère de jeune échappé de collége qui n'ait sa petite ode mélancolique, assez dépourvue de pensée naturellement, mais pas trop mal tournée, à présenter en l'occasion, comme autrefois on avait son bouquet à Chloris. C'est peut-être que le sentiment n'a fait que changer de forme.

On verra que nous avons admis que le lyrisme peut se retrouver, se retrouve même nécessairement dans beaucoup de genres. Nous avons donné de nombreux modèles de chacun d'eux, parce qu'ils nous offraient des choses complètes, et, par conséquent, plus agréables au lecteur. Quant à la poésie élégiaque, elle n'admet guère d'autre explication que ceci : *C'est le sentiment même.* On verra qu'elle se confond quelquefois avec la poésie lyrique, comme la poésie lyrique se confond souvent avec elle. Toutefois, l'une emprunte davantage à l'exaltation, et l'autre davantage aux larmes. Avec beaucoup d'imagination et peu de cœur, on arrive encore quelquefois à produire de beaux effets lyriques ; mais sans cœur, eût-on la tête la plus richement douée, on ne produit rien de vraiment élégiaque.

LA TRAGÉDIE, LA COMÉDIE, ET LE GENRE DRAMATIQUE EN GÉNÉRAL.

La tragédie est une action théâtrale qui tend à un dénoûment terrible, et dans laquelle on voit se mouvoir, on entend parler plusieurs personnages : se préparer, se nouer et se dénouer, voilà le début, le milieu et la fin de la tragédie, comme de toute action dramatique. Elle se développe presque toujours en cinq ou en trois actes ou parties, après chacune desquelles le rideau du théâtre peut tomber, car la scène reste vide. Les actes se divisent eux-mêmes en scènes qui se forment ordinairement par l'entrée et la sortie des personnages, sans toutefois que le théâtre puisse rester un seul instant vide et inanimé pendant la durée de l'acte. La première, l'indispensable condition de toute action dramatique est d'être une, c'est-à-dire d'appeler, de concentrer l'intérêt des spectateurs sur une même passion, sur une même intrigue, sur un dénoûment unique. Tous les personnages de l'action doivent se mouvoir dans ce même but, et tous les fils de la pièce se rattacher au même événement. C'est pour cela que le nombre trop grand des personnages et des incidents nuit souvent et embarrasse ; cela peut faire du spectacle, mais cela ne fait généralement ni de l'intérêt, ni de la tragédie. Naguère encore, on imposait à la tragédie et à la haute comédie, outre l'unité d'action, l'unité de temps et l'unité de lieu, c'est-à-dire que l'action devait se passer dans un espace de temps très-circonscrit, vingt-quatre heures, par exemple, et qu'elle ne devait pas sortir de l'enceinte dans laquelle on l'avait tout d'abord présentée. Ces deux dernières unités, surtout l'unité de lieu, sont aujourd'hui fort négligées des nouveaux auteurs dramatiques qui, en s'affranchissant de toute convention et de toute règle, n'ont fait quelquefois que se créer des difficultés nouvelles et blesser le goût et la raison. La tragédie, du moins telle qu'on l'entendait naguère encore, doit, d'un côté, électriser l'âme par la magnificence de ses traits, l'éclat de son langage et de ses discours, et de l'autre inspirer l'horreur du crime par le tableau des remords et la terreur du châtiment. Autrefois, on ne se serait pas permis d'exposer sur le théâtre une action en vue seulement de jeter le trouble dans l'esprit des spectateurs et de leur arracher des larmes vulgaires. Les terreurs de la tragédie étaient pleines de leçons, et les larmes qu'elle tirait étaient nobles et choisies; un trait sublime du grand Corneille les faisait briller quelquefois dans les yeux du grand Condé. Il est peu d'auteurs à présent qui n'aient perdu de vue ce double but du théâtre : grandir l'homme et le corriger. On a beau dire que le théâtre ne corrige pas; du moins est-on bien certain que son influence peut être des plus pernicieuses; or, si l'on convient, par ce qu'on en a des témoignages malheureusement éclatants, qu'il est perfidement habile à pousser au mal, pourquoi ne serait-il pas heureusement habile à porter au bien?

C'est à l'ancienne tragédie que nous avons emprunté la plupart des récits et des dialogues en vers de ce recueil. Malgré tout le respect que nous avons pour elle, nous ne pouvons nous défendre d'avouer que, par cela même qu'elle nous a fourni de si beaux modèles d'éloquence, elle n'avait peut-être pas à un degré suffisant le mouvement, qui est la première vie de toute œuvre théâtrale; on racontait trop, on discourait trop dans l'ancienne tragédie; on n'agissait pas toujours assez. De là vient qu'aujourd'hui, que les spectateurs ont en grande partie perdu la délicatesse d'ouïe et de goût qui est indispensable pour qu'on s'arrête aux détails de style des chefs-d'œuvre de la scène, l'ancien théâtre paraît froid et inanimé.

La comédie est, quoique avec moins de rigueur, assujettie aux mêmes règles que la tragédie. Son but est de corriger les mœurs en égayant l'homme sur lui-même, et en faisant concourir à une même action et à un même dénoûment tous les travers de l'esprit humain. La comédie a, comme toute œuvre dramatique sagement conduite, sa préparation, son nœud et son dénoûment; seulement, à l'opposé de la tragédie, celui-ci, dans la comédie, n'est jamais terrible, et ne laisse pas de douloureuses impressions dans l'esprit des spectateurs, bien qu'il doive toujours tourner à la confusion du vice ou du ridicule. La comédie légère a pu ne pas s'astreindre aux mesures de cinq ou trois actes, reconnues les plus favorables à l'entier et bon développement des actions scéniques. La comédie légère n'a souvent qu'un acte; mais il y a peu d'exemples de pièces en quatre actes; il n'y en a pas au Théâtre-Français qui aient plus de cinq actes; au-dessus de ce terme, l'action languit et devient insoutenable. Quant à la haute comédie, elle s'astreint presque toujours aux mêmes nombres d'actes que la tragédie, cinq ou trois. Un acte ne suffit pas en général à la préparation, au nœud et au dénoûment d'une œuvre dramatique fortement conçue. C'est bon pour les œuvres légères.

La haute comédie, ou comédie de mœurs, qui comporte les situations sérieuses de la vie et dont le langage est en général plus mordant et satirique que jovial, n'enlève pas aussi fréquemment que l'autre les explosions de rire des spectateurs; elle porte à la réflexion et à la philosophie pratique de la vie plus qu'à une gaieté sans frein; elle sourit plutôt qu'elle n'éclate; elle plaît surtout aux gens de goût par la finesse de ses aperçus et l'attrayante puissance de ses leçons.

La comédie légère n'y fait pas tant de façons; elle s'attache aux situations non les plus pleines d'enseignement, mais les plus égayantes de la vie, elle les accumule, les presse, et en fait sortir le fou rire à pleins bords. Amuser, faire rire, faire rire encore, distraire l'homme de ses peines, voilà tout d'abord ce qui la préoccupe; et ce n'est assurément point à dédaigner. Mais elle flotte entre deux écueils, le trivial ou le grossier, et le quintessencié ou le musqué. Le grand Molière n'a pas toujours su éviter le premier; et depuis un auteur d'un charmant talent d'ailleurs, Marivaux, beaucoup d'auteurs sont tombés dans le second.

La mesure et la rime du vers, si utiles dans la tragédie pour faire ressortir en jets de flamme les grandes et fortes pensées, ne le sont pas moins dans la comédie pour mieux détacher et lancer le trait; le trait comique, au moyen du vers, porte coup à chaque fois, entre et reste dans la mémoire.

La tragi-comédie n'est pas tant, malgré son titre, le mélange de la tragédie et de la comédie qu'un certain genre héroïque tenant le milieu entre les deux autres sans se confondre avec eux. La tragi-comédie proprement dite n'a jamais joui d'une faveur marquée auprès du public. Corneille et Molière, le premier surtout, sont les seuls poëtes à peu près qui aient réussi à la faire admettre, et eux-mêmes n'en ont fait qu'un usage très-discret. On pourrait dire, pour essayer de la définir, si tant est qu'elle soit définissable, que c'est ou une comédie montée sur des échasses et à laquelle manque la franche gaieté, ou une tragédie, moins les larmes et moins la catastrophe.

Quant au drame nouveau, qui participe aussi des deux genres, en laissant toutefois la plus large place, et surtout celle du dénoûment au premier, on a bien entrepris de dire ce qu'il pourrait être; mais jusqu'à ce jour on ne sait pas au juste ce qu'il est. Entre autres reproches que l'on fait au mélange des deux genres tragique et comique, est celui de placer le rire trop près des larmes, et, en donnant ainsi le change à chaque instant aux émotions des spectateurs, de finir quelquefois par ne faire ni rire ni pleurer. Les partisans du drame nouveau disent que, dans la vie, les rires et les larmes se confondent, et qu'en les présentant à côté les uns des autres, ils se rapprochent de la vérité et de la nature. On leur répond que le théâtre restant, malgré tout, en toute circonstance, jusque dans sa forme, jusque dans son langage, une chose éminemment de convention, non la représentation de la vie, mais un choix dans les émotions de la vie, on a pu, on a dû convenir de dégager le rire des larmes et les larmes du rire, pour concentrer tout l'intérêt sur l'un ou l'autre objet, sans le partager. C'est encore parce que le théâtre né saurait être jamais autre qu'une chose de convention, que les adversaires du nouveau drame répugnent à le voir mêler des expressions et des situations triviales, jusque dans le langage poétique et au milieu des situations les plus terribles, sous le prétexte de se rapprocher par là encore de la nature. C'est ici surtout que les bonnes raisons se pressent contre les partisans du nouveau drame, particulièrement quand on emploie le langage versifié. Mais nous ne suivrons pas plus longtemps les partisans de l'une ou l'autre école dramatique dans leurs différents motifs pour ou contre le mélange des genres et le mélange des styles. Nous ajouterons seulement que des hommes de goût ont pris un milieu entre les points extrêmes; que, sans trop brusquer les changements, ils ont su faire passer sans répugnance les spectateurs d'une situation tragique à une situation moins relevée et se rapprochant du comique, et que, sans descendre au trivial dans leur langage, ils ont su le faire passer avec ménagement des inspirations lyriques, du mouvement le plus touchant ou le plus terrible à une heureuse simplicité qui repose, mais ne blesse pas. C'est à ces hommes de goût que nous avons fait nos principaux emprunts de dialogues dans le nouveau drame en vers.

LE POËME DIDACTIQUE ET DESCRIPTIF.

Ce genre de poëme nous a fourni la plupart des descriptions et des définitions que renferme ce recueil. Il a le défaut d'être dépourvu d'une action principale et d'être par conséquent assez froid. Il ne fallait pas moins que le génie de Virgile pour animer le poëme des *Géorgiques*, qui est le poëme didactique et descriptif par excellence. Virgile, dans ses *Géorgiques*, a tracé le tableau des champs et de la vie champêtre, et de temps à autre, par des épisodes ou courtes actions empruntées à son sujet, il a eu soin de répandre à propos la vie là où elle était prête à manquer. Le fils du grand Racine, Louis Racine, qui possédait lui-même à un très-haut degré l'art de la versification et qui n'était pas dépourvu du feu poétique, a le premier, en France, fait un poëme didactique remarquable : c'est la religion chrétienne qui le lui a inspiré ; il s'y attache à peindre toutes les grandeurs et tous les bienfaits de cette religion même. Le dix-huitième siècle fut encombré de poëmes didactiques qui peignaient tout, la raison, la philosophie, les arts, les saisons, tout, excepté la véritable nature et la vraie poésie ; comme ils manquaient d'inspiration, ce n'étaient, pour la plupart, que de longs et monotones chapitres rimés : c'est à peine si on s'en souvient aujourd'hui. Delille ranima pour un temps le genre didactique et descriptif ; il y dépensa beaucoup de vers, de talent et de fécondité ; s'il eût moins produit, on peut croire qu'il resterait davantage de lui à la postérité. Comme long poëme, comme galerie, ce genre est à peu près abandonné ; mais comme tableaux épars et convenablement placés, il vit et vivra toujours : son ensemble fatigue ; mais, par compensation, ses détails reposent ; tous les genres qui lui ont survécu s'en emparent, et de ses fragments dispersés se font des ornements.

L'ÉPOPÉE OU POÉSIE ÉPIQUE.

De tous les genres de poésie, le plus grand, le moins abordable, sans contredit, est celui de l'épopée ou poésie épique. L'épopée a pour objet principal la narration d'une action première autour de laquelle se groupent des épisodes comme d'utiles satellites ; l'antique épopée racontait surtout les hauts faits et les aventures héroïques d'un même homme dans une circonstance donnée et limitée ; l'humanité tout entière et les dieux mêmes de l'Olympe mythologique s'intéressaient à la cause de cet homme, de ce héros, pivotaient autour de lui, et ne lui servaient, en quelque sorte, que de moyen. Tels sont Achille, dans *l'Iliade* d'Homère ; Ulysse dans *l'Odyssée* du même poëte ; Énée dans *l'Énéide*. Les combats paraissent surtout avoir été la vie de l'épopée antique ; quant au motif, il pouvait en être emprunté à diverses causes.

Dans les âges nouveaux, l'épopée, devenue chrétienne avec les poëtes, parut incertaine sur la route qu'elle avait à suivre. Le Tasse vint, qui résolut, au moins pour l'Italie, le problème, dans sa *Jérusalem délivrée*, en remplaçant la mythologie par le merveilleux, et l'héroïsme de la fable par l'héroïsme religieux de la chevalerie. Milton, dans *le Paradis perdu*, à l'occasion de la chute du premier homme, osa faire de la lutte même de Satan et des anges déchus contre Dieu, le sujet d'un vaste poëme, et l'Angleterre, à défaut d'une épopée terrestre, eut une épopée divine. Klopstock, en Allemagne, le Camoëns, en Portugal, s'essayèrent à la poésie épique, le premier dans *la Messiade*, le second dans *la Lusiade*; mais malgré le mérite de leurs ouvrages, ils ne réussirent point. Voltaire, au profit de la France, entreprit la même tâche dans sa *Henriade*; il réussit peut-être moins encore. A l'épopée chrétienne il faut la poésie de la foi ; Voltaire n'avait trop souvent que celle de la philosophie de son siècle, qui matérialisait et refroidissait tout ; sa *Henriade* renferme de belles pages, mais la lecture du poëme dans son entier est fatigante et à peine soutenable. *La Henriade* manque à peu près de tout ce qui caractérise le genre auquel elle essaye d'appartenir. L'épopée chrétienne tente, de nos jours, de prendre un autre tour que celle du Tasse et même que celle de Milton ; elle devient presque exclusivement mystique : c'est en quelque sorte la lutte de deux pensées. A notre avis, ceux qui se lancent dans cette nouvelle voie peuvent produire de fort beaux poëmes ; mais pour une épopée, non. Beaucoup de morceaux, d'ailleurs, dans nombre de poëtes, appartiennent au genre épique. Nous en avons détaché quelques-uns pour les joindre à ce recueil. La véritable épopée renferme en elle tous les genres de poésie ; c'est d'elle sans doute qu'ils sortirent tous ; elle est la plus large, la plus imposante conception du génie humain. Homère, son créateur, l'a presque seul présentée d'une manière parfaite, et l'on serait tenté de croire que ce chantre sublime en emporta le moule avec lui. A l'épopée, d'ailleurs, l'élan des premiers âges, qui admiraient et chantaient, convenait mieux que les calculs des âges modernes qui doutent et décomposent.

BEAUTÉS
DE LA
LITTÉRATURE FRANÇAISE.

POÉSIE.

CONTES MORAUX
ET
HISTOIRES PHILOSOPHIQUES, EN VERS.

GRISELIDIS.

Vivait jadis un jeune et vaillant prince,
    Les délices de sa province.
Le ciel, en le formant, sur lui, tout à la fois,
    Versa ce qu'il a de plus rare,
Ce qu'entre ses amis d'ordinaire il sépare,
    Et qu'il ne donne qu'aux grands rois.
Il aima les combats, il aima la victoire,
    Les grands projets, les actes valeureux,
Et tout ce qui fait vivre un beau nom dans l'histoire;
    Mais son cœur, tendre et généreux,
Fut encor plus sensible à la solide gloire
    De rendre ses peuples heureux.
    Ce tempérament héroïque
Fut obscurci d'une sombre vapeur,

Qui, chagrine et mélancolique,
Lui faisait voir dans le fond de son cœur
Tout l'autre sexe en peu digne couleur.

Cependant ses sujets, que leur intérêt presse
 De s'assurer d'un successeur
Qui les gouverne un jour avec même douceur
A leur donner un fils le conviaient sans cesse.
Un jour, dans le palais, ils vinrent tous en corps,
 Pour faire leurs derniers efforts.
 Un orateur, d'une grave apparence
 Et le meilleur qui fût alors,
Dit tout ce qu'on peut dire en pareille occurrence;
 Il marqua leur désir pressant
De voir sortir du prince une heureuse lignée
Qui rendît à jamais leur état florissant.

 D'un ton moins simple et d'une voix plus forte,
Le prince à ses sujets répondit de la sorte :
 « Le zèle ardent dont je vois qu'en ce jour
 Vous me portez au nœud du mariage,
 Me fait plaisir, et m'est de votre amour
 Un agréable témoignage ;
 J'en suis sensiblement touché,
Et voudrais dès demain pouvoir vous satisfaire.
 Mais à mon sens l'hymen est une affaire
Où plus l'homme est prudent, plus il est empêché
Si donc vous souhaitez qu'à l'hymen je m'engage,
 Cherchez une jeune beauté
 Sans orgueil et sans vanité,
 D'une obéissance achevée,
 D'une patience éprouvée,
 Et qui n'ait point de volonté :
Je la prendrai quand vous l'aurez trouvée. »

Le prince, ayant mis fin à ce discours moral,

Monte brusquement à cheval,
　Et court joindre, à perte d'haleine,
Sa meute qui l'attend au milieu de la plaine.

Après avoir passé des prés et des guérets,
Il trouve ses veneurs couchés sur l'herbe verte :
　Tous se lèvent, donnent l'alerte,
Et troublent de leurs cors les hôtes des forêts.
　Des chiens courants l'aboyante famille,
　Deçà, delà, parmi le chaume brille ;
　Et les limiers, à l'œil ardent,
Qui, du fort de la bête, à leur poste reviennent,
　Entraînent, en les regardant,
　Les forts valets qui les retiennent.

　S'étant instruit par un des siens
　Que tout est prêt, que l'on est sur la trace,
Il ordonne aussitôt qu'on commence la chasse,
　Et fait donner le cerf aux chiens.
　Le son des cors qui retentissent,
　Le bruit des chevaux qui hennissent,
Et des chiens animés les pénétrants abois,
Remplissent la forêt de tumulte et de trouble ;
Et, pendant que l'écho sans cesse les redouble,
S'enfoncent avec eux dans le plus creux du bois.
Le prince, par hasard, ou par sa destinée
　Prend une route détournée,
　Où nul des chasseurs ne le suit ;
　Plus il court, plus il s'en sépare.
　Enfin, à tel point il s'égare,
Que des chiens et des cors il n'entend plus le bruit.

L'endroit où le mena sa bizarre aventure,
　Clair de ruisseaux et sombre de verdure,
Saisissait les esprits et pénétrait le cœur.
　La simpl et naïve nature

S'y faisait voir et si belle et si pure,
Que mille fois il bénit son erreur.
　Rempli des douces rêveries
Qu'inspirent les grands bois, les eaux et les prairies,
Il sent soudain frapper et son cœur et ses yeux
　　Par l'objet le plus agréable,
　　Le plus doux et le plus aimable
　　Qu'il eût jamais vu sous les cieux.

　　C'était une jeune bergère
　　Qui filait au bord d'un ruisseau,
　　Et qui, conduisant son troupeau,
　　D'une main sage et ménagère
　　Tournait son agile fuseau.
Elle aurait pu dompter les cœurs les plus sauvages;
　　Des lis elle avait la blancheur,
　　Et sa naturelle fraîcheur
S'était toujours sauvée à l'ombre des bocages :
Sa bouche de l'enfance avait tout l'agrément;
Et ses yeux, qu'adoucit une brune paupière,
　　Plus bleus que n'est le firmament,
　　Avaient aussi plus de lumière.
Le prince, avec transport, dans le bois se glissant,
Contemple les beautés dont son âme est émue ;
　　Mais le bruit qu'il fait en passant,
De la belle sur lui fait détourner la vue.
　　Dès qu'elle se vit aperçue,
D'un brillant incarnat la prompte et vive ardeur,
　De son beau teint redoubla la splendeur,
　　Et sur son visage épandue,
　　Y fit triompher la pudeur.

Sous le voile innocent de cette honte aimable,
Le prince découvrit une simplicité,
　　Une douceur, une sincérité,
　Dont il croyait le beau sexe incapable,

Et qu'il vit là dans toute leur beauté.
Saisi d'une frayeur pour lui toute nouvelle,
Il s'approche interdit, et, plus timide qu'elle,
  Lui dit d'une tremblante voix :
Que de tous ses veneurs il a perdu la trace,
  Et lui demande si la chasse
 N'a point passé quelque part dans le bois.
« Rien n'a paru, seigneur, dans cette solitude,
Dit-elle, et nul ici que vous n'est parvenu ;
  Mais n'ayez point d'inquiétude,
Je remettrai vos pas sur un chemin connu.
  — De mon heureuse destinée
Je ne puis, lui dit-il, trop rendre grâce aux dieux :
  Depuis longtemps, je fréquente ces lieux ;
Mais j'avais ignoré jusqu'à cette journée,
  Ce qu'ils ont de plus précieux. »

Dans ce temps, elle voit que le prince se baisse
  Sur le moite bord du ruisseau,
 Pour étancher, dans le cours de son eau,
  La soif ardente qui le presse.
  « Seigneur, attendez un moment, »
  Dit-elle ; et courant promptement
 Vers sa cabane, elle y prend une tasse,
  Qu'elle offre d'un air où la grâce
  Le dispute à l'empressement.
Les vases précieux de cristal et d'agate,
  Où l'or en mille endroits éclate,
Et qu'un art curieux avec soin façonna,
Pour le prince jamais, dans leur pompe inutile,
N'eurent tant de beauté que le vase d'argile
  Que la bergère lui donna.

  Mais cependant guidé par celle
  Qu'il trouvait bonne autant que belle,
  Il suivit les détours du bois

Et les sentiers dans les bruyères,
Jusqu'à ce qu'entre les clairières,
De son palais il aperçût les toits.

« Merci, mais sans adieu, bergère, »
Lui dit le prince en la quittant.
Et chez elle, prompte et légère,
Elle revint l'esprit content.

Deux jours à peine après le prince allait en chasse :
De ses veneurs adroitement
Il s'échappe et se débarrasse,
Pour s'égarer heureusement.
Des arbres et des monts les cimes élevées,
Qu'avec grand soin il avait observées,
Et mieux encor, de son cœur les avis
Le guidèrent si bien que, malgré les traverses
De cent routes diverses,
De sa jeune bergère il trouva le logis.

Il apprend qu'elle n'a que son père avec elle,
Que Griselidis on l'appelle,
Qu'ils vivent doucement du lait de leurs brebis
Et que de la toison, qu'elle seule elle file,
Sans avoir recours à la ville,
Ils font eux-mêmes leurs habits.
Plus il la voit, plus il s'enflamme
Des vives beautés de son âme ;
Il connaît, en voyant tant de dons précieux,
Que si la bergère est si belle,
C'est qu'une légère étincelle
De l'esprit qui l'anime a passé dans ses yeux.
Il ressent une joie extrême
D'avoir si bien placé ses premières amours ;
Aussi, sans plus tarder, il fit, dès le jour même,
Assembler son conseil, et lui tint ce discours :

« Enfin aux lois du mariage,
　Suivant vos vœux, je me vais engager;
Je ne prends point ma femme en pays étranger :
Je la prends parmi vous, belle, mais surtout sage,
Ainsi que mes aïeux ont fait plus d'une fois;
　Mais j'attendrai que l'heure soit venue
　　Pour vous informer de mon choix. »

　　Dès que la nouvelle fut sue,
　　Partout elle fut répandue.
On ne peut dire avec combien d'ardeur
　　　L'allégresse publique
　　　De tous côtés s'explique;
　　Le plus content fut l'orateur,
　　Qui, par son discours pathétique,
Croyait d'un si grand bien être l'unique auteur.

Le plaisir fut de voir le travail inutile
　　Des belles de toute la ville,
　Pour s'attirer et mériter le choix
Du prince leur seigneur, qu'un air chaste et modeste
　　　Enchantait plus que tout le reste,
　　Ainsi qu'il l'avait dit cent fois.
D'habit et de maintien toutes elles changèrent,
　　　D'un ton dévot elles toussèrent,
　　Elles radoucirent leurs voix;
　De demi-pied leurs coiffures baissèrent,
Le corsage monta, les manches s'allongèrent :
A peine on leur voyait le petit bout des doigts.

　　　Enfin du fameux hyménée
　　　Arriva la grande journée.
　　Sur le fond d'un ciel vif et pur,
　　　A peine l'aurore vermeille
　　　Confondait l'or avec l'azur,
Que partout, en sursaut, le beau sexe s'éveille;

Le peuple curieux s'épand de tous côtés
En différents endroits des gardes sont postés
    Pour contenir la populace,
    Et la contraindre à faire place.
  Tout le palais retentit de clairons,
De flûtes, de hautbois, de rustiques musettes ;
    Et l'on n'entend aux environs
    Que des tambours et des trompettes.

Le prince radieux, entouré de sa cour,
    Sort. Il s'élève un cri de joie ;
Mais on est bien surpris, quand, au premier détour,
De la forêt prochaine on voit qu'il prend la voie.
    Il traverse rapidement
Les guérets de la plaine, et gagne la montagne ;
Il entre dans le bois, au grand étonnement
    De la troupe qui l'accompagne.

    En son plus bel accoutrement,
  Pour aller voir la pompe magnifique,
    De dessous sa case rustique
Griselidis sortait en ce même moment.

  « Où courez-vous, si prompte et si légère ?
    Lui dit le prince, arrêtez-vous, bergère.
La noce où vous allez, et dont je suis l'époux,
    Ne saurait se faire sans vous.
    Oui, je vous aime, et je vous ai choisie
    Entre mille jeunes beautés,
Pour passer avec vous le reste de ma vie,
Si toutefois mes vœux ne sont pas rejetés.
  — Ah ! dit-elle, seigneur, je n'ai garde de croire
Que je sois destinée à ce comble de gloire,
    Vous cherchez à vous divertir.
    — Non, reprit-il, je suis sincère ;
    J'ai déjà pour moi votre père.

(Le prince avait eu soin de l'en faire avertir.)
    Daignez, bergère, y consentir :
    C'est là tout ce qui reste à faire.
Mais afin qu'entre nous une solide paix
        Éternellement se maintienne,
Il faudrait me jurer que vous n'aurez jamais
        D'autre volonté que la mienne.
— Je le jure, dit-elle, et je vous le promets;
Si j'avais épousé le moindre du village,
    J'obéirais, son joug me serait doux :
        Hélas! combien donc davantage,
        Si je viens à trouver en vous
        Et mon seigneur et mon époux! »

        Ainsi le prince se déclare;
Et pendant que la cour applaudit à son choix,
Il porte la bergère à souffrir qu'on la pare
Des ornements qu'on donne aux épouses des rois.
Celles qu'à cet emploi leur devoir intéresse
Entrent dans la cabane, et, là, diligemment,
Mettent tout leur savoir et toute leur adresse
A donner de la grâce à chaque ajustement.
        Dans cette hutte où l'on se presse,
        Les dames admirent sans cesse
        Avec quel art la pauvreté
        S'y cache sous la propreté;
        Et cette rustique cabane
Que couvre et rafraîchit un spacieux platane,
        Leur semble un séjour enchanté.

Enfin, de ce réduit sort pompeuse et brillante
        La bergère charmante.
    Ce ne sont qu'applaudissements
    Sur sa beauté, sur ses habillements.
        Mais sous cette pompe étrangère,
Déjà, plus d'une fois, le prince a regretté

Des ornements de la bergère
L'innocente simplicité.

Sur un grand char d'or et d'ivoire
La bergère s'assied, pleine de majesté;
Le prince y monte avec fierté,
Et ne trouve pas moins de gloire
A se voir comme époux assis à son côté,
Qu'à marcher en triomphe après une victoire.
La cour les suit, et tous gardent le rang
Que leur donne leur charge ou l'éclat de leur sang.
La ville, dans les champs presque toute sortie,
Couvrait les plaines d'alentour;
Et du choix du prince avertie,
Avec impatience attendait son retour.
Il paraît; on le joint. Parmi l'épaisse foule
Du peuple qui se fend, le char à peine roule;
Par les longs cris de joie à tout coup redoublés,
Les chevaux émus et troublés,
Se cabrent, trépignent, s'élancent,
Et reculent plus qu'ils n'avancent.
Dans le temple on arrive enfin;
Et là, par la chaîne éternelle
D'une promesse solennelle,
Les deux époux unissent leur destin.

De toute la province,
Le lendemain, les différents états
Accourent haranguer la princesse et le prince,
Par la voix de leurs magistrats.
De ses dames environnée,
Griselidis, sans paraître étonnée,
En princesse les entendit,
En princesse leur répondit.
Elle fit toute chose avec tant de prudence,
Qu'il sembla que le ciel eût versé ses trésors

Avec encor plus d'abondance
Sur son esprit que sur son corps

Par un enfant, dès la première année,
Le ciel bénit l'union fortunée.
Ce ne fut point un prince, on l'eût bien souhaité ;
Mais la jeune princesse avait tant de beauté,
Que l'on ne songea plus qu'à conserver sa vie.
Le père, qui lui trouve un air doux et charmant,
La venait voir de moment en moment,
Et la mère, encor plus ravie,
La regardait incessamment.
Elle voulut la nourrir elle-même :
« Ah ! dit-elle, comment m'exempter de l'emploi
Que ses cris demandent de moi,
Sans une ingratitude extrême ?
Par un motif de nature ennemi,
Pourrai-je bien vouloir, de mon enfant que j'aime,
N'être la mère qu'à demi ? »

Mais, par malheur, dans sa mélancolie
Le prince retomba sans cause ni raison ;
Griselidis, malgré son cœur si bon,
Fut la victime, attachée à sa vie,
Contre qui s'exerça son esprit agité.
Dans tout ce que fait la princesse
Il s'imagine voir peu de sincérité ;
Sa trop grande vertu le blesse :
C'est un piége qu'on tend à sa crédulité.

Pour guérir les chagrins dont son âme est atteinte,
Il la suit, il l'observe, il aime à la troubler
Par les ennuis de la contrainte,
Par les alarmes de la crainte,
Par tout ce qui peut démêler
La vérité d'avec la feinte.

« C'est trop, dit-il, me laisser endormir ;
Si ses vertus sont véritables,
Les traitements les plus insupportables
Ne feront que les affermir. »

Dans son palais il la tient resserrée
Loin de tous les plaisirs qui naissent à la cour,
Et dans sa chambre, où seule elle vit retirée,
A peine il laisse entrer le jour
Persuadé que la parure
Et les coquets ajustements,
Du sexe que pour plaire a formé la nature
Sont les plus doux enchantements,
Il lui demande avec rudesse
Les perles, les rubis, les bagues, les bijoux
Qu'il lui donna pour marque de tendresse,
Le jour qu'il devint son époux.
Elle, dont la vie est sans tache,
Et qui n'a jamais eu d'attache
Qu'à s'acquitter de son devoir,
Les lui donne sans s'émouvoir ;
Et même, le voyant se plaire à les reprendre,
N'a pas moins de joie à les rendre
Qu'elle en eut à les recevoir.

« Pour m'éprouver mon époux me tourmente
Dit-elle, et je vois bien qu'il ne me fait souffrir
Qu'afin de ranimer ma vertu languissante,
Qu'un doux et long repos pourrait faire périr.
S'il n'a pas ce dessein, du moins suis-je assurée
Que telle est du Seigneur la conduite sur moi,
Et que de tant de maux l'ennuyeuse durée
N'est que pour exercer ma constance et ma foi. »

Le prince a beau la voir obéir sans contrainte
A tous ses ordres absolus :

« Je sais le fondement de cette vertu feinte,
Dit-il ; et ce qui rend tous mes coups superflus,
  C'est qu'ils n'ont porté leur atteinte
 Qu'à des endroits où son amour n'est plus.
Dans son enfant, dans la jeune princesse,
  Elle a mis toute sa tendresse :
A l'éprouver si je veux réussir,
  C'est là qu'il faut que je m'adresse ;
  C'est là que je puis m'éclaircir. »

 Elle venait de donner la mamelle
 Au tendre objet de son amour ardent,
Qui, couché sur son sein, se jouait avec elle,
  Et riait en la regardant.
« Je vois que vous l'aimez, lui dit-il ; cependant
Il faut que je vous l'ôte en cet âge encor tendre,
Pour lui former les mœurs, et pour la préserver
De certains mauvais airs qu'avec vous l'on peut prendre ;
  Mon heureux sort m'a fait trouver
Une dame d'esprit, qui saura l'élever
Dans toutes les vertus et dans la politesse
  Que doit avoir une princesse ;
  Disposez-vous à la quitter,
  On va venir pour l'emporter. »

Il la laisse à ces mots, n'ayant pas le courage
  Ni les yeux assez inhumains
  Pour voir arracher de ses mains
  De leur amour l'unique gage.
Elle, de mille pleurs se baigne le visage,
  Et dans un morne accablement,
Attend de son malheur le funeste moment.

Dès que d'une action si triste et si cruelle
Le ministre odieux à ses yeux se montra :
  « Il faut obéir, » lui dit-elle ;

Puis, prenant son enfant, qu'elle considéra,
　Qu'elle baisa d'une ardeur maternelle,
Qui, de ses petits bras, tendrement la serra,
　　Toute en pleurs elle le livra.
　　Ah! que sa douleur fut amère!
　　Arracher l'enfant ou le cœur
　　Du sein d'une si tendre mère,
　　　C'est la même douleur.

　　Près de la ville était un monastère
　　　Fameux par son antiquité,
Où des vierges vivaient dans une règle austère,
Sous les yeux d'une abbesse illustre en piété :
　　　Ce fut là que, dans le silence,
　　　Et sans déclarer sa naissance,
On déposa l'enfant et des bagues de prix,
　　Sous l'espoir d'une récompense
　　Digne des soins que l'on en aurait pris.

　　Le prince croit que dans la pauvre mère
　　Il va trouver la lionne en colère
　　　A qui son petit fut ôté :
　　　Cependant il en fut traité
　　　Avec douceur, avec caresse,
　　　Et même avec cette tendresse
Qu'elle eut aux plus beaux jours de sa prospérité.

Par cette complaisance, et si grande et si prompte,
　Il fut touché de regret et de honte;
Mais son cœur inquiet demeura le plus fort :
Ainsi deux jours après, avec des larmes feintes,
Pour lui porter encor de plus vives atteintes,
　　Il vint lui dire que la mort
De leur aimable enfant avait fini le sort.

Ce coup inopiné mortellement la blesse;

Toutefois, malgré sa tristesse,
Ayant vu son époux qui changeait de couleur,
Elle parut oublier son malheur,
Et n'avait même de tendresse
Que pour le consoler de sa fausse douleur.

Cependant la jeune princesse
Croissait, dans le couvent, en esprit, en sagesse;
A la douceur, à la naïveté
Qu'elle tenait de son aimable mère
Elle joignait de son illustre père
L'âme pleine de majesté.
L'amas de ce qui plaît en chaque caractère
En fit une beauté
Capable de rendre jalouse
La plus belle qui fût au jour

Par hasard, à la grille, un seigneur de la cour
Qui l'avait entrevue, y songea pour épouse;
Et comme il ne soupçonnait pas
A quelle puissante famille
Appartenait la jeune fille,
Au prince il en parla tout bas.

En lui d'ailleurs rien n'était à reprendre :
Il était beau, vaillant, né d'illustres aïeux,
Et, dès longtemps, pour en faire son gendre,
Sur lui le prince avait jeté les yeux.
Mais ce monarque, en sa mélancolie,
Fut pris auparavant d'une bizarre envie :
« Je me plairai, dit-il, à le rendre content;
Mais il faut que l'inquiétude,
Par tout ce qu'elle a de plus rude,
Dise, en ses vœux, s'il est constant.
De mon épouse, en outre, ainsi la patience
Paraîtra sous un nouveau jour,

Non plus pour rassurer ma folle défiance
(Je ne puis plus douter de son amour),
Mais pour faire éclater aux yeux de tout le monde
Sa bonté, sa douceur, sa sagesse profonde,
Afin que de ses dons si grands, si précieux,
    La terre se voyant parée,
    En soit de respect pénétrée,
Et, par reconnaissance, en rende grâce aux cieux. »

Il déclare en public que manquant de lignée
En qui l'État un jour retrouve son seigneur;
Que la fille qu'il eut de son fol hyménée
    Étant morte aussitôt que née,
Il doit ailleurs chercher plus de bonheur;
Que l'épouse qu'il prend est d'illustre naissance;
  Qu'en un couvent on l'a jusqu'à ce jour
    Fait élever dans l'innocence,
Et qu'il la produira sous peu devant sa cour

  On peut juger à quel point fut cruelle,
Pour le jeune seigneur, cette affreuse nouvelle.
    C'était tout justement, hélas!
La beauté dont au prince il avait parlé bas.

Cependant sans marquer ni tendresse, ni peine,
A sa Grisélidis, qui l'écoute sans haine,
Le prince apprend qu'il faut rompre leur union,
Pour se mettre à l'abri d'une insurrection.
    « Votre basse naissance,
Dit-il, est pour le peuple un objet de mépris;
Il veut que je contracte une digne alliance.
Ainsi sous votre toit de chaume et de fougère
    Sur l'heure, il faut vous retirer.
Après avoir repris vos habits de bergère,
    Que je vous ai fait préparer. »

Avec une tranquille et muette constance,

La princesse entendit prononcer sa sentence.
   Sous les dehors d'un visage serein
      Elle dévorait son chagrin;
Et sans que la douleur diminuât ses charmes
   De ses beaux yeux tombaient de grosses larmes,
Ainsi que quelquefois, au retour du printemps,
   Il fait soleil et pleut en même temps.
« Vous êtes mon époux, mon seigneur et mon maître
(Dit-elle, en soupirant, prête à s'évanouir),
Et quelque affreux que soit ce que je viens d'ouïr,
    Je saurai vous faire connaître
Que rien ne m'est si cher que de vous obéir. »

Dans sa chambre aussitôt seule elle se retire,
Et là, se dépouillant de ses riches habits,
   Elle reprend, paisible et sans rien dire,
     Pendant que son cœur en soupire,
   Ceux qu'elle avait en gardant ses brebis.
    En cet humble et simple équipage
Elle aborde le prince, et lui tient ce langage :
   « Je ne puis m'éloigner de vous
Sans le pardon d'avoir su vous déplaire ;
Je puis souffrir le poids de ma misère,
Mais je ne puis, seigneur, souffrir votre courroux :
Accordez cette grâce à mon regret sincère,
Et je vivrai contente en mon triste séjour,
   Sans que jamais le temps altère
Ni mon humble respect, ni mon fidèle amour.
— Votre alliance, un jour, vint obscurcir ma gloire
Mais de ce temps passé j'ai perdu la mémoire ;
   Je suis content de votre repentir,
Lui dit le prince, allez, il est temps de partir. »

Elle part aussitôt, et regardant son père,
Qu'on avait revêtu de son rustique habit,
Et qui, le cœur percé d'une douleur amère

Pleurait un changement si prompt et si subit :
« Retournons, lui dit-elle, en nos sombres bocages,
Retournons habiter nos demeures sauvages,
Et quittons sans regret la pompe des palais.
Nos cabanes n'ont pas tant de magnificence,
  Mais on y trouve, avec plus d'innocence,
Un plus ferme repos, une plus douce paix. »

  Dans son désert, à grand'peine arrivée,
  Elle reprend et quenouille et fuseaux,
  Et va filer au bord des mêmes eaux
    Où le prince l'avait trouvée.
    Là, son cœur tranquille et sans fiel,
    Cent fois le jour demande au ciel
Qu'il comble son époux de gloire et de richesses,
Et qu'à tous ses désirs il ne refuse rien :
    Un amour nourri de caresses
    N'est pas plus ardent que le sien.
    Ce cher époux qu'elle regrette
    Voulant encore l'éprouver,
    Lui fait dire, dans sa retraite,
    Qu'elle ait à venir le trouver.
« Griselidis, dit-il, dès qu'elle se présente,
Il faut que la princesse à qui je dois, demain,
    Dans le temple donner la main,
    De vous et de moi soit contente.
Je vous demande ici tous vos soins, et je veux
Que vous m'aidiez à plaire à l'objet de mes vœux.
Vous savez de quel air il faut que l'on me serve :
    Point d'épargne, point de réserve ;
Que tout sente le prince et grand et généreux.
    Employez toute votre adresse
    A parer son appartement ;
    Que l'abondance et la richesse,
    La propreté, la politesse,
    S'y fassent voir également ;

Enfin, songez incessamment
Que c'est une jeune princesse
　　Que j'aime tendrement.
Pour vous faire entrer davantage
Dans les soins de votre devoir,
Je veux ici vous faire voir
Celle qu'à bien servir mon ordre vous engage.

　　Telle qu'aux portes du Levant
　　Se montre la naissante aurore,
　　Telle parut, en arrivant,
　　La princesse plus belle encore.
　　Griselidis, à son abord,
Dans le fond de son cœur sentit le doux transport
　　De la tendresse maternelle ;
　　Du temps passé, de ses jours bienheureux,
　　Le souvenir en son cœur se rappelle.

　　« Hélas ! ma fille, se dit-elle,
Si le ciel favorable eût écouté mes vœux,
Serait presque aussi grande et peut-être aussi belle ! »

Pour la jeune princesse, en ce même moment,
Elle prit un amour si vif, si véhément,
　　Qu'aussitôt qu'elle fut absente,
　　En cette sorte au prince elle parla,
Suivant, sans le savoir, l'instinct qui s'en mêla :
　　« Souffrez, seigneur, que je vous représente
　　Que cette princesse charmante
　　Dont vous allez être l'époux,
Dans l'aise, dans l'éclat, dans la pourpre nourrie,
Ne pourra supporter, sans en perdre la vie,
Les mêmes traitements que j'ai reçus de vous.
　　Le besoin, ma naissance obscure
　　M'avaient endurcie aux travaux,
Et je pouvais souffrir toutes sortes de maux
　　Sans peine et même sans murmure ;

Mais elle, qui jamais n'a connu la douleur,
　Elle mourra dès la moindre rigueur,
Dès la moindre parole un peu sèche, un peu dure.
　　Hélas! seigneur, je vous conjure
　　De la traiter avec douceur.

— Songez, lui dit le prince avec un ton sévère,
　A me servir selon votre devoir;
Il ne faut pas qu'une simple bergère
　　Fasse des leçons, et s'ingère
　　De m'avertir de mon devoir. »

　Griselidis, à ces mots, sans rien dire,
　　Baisse les yeux et se retire.

　　Pour le mariage nouveau
　　L'apprêt fut solennel et beau.
　　Toute la noblesse invitée
　　Dans le palais s'est transportée;
　　On y voit le jeune seigneur,
　　Que, feignant de l'insouciance
Pour sa secrète et trop juste douleur,
　　Le prince de son alliance
　　A voulu rendre le témoin.

Dans la salle, parée avec un rare soin
Par sa première épouse, à ce moment présente
　　En qualité d'humble servante,
　　Le prince entre : il tient par la main
Celle de qui chacun enviait le destin.
　　« Rien au monde, après l'espérance,
　N'est plus trompeur, dit-il, que l'apparence;
Ici l'on en peut voir un exemple étonnant :
　　Qui ne croirait que l'aimable personne
　　Que du couvent j'amène aux pieds du trône,
　　Ne soit heureuse et n'ait le cœur content? »
　　　Il n'en est rien pourtant.

Qui pourrait s'empêcher de croire
Que ce jeune seigneur, tout épris de la gloire,
N'aime à voir ce moment, lui qui, dans les tournois,
Va, sur tous ses rivaux, remporter la victoire?...
    Cela n'est pas vrai toutefois.
Qui ne croirait encor, qu'en sa juste colère,
Griselidis ne pleure et ne se désespère?
Elle ne se plaint point, elle consent à tout,
Et rien n'a pu pousser sa patience à bout.
Qui ne croirait enfin que de ma destinée
Rien ne peut égaler la course fortunée,
En voyant celle, ici, qui fixe tous les yeux?...
Ce n'est pas là pourtant que se portent mes vœux.
L'énigme vous paraît difficile à comprendre :
    Deux mots vont vous la faire entendre,
    Et ces deux mots feront évanouir
Tous les malheurs que vous venez d'ouïr.
    Cette belle est ma fille,
    Et je la donne à ce seigneur
    A qui je fais une double faveur :
Il a tout ce qu'il aime et vient en ma famille.
    Sachez encor que, touché vivement
      De la patience et du zèle
      De l'épouse sage et fidèle
      Que j'ai chassée indignement,
      Je la reprends, afin que je répare,
        Par les soins les plus doux,
      Le traitement dur et barbare
Qu'elle a reçu de mon esprit jaloux.
      Plus grande sera mon étude
      A prévenir tous ses désirs,
Qu'elle ne fut, dans mon inquiétude,
      A l'accabler de déplaisirs ;
Et si, dans tous les temps, doit vivre la mémoire
Des ennuis dont son cœur ne fut point abattu,
Je veux que plus encore on parle de la gloire

Dont j'aurai couronné sa suprême vertu. »

Lorsqu'un épais nuage
A le jour obscurci,
Et que le ciel, de toutes parts noirci,
Menace d'un affreux orage,
Si de ce voile obscur, par les vents écarté,
Un brillant rayon de clarté
Se répand sur le paysage,
Tout rit et reprend sa beauté :
Telle dans tous les yeux, où régnait la tristesse,
Éclate tout à coup une vive allégresse.
Par ce prompt éclaircissement,
La jeune princesse ravie
D'apprendre que du prince elle a reçu la vie,
Se jette à ses genoux, qu'elle presse ardemment.
Son père, qu'attendrit une fille chère,
La relève, l'embrasse et la mène à sa mère,
A qui trop de plaisir en un même moment
Otait presque tout sentiment.
Son cœur, qui, si souvent en proie
Aux plus cuisants traits du malheur,
Supporta si bien la douleur,
Parait succomber à la joie.
Griselidis à peine en ses bras peut serrer
L'aimable enfant que le ciel lui renvoie,
Et ne sait que pleurer.

« Assez, dans d'autres temps, vous pourrez satisfaire,
Lui dit le prince, aux tendresses du sang :
Reprenez les habits qu'exige votre rang,
Nous avons des noces à faire. »

Au temple l'on conduit, d'une joyeuse humeur,
La jeune fille et le jeune seigneur ;
Et ce ne sont après que tournois magnifiques,
Que jeux, que danses, que musiques,

Et que festins délicieux,
Où sur Griselidis se tournent tous les yeux,
Où sa patience éprouvée
Jusques au ciel est élevée,
Par mille éloges glorieux.
Des peuples réjouis la complaisance est telle
Pour leur prince capricieux,
Qu'ils vont jusqu'à louer son épreuve cruelle,
A qui d'une vertu si belle,
Suffisante au beau sexe et si rare en tous lieux,
On doit un si parfait modèle [1].

PERRAULT.

LES DIX FRANCS D'ALFRED.

Ceci n'est point un conte, enfants, c'est une histoire,
Comme la vérité simple et facile à croire,
Et rien que d'y songer qui fait battre le cœur.

Oh ! je ne serai pas moraliste sévère :
Car, parfois, comme vous, j'ai besoin qu'on m'éclaire ;
Et, pour être plus grand, je ne suis pas meilleur.
Parlons donc en amis.

Alfred était, je pense,

---

[1] Quelques personnes n'auront peut-être pas reconnu là, dans son intégrité, le conte de Perrault. Ces personnes sauront bien où retrouver ce qu'elles ont lu ailleurs. Pour moi, et dans le but qu'on se propose ici, j'ai cru pouvoir me permettre telles coupures, tels changements même, sans lesquels il m'eût été impossible de donner aux lecteurs de ce choix de poésies, une idée du génie d'un de nos plus célèbres conteurs. J'ai conservé de la *Griselidis* de Perrault le plus qu'il m'a été possible. Pour aucun autre morceau d'ailleurs de ce recueil, je ne me suis permis autre chose que d'indispensables coupures.

Un enfant, tel que vous, ayant neuf à dix ans;
Bien, bien riche ! il avait dans sa bourse dix francs,
Dix francs beaux et tout neufs. C'était la récompense
Donnée à sa sagesse, à ses petits travaux :
Ce qui faisait encor ces dix francs-là plus beaux.

Mais l'idée arriva d'en chercher la dépense,
Car c'eût été vilain de les garder toujours :
L'argent qui ne sert pas est sans valeur aucune;
Le point est de savoir lui donner un bon cours.
On avait fait Alfred maître de sa fortune :
Tantôt il la voyait en beau cheval de bois;
Tantôt c'était un livre... Un livre !... Alors sa mère
Souriait de plaisir, sans l'aider toutefois,
Lui laissant tout l'honneur de ce qu'il allait faire.

Sur le livre son choix à la fin se fixa.
Charmant enfant ! combien sa mère l'embrassa !
C'est qu'aussi c'était beau, savez-vous ? C'est qu'un livre
C'est tout ; c'est là dedans que l'on apprend à vivre,
A devenir un homme, à penser, à parler;
C'est là, nous, à vos jeux qui venons nous mêler,
Là que nous déposons le travail de notre âme,
Quand le Dieu tout-puissant jette en nous cette flamme
Qui nous rend la candeur, et nous fait jusqu'à vous,
Comme à nos premiers jours, remonter purs et doux
Vous ne comprenez pas, amis?... Mais il faut lire,
Et plus tard vous saurez ce que j'ai voulu dire;
Et puis, lorsque vos cœurs seront bien désolés
Vous ouvrirez un livre et serez consolés.

C'était un jour d'hiver, quand la neige et le givre
Des arbres effeuillés blanchissent les rameaux,
Quand vous, heureux enfants, dans de larges manteaux,
Dans de bons gants fourrés, du froid on vous délivre;
Alfred courait, joyeux, pour acheter son livre.

Mais voici tout à coup qu'il s'arrête surpris.
Deux enfants étaient là, tels, hélas! qu'à Paris,
Si souvent on en voit sur les ponts de la Seine.
Dans les bras l'un de l'autre ils étaient enlacés ;
L'un de son petit frère, avec sa froide haleine,
Cherchait à réchauffer les pauvres doigts glacés ;
Ils grelottaient bien fort, car leurs habits percés
Presqu'à nu les laissaient étendus sur la pierre.
Tournant vers les passants un regard de prière,
Ensemble ils répétaient:«J'ai grand froid! j'ai grand faim!
Mais les riches passaient sans leur donner de pain ;
Et leur cœur se gonflait, et puis de grosses larmes
Roulaient dans leur paupière et sillonnaient leur sein.
Certes vous eussiez pris pitié de leurs alarmes,
Et vous ne seriez point passés sur leur chemin,
N'est-ce pas, mes amis, sans leur tendre la main,
Sans demander pour eux quelque argent à vos mères ?

Alfred était témoin de leurs larmes amères :
« Maman, vois donc, dit-il, comme ils sont là tous deux
Ils sont bien malheureux! — Oh! oui, bien malheureux! »
Lui répondit sa mère, attentive et touchée.
Sur eux pendant qu'Alfred a la vue attachée,
L'un se lève (pour l'autre, il ne se levait pas,
Car l'hiver l'avait fait froid comme le trépas) ;
Saisissant une vielle auprès de lui muette,
Pour charmer l'enfant riche et recevoir de lui
Le pain qu'il n'avait pas obtenu d'aujourd'hui,
Il s'efforce de rire, et, dansant, il répète
Un de ces airs appris sous le beau ciel natal.
Mais ce rire était triste et ce chant faisait mal :
C'est que rien n'est affreux comme la feinte joie
Du mendiant qui chante, à sa misère en proie ;
C'est un rire effrayant qui naît dans les douleurs,
Et qu'il faut endormir comme on endort vos pleurs.
Enfants, vous qui pleurez pour un bruit, pour une ombre

Que vous croyez entendre ou voir dans la nuit sombre,
Pour un conseil ami que la raison vous doit,
Une goutte de sang qui vous rougit le doigt,
Que sais-je? un aiguillon d'abeille qui vous frappe,
Ou pour un papillon qui de vos mains s'échappe,
Voilà des maux cuisants que vous ne saviez pas.

Or, vers le petit pauvre Alfred porte ses pas :
« Pourquoi, dit-il, tous deux, restez-vous dans la neige?
Vous n'avez donc point, vous, de maman, comme moi,
Qui vous donne du pain, du feu, qui vous protége?
— Oh! nous en avons une aussi, monsieur. — Pourquoi
Vous laisse-t-elle aller sans elle ou votre bonne,
Les pieds nus sur la terre? Elle n'est donc pas bonne,
Votre maman, à vous? — Si fait, elle avait faim,
Elle nous a donné ce qu'elle avait de pain,
Et voilà deux grands jours, hélas! qu'elle est couchée.
Comme il ne restait plus, chez nous, une bouchée,
Elle nous embrassa, disant : « Pauvres petits!
Allez et mendiez... » Et nous sommes sortis,
Et nous sommes venus nous coucher sur la pierre;
Et personne, ô mon Dieu! n'entend notre prière;
Et voilà que bientôt mon frère va mourir!
Car le froid, car la faim nous ont fait tant souffrir!
— Vous n'avez donc pas, vous, reprit Alfred, un père
Qui donne tous les jours de l'or à votre mère? »

Le pauvre enfant se prit à sangloter plus fort.
« Hélas! répondit-il, notre père!... il est mort!
Il est mort, et c'est lui qui nous faisait tous vivre. »

Alfred pleurant aussi ne songea plus au livre,
Et dans la main du pauvre il glissa ses dix francs.
Sa mère le saisit dans ses bras triomphants,
Et lui dit : « Mon Alfred, un livre pour apprendre,
C'était déjà bien beau! Mais tu m'as fait comprendre,

Mon fils, que mieux encore est de donner du pain
A ceux qui vont mourir et de froid et de faim. »

Et moi, je dis : Heureux est l'enfant charitable
Qui donne à l'indigent le peu qu'il reçoit d'or,
    Et qui des miettes de la table,
S'il ne peut rien de plus, sait faire aumône encor !

Pour que dans votre bourse, amis, quelque argent tombe
Travaillez donc aussi, soyez sages et bons :
    Et l'infortune qui succombe
Puisera l'existence et la paix dans vos dons

Et le vieillard qui prie, et dont la tête est nue,
Enfants, le bon vieillard, ployé sous les douleurs,
    Au son de votre voix connue
Sourira, car c'est vous qui sécherez ses pleurs ;

Et celles qu'on rencontre à genoux sur la route,
Les mères qui n'ont pas de pain pour leurs petits,
    Diront : « C'est le bon Dieu, sans doute,
Qui vous adresse à nous, anges du paradis ! »

Et leurs petits, surtout ceux qui n'ont plus de pères,
Leurs tout petits enfants ne diront plus : « J'ai faim ! »
    Anges, car vous êtes leurs frères,
Et le Ciel vous a faits pour leur tendre la main.

Léon Guérin.

SOCRATE ET GLAUCON.

Glaucon avait trente ans, bon air, belle figure ;
Mais parmi les présents que lui fit la nature

Elle avait oublié celui du jugement.
Glaucon se croyait fait pour le gouvernement.
Pour avoir eu jadis un prix de rhétorique,
Il s'estimait au monde un personnage unique;
Sitôt qu'à la tribune il s'était accroché,
Aucun pouvoir humain ne l'en eût détaché :
Parler à tout propos était sa maladie.

Socrate l'abordant : « Plus je vous étudie,
Plus je vois, lui dit-il, le but où vous visez.
Votre projet est beau, s'il n'est des plus aisés.
Vous voulez gouverner, vous désirez qu'Athènes
De l'État en vos mains remette un jour les rênes?
— Je l'avoue. — Et sans doute, à vos concitoyens
Vous paîrez cet honneur en les comblant de biens?
— C'est là tout mon désir. — Il est louable, et j'aime
Que l'on serve à la fois sa patrie et soi-même.
A ce plan dès longtemps vous avez dû penser :
Par où donc, dites-moi, pensez-vous commencer? »
Glaucon resta muet contre son ordinaire.
Il cherchait sa réponse. « Un très-grand bien à faire,
Ce serait, dit Socrate, en ce besoin urgent,
Dans le trésor public d'amener de l'argent.
N'allez-vous pas d'abord restaurer nos finances,
Grossir les revenus, supprimer les dépenses?
— Oui, ce sera bien là le premier de mes soins.
— Il faut recevoir plus, il faut dépenser moins.
Vous avez, à coup sûr, calculant nos ressources,
Des richesses d'Athène approfondi les sources?
Vous savez quels objets forment nos revenus?
— Pas très-bien; ils me sont, la plupart, inconnus.
— Vous êtes plus au fait, je crois, du militaire?
— Six mois, sous Périclès, j'ai servi volontaire.
— Ainsi nous vous verrons, de nos braves guerriers,
Par vos vastes projets préparer les lauriers?
Vous savez comme on fait subsister une armée,

Par quels soins elle doit être instruite et formée?
— Je n'ai pas ces détails très-présents à l'esprit.
— Vous avez là-dessus quelque mémoire écrit,
J'entends. — Mais non. — Tant pis; vous me l'auriez fait lire
J'en aurais profité. Du moins vous pouvez dire
Si, payant nos travaux par des dons suffisants
L'Attique peut nourrir ses nombreux habitants :
Prenez-y garde au moins ; une erreur indiscrete,
Une mauvaise loi produirait la disette.
Sur ce point important qu'avez vous su prévoir?
— En vérité, Socrate, on ne peut tout savoir.
— Pourquoi donc parlez-vous sur toutes les matières?
Je suis un homme simple et j'ai peu de lumières ;
Mais retenez de moi ce salutaire avis :
Pour savoir quelque chose il faut l'avoir appris.
De régir les États la profonde science
Vient-elle sans étude et sans expérience?
Qui veut parler sur tout souvent parle au hasard.
On se croit orateur, on n'est que babillard.
Allez, instruisez-vous, et quelque jour peut-être
Vous nous gouvernerez. » Glaucon sut se connaître ;
Il devint raisonnable ; et, depuis ce jour-là,
Il écouta, dit-on, bien plus qu'il ne parla.

ANDRIEUX.

LE MEUNIER SANS-SOUCI

L'homme est, dans ses écarts, un étrange problème.
Qui de nous en tout temps est fidèle à soi-même?
Le commun caractère est de n'en point avoir :
Le matin incrédule, on est dévot le soir.
Tel s'élève et s'abaisse, au gré de l'atmosphère,
Le liquide métal balancé sous le verre.

L'homme est bien variable : et ces malheureux rois,
Dont on dit tant de mal, ont du bon quelquefois
J'en conviendrai sans peine, et ferai mieux encore ;
J'en citerai pour preuve un trait qui les honore :
Il est de ce héros, de Frédéric second,
Qui, tout roi qu'il était, fut un penseur profond.

Il voulait se construire un agréable asile,
Où, loin d'une étiquette arrogante et futile,
Il pût, non végéter, boire et courir les cerfs,
Mais des faibles humains méditer les travers,
Et, mêlant la sagesse à la plaisanterie,
Souper avec d'Argens, Voltaire et Lamettrie.

Sur le riant coteau par le prince choisi,
S'élevait le moulin du meunier *Sans-Souci*.
Le vendeur de farine avait pour habitude
D'y vivre au jour le jour, exempt d'inquiétude ;
Et, de quelque côté que vînt souffler le vent,
Il y tournait son aile et s'endormait content.

Fort bien achalandé, grâce à son caractère,
Le moulin prit le nom de son propriétaire,
Et, des hameaux voisins, les filles, les garçons
Allaient à *Sans-Souci* pour danser aux chansons.
Sans-Souci !... ce doux nom d'un favorable augure
Devait plaire aux amis des dogmes d'Épicure.
Frédéric le trouva conforme à ses projets,
Et du nom d'un moulin honora son palais.

Hélas ! est-ce une loi sur notre pauvre terre
Que toujours deux voisins auront entre eux la guerre
Que la soif d'envahir et d'étendre ses droits
Tourmentera toujours les meuniers et les rois ?
En cette occasion le roi fut le moins sage :

Il lorgna du voisin le modeste héritage.

On avait fait des plans, fort beaux sur le papier,
Où le chétif enclos se perdait tout entier ;
Il fallait, sans cela, renoncer à la vue,
Rétrécir les jardins, et masquer l'avenue.

Des bâtiments royaux l'ordinaire intendant
Fit venir le meunier, et d'un ton important.
« Il nous faut ton moulin ; que veux-tu qu'on t'en donne ?
— Rien du tout : car j'entends ne le vendre à personne.
Il nous faut, est fort bon... mon moulin est à moi...
Tout aussi bien, au moins, que la Prusse est au roi.
— Allons, ton dernier mot, bonhomme, et prends-y garde.
— Faut-il vous parler clair ? — Oui. — C'est que je le garde :
Voilà mon dernier mot. » Ce refus effronté
Avec un grand scandale au prince est raconté.
Il mande auprès de lui le meunier indocile,
Presse, flatte, promet ; ce fut peine inutile,
Sans-Souci s'obstinait. « Entendez la raison,
Sire, je ne veux pas vous vendre ma maison ;
Mon vieux père y mourut, mon fils y vient de naître ;
C'est mon Postdam[1], à moi. Je suis tranchant, peut-être :
Ne l'êtes-vous jamais ? Tenez, mille ducats,
Au bout de vos discours ne me tenteraient pas ;
Il faut vous en passer, je l'ai dit, j'y persiste. »
Les rois malaisément souffrent qu'on leur résiste.
Frédéric, un moment par l'humeur emporté :
« Parbleu ! de ton moulin c'est bien être entêté ;
Je suis bon de vouloir t'engager à le vendre :
Sais-tu que sans payer je pourrais bien le prendre ?
Je suis le maître. — Vous !... de prendre mon moulin ?
Oui, si nous n'avions pas des juges à Berlin. »
Le monarque, à ce mot, revient de son caprice.

[1] Principale maison de plaisance des rois de Prusse.

Charmé que sous son règne on crût à la justice.
Il rit; et se tournant vers quelques courtisans :
« Ma foi, messieurs, je crois qu'il faut changer nos plans
Voisin, garde ton bien ; j'aime fort ta réplique. »
Qu'aurait-on fait de mieux dans une république?
Le plus sûr est pourtant de ne pas s'y fier :
Ce même Frédéric, juste envers un meunier,
Se permit maintes fois telle autre fantaisie :
Témoin ce certain jour qu'il prit la Silésie ;
Qu'à peine sur le trône, avide de lauriers,
Épris du vain renom qui séduit les guerriers,
Il mit l'Europe en feu. Ce sont là jeux de prince ;
On respecte un moulin, on vole une province.

ANDRIEUX.

UNE PROMENADE DE FÉNELON.

Parler de Fénelon, c'est un titre pour plaire.
Trop heureux si mes vers emportent ce salaire,
Si de ce nom chéri le puissant intérêt
Me fait obtenir grâce et vaincre mon sujet.

Le sujet, je l'avoue, est un rien, peu de chose,
Un fait que j'aurais peine à bien conter en prose,
Tant l'histoire en est simple; et je l'essaie en vers.
Hélas! par ce récit, un ami des plus chers
Me fit, il m'en souvient, verser de douces larmes;
Aura-t-il dans ma bouche aujourd'hui mêmes charmes?
Il n'y faut pas compter; mais, encore une fois,
Sur tous les tendres cœurs Fénelon a des droits

Victime de l'intrigue et de la calomnie,

Et par un noble exil expiant son génie,
Fénelon, dans Cambrai, regrettait peu la cour,
Répandait les bienfaits et recueillait l'amour,
Instruisait, consolait, donnait à tous l'exemple.
Son peuple, pour l'entendre, accourait dans le temple.
Il parlait, et les cœurs s'ouvraient tous à sa voix.
Quand du saint ministère ayant porté le poids,
Il cherchait vers le soir le repos, la retraite,
Alors aux champs aimés du sage et du poëte,
Solitaire et rêveur il allait s'égarer ;
De quel charme, à leur vue, il se sent pénétrer !
Il médite, il compose, et son âme l'inspire ;
Jamais un vain orgueil ne le presse d'écrire ;
Sa gloire est d'être utile : heureux quand il a pu
Montrer la vérité, faire aimer la vertu.

Ses regards, animés d'une flamme céleste,
Relèvent de ses traits la majesté modeste ;
Sa taille est haute et noble ; un bâton à la main,
Seul, sans faste et sans crainte, il poursuit son chemin,
Contemple la nature et jouit de Dieu même ;
Il visite souvent les villageois qu'il aime ;
Et chez ces bonnes gens, de le voir tout joyeux,
Vient sans être attendu, s'assied au milieu d'eux,
Écoute le récit des peines qu'il soulage,
Joue avec les enfants et goûte le laitage.
Un jour, loin de la ville, ayant longtemps erré,
Il arrive aux confins d'un hameau retiré ;
Et sous un toit de chaume, indigente demeure,
La pitié le conduit. Une famille y pleure.
Il entre, et sur-le-champ, faisant place au respect,
La douleur, un moment, se tait à son aspect :
« O ciel ! c'est monseigneur ! » On se lève, on s'empresse,
Il voit avec plaisir éclater leur tendresse.
« Qu'avez-vous, mes enfants ? D'où naît votre chagrin ?
Ne puis-je le calmer ? Versez-le dans mon sein ;

Je n'abuserai point de votre confiance. »
On s'enhardit alors, et la mère commence :
« Pardonnez, monseigneur, mais vous n'y pouvez rien ;
Ce que nous regrettons, c'était tout notre bien :
Nous n'avions qu'une vache !... hélas ! elle est perdue ;
Depuis trois jours entiers nous ne l'avons point vue !
Notre pauvre Brunon !... nous l'attendons en vain !
Des loups l'auront mangée, et nous mourrons de faim.
Peut-il être un malheur au nôtre comparable ?
— Ce malheur, mes amis, est-il irréparable ?
Dit le prélat ; et moi, ne puis-je vous offrir,
Touché de vos regrets, de quoi les adoucir ?
En place de Brunon si j'en trouvais une autre ?
— L'aimerions-nous autant que nous aimions la nôtre ?
Pour oublier Brunon, il faudra bien du temps !
Eh ! comment l'oublier ? ni nous, ni nos enfants,
Nous ne serons ingrats !... C'était notre nourrice !
Nous l'avions achetée étant encor génisse !
Accoutumée à nous, elle nous entendait ;
Et, même à sa manière, elle nous répondait.
Son poil était si beau ! d'une couleur si noire !
Trois marques seulement, plus blanches que l'ivoire,
Ornaient son large front et ses pieds de devant.
Avec mon petit Claude elle jouait souvent ;
Il montait sur son dos, elle le laissait faire.
Je riais ; à présent nous pleurons, au contraire.
Non, monseigneur, jamais, il n'y faut plus penser,
Une autre ne pourra chez nous la remplacer. »
Fénelon écoutait cette plainte naïve ;
Mais pendant l'entretien, soudain le soir arrive :
Quand on est occupé de sujets importants,
On ne s'aperçoit pas de la suite du temps.
Il promet, en partant, de revoir la famille.
« Ah ! monseigneur, lui dit la plus petite fille,
Si vous vouliez pour nous la demander à Dieu,
Nous la retrouverions. — Ne pleurez pas, adieu. »

Il reprend son chemin, il reprend ses pensées,
Achève en son esprit des pages commencées.
Il marche; mais déjà l'ombre croît, le jour fuit;
Ce reste de clarté qui devance la nuit
Guide encore ses pas à travers les prairies
Et le calme du soir nourrit ses rêveries ;
Tout à coup à ses yeux un objet s'est montré :
Il regarde... il croit voir... il distingue en un pré,
Seule, errante et sans guide, une vache : c'est elle
Dont on lui fit tantôt un portrait si fidèle ;
Il ne peut s'y tromper ! Et soudain empressé,
Il court dans l'herbe humide, il franchit un fossé,
Arrive haletant : et Brunon complaisante,
Loin de le fuir, vers lui s'avance et se présente.
Lui-même, satisfait, la flatte de la main.
Mais que faire? Va-t-il poursuivre son chemin?
Retourner sur ses pas, ou regagner la ville?
Déjà pour revenir il a fait plus d'un mille.
« Ils l'auront dès ce soir, dit-il, et par mes soins
Elle leur coûtera quelques larmes de moins. »
Il saisit à ces mots la corde qu'elle traîne ;
Et, marchant lentement, derrière lui l'emmène.
Venez, mortels si fiers d'un vain, d'un faux éclat,
Voyez en ce moment ce digne et saint prélat,
Que son nom, son génie et son titre décore,
Mais que tant de bonté relève plus encore ;
Ce qui fait votre orgueil vaut-il un trait si beau?

Le voilà fatigué, de retour au hameau;
Hélas! à la clarté d'une faible lumière,
On veille, on pleure encor dans la triste chaumière;
Il arrive à la porte : « Ouvrez-moi, mes enfants,
Ouvrez-moi, c'est Brunon, Brunon que je vous rends. »
On accourt : ô surprise! ô joie! ô doux spectacle!
La fille croit que Dieu fait pour eux ce miracle.
« Ce n'est point monseigneur, c'est un ange des cieux,

Qui, sous ses traits chéris, se présente à nos yeux;
Pour nous faire plaisir il a pris sa figure,
Aussi n'ai-je pas peur, oh! non, je vous assure;
Bon ange!... » En ce moment, de leurs larmes noyés,
Père, mère, enfants, tous sont tombés à ses pieds.
« Levez-vous, mes amis; mais quelle erreur étrange!
Je suis votre archevêque, et ne suis point un ange;
J'ai retrouvé Brunon, et pour vous consoler
Je revenais vers vous; que n'ai-je pu voler!
Reprenez-la, je suis heureux de vous la rendre.
— Quoi! tant de peine! ô ciel! vous avez pu la prendre,
Et vous-même... » Il reçoit leurs respects, leur amour;
Mais il faut bien aussi que Brunon ait son tour.
On lui parle : « C'est donc ainsi que tu nous laisses!
Mais te voilà! » Je donne à penser les caresses.
Brunon paraît sensible à l'accueil qu'on lui fait.
Tel au retour d'Ulysse, Argus le reconnaît.
« Il faut, dit Fénelon, que je reparte encore,
A peine dans Cambrai serai-je avant l'aurore;
Je crains d'inquiéter mes amis, ma maison.
— Oui, dit le villageois, oui, vous avez raison;
On pleurerait ailleurs quand vous séchez nos larmes!
Vous êtes tant aimé! prévenez leurs alarmes!
Mais comment retourner? car vous êtes bien las!
Monseigneur, permettez.... nous vous offrons nos bras;
Oui, sans vous fatiguer vous ferez le voyage. »
D'un peuplier voisin on abat le branchage;
Mais le bruit au hameau s'est déjà répandu :
« Monseigneur est ici! » Chacun est accouru,
Chacun veut le servir : de bois et de ramée
Une civière agreste est aussitôt formée,
Qu'on tapisse partout de fleurs, d'herbages frais.
Des branches au-dessus s'arrondissent en dais.
Le bon prélat s'y place, et mille cris de joie
Volent au loin, l'écho les double et les renvoie.
Il part; tout le hameau l'environne et le suit!

La clarté des flambeaux brille à travers la nuit.
Le cortége bruyant, qu'égaie un chant rustique,
Marche... Honneurs inconnus! et gloire pacifique!
Ainsi par leur amour Fénelon escorté,
Jusque dans son palais en triomphe est porté.

ANDRIEUX.

DIOCLÉTIEN.

Je suis parleur, dit on, mais qu'importe le temps?
Je tiens qu'en cet objet c'est la dernière clause,
Pourvu que le lecteur prenne goût à la chose.
    Et qui vous dit que je prétends
A conter avec art? Il n'en est rien : je cause.
Au métier que je fais c'est tout ce que j'entends.
Ce n'est pas sans raison d'ailleurs que je m'étends
Sur le charme si doux d'une innocente vie ;
J'en voudrais tellement travailler votre esprit,
Que je parvinsse enfin à vous donner l'envie
De goûter ce bonheur que ma muse décrit.
Vous voyez qu'il n'est pas malaisé de l'atteindre :
Il ne faut que vouloir avec sincérité.
Peu semblable à ces biens dont rien ne peut éteindre
    La funeste cupidité,
Il comble notre cœur dès qu'il est souhaité.
La pompe des premiers éblouit, elle étonne ;
L'autre n'a pas besoin de leur faste emprunté :
Il brille de candeur et de simplicité.
Le monde nous les vend, la nature les donne ;
Un pénible retour dans la maturité
    Les corrompt et les empoisonne.
Il conserve en tout temps la même pureté.

Un de ces demi-dieux que révère l'histoire

En préféra le charme au sceptre des Romains.
　　　Longtemps de l'éclat de sa gloire
Il avait étonné les timides humains;
Cependant les plaisirs de son enfance obscure
Se retraçaient souvent à son cœur attendri;
Du chaume paternel il regrettait l'abri,
Et ces bois frais et doux, temples de la nature,
Dans lesquels son jeune âge avait été nourri.
Souvent dans le secret il répandait des larmes,
Et Constance et Galère en répandaient aussi;
Mais tribut du regret et non pas des alarmes,
Les siennes provenaient d'un plus tendre souci.
Un jour entre leurs mains remettant la couronne :
« Adieu, s'écria-t-il, je retourne à Salone,
Je vais goûter des champs le repos fortuné.
Jouissez, ô Césars, du bien que j'abandonne :
Il ne vaut pas celui que les dieux m'ont donné! »

Rome bientôt après voulut un nouveau maître
Il n'est pas malaisé de trouver qui veut l'être.
Toutefois à Salone on député vers lui :
« Le peuple, lui dit-on, réclame votre appui;
Venez au Capitole, et gouvernez le monde,
Le monde impatient de reprendre vos fers !
— Ah! vous n'avez pas vu ces bosquets toujours verts,
Répondit-il... Ces champs que ma sueur féconde,
Ces bois que mille oiseaux charment de leurs concerts,
Ce sont les seuls trésors auxquels mon âme aspire.
De Rome en leur faveur j'ai délaissé l'empire,
Et ce modeste enclos est pour moi l'univers. »

　　　　　　　　　　　CHARLES NODIER.

LE POÈTE ET LE MENDIANT.

Savoir se contenter sera toujours mon texte,
　　J'y reviens au moindre prétexte.
J'ai dit que sans chemise on pouvait être heureux,
J'en citais un exemple et j'en connaissais deux ;
Mais quand, au lieu de deux, j'en rapporterais mille,
　　J'aurais encore à raconter.
Ce mot de Cynéas : « Il faut se contenter, »
Aurait sauvé Cyrus, Annibal, Paul Émile,
Et quelque autre héros que je n'ose citer [1].
Lockman va m'en fournir une nouvelle preuve.
　　Si la matière n'est plus neuve,
Assez d'autres objets prendront place en mes vers.
　　Que l'on invente ou qu'on imite,
L'homme seul offre à l'homme un sujet sans limite :
Son cœur, suivant le sage, est un autre univers.
　　Ce maître de la poésie,
　　Ce La Fontaine de l'Asie,
Cet écrivain naïf, et profond, et divers,
Il manquait de souliers. La fortune dorée
Visite rarement les diseurs de beaux mots :
Cette reine du monde a du goût pour les sots,
Et leur fait tous les jours une riche curée
D'or, de titres, d'honneurs. Elle plante un oison
　　Sur le plus haut point de sa roue,
Et laisse le génie à pieds nus dans la boue.
Ne me dira-t-on pas quelle en est la raison ?

　　Lockman entreprit ses voyages
Sans souliers : c'est le point. Il allait à la fois
　　Ecouter les leçons des sages

[1] Cette pièce date de l'empire de Napoléon.

Et fréquenter la cour des rois.

On n'avait pas encore distingué ces emplois.
« Je suis pauvre, dit-il, mais j'en ai l'habitude;
    Beaucoup de gens de bon maintien
Ont le cœur plus que moi navré d'inquiétude.
Je vis exempt de trouble et de sollicitude,
    Heureux de deux goûts pour tout bien :
Celui de la sagesse et celui de l'étude.
Des souliers cependant ne me nuiraient en rien,
Car la marche est bien longue et le chemin bien rude »
Peut-on blâmer Lockman, messieurs, qu'en pensez-vous?
    Il entre un peu de notre étoffe
    Dans le harnais d'un philosophe,
Et ces hommes divins sont hommes comme nous.
Je ne le blâme point, pourvu qu'il se contente.
Au-devant de ses pas un temple se présente :
« C'est le cas, reprend-il, de demander aux dieux
    Ce qui manque au bien que je goûte...
Des souliers seulement ! Pour ce qui leur en coûte,
Ils ne trouveront pas Lockman ambitieux,
Et plus commodément je poursuivrai ma route. »
Il n'était pas encor parvenu sous la voûte,
    Qu'un mendiant frappa ses yeux.
A la pitié publique exposé dans ces lieux,
Cet homme était sans pieds. Ce que l'histoire ajoute
    N'a pas besoin d'être conté.
    Lockman sentit qu'en cette affaire
    Il était assez bien traité;
    Pouvait-il sans témérité
    Chercher d'autres souhaits à faire,
Lorsque tant d'avantage était de son côté !
    Il bénit la divinité,
Et reprit sans chagrin la route commencée.

De la part de l'autre homme, et j'en tombe d'accord,

La plainte de Lockman eût été plus sensée :
Cependant, à la longue, il aurait vu son tort,
    En fixant ailleurs sa pensée.
Il était malheureux, mais l'était-il si fort?
    Bien plus, croyez-vous que sans peine
Avec Lockman lui-même il eût changé de sort?
L'amour de soi régit toute la race humaine.
On s'aime encor bien mieux que l'on ne craint la mort.

CHARLES NODIER.

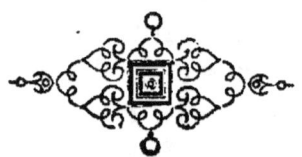

LEÇONS DE MORALE ET DE PHILOSOPHIE

TIRÉES DE

LA FABLE, L'APOLOGUE ET LA PARABOLE.

LE POUVOIR DES FABLES.

Dans Athène autrefois, peuple vain et léger,
Un orateur, voyant sa patrie en danger,
Courut à la tribune; et d'un art tyrannique,
Voulant forcer les cœurs dans une république,
Il parla fortement sur le commun salut.
On ne l'écoutait pas. L'orateur recourut
    A ces figures violentes
Qui savent exciter les âmes les plus lentes :
Il fit parler les morts, tonna, dit ce qu'il put....
Le vent emporta tout; personne ne s'émut.
    L'animal aux têtes frivoles
Étant fait à ses traits ne daignait l'écouter;
Tous regardaient ailleurs : il en vit s'arrêter
A des combats d'enfants, et point à ses paroles.

Que fit le harangueur? Il prit un autre tour.

« Cérès, commença-t-il, faisait voyage un jour
    Avec l'anguille et l'hirondelle :
Un fleuve les arrête, et l'anguille en nageant,
    Comme l'hirondelle en volant,
Le traversa bientôt.... » L'assemblée à l'instant
Cria tout d'une voix : « Et Cérès, que fit-elle? »

— Ce qu'elle fit? Un prompt courroux
L'anima d'abord contre vous.
Quoi! de contes d'enfants son peuple s'embarrasse;
Et du péril qui le menace
Lui seul entre les Grecs il néglige l'effet!
Que ne demandez-vous ce que Philippe¹ fait? »
A ce reproche l'assemblée,
Par l'apologue réveillée,
Se donne entière à l'orateur.
Un trait de fable en eut l'honneur.

La Fontaine.

LE PÈRE ET SES ENFANTS.

Toute puissance est faible, à moins que d'être unie.
. . . .
Un vieillard près d'aller où la mort l'appelait :
« Mes chers enfants, dit-il (à ses fils il parlait),
Voyez si vous romprez ces dards liés ensemble :
Je vous expliquerai le nœud qui les assemble. »
L'aîné les ayant pris, et fait tous ses efforts,
Les rendit, en disant : « Je le donne aux plus forts. »
Un second lui succède et se met en posture,
Mais en vain. Un cadet tente aussi l'aventure.
Tous perdirent leur temps, le faisceau résista :
De ces dards joints ensemble un seul ne s'éclata.
« Faibles gens, dit le père, il faut que je vous montre
Ce que la force peut en semblable rencontre. »
On crut qu'il se moquait, on sourit, mais à tort :
Il sépare les dards, et les rompt sans effort.
« Vous voyez, reprit-il, l'effet de la concorde.

¹ Philippe, roi de Macédoine, qui menaçait l'indépendance d'Athènes.

Soyez joints, mes enfants, que l'amour vous accorde. »
Tant que dura son mal, il n'eut d'autre discours.
Enfin, se sentant près de terminer ses jours :
« Mes chers enfants, dit-il, je vais où sont nos pères.
Adieu, promettez-moi de vivre comme frères,
Que j'obtienne de vous cette grâce en mourant. »
Chacun de ses trois fils l'en assure en pleurant.
Il prend à tous les mains, il meurt. Et les trois frères
Trouvent un bien fort grand, mais fort mêlé d'affaires :
Un créancier saisit, un voisin fait procès ;
D'abord notre trio s'en tire avec succès.
Leur amitié fut courte autant qu'elle était rare.
Le sang les avait joints, l'intérêt les sépare ;
L'ambition, l'envie, avec les consultants,
Dans la succession entrent en même temps.
On en vient au partage, on conteste, on chicane ;
Le juge sur cent points tour à tour les condamne ;
Créanciers et voisins reviennent aussitôt,
Ceux-là sur une erreur, ceux-ci sur un défaut.
Les frères désunis sont tous d'avis contraire ;
L'un veut s'accommoder, l'autre n'en veut rien faire.
Tous perdirent leur bien, et voulurent trop tard
Profiter de ces dards unis et pris à part.

La Fontaine.

LE LABOUREUR ET SES ENFANTS.

Travaillez, prenez de la peine :
C'est le fonds qui manque le moins.

Un riche laboureur, sentant sa mort prochaine,
Fit venir ses enfants, leur parla sans témoins.
« Gardez-vous, leur dit-il, de vendre l'héritage
  Que nous ont laissé nos parents :

Un trésor est caché dedans.
Je ne sais pas l'endroit ; mais un peu de courage
Vous le fera trouver : vous en viendrez à bout.
Remuez votre champ dès qu'on aura fait l'août :
Creusez, fouillez, bêchez ; ne laissez nulle place
  Où la main ne passe et repasse. »
Le père mort, les fils vous retournent le champ,
Deçà, delà, partout ; si bien qu'au bout de l'an
  Il en rapporta davantage.
D'argent point de caché. Mais le père fut sage
  De leur montrer, avant sa mort,
  Que le travail est un trésor [1].

LA FONTAINE.

L'AVANTAGE DE LA SCIENCE.

  Entre deux bourgeois d'une ville
  S'émut jadis un différend :
  L'un était pauvre, mais habile ;
  L'autre riche, mais ignorant.
  Celui-ci sur son concurrent
  Voulait emporter l'avantage ;
  Prétendait que tout homme sage
  Était tenu de l'honorer.
C'était tout homme sot : car pourquoi révérer
  Des biens dépourvus de mérite ?
  La raison m'en semble petite.
  « Mon ami, disait-il souvent
   Au savant,
  Vous vous croyez considérable :
  Mais dites-moi, tenez-vous table ?

---

[1] *Mort* et *trésor*, rimes inexactes, mais que la pensée et le sujet excusent.

Que sert à vos pareils de lire incessamment ?
Ils sont toujours logés à la troisième chambre,
Vêtus au mois de juin comme au mois de décembre,
Ayant pour tout laquais leur ombre seulement.
    La république a bien affaire
    De gens qui ne dépensent rien !
    Je ne sais d'homme nécessaire
Que celui dont le luxe épand beaucoup de bien.
Nous en usons, Dieu sait ! Notre plaisir occupe
L'artisan, le vendeur, celui qui fait la jupe
Et celle qui la porte, et vous, qui dédiez
    A messieurs les gens de finance
    De méchants livres bien payés. »
    Ces mots remplis d'impertinence
    Eurent le sort qu'ils méritaient.
L'homme lettré se tut, il avait trop à dire.
La guerre le vengea bien plus qu'une satire :
Mars détruisit le lieu que nos gens habitaient.
    L'un et l'autre quitta sa ville.
    L'ignorant resta sans asile :
    Il reçut partout des mépris ;
L'autre reçut partout quelque faveur nouvelle.
    Cela décida leur querelle.

Laissez dire les sots : le savoir a son prix.

La Fontaine.

LE HÉRON.

Un jour sur ses longs pieds allait je ne sais où
Le héron au long bec emmanché d'un long cou :
    Il côtoyait une rivière.
L'onde était transparente ainsi qu'aux plus beaux jours :
Ma commère la carpe y faisait mille tours
    Avec le brochet son compère.

Le héron en eût fait aisément son profit :
Tous approchaient du bord, l'oiseau n'avait qu'à prendre;
    Mais il crut mieux faire d'attendre
    Qu'il eût un peu plus d'appétit :
Il vivait de régime et mangeait à ses heures.
Après quelques moments, l'appétit vint : l'oiseau,
    S'approchant du bord, vit sur l'eau
Des tanches qui sortaient du fond de ces demeures.
Le mets ne lui plut pas, il s'attendait à mieux,
    Et montrait un goût dédaigneux
    Comme le rat du bon Horace :
« Moi, des tanches! dit-il; moi, héron, que je fasse
Une si pauvre chère! Et pour qui me prend-on ? »
La tanche rebutée, il trouva du goujon.
« Du goujon ? c'est bien là le dîner d'un héron!
J'ouvrirais pour si peu le bec! aux dieux ne plaise! »
Il l'ouvrit pour bien moins : tout alla de façon
    Qu'il ne vit plus aucun poisson.
La faim le prit : il fut tout heureux et tout aise
    De rencontrer un limaçon.

    Ne soyons pas si difficiles :
Les plus accommodants ce sont les plus habiles :
On hasarde de perdre en voulant trop gagner;
    Gardez-vous de rien dédaigner.

                                                    La Fontaine.

LE LION ET LE RAT.

Il faut autant qu'on peut obliger tout le monde,
On a souvent besoin d'un plus petit que soi.
De cette vérité deux fables feront foi,
    Tant la chose en preuves abonde.

Entre les pattes d'un lion,
Un rat sortit de terre assez à l'étourdie.
Le roi des animaux, en cette occasion,
Montra ce qu'il était et lui donna la vie.
    Ce bienfait ne fut pas perdu.
    Quelqu'un aurait-il jamais cru
    Qu'un lion d'un rat eût affaire?
Cependant il advint qu'au sortir des forêts,
    Ce lion fut pris dans des rets
Dont ses rugissements ne le purent défaire.
Sire rat accourut, et fit tant par ses dents,
Qu'une maille rongée emporta tout l'ouvrage

    Patience et longueur de temps
    Font plus que force ni que rage.

LA FONTAINE.

LA COLOMBE ET LA FOURMI.

L'autre exemple est tiré d'animaux plus petits.
Le long d'un clair ruisseau buvait une colombe,
Quand sur l'eau se penchant, une fourmis[1] y tombe :
Et dans cet océan l'on eût vu la fourmis
S'efforcer, mais en vain, de regagner la rive.
La colombe aussitôt usa de charité :
Un brin d'herbe dans l'eau par elle étant jeté,
Ce fut un promontoire où la fourmis arrive.
    Elle se sauve. Et là-dessus
Passe un certain croquant[2] qui marchait les pieds nus.

---

[1] On voit que La Fontaine écrit à son gré *fourmi* avec ou sans *s* à la fin, selon le besoin de son vers, ce qui doit être considéré comme une licence poétique.

[2] *Croquant*, homme des dernières classes. Mot vieilli.

Ce croquant, par hasard, avait une arbalète
    Dès qu'il vit l'oiseau de Vénus [1],
Il le croit en son pot, et déjà lui fait fête.
Tandis qu'à le tuer mon villageois s'apprête,
    La fourmi le pique au talon.
    Le vilain retourne la tête :
La colombe l'entend, part, et tire de long.

LA FONTAINE.

LE VIEILLARD ET LES TROIS JEUNES HOMMES.

    Un octogénaire plantait.
« Passe encor de bâtir; mais planter à cet âge !
Disaient trois jouvenceaux [2], enfants du voisinage,
    Assurément il radotait ;
    Car, au nom des dieux, je vous prie,
Quel fruit de ce labeur pouvez-vous recueillir?
Autant qu'un patriarche il vous faudrait vieillir.
    A quoi bon charger votre vie
Des soins d'un avenir qui n'est pas fait pour vous?
Ne songez désormais qu'à vos erreurs passées ;
Quittez le long espoir et les vastes pensées ;
    Tout cela ne convient qu'à nous.
    — Il ne convient pas à vous-mêmes,
Repartit le vieillard. Tout établissement
Vient tard et dure peu. La main des Parques blêmes
De vos jours et des miens se joue également.
Nos termes sont pareils par leur courte durée.
Qui de nous des clartés de la voûte azurée
Doit jouir le dernier? Est-il aucun moment
Qui vous puisse assurer d'un second seulement?

---

[1] La colombe, dans la mythologie, est, comme on sait, l'oiseau de Vénus, déesse de la beauté.

[2] *Jouvenceaux*, jeunes gens, mot vieilli.

Mes arrière-neveux me devront cet ombrage :
 Eh bien! défendez-vous au sage
De se donner des soins pour le plaisir d'autrui?
Cela même est un fruit que je goûte aujourd'hui :
J'en puis jouir demain, et quelques jours encore ;
 Je puis enfin compter l'aurore
 Plus d'une fois sur vos tombeaux. »
Le vieillard eut raison : l'un des trois jouvenceaux
Se noya dès le port, allant à l'Amérique ;
L'autre, afin de monter aux grandes dignités,
Dans les emplois de Mars servant la république,
Par un coup imprévu vit ses jours emportés ;
 Le troisième tomba d'un arbre
 Que lui-même il voulut enter :
Et pleurés du vieillard, il grava sur leur marbre
 Ce que je viens de raconter.

La Fontaine.

LA MORT ET LE MOURANT.

 La Mort ne surprend pas le sage :
 Il est toujours prêt à partir,
 S'étant su lui-même avertir
Du temps où l'on se doit résoudre à ce passage.
 Ce temps, hélas! embrasse tous les temps :
Qu'on le partage en jours, en heures, en moments,
 Il n'en est point qu'il ne comprenne
Dans le fatal tribut; tous sont de son domaine :
Et le premier instant où les enfants des rois
 Ouvrent les yeux à la lumière
 Est celui qui vient quelquefois
 Fermer pour toujours leur paupière.
 Défendez-vous par la grandeur ;
Alléguez la beauté, la vertu, la jeunesse·

La Mort ravit tout sans pudeur :
Un jour le monde entier accroîtra sa richesse.
    Il n'est rien de moins ignoré ;
    Et, puisqu'il faut que je le die [1],
    Rien où l'on soit moins préparé.

Un mourant, qui comptait plus de cent ans de vie,
Se plaignait à la Mort que précipitamment
Elle le contraignait de partir tout à l'heure,
    Sans qu'il eût fait son testament,
Sans l'avertir au moins. « Est-il juste qu'on meure
Au pied levé ? dit-il ; attendez quelque peu ;
Ma femme ne veut pas que je parte sans elle ;
Il me reste à pourvoir un arrière-neveu ;
Souffrez qu'à mon logis j'ajoute encore une aile.
Que vous êtes pressante, ô déesse cruelle !
— Vieillard, lui dit la Mort, je ne t'ai point surpris.
Tu te plains sans raison de mon impatience :
Eh ! n'as-tu pas cent ans ? Trouve-moi dans Paris
Deux mortels aussi vieux ; trouve-m'en dix en France.
Je devais, ce dis-tu, te donner quelque avis
    Qui te disposât à la chose :
J'aurais trouvé ton testament tout fait,
Ton petit-fils pourvu, ton bâtiment parfait.
Ne te donna-t-on pas des avis, quand la cause
    Du marcher et du mouvement,
    Quand les esprits, le sentiment,
Quand tout faillit en toi ? Plus de goût, plus d'ouïe,
Toute chose pour toi semble être évanouie ;
Pour toi l'astre du jour prend des soins superflus :
Tu regrettes des biens qui ne te touchent plus.
    Je t'ai fait voir tes camarades,
    Ou morts, ou mourants, ou malades :

---

[1] *Que je le die*, pour *que je le dise*, manière de s'exprimer autrefois permise et qu'on retrouve fréquemment dans La Fontaine et dans Molière, mais qui ne serait pas tolérée à présent.

Qu'est-ce que tout cela? qu'un avertissement?
    Allons, vieillard, et sans réplique.
    Il n'importe à la république
    Que tu fasses ton testament.

La Mort avait raison ; je voudrais qu'à cet âge
On sortît de la vie ainsi que d'un banquet,
Remerciant son hôte, et qu'on fît son paquet :
Car de combien peut-on retarder le voyage?
Tu murmures, vieillard ! vois ces jeunes mourir ;
    Vois-les marcher, vois-les courir
A des morts, il est vrai, glorieuses et belles,
Mais sûres cependant, et quelquefois cruelles.
J'ai beau te le crier ; mon zèle est indiscret :
Le plus semblable aux morts meurt le plus à regret.

La Fontaine.

L'AVEUGLE ET LE PARALYTIQUE.

    Aidons-nous mutuellement,
La charge des malheurs en sera plus légère ;
    Le bien que l'on fait à son frère
Pour le mal que l'on souffre est un soulagement ;
Confucius [1] l'a dit : suivons tous sa doctrine.
Pour la persuader au peuple de la Chine,
    Il leur contait le trait suivant.

    Dans une ville de l'Asie
    Il existait deux malheureux,
L'un perclus, l'autre aveugle, et pauvres tous les deux.
Ils demandaient au Ciel de terminer leur vie ;
    Mais leurs vœux étaient superflus :
Ils ne pouvaient mourir. Notre paralytique,

[1] Philosophe chinois.

Couché sur un grabat dans la place publique,
Souffrait sans être plaint; il en souffrait bien plus.
  L'aveugle, à qui tout pouvait nuire,
  Était sans guide, sans soutien,
  Sans avoir même un pauvre chien
  Pour l'aimer et pour le conduire.
  Un certain jour il arriva
Que l'aveugle à tâtons, au détour d'une rue,
  Près du malade se trouva;
Il entendit ses cris, son âme en fut émue.
  Il n'est tel que les malheureux
  Pour se plaindre les uns les autres.
« J'ai mes maux, lui dit-il, et vous avez les vôtres;
Unissons-les, mon frère, ils seront moins affreux.
— Hélas! dit le perclus, vous ignorez, mon frère,
  Que je ne puis faire un seul pas;
  Vous-même vous n'y voyez pas :
A quoi nous servirait d'unir notre misère?
— A quoi? répond l'aveugle; écoutez : à nous deux,
Nous possédons le bien à chacun nécessaire ;
  J'ai des jambes et vous des yeux;
Moi, je vais vous porter, vous, vous serez mon guide;
Vos yeux dirigeront mes pas mal assurés;
Mes jambes, à leur tour, iront où vous voudrez.
Ainsi, sans que jamais notre amitié décide
Qui de nous deux remplit le plus utile emploi,
Je marcherai pour vous, vous y verrez pour moi. »

       FLORIAN.

LE CHATEAU DE CARTES.

Un bon mari, sa femme et deux jolis enfants,
Coulaient en paix leurs jours dans le simple héritage,
Où, paisibles comme eux, vécurent leurs parents.
Ces époux, partageant les doux soins du ménage,

Cultivaient leur jardin, recueillaient leurs moissons;
Et le soir, dans l'été, soupant sous le feuillage.
　　Dans l'hiver, devant leurs tisons,
Ils prêchaient à leurs fils la vertu, la sagesse,
Leur parlaient du bonheur qu'elles donnent toujours;
Le père, par un conte, égayait ses discours;
　　La mère, par une caresse.
L'aîné de ces enfants, né grave, studieux,
　　Lisait et méditait sans cesse;
Le cadet, vif, léger, mais plein de gentillesse,
Sautait, riait toujours, ne se plaisait qu'aux jeux.
Un soir, selon l'usage, à côté de leur père,
Assis près d'une table où s'appuyait la mère,
L'aîné lisait Rollin; le cadet, peu soigneux
D'apprendre les hauts faits des Romains et des Parthes,
Employait tout son art, toutes ses facultés,
A joindre, à soutenir par les quatre côtés,
　　Un fragile château de cartes.
Il n'en respirait pas, d'attention, de peur;
　　Tout à coup voici le lecteur
Qui s'interrompt : « Papa, dit-il, daigne m'instruire
Pourquoi certains guerriers sont nommés conquérants
　　Et d'autres, fondateurs d'empire?
　　Ces deux noms sont-ils différents? »

Le père méditait une réponse sage,
Lorsque son fils cadet, transporté de plaisir,
Après tant de travail, d'avoir pu parvenir
　　A placer son second étage,
S'écrie : « Il est fini! » Son frère, murmurant,
Se fâche, et d'un seul coup détruit son long ouvrage;
　　Et voilà le cadet pleurant.
　　« Mon fils, répond alors le père,
　　Le fondateur, c'est votre frère,
　　Et vous êtes le conquérant. »

　　　　　　　　　　FLORIAN.

LA CARPE ET LES CARPILLONS.

« Prenez garde, mes fils, côtoyez moins le bord,
    Suivez le fond de la rivière;
    Craignez la ligne meurtrière,
Ou l'épervier plus dangereux encor. »
C'est ainsi que parlait une carpe de Seine
A de jeunes poissons qui l'écoutaient à peine.
C'était au mois d'avril : les neiges, les glaçons,
Fondus par les zéphyrs, descendaient des montagnes;
Le fleuve enflé par eux s'élève à gros bouillons,
    Et déborde dans les campagnes.
    « Ah! ah! criaient les carpillons,
    Qu'en dis-tu, carpe radoteuse?
    Crains-tu pour nous les hameçons?
Nous voilà citoyens de la mer orageuse;
Regarde, on ne voit plus que les eaux et le ciel,
    Les arbres sont cachés sous l'onde,
    Nous sommes les maîtres du monde,
    C'est le déluge universel.
— Ne croyez pas cela, répond la vieille mère;
Pour que l'eau se retire il ne faut qu'un instant :
Ne vous éloignez point, et de peur d'accident,
Suivez, suivez toujours le fond de la rivière.
— Bah! disent les poissons, tu répètes toujours
    Mêmes discours.
Adieu; nous allons voir notre nouveau domaine. »

    Parlant ainsi, nos étourdis
    Sortent tous du lit de la Seine,
Et s'en vont dans les eaux qui couvrent le pays.
    Qu'arriva-t-il? Les eaux se retirèrent,
    Et les carpillons demeurèrent;
        Bientôt ils furent pris
            Et frits.

Pourquoi quittaient-ils la rivière ?
Pourquoi ? Je le sais trop, hélas !
C'est qu'on se croit plus sage que sa mère,
C'est qu'on veut sortir de sa sphère,
C'est que.... C'est que.... Je ne finirais pas.

FLORIAN.

LE DANSEUR DE CORDE ET LE BALANCIER.

Sur la corde tendue un jeune voltigeur
Apprenait à danser ; et déjà son adresse,
Ses tours de force, de souplesse,
Faisaient venir maint spectateur.
Sur son étroit chemin on le voit qui s'avance,
Le balancier en main, l'air libre, le corps droit
Hardi, léger autant qu'adroit,
Il s'élève, descend, va, vient, plus haut s'élance,
Retombe, remonte en cadence,
Et, semblable à certains oiseaux
Qui rasent en volant la surface des eaux,
Son pied touche, sans qu'on le voie,
A la corde qui plie et dans l'air le renvoie.
Notre jeune danseur, tout fier de son talent,
Dit un jour : « A quoi bon ce balancier pesant
Qui me fatigue et m'embarrasse ?
Si je dansais sans lui, j'aurais bien plus de grâce,
De force et de légèreté. »
Aussitôt fait que dit. Le balancier jeté,
Notre étourdi chancelle, étend les bras et tombe.
Il se cassa le nez, et tout le monde en rit.
Jeunes gens, jeunes gens, ne vous a-t-on pas dit
Que sans règle et sans frein tôt ou tard on succombe ?
La vertu, la raison, les lois, l'autorité,
Dans vos désirs fougueux vous causent quelque peine :

C'est le balancier qui vous gêne,
Mais qui fait votre sûreté.
FLORIAN.

LE GRILLON ET LE VER LUISANT.

Par une belle nuit, un grillon sautillant
  Et chantant,
S'en allait tout le long d'une plaine fleurie ;
  Il y rencontre un ver luisant
   Bien brillant,
Dont la vive lueur éclairait la prairie.
 « Bonsoir, bel astre radieux ;
  Bonsoir, noble étoile vivante,
 Dit le grillon ; que je te trouve heureux !
  De ta lumière étincelante
  On aperçoit au loin les feux ;
  Et dans ce pré, sur chaque plante,
Quelque insecte vers toi tourne un œil envieux.
— Il est vrai, dit le ver, mon sort est glorieux ;
  La nature avec complaisance
A répandu sur moi des dons bien précieux ;
  Et sans doute la différence,
  Mon cher, est grande entre nous deux.
  Te voilà tout brun et tout sombre,
  Te traînant à tâtons dans l'ombre,
  Obscur, sans être vu, sans voir ;
Tandis que les rayons de ma vive lumière
Guident non-seulement mes pas quand il fait noir,
  Mais sont pour mainte fourmilière
Comme un second soleil qui se lève le soir. »
C'était là pour un ver un bien pompeux langage ;
  Mais il n'en dit pas davantage.
  Guidé par sa vaine lueur,
Sur notre ver luisant, un oiseau de ténèbres

Fond, l'enlève, l'avale, et, sans nulle pudeur,
    L'envoie aux rivages funèbres.
Cependant le grillon, tout tremblant de frayeur,
    S'était blotti sous des brins d'herbe :
« Oh ! oh ! dit-il tout bas, ne soyons pas superbe.
De notre obscurité sachons nous consoler.
La nature a voulu compenser toute chose :
De biens, de maux, chacun ici-bas a sa dose ;
    Il peut coûter cher de briller. »

L. DE JUSSIEU.

LE PETIT MENTEUR.

« Au loup ! au loup ! à moi ! » criait un jeune pâtre,
Et les bergers entre eux suspendaient leurs discours.
Trompé par les clameurs du rustique folâtre,
Tout venait, jusqu'au chien, tout volait au secours.
Ayant de tant de cœurs éveillé le courage,
Tirant l'un du sommeil et l'autre de l'ouvrage,
Il se mettait à rire, il se croyait bien fin.
« Je suis loup, » disait-il. Mais attendez la fin.

Un jour que les bergers, au fond d'une vallée,
Appelant la gaîté sur leurs aigres pipeaux,
Confondaient leurs repas, leurs chansons, leurs troupeaux,
Et, de leurs pieds joyeux, pressaient l'herbe foulée :
« Au loup ! au loup ! à moi ! dit le jeune garçon.
Au loup, » répéta-t-il d'une voix lamentable.

Pas un n'abandonna la danse ni la table :
» Il est loup, dirent-ils ; à d'autres la leçon. »

Et toutefois le loup dévorait la plus belle
    De ses belles brebis ;
Et pour punir l'enfant qu'il traitait de rebelle,

il lui montrait les dents, et rompait ses habits.
Et le pauvre menteur, élevant ses prières,
N'attristait que l'écho ; ses cris n'amenaient rien.
Tout riait, tout dansait au loin sur les bruyères.
« Eh quoi ! pas un ami, dit-il, pas même un chien ! »
On ajoute, et vraiment c'est pitié de le croire,
Qu'il serrait la brebis dans ses deux bras tremblants ;
Et quand il vint en pleurs raconter son histoire,
On vit que ses deux bras étaient nus et sanglants.
« Il ne ment pas, dit-on : il tremble ! il saigne ! il pleure !
Quoi ! c'est donc vrai, Colas ? (Il s'appelait Colas.)
  Nous avons bien ri tout à l'heure.
Et la brebis est morte ! — Elle est mangée.... hélas ! »

On le plaignit. Un rustre, insensible à ses larmes,
Lui dit : « Tu fus menteur, tu trompas notre effroi :
Or, s'il m'avait trompé, le menteur, fût-il roi,
  Me crierait vainement : Aux armes ! »

    Mme DESBORDES-VALMORE.

LA RAISON DU PLUS FORT N'EST PAS TOUJOURS LA MEILLEURE.

  Plusieurs animaux domestiques,
Bouledogues, chevaux, tous des plus vigoureux,
  Mais cerveaux un peu creux,
Un jour, ne consultant que leurs forces physiques,
De la dent et du pied délibérant entre eux,
A l'unanimité, tinrent pour lois iniques
Que l'homme, un être faible, un enfant quelquefois,
Osât les diriger du geste et de la voix :
« Mordons-le ! brisons-le ! notre règne commence ! »
Hurlait ou hennissait le conseil en démence.
C'était un pêle-mêle, un vacarme !... Si bien

Qu'on décida que l'homme,
Chiens et chevaux régnant, serait bête de somme,
Qu'il porterait cheval et qu'il garderait chien.
On dit même qu'alors, tout fier de sa tournure,
Jetant avec dédain ses importuns fardeaux,
Du fer battant le sol, aspirant des naseaux,
Gonflant et balançant sa pesante encolure,
Un stupide mulet, né d'âne et de jument,
    Se prit à braire et fit serment,
Par son solide pied, par ses poumons robustes,
Que son droit de mulet, mais droit des plus augustes,
    Était que tout d'abord
Le sceptre lui revînt, comme au dos le plus fort :
« Se moque-t-il ? Allons, dit le cheval, arrière !
A moi le sceptre ! à moi, par mon jarret nerveux !
— Arrière ! fit le chien : par ma dent meurtrière,
    A moi le sceptre ! je le veux ! »
    Des cris on en vint aux gestes ;
    Le cheval, quoique des plus lestes,
Tombant sous le mulet, maudit le droit du fort,
    Et le mulet lui-même,
Saignant aux crocs du chien, se plaignait de son sort,
Quand survint un lion d'une vigueur extrême,
Qui, les accordant tous, de par leur propre loi,
Sur eux posant le pied, rugit : « Je suis le roi ! »
Pendant qu'à sa fureur chacun était en butte,
Un homme, inattentif tout d'abord à leur lutte,
    Passa tout frêle à voir,
Et pourtant les vaincus en firent leur espoir :
  Oh ! viens ! sanglotaient-ils ; oh ! viens, être sublime !
    Etre fort par le cœur !
Toute autre force, hélas ! est un abus, un crime !
Nous te reconnaîtrons à jamais pour seigneur ;
Viens à nous, prends pitié des faibles qui succombent !
De tes habiles mains relève ceux qui tombent !
    L'homme eut pitié : sur le vainqueur,

Son esprit suppléant au défaut de vigueur,
Il se jette à propos, et, d'une main habile,
De l'énorme animal rend la force inutile.

Des écoliers, un peu semblables au mulet,
Qui, par son droit stupide, en prince s'étalait,
Prenant tout au rebours ce qu'avait fait leur maître,
(Car il avait, en sage, élu premier d'entre eux
Le plus sain par l'esprit, non le plus vigoureux),
Décidèrent un jour, serait-il bon à paître,
Que le premier, même ailleurs qu'en leurs jeux,
A la force du poing devait se reconnaître.
      Grossière était l'erreur.
Enfants, je les renvoie à la bête de somme,
Qui, forte de son dos, voulait diriger l'homme.
L'intelligence est tout ; la force est dans le cœur.

Léon Guérin.

L'AIGLE ET LE SOLEIL.

Ne dites pas, enfants, comme d'autres ont dit :
« Dieu ne me connaît pas, car je suis trop petit ;
Dans sa création ma faiblesse me noie ;
Il voit trop d'univers pour que son œil me voie. »

L'aigle de la montagne un jour dit au soleil :
« Pourquoi luire plus bas que ce sommet vermeil ?
A quoi sert d'éclairer ces prés, ces gorges sombres,
De salir tes rayons sur l'herbe dans ces ombres ?
La mousse imperceptible est indigne de toi !
— Oiseau, dit le soleil, viens et monte avec moi ! »
L'aigle, avec le rayon s'élevant dans la nue,
Vit la montagne fondre et baisser à sa vue,
Et quand il eut atteint son horizon nouveau,
A son œil confondu tout parut de niveau.

« Eh bien! dit le soleil, tu vois, oiseau superbe,
Si, pour moi, la montagne est plus haute que l'herbe?
Rien n'est grand ni petit devant mes yeux géants :
La goutte d'eau me peint comme les océans.
De tout ce qui me voit je suis l'astre et la vie.
Comme le cèdre altier l'herbe me glorifie;
J'y chauffe la fourmi; des nuits j'y bois les pleurs;
Mon rayon s'y parfume en traînant sur les fleurs! »
Et c'est ainsi que Dieu, qui seul est sa mesure,
D'un œil pour tous égal voit toute sa nature!...
Chers enfants, bénissez, si votre cœur comprend,
Cet œil qui voit l'insecte et pour qui tout est grand !

A. DE Lamartine.

LEÇONS DE MORALE ET DE PHILOSOPHIE

TIRÉES DE

L'ÉPITRE ET LA SATIRE

AVANTAGES A TIRER DE SES DÉTRACTEURS.

Sitôt que d'Apollon un génie inspiré
Trouve loin du vulgaire un chemin ignoré,
En cent lieux contre lui les cabales s'amassent;
Ses rivaux obscurcis autour de lui croassent;
Et son trop de lumière, importunant les yeux,
De ses propres amis lui fait des envieux :
La mort seule ici-bas, en terminant sa vie,
Peut calmer sur son nom l'injustice et l'envie,
Faire au poids du bon sens peser tous ses écrits,
Et donner à ses vers leur légitime prix.
. . . .
Toi donc, qui, t'élevant sur la scène tragique,
Suis les pas de Sophocle, et seul, de tant d'esprits,
De Corneille vieilli sais consoler Paris,
Cesse de t'étonner si l'envie animée,
Attachant à son nom sa rouille envenimée,
La calomnie en main, quelquefois te poursuit.
En cela comme en tout, le Ciel qui nous conduit,
Racine, fait briller sa profonde sagesse.
Le mérite en repos s'endort dans la paresse;
Mais par les envieux un génie excité,
Au comble de son art est mille fois monté :
Plus on veut l'affaiblir, plus il croit et s'élance.

Au Cid persécuté Cinna doit sa naissance,
Et peut-être ta plume aux censeurs de Pyrrhus
Doit les plus nobles traits dont tu peignis Burrhus.
Moi-même, dont la gloire ici moins répandue
Des pâles envieux ne blesse point la vue,
Mais qu'une humeur trop libre, un esprit peu soumis,
De bonne heure a pourvu d'utiles ennemis,
Je dois plus à leur haine, il faut que je l'avoue,
Qu'au faible et vain talent dont la France me loue.
Leur venin, qui sur moi brûle de s'épancher,
Tous les jours en marchant m'empêche de broncher.
Je songe, à chaque trait que ma plume hasarde,
Que d'un œil dangereux leur troupe me regarde;
Je sais sur leurs avis corriger mes erreurs,
Et je mets à profit leurs malignes fureurs.
Sitôt que sur un vice ils pensent me confondre,
C'est en me guérissant que je sais leur répondre;
Et, plus en criminel ils pensent m'ériger,
Plus, croissant en vertu, je songe à me venger.
Imite mon exemple, et lorsqu'une cabale,
Un flot de vains auteurs follement te ravale,
Profite de leur haine et de leur mauvais sens,
Ris du bruit passager de leurs cris impuissants :
Que peut contre tes vers une ignorance vaine?
Le Parnasse français, ennobli par ta veine,
Contre tous ces complots saura te maintenir,
Et soulever pour toi l'équitable avenir.

BOILEAU, *Épître à Racine.*

A UN JEUNE INCRÉDULE.

Du doute importun qui t'agite,
Sur la foi qui nous est prescrite,
Je voudrais dégager ton cœur.

Mais malgré l'ardeur qui m'excite,
Du soin d'instruire un prosélyte,
M'acquitterai-je avec honneur?
Sur cette importante matière
Ma connaissance est trop légère,
Pour me flatter de ce bonheur.
Autant qu'il est en ma puissance,
Je vais pourtant te conseiller;
Sincèrement, et comme il pense,
Mon cœur ici va te parler.
Le zèle outré du fanatisme
N'a jamais troublé mes esprits;
Tout ce qui sent le cagotisme
N'excite en moi que du mépris.
Je ne suis pas non plus du nombre
De ces sceptiques entêtés
Dont la doctrine vaine et sombre
Se refuse à des vérités.
Sans approfondir des mystères
Que je révère infiniment,
A nos docteurs, à leurs lumières,
J'assujettis mon sentiment,
Et dans le sentier de mes pères
Je sais marcher tout uniment.
Ainsi, d'une âme très-soumise,
Je crois tout ce que croit l'Église;
Mais pour resserrer le lien
Qui m'attache à cette loi sage,
Voici, cher Timandre, un moyen
Que ma raison met en usage,
Et dont je me trouve assez bien.
Sur la différente conduite
De l'incrédule et du croyant,
Souvent en secret je médite;
Leur comparaison me profite,
Et je m'éclaire en la voyant.

De la foi solide et constante,
De la soumission prudente
De l'homme qui vit en chrétien,
Je vois n'arriver que du bien.
Du désordre affreux où se plonge
Celui qui traite de mensonge
Notre texte saint et moral,
Je vois n'arriver que du mal.
D'un côté, je vois la folie,
La malice, l'iniquité,
L'imposture, la perfidie,
L'orgueil et l'inhumanité.
J'aperçois, de l'autre côté,
Des mœurs et des maximes pures,
La sagesse, la probité,
L'oubli, le pardon des injures,
La douceur et l'humanité.
Il ne faut pas qu'un long usage
Nous ait appris à nous guider,
Pour voir à quoi notre suffrage
Doit en pareil cas s'accorder,
Et pour le parti le plus sage,
Un coup d'œil doit nous décider.

PANARD.

A MON PETIT LOGIS.

Petit séjour, commode et sain,
Où des arts et du luxe en vain
On chercherait quelque merveille ;
Humble asile où j'ai sous la main
Mon La Fontaine et mon Corneille,
Où je vis, m'endors et m'éveille
Sans aucun soin du lendemain,

Sans aucun remords de la veille;
Retraite où j'habite avec moi,
Seul, sans désirs et sans emploi,
Libre de crainte et d'espérance;
Enfin, après trois jours d'absence,
Je viens, j'accours, je t'aperçoi [1] :
O mon lit! ô ma maisonnette!
Chers témoins de ma paix secrète!
C'est vous, vous voilà! je vous voi!
Qu'avec plaisir je vous répète :
Il n'est point de petit chez soi!

      Ducis.

L'AMITIÉ

Noble et tendre Amitié, je te chante en mes vers.
Du poids de tant de maux semés dans l'univers,
Par tes soins consolants, c'est toi qui nous soulages
Trésor de tous les lieux, bonheur de tous les âges,
Le Ciel te fit pour l'homme, et tes charmes touchants
Sont nos derniers plaisirs, sont nos premiers penchants.
Qui de nous, lorsque l'âme, encor naïve et pure,
Commence à s'émouvoir, et s'ouvre à la nature,
N'a pas senti d'abord, par un instinct heureux,
Le besoin enchanteur, ce besoin d'être deux,
De dire à son ami ses plaisirs et ses peines?
D'un zéphyr indulgent si les douces haleines
Ont conduit mon vaisseau sur des bords enchantés,
Sur ce théâtre heureux de mes prospérités,
Brillant d'un vain éclat, et vivant pour moi-même,
Sans épancher mon cœur, sans un ami qui m'aime,

---

[1] *Aperçoi* pour *aperçois*, licence poétique, qu'on ne se permet plus guère aujourd'hui.

Porterai-je, moi seul, de mon ennui chargé,
Tout le poids d'un bonheur qui n'est point partagé?
Qu'un ami sur mes bords soit jeté par l'orage,
Ciel! avec quel transport je l'embrasse au rivage!
Moi-même entre ses bras si le flot m'a jeté,
Je ris de mon naufrage et du flot irrité.
Oui, contre deux amis la fortune est sans armes;
Ce nom répare tout : sais-je, grâce à ses charmes,
Si je donne ou j'accepte? Il efface à jamais
Ce mot de bienfaiteur, et ce mot de bienfaits.
Si, dans l'été brûlant d'une vive jeunesse,
Je saisis du plaisir la coupe enchanteresse,
Je veux, le front ouvert, de la feinte ennemi,
Voir briller mon bonheur dans les yeux d'un ami.
D'un ami! ce nom seul me charme et me rassure.
C'est avec mon ami que ma raison s'épure,
Que je cherche la paix, des conseils, un appui :
Je me soutiens, m'éclaire et me calme avec lui
Dans des piéges trompeurs si ma vertu sommeille,
J'embrasse, en le suivant, la vertu qui m'éveille.
Dans le champ varié de nos doux entretiens,
Son esprit est à moi, ses trésors sont les miens.
Je sens dans mon ardeur, par les siennes pressées,
Naître, accourir en foule, et jaillir mes pensées.
Mon discours s'attendrit d'un charme intéressant,
Et s'anime à sa voix du geste et de l'accent.

DUCIS.

LA VILLE ET LES CHAMPS.

Au milieu du tumulte et du bruit des cités,
Mes esprits, loin de moi dans le vague emportés,
Dociles aux désirs d'une foule insensée,
A l'intérêt de plaire immolaient ma pensée.

Dans ces soupers où l'art le plus voluptueux
Aiguillonne nos sens et nos goûts dédaigneux,
Où d'une main pour nous toujours enchanteresse,
Hébé verse en riant le nectar et l'ivresse,
Quel mortel, insensible aux charmes du poison,
D'un philtre si flatteur peut sauver sa raison?
Des boudoirs de Paris les intrigues secrètes,
L'anecdote du jour, l'histoire des toilettes,
Les jeux d'un vil bouffon, des brochures, des riens,
Voilà les grands objets de tous nos entretiens.
Lorsque enfin, terminant ces bruyantes orgies,
Le rayon du matin fait pâlir les bougies,
Nos convives légers remontent dans leurs chars.
De ces fous si brillants les rapides écarts
Ont sur le goût, les mœurs et les modes nouvelles
Lancé du bel esprit les froides étincelles;
Mais d'un sujet utile occupant sa raison,
Un seul d'entre eux, un seul a-t-il réfléchi? Non.

J'ai suivi trop longtemps ce tourbillon rapide;
A travers son éclat, j'en ai connu le vide;
Et, de Rome échappé, je reviens dans Tibur
Respirer les parfums d'un air tranquille et pur;
Je parcours, plus heureux, ces routes isolées.
Si je suis les détours que forment ces vallées,
J'aime à voir le zéphyr agiter dans les eaux
Les replis ondoyants des joncs et des roseaux,
Et ces saules vieillis, de leur mourante écorce
Pousser encore des jets pleins de séve et de force.
Ici tout m'intéresse, et plaît à mes regards.
Sur les bords du ruisseau cent papillons épars,
Avant que mes esprits démêlent l'imposture,
Me paraissent des fleurs que soutient la verdure.
Déjà ma main séduite est prête à les cueillir;
Mais alarmé du bruit, plus prompt que le zéphyr,
L'insecte, tout à coup détaché de la tige,

S'enfuit... et c'est encore une fleur qui voltige.
Les arbres, le rivage et la voûte des cieux
Dans le cristal des eaux se peignent à mes yeux :
Chaque objet s'y répète, et l'onde qui vacille
Balance dans son sein cette image mobile.

COLLARDEAU.

LE BONHEUR DE LA CAMPAGNE.

Déjà la première hirondelle,
Seul être aux ruines fidèle,
Revient effleurer nos créneaux,
Et des coups légers de son aile
Battre les gothiques vitraux
Où l'habitude la rappelle.
Déjà l'errante Philomèle,
Modulant son brillant soupir,
Trouve sur la tige nouvelle
Une feuille pour la couvrir,
Et de sa retraite sonore,
Où son chant seul peut la trahir,
Semble une voix qui vient d'éclore,
Pour saluer avec l'aurore
Chaque rose qui va s'ouvrir.
L'air caresse, le ciel s'épure ;
On entend la terre germer ;
Sur des océans de verdure
Le vent flotte pour s'embaumer ;
La source reprend son murmure ;
Tout semble dire à la nature :
Encore un printemps pour aimer !

Encore un degré vers la tombe,
Où des ans aboutit le cours !

Encore une feuille qui tombe
De la couronne de nos jours,
Sans que ta main l'ait savourée,
Sans que ton cœur l'ait respirée !
Cependant nos printemps sont courts !
Non loin de la rive embellie,
Où la Saône aux flots assoupis
Retrouve sa pente, et l'oublie
Pour caresser les verts tapis
Où son cours cent fois se replie ;
Au pied des monts où l'on croit voir
La nuit s'enfuir, le jour éclore ;
Dont les neiges, que le soleil dore,
Comme un majestueux miroir,
Sur nos champs projettent encore
Les premiers reflets de l'aurore
Et l'ombre lointaine du soir ;
Entre deux étroites collines
Se creuse un oblique vallon,
Tel que Virgile ou Fénelon
L'auraient peint de leurs mains divines ;
Le double mont qui le domine
Et le défend de l'aquilon,
Sous le poids des forêts s'incline,
Et, de pente en pente, décline
Jusqu'au lit bordé de gazon
Où notre humble ruisseau sans nom
Déroule sa nappe argentine,
Et dans son onde cristalline
Aime à bercer le doux rayon
De la lune qui l'illumine.
Le tiède regard du soleil
Le colore, dès son réveil,
De ses lueurs les plus dorées ;
Et le soir, ses teintes pourprées
Peignent le nuage vermeil

Où nage son disque, pareil
A des roses décolorées ;
Et, grâce à l'aspect de ces lieux,
Tour à tour éclatant et sombre,
Chacun de ses pas dans les cieux,
Par un contraste harmonieux,
Y fait lutter le jour et l'ombre !
Les champs, les fleurs, les eaux, les bois,
L'émail ondoyant des prairies,
Semés sur ses pentes fleuries,
S'entrelacent comme par choix,
Et semblent se plier aux lois
Des plus riantes symétries.
Le saule, penché sur les eaux,
Y baigne ses tristes rameaux,
D'où ses larmes tombent en pluie,
Et qu'en agitant ses berceaux,
L'haleine du zéphyr essuie.
Sur le tronc mousseux des ormeaux
La vigne avec grâce s'appuie,
Et couvre de ses verts arceaux
La moisson par l'été jaunie.
L'onde amoureuse du rocher,
D'où l'entraîne un courant rapide,
En retombe en nappe limpide,
Y remonte en poussière humide,
Semble chercher à s'attacher
A ses flancs en perle liquide,
Qu'un rayon du jour vient sécher ;
Et, roulant sans bord sur sa pente,
Que son écume au loin blanchit,
Bouillonne, fuit, dort ou serpente,
Gronde, murmure, et rafraîchit
L'air, que charme sa plainte errante.
Suspendue aux flancs des coteaux,
L'humble chaumière des hameaux

Blanchit à travers le feuillage ;
Le couchant dore ses vitraux ;
Et du toit couvert de roseaux,
La fumée, en léger nuage,
Monte et roule ses plis mouvants,
Et cède aux caprices des vents,
Qui la bercent sur le bocage.

Au sommet d'un léger coteau,
Qui seul interrompt ces vallées,
S'élèvent deux tours accouplées,
Par la teinte des ans voilées,
Seul vestige d'un vieux château
Dont les ruines mutilées
Jettent de loin sur le hameau
Quelques ombres démantelées ;
Elles n'ont plus d'autres vassaux
Que les nids des joyeux oiseaux,
L'hirondelle et les passereaux,
Qui peuplent leurs nefs dépeuplées ;
Le lierre, au lieu des vieux drapeaux,
Fait sur leurs cimes crénelées
Flotter ses touffes déroulées,
Et tapisse de verts manteaux
Les longues ogives moulées,
Ou les vautours et les corbeaux,
Abattant leurs noires volées,
Couvrent seuls les sombres créneaux
De leurs sentinelles ailées.
Ce n'est plus qu'un débris des jours,
Une ombre, hélas ! qui s'évapore.
En vain à ces nobles séjours,
Comme le lierre aux vieilles tours,
Le souvenir s'attache encore ;
Minés par la vague des ans,
Sur le cours orageux du temps,

Leur puissance s'en est allée ;
Ils font sourire les passants,
Et n'ont plus d'autres courtisans
Que les pauvres de la vallée.
Autour de l'antique manoir,
Tu n'entendras d'autre murmure
Que les soupirs du vent du soir,
Glissant à travers la verdure ;
Les airs des rustiques pipeaux,
Ou la clochette des troupeaux
Regagnant leur étable obscure,
Et quelquefois les doux concerts
D'une harpe mélancolique,
Dont une brise ossianique
Vient par moments ravir les airs,
A travers l'ogive gothique,
A l'écho de ces murs déserts.

C'est là que l'amitié t'appelle ;
C'est là que de tes heureux jours,
Par mille gracieux détours,
Sur une pente naturelle,
Tu laisseras errer le cours ;
C'est là que la muse rêveuse,
Descendant du ciel sur tes pas,
Viendra, t'ouvrant ses chastes bras
Comme une aile silencieuse,
T'enlever aux soins d'ici-bas !
Notre âme est une source errante,
Qui, dans son onde transparente,
S'empreint de la couleur des lieux
De la nature elle est l'image :
Tantôt sombre comme un nuage,
Tantôt pure comme les cieux !
Si, quittant les rives fleuries,
Ses flots, par leur pente emportés,

Vont laver les plages flétries
Par l'ombre obscure des cités,
Elle perd la teinte azurée,
Et, ne conservant que son nom,
Elle traîne une onde altérée,
Que souille un orageux limon ;
Et le pasteur qui la vit naître
S'étonne, et ne peut reconnaître
L'eau murmurante du vallon.
Mais dès qu'abandonnant ces plages,
Et retrouvant son lit natal,
Sa pente sous de verts ombrages
Ramène son flot de cristal ;
Sur le sable d'or qu'elle arrose,
En murmurant elle dépose
L'ombre qui ternit ses couleurs,
Et, dans son sein, que le ciel dore
Limpide, elle retrace encore
L'azur du soir ou de l'aurore,
Les bois, les astres et les fleurs !

A. DE LAMARTINE, *à Victor Hugo.*

LA LIBERTÉ.

Ah ! j'en rends grâce à toi ! nous pourrons adorer
Celle qu'avant tes vers il nous fallait pleurer ;
Son culte, entre tes mains, est pur et légitime :
Tu renîrais tes dieux, s'ils commandaient le crime.

Pour moi, tremblant encor du nom qu'elle a porté,
J'aborde ses autels avec timidité :
Craignant à chaque instant qu'arraché de sa base,
Le dieu mal affermi ne tombe et nous écrase.
Le siècle où je naquis excuse mes terreurs :
J'entendais, au berceau, le bruit de ses fureurs ;

Son arbre, dont le sang arrosait les racines,
Portait, au lieu de fruits, la mort et les rapines.
Pour la première fois, quand j'invoquai son nom,
Ce fut sous les verrous d'une indigne prison.
Dans les étroits guichets d'un cachot solitaire,
Elle me disputait aux doux baisers d'un père,
Qui, caressant son fils à travers les barreaux,
Payait d'un reste d'or la pitié des bourreaux.
Je vis, en grandissant, je vis sa main sanglante
Arracher des autels la prière tremblante,
Souiller, jeter au vent la cendre des tombeaux,
Des temples avilis disperser les lambeaux,
Et, le pied chancelant des suites d'une orgie,
Couvrant ses cheveux plats du bonnet de Phrygie,
Au long cri de la mort, à sa voix renaissant,
Danser sous l'échafaud qui ruisselait de sang.
Oui, voilà sous quels traits, dans ma sombre pensée,
Par la main du malheur son image est tracée.
Pardonne, ô liberté ! pour effacer ces traits,
Il faut, il faut au monde un siècle de bienfaits.
Hâte ces jours heureux, toi qui chantes sa gloire !
Mêle une page blanche à sa funèbre histoire ;
Qu'on la voie, en tes vers, vierge de sang humain,
Rejeter ce poignard qui ruisselle en sa main,
Devant un sceptre juste incliner un front libre,
De la force et du droit maintenir l'équilibre ;
Nous couvrir, d'une main, du bouclier des lois,
Et de l'autre, affermir la majesté des rois.

Émules harmonieux des cygnes d'Eurotas,
Ne prêtons point la lyre à ces tristes combats;
Laissons d'un siècle vain l'impuissante sagesse
Soulever ces rochers qui retombent sans cesse ;
Dans la coupe d'Hébé ne versons point de fiel;
Ne mêlons point les voix de ces filles du ciel,
Ne mêlons point les sons des lyres profanées

Aux cris des passions de nos jours déchaînées :
Mais demandons ensemble à la nature, aux dieux,
Ces chants modérateurs, sereins, mélodieux,
Ces chants de la vertu, dont la sainte harmonie
Ressemble quelquefois à la voix du génie,
Qui calment les partis, adoucissent les mœurs,
S'élèvent au-dessus des terrestres clameurs,
Et, sur l'aile du temps traversant tous les âges,
Brillent, comme l'iris, sur les flancs des nuages.

A. DE LAMARTINE, *à Casimir Delavigne*

RÉPONSE A M. DE LAMARTINE.

Ainsi qu'un clair ruisseau, captif entre ses bords,
Qui, sans les inonder, leur verse ses trésors,
Gonflé par un orage, en un torrent se change,
Et roule sur les fleurs les débris et la fange ;
Si les lois, si les arts, le bon droit, le bon goût,
Si tout admet l'excès, si l'excès flétrit tout,
Ami, la liberté n'en est pas plus complice
Que toute autre vertu dont l'abus est un vice.
A son front virginal ma main n'a pas ôté
Le bonnet phrygien qu'il n'a jamais porté.
Pourquoi donc, trop séduit d'une fausse apparence,
Nommer la liberté, quand tu peins la licence ?

Eh ! que répondrais-tu, si quelque noir censeur,
Trompé par tes accords, et sourd à leur douceur,
Dans la vierge immortelle à qui tu rends hommage,
Voulait voir cet esprit d'imposture et de rage
Qui, sur les bancs dorés d'un concile romain,
Présida dans Constance, un brandon à la main.
. . . .
Mais non, ce fanatisme est celui que je blâme ;
Il n'a pas allumé ces traits de vive flamme

Qui, par l'aigle de Meaux à ta muse inspirés,
Brillent comme un reflet de ses foudres sacrés.
Il n'a pas modulé ces sons dont l'harmonie
Semble un pieux écho des concerts d'Athalie.
Non, non, ce n'est pas lui que ta lyre a chanté :
C'est la religion, sœur de la liberté !
Un flambeau dans les mains, les ailes étendues,
Des bras du roi des cieux toutes deux descendues,
Chez les rois de la terre ont voulu s'exiler,
Pour affranchir l'esclave ou pour le consoler.
Toutes deux ont ensemble erré parmi les tombes ;
Toutes deux, s'élançant du fond des catacombes,
Sous un même drapeau marchaient d'un même pas,
Répandaient la lumière, et ne l'étouffaient pas.
L'une, le front paré des palmes du martyre,
Présente l'espérance aux humains qu'elle attire :
Clémente, elle pardonne avec Guise expirant,
Embrase Fénelon d'un amour tolérant,
Guide Vincent de Paul, ensevelit Voltaire,
Brûle de chastes feux ces anges de la terre,
Qui, sans faste et sans crainte, à la mort vont s'offrir,
Pour sauver un malade ou l'aider à mourir.
L'autre, le casque en tête et le pied sur des chaînes,
Sourit à Miltiade, inspire Démosthènes,
Joue avec le laurier cueilli par Washington,
Et l'offre aux dignes fils des Grecs de Marathon.
Libres s'ils sont vainqueurs, et libres s'ils périssent,
Qu'un poëte secourt et que des rois trahissent.
Viens, et, sans condamner nos cultes différents,
Viens aux pieds des deux sœurs échanger nos serments
Éclairés par leurs yeux, réchauffés sous leurs ailes,
Pour les mieux adorer, unissons-nous comme elles ;
Et, dans un même temple, à deux autels voisins,
Offrons nos dons divers, sans désunir nos mains.

CASIMIR DELAVIGNE.

LA SATIRE.

La satire, en leçons, en nouveautés fertile,
Sait seule assaisonner le plaisant et l'utile,
Et d'un vers qu'elle épure aux rayons du bon sens,
Détrompe les esprits des erreurs de leur temps.
Elle seule, bravant l'orgueil et l'injustice,
Va jusque sous le dais faire pâlir le vice ;
Et souvent sans rien craindre, à l'aide d'un bon mot,
Va venger la raison des attentats d'un sot.
BOILEAU.

MÊME SUJET.

La satire ! sa tâche est pénible à remplir ;
On peut la détester : on ne peut l'avilir.
Contre les vains assauts d'une foule stupide
Horace et Juvénal lui prêtent leur égide.
Son fouet, à coups pressés, corrige les travers ;
Le poids de sa massue accable le pervers.
C'est elle qui, du haut de la double colline,
Fait frémir la débauche au nom de Messaline.
Barrus, après mille ans, et pour bonnes raisons,
Va loger, par son ordre, aux Petites-Maisons.
Sous la faux du trépas lorsque Séjan succombe,
De fantômes hideux elle entoure sa tombe,
Le roule dans le Styx d'épouvante glacé,
Et l'abreuve, aux enfers, du sang qu'il a versé.
Oh ! que j'aime à la voir, dédaigneuse, intrépide,
Espiègle aux ris moqueurs, et farouche Euménide,
Arracher la sottise à ses illusions,
Et de leurs oppresseurs venger les nations !
Elle n'épargne rien dans sa fougueuse audace.
Elle atteint les flatteurs, les grands, la populace.
A sa noble fierté tout reconnaît ses droits ;

Elle veille et punit dans le sommeil des lois,
Et, sur l'homme exerçant une utile contrainte,
L'enchaîne, ou le conduit au devoir, par la crainte.

JOSEPH DESPAZE.

SATIRE DE L'HOMME.

De tous les animaux qui s'élèvent dans l'air,
Qui marchent sur la terre, ou nagent dans la mer,
De Paris au Pérou, du Japon jusqu'à Rome,
Le plus sot animal, à mon avis, c'est l'homme.

Quoi! dira-t-on d'abord, un ver, une fourmi,
Un insecte rampant qui ne vit qu'à demi,
Un taureau qui rumine, une chèvre qui broute,
Ont l'esprit mieux tourné que n'a l'homme. — Oui, sans doute.
Ce discours te surprend, Docteur, je l'aperçoi [1].
L'homme, de la nature, est le chef et le roi :
Bois, prés, champs, animaux, tout est pour son usage,
Et lui seul a, dis-tu, la raison en partage.
Il est vrai de tout temps la raison fut son lot;
Mais de là je conclus que l'homme est le plus sot.

Ces propos, diras-tu, sont bons dans la satire,
Pour égayer d'abord un lecteur qui veut rire :
Mais il faut les prouver. En forme. J'y consens.
Réponds-moi donc, docteur, et mets-toi sur les bancs.

Qu'est-ce que la sagesse? Une égalité d'âme
Que rien ne peut troubler, qu'aucun désir n'enflamme,
Qui marche, en ses conseils, à pas plus mesurés
Qu'un doyen au palais ne monte les degrés.
Or, cette égalité dont se forme le sage,
Qui jamais moins que l'homme en a connu l'usage?

[1] *Aperçoi* pour *aperçois*, même observation que précédemment, page 67.

La fourmi, tous les ans, traversant les guérets,
Grossit ses magasins des trésors de Cérès;
Et dès que l'aquilon, ramenant la froidure,
Vient de ses noirs frimas attrister la nature,
Cet animal, tapi dans son obscurité,
Jouit l'hiver des biens conquis durant l'été.
Mais on ne la voit point, d'une humeur inconstante,
Paresseuse au printemps, en hiver diligente,
Affronter en plein champ les fureurs de janvier,
Ou demeurer oisive au retour du bélier.
Mais l'homme, sans arrêt dans sa course insensée,
Voltige incessamment de pensée en pensée :
Son cœur, toujours flottant entre mille embarras,
Ne sait ni ce qu'il veut, ni ce qu'il ne veut pas.
Ce qu'un jour il abhorre, en l'autre il le souhaite.
. . . .

Voilà l'homme, en effet. Il va du blanc au noir :
Il condamne au matin ses sentiments du soir;
Importun à tout autre, à soi-même incommode,
Il change à tous moments d'esprit comme de mode;
Il tourne au moindre vent, il tombe au moindre choc
Aujourd'hui dans un casque et demain dans un froc.

Cependant, à le voir, plein de vapeurs légères,
Soi-même se bercer de ses propres chimères,
Lui seul de la nature est la base et l'appui;
Et le dixième ciel ne tourne que pour lui.
De tous les animaux il est, dit-il, le maître.
Qui pourrait le nier? poursuis-tu. — Moi peut-être.
Mais, sans examiner si vers les antres sourds,
L'ours a peur du passant, ou le passant de l'ours;
Et si, sur un édit des pâtres de Nubie,
Les lions de Barca videraient la Lybie;
Ce maître prétendu, qui leur donne des lois,
Ce roi des animaux, combien a-t-il de rois!

L'ambition, l'amour, l'avarice, la haine,
Tiennent, comme un forçat, son esprit à la chaîne.

Le sommeil sur ses yeux commence à s'épancher :
« Debout, dit l'avarice ; il est temps de marcher.
— Hé ! laissez-moi. — Debout ! — Un moment. — Tu répliques !
— A peine le soleil fait ouvrir les boutiques.
— N'importe, lève-toi. — Pourquoi faire, après tout
— Pour courir l'océan de l'un à l'autre bout,
Chercher jusqu'au Japon la porcelaine et l'ambre,
Rapporter de Goa le poivre et le gingembre.
— Mais j'ai des biens en foule, et je puis m'en passer.
— On n'en peut trop avoir ; et pour en amasser,
Il ne faut épargner ni crime, ni parjure;
Il faut souffrir la faim et coucher sur la dure ;
Eût-on plus de trésors que n'en perdit Galet[1],
N'avoir en sa maison ni meubles ni valet ;
Parmi les tas de blé, vivre de seigle et d'orge ;
De peur de perdre un liard, souffrir qu'on vous égorge.
— Et pourquoi cette épargne, enfin ? — L'ignores-tu ?
Afin qu'un héritier bien nourri, bien vêtu,
Profitant d'un trésor en tes mains inutile,
De son train quelque jour embarrasse la ville.
— Que faire ? — Il faut partir : les matelots sont prêts. »
Ou, si pour l'entraîner, l'argent manque d'attraits,
Bientôt l'ambition et toute son escorte
Dans le sein du repos, vient le prendre à main-forte,
L'envoie en furieux, au milieu des hasards,
Se faire estropier sur les pas des Césars ;
Et, cherchant sur la brèche une mort indiscrète,
De sa folle valeur embellir la gazette.

Tout beau, dira quelqu'un, raillez plus à propos ;
Ce vice fut toujours la vertu des héros.
Quoi donc ! à votre avis, fut-ce un fou qu'Alexandre ?

---

[1] Fameux joueur du temps de Boileau.

— Qui, cet écervelé qui mit l'Asie en cendre?
Ce fougueux l'Angeli¹, qui, de sang altéré,
Maître du monde entier, s'y trouvait trop serré?
L'enragé qu'il était, né roi d'une province
Qu'il pouvait gouverner en bon et sage prince,
S'en alla follement, et pensant être dieu,
Courir comme un bandit qui n'a ni feu ni lieu;
Et, traînant avec soi les horreurs de la guerre,
De sa vaste folie emplir toute la terre :
Heureux si, de son temps, pour cent bonnes raisons,
La Macédoine eût eu des petites maisons,
Et qu'un sage tuteur l'eût en cette demeure,
Par avis de parents, enfermé de bonne heure ! »

Mais, sans nous égarer dans ces digressions,
Traiter, comme Senault, toutes les passions,
Et, les distribuant par classes et par titres,
Dogmatiser en vers, et rimer par chapitres,
Laissons-en discourir La Chambre et Coeffeteau ²;
Et voyons l'homme, enfin, par l'endroit le plus beau.

Lui seul, vivant, dit-on, dans l'enceinte des villes,
Fait voir d'honnêtes mœurs, des coutumes civiles,
Se fait des gouverneurs, des magistrats, des rois,
Observe une police, obéit à des lois.

Il est vrai. Mais pourtant, sans lois et sans police,
Sans craindre archers, prévôt, ni suppôt de justice,
Voit-on les loups brigands, comme nous inhumains,
Pour détrousser les loups, courir les grands chemins?
Jamais, pour s'agrandir, vit-on, dans sa manie,
Un tigre en factions partager l'Hyrcanie ?
L'ours a-t-il, dans les bois, la guerre avec les ours?

¹ Fou fameux.
² Sénault, La Chambre et Coeffeteau, auteurs de traités sur les passions.

Le vautour, dans les airs, fond-il sur les vautours?
A-t-on vu quelquefois, dans les plaines d'Afrique,
Déchirant à l'envi leur propre république,
Lions contre lions, parents contre parents,
Combattre follement pour le choix des tyrans?
L'animal le plus fier qu'enfante la nature,
Dans un autre animal respecte sa figure,
De sa rage avec lui modère les accès,
Vit sans bruit, sans débats, sans noise, sans procès.
Un aigle, sur un champ prétendant droit d'aubaine,
Ne fait point appeler un aigle à la huitaine;
Jamais contre un renard chicanant un poulet
Un renard de son sac n'alla charger Rollet;
On ne connaît chez eux ni placets ni requêtes,
Ni haut, ni bas conseil, ni chambre des enquêtes.
Chacun, l'un avec l'autre, en toute sûreté,
Vit sous les pures lois de la simple équité.
L'homme seul, l'homme seul, en sa fureur extrême,
Met un brutal honneur à s'égorger soi-même.
C'était peu que sa main, conduite par l'enfer,
Eût pétri le salpêtre, eût aiguisé le fer :
Il fallait que sa rage, à l'univers funeste,
Allât encore de lois embrouiller un digeste,
Cherchât, pour l'obscurcir, des gloses, des docteurs,
Accablât l'équité sous des monceaux d'auteurs,
Et, pour comble de maux, apportât dans la France
Des harangueurs du temps l'ennuyeuse éloquence.

Doucement, diras-tu : que sert de s'emporter?
L'homme a ses passions : on n'en saurait douter;
Il a, comme la mer, ses flots et ses caprices;
Mais ses moindres vertus balancent tous ses vices
N'est-ce pas l'homme, enfin, dont l'art audacieux
Dans le tour d'un compas a mesuré les cieux?
Dont la vaste science, embrassant toutes choses,
A fouillé la nature, en a percé les causes?

Les animaux ont-ils des universités?
Voit-on fleurir chez eux les quatre facultés?
Y voit-on des savants en droit, en médecine,
Endosser l'écarlate et se fourrer d'hermine?

Non, sans doute; et jamais, chez eux, un médecin
N'empoisonna les bois de son art assassin.
Jamais docteur, armé d'un argument frivole,
Ne s'enroua, chez eux, sur les bancs d'une école.
Mais sans chercher au fond si notre esprit déçu
Sait rien de ce qu'il sait, s'il a jamais rien su,
Toi-même réponds-moi, dans le siècle où nous sommes,
Est-ce au pied du savoir qu'on mesure les hommes?

« Veux-tu voir tous les grands à ta porte courir,
Dit un père à son fils dont le poil va fleurir
Prends-moi le bon parti, laisse là tous les livres.
Cent francs, au denier cinq, combien font-ils?-Vingt livres
— C'est bien dit. Va, tu sais tout ce qu'il faut savoir;
Que de biens, que d'honneurs sur toi s'en vont pleuvoir!
Exerce-toi, mon fils, dans ces hautes sciences;
Prends, au lieu d'un Platon, le Guidon des finances;
Sache quelle province enrichit les traitants,
Combien le sel au roi peut fournir tous les ans.
Endurcis-toi le cœur, sois arabe, corsaire,
Injuste, violent, sans foi, double faussaire.
Ne va point sottement faire le généreux;
Engraisse-toi, mon fils, du suc des malheureux;
Et, trompant de Colbert la prudence importune,
Va par tes cruautés mériter la fortune.
Aussitôt tu verras poëtes, orateurs,
Rhéteurs, grammairiens, astronomes, docteurs,
Dégrader les héros pour te mettre en leurs places,
De tes titres pompeux enfler leurs dédicaces,
Te prouver à toi-même, en grec, hébreu, latin,
Que tu sais de leur art et le fort et le fin.

Quiconque est riche est tout ; sans sagesse il est sage ·
Il a, sans rien savoir, la science en partage ;
Il a l'esprit, le cœur, le mérite, le rang,
La vertu, la valeur, la dignité, le sang. »

C'est ainsi qu'à son fils un usurier habile
Trace vers la richesse une route facile ;
Et souvent tel y vient qui sait, pour tout secret :
Cinq et quatre font neuf ; ôtez deux, reste sept.

Après cela, docteur, va pâlir sur la Bible ;
Va marquer les écueils de cette mer terrible,
Perce la sainte horreur de ce livre divin,
Confonds, dans un ouvrage, et Luther et Calvin ;
Débrouille des vieux temps les querelles célèbres,
Éclaircis des rabbins les savantes ténèbres,
Afin qu'en ta vieillesse un livre en maroquin
Aille offrir ton travail à quelque heureux faquin,
Qui, pour digne loyer de la Bible éclaircie,
Te paye, en l'acceptant, d'un « Je vous remercie. »
Ou, si ton cœur aspire à des honneurs plus grands,
Quitte là le bonnet, la Sorbonne et les bancs
Et, prenant désormais un emploi salutaire,
Mets-toi chez un banquier, ou bien chez un notaire,
Laisse là saint Thomas s'accorder avec Scot,
Et conclus avec moi qu'un docteur n'est qu'un sot.

Un docteur! diras-tu, Parlez de vous, poëte :
C'est pousser un peu loin votre muse indiscrète.
Mais, sans perdre en discours le temps hors de saison,
L'homme, venez au fait, n'a-t-il pas la raison?
N'est-ce pas son flambeau, son pilote fidèle ?

Oui. Mais de quoi lui sert que sa voix le rappelle,
Si, sur la foi des vents, tout prêt à s'embarquer,
Il ne voit point d'écueil qu'il ne l'aille choquer?
Et que sert à Cotin la raison qui lui crie :

N'écris plus, guéris-toi d'une vaine furie,
Si tous ces vains conseils, loin de les réprimer,
Ne font qu'accroître en lui la fureur de rimer?
Tous les jours, de ses vers qu'à grand bruit il récite,
Il met, chez lui, voisins, parents, amis en fuite :
Car, lorsque son démon commence à l'agiter,
Tout, jusqu'à sa servante, est prêt à déserter.
Un âne, pour le moins, instruit par la nature,
A l'instinct qui le guide obéit sans murmure,
Ne va point follement de sa bizarre voix
Défier aux chansons les oiseaux dans les bois :
Sans avoir la raison, il marche sur sa route.
L'homme seul, qu'elle éclaire, en plein jour ne voit goutte,
Réglé par ses avis, fait tout à contre-temps,
Et dans tout ce qu'il fait n'a ni raison, ni sens.
Tout lui plaît et déplaît, tout le choque et l'oblige;
Sans raison il est gai, sans raison il s'afflige;
Son esprit au hasard aime, évite, poursuit,
Défait, refait, augmente, ôte, élève, détruit.
Et voit-on, comme lui, les ours, ni les panthères
S'effrayer sottement de leurs propres chimères?
Plus de douze attroupés, craindre le nombre impair,
Ou croire qu'un corbeau les menace dans l'air!
Jamais l'homme, dis-moi, vit-il la bête folle
Sacrifier à l'homme, adorer son idole,
Lui venir, comme au dieu des saisons et des vents,
Demander à genoux la pluie ou le beau temps?
Non. Mais cent fois la bête a vu l'homme hypocondre
Adorer le métal que lui-même il fit fondre,
A vu dans un pays les timides mortels
Trembler aux pieds d'un singe assis sur leurs autels;
Et sur les bords du Nil, les peuples imbéciles,
L'encensoir à la main, chercher les crocodiles.

Mais pourquoi, diras-tu, cet exemple odieux?
Que peut servir ici l'Égypte et ses faux dieux?

Quoi! me prouverez-vous par ce discours profane
Que l'homme, qu'un docteur, est au-dessous d'un âne.
Un âne, le jouet de tous les animaux,
Un stupide animal, sujet à mille maux,
Dont le nom seul en soi comprend une satire.
— Oui, d'un âne; et qu'a-t-il qui nous excite à rire?
Nous nous moquons de lui; mais s'il pouvait un jour,
Docteur, sur nos défauts s'exprimer à son tour;
Si, pour nous réformer, le ciel prudent et sage
De la parole, enfin, lui permettait l'usage,
Qu'il pût dire tout haut ce qu'il se dit tout bas,
Ah! docteur, entre nous, que ne dirait-il pas!
Et que peut-il penser, lorsque dans une rue,
Au milieu de Paris, il promène sa vue,
Qu'il voit de toutes parts les hommes bigarrés,
Les uns gris, les uns noirs, les autres chamarrés
Que dit-il quand il voit, avec la mort en trousse,
Courir chez un malade un assassin en housse;
Qu'il trouve de pédants un escadron fourré,
Suivi par un recteur de bedeaux entouré,
Ou qu'il voit la justice, en grosse compagnie,
Mener tuer un homme avec cérémonie
Que pense-t-il de nous, lorsque, sur le midi,
Un hasard au palais le conduit un jeudi
Lorsqu'il entend de loin une gueule infernale,
La chicane en fureur, mugir dans la grand'salle?
Que dit-il quand il voit les juges, les huissiers,
Les clercs, les procureurs, les sergents, les greffiers?
Oh! que si l'âne alors, à bon droit misanthrope,
Pouvait trouver la voix qu'il eut au temps d'Ésope,
De tous côtés, docteur, voyant les hommes fous,
Qu'il dirait de bon cœur, sans en être jaloux,
Content de ses chardons, et secouant la tête,
« Ma foi, non plus que nous, l'homme n'est qu'une bête! »

BOILEAU.

LA VRAIE ET LA FAUSSE NOBLESSE.

La noblesse, Dangeau, n'est pas une chimère,
Quand, sous l'étroite loi d'une vertu sévère,
Un homme issu d'un sang fécond en demi-dieux,
Suit, comme toi, la trace où marchaient ses aïeux.

Mais je ne puis souffrir qu'un fat, dont la mollesse
N'a rien pour s'appuyer qu'une vaine noblesse,
Se pare insolemment du mérite d'autrui,
Et me vante un honneur qui ne vient pas de lui.
Je veux que la valeur de ses aïeux antiques
Ait fourni de matière aux plus vieilles chroniques,
Et que l'un des Capets, pour honorer leur nom,
Ait de trois fleurs de lis doté leur écusson.
Que sert ce vain amas d'une inutile gloire,
Si de tant de héros célèbres dans l'histoire,
Il ne peut rien offrir aux yeux de l'univers
Que de vieux parchemins qu'ont épargnés les vers ;
Si, tout sorti qu'il est d'une source divine,
Son cœur dément en lui sa superbe origine,
Et, n'ayant rien de grand qu'une sotte fierté,
S'endort dans une lâche et molle oisiveté ?
Cependant, à le voir avec tant d'arrogance
Vanter le faux éclat de sa haute naissance,
On dirait que le ciel est soumis à sa loi,
Et que Dieu l'a pétri d'autre limon que moi.
Enivré de lui-même, il croit, dans sa folie,
Qu'il faut que devant lui tout d'abord s'humilie.
Aujourd'hui toutefois, sans trop le ménager,
Sur ce ton un peu haut je vais l'interroger :

Dites-moi, grand héros, esprit rare et sublime,
Entre tant d'animaux, qui sont ceux qu'on estime ?
On fait cas d'un coursier qui, fier et plein de cœur,
Fait paraître, en courant, sa bouillante vigueur,

Qui jamais ne se lasse, et qui, dans la carrière,
S'est couvert mille fois d'une noble poussière;
Mais la postérité d'Alfane et de Bayard,
Quand ce n'est qu'une rosse, est vendue au hasard,
Sans respect des aïeux dont elle est descendue,
Et va porter la malle ou tirer la charrue.
Pourquoi donc voulez-vous que, par un sot abus,
Chacun respecte en vous un honneur qui n'est plus
On ne m'éblouit point d'une apparence vaine :
La vertu d'un cœur noble est la marque certaine.
Si vous êtes sorti de ces héros fameux,
Montrez-nous cette ardeur qu'on vit briller en eux,
Ce zèle pour l'honneur, cette horreur pour le vice.
Respectez-vous les lois? Fuyez-vous l'injustice?
Savez-vous pour la gloire oublier le repos,
Et dormir en plein champ, le harnois sur le dos?
Je vous connais pour noble à ces illustres marques.
Alors soyez issu des plus fameux monarques,
Venez de mille aïeux, et, si ce n'est assez,
Feuilletez à loisir tous les siècles passés;
Voyez de quel guerrier il vous plaît de descendre :
Choisissez de César, d'Achille ou d'Alexandre.
En vain un faux censeur voudrait vous démentir;
Et si vous n'en sortez, vous en devez sortir.
Mais, fussiez-vous issu d'Hercule en droite ligne,
Si vous ne faites voir qu'une bassesse indigne,
Ce long amas d'aïeux, que vous diffamez tous,
Sont autant de témoins qui parlent contre vous;
Et tout ce grand éclat de leur gloire ternie
Ne sert plus que de jour à votre ignominie.
En vain, tout fier d'un sang que vous déshonorez,
Vous dormez à l'abri de ces noms révérés :
En vain vous vous couvrez des vertus de vos pères :
Ce ne sont, à mes yeux, que de vaines chimères;
Je ne vois rien en vous qu'un lâche, un imposteur,
Un traître, un scélérat, un perfide, un menteur,

Un fou dont les accès vont jusqu'à la furie,
Et d'un tronc fort illustre une branche pourrie.
BOILEAU.

LES FEMMES DU MONDE.

Assise dans un cirque où viennent tous les rangs
Souvent bâiller en loge à des prix différents,
Cloris n'est que parée, et Cloris se croit belle;
En vêtements légers l'or s'est changé pour elle;
Son front luit, étoilé de mille diamants;
Et mille autres encore, effrontés ornements,
Serpentent sur son sein, pendent à ses oreilles;
Les arts, pour l'embellir, ont uni leurs merveilles;
Vingt familles enfin couleraient d'heureux jours,
Riches des seuls trésors perdus pour ses atours.
. . . .
Parlerai-je d'Iris? Chacun la prône et l'aime;
C'est un cœur, mais un cœur... c'est l'humanité même;
Si d'un pied étourdi quelque jeune éventé
Frappe, en courant, son chien qui jappe épouvanté,
La voilà qui se meurt de tendresse et d'alarmes;
Un papillon souffrant lui fait verser des larmes,
Il est vrai; mais aussi qu'à la mort condamné,
Lally soit en spectacle à l'échafaud traîné,
Elle ira la première à cette horrible fête,
Acheter le plaisir de voir tomber sa tête.
GILBERT.

LES DRAMES ET LES ROMANS DU JOUR.

Du noir roman le drame a reçu la naissance;
Il vient les yeux hagards, le bras ensanglanté,
Et son père lui-même en est épouvanté.
Par ce monstre aujourd'hui la scène est investie,
Il fait fuir Melpomène et larmoyer Thalie,

Veut régner en despote, et, du même poignard,
Immole le bon goût et la raison et l'art.
Ses infernales sœurs, les noires pantomimes,
O Racine! ont proscrit tes ouvrages sublimes :
Il faut parler aux yeux, et tu parlais au cœur.
Le théâtre n'est plus qu'un triste champ d'horreur.
Dramaturges fameux, poursuivez! que nos belles
Viennent s'évanouir à vos pièces nouvelles.
Faites, comme Schekspire [1], avec un art divin,
Trébucher sur la scène un héros pris de vin;
Et placez, comme lui, dans vos drames célèbres,
De grossiers fossoyeurs, mauvais plaisants funèbres;
Ainsi l'on vous verra, copistes effrontés,
Imiter les défauts sans saisir les beautés.

Plus funestes encor, des romans condamnables
Osent mêler l'histoire avec d'absurdes fables,
Et d'un nom respecté revêtant des erreurs,
Abusent aisément les vulgaires lecteurs.
Par eux, tout se confond. Leurs lignes mensongères
Changent les lieux, les temps, les mœurs, les caractères;
Portent à l'avenir des traits défigurés,
Flétrissent sans pudeur les noms les plus sacrés,
Du siècle qui n'est plus compromettent la gloire...
Eh! n'est-ce point assez des fautes de l'histoire,
Sans que d'autres romans, avec impunité,
Aillent mentir pour elle à la postérité!

Peindrai-je des romans plus vils, plus exécrables?
Faudra-t-il d'Augias nettoyer les étables?
Quel dégoûtant ramas de lubriques fureurs,
Raffinement affreux de tranquilles horreurs!
Quel écrivain sans mœurs, sans honneur et sans honte
Quel monstre a pu tirer des bourbiers d'Amathonte

---

[1] On écrit en anglais *Shakspeare*, mais on prononce comme nous avons imprimé et comme le poëte a mesuré son vers.

Ces tableaux révoltants, hideux d'impureté,
Et qui feraient haïr jusqu'à la volupté!
Qui peut voir, sans frémir, la brutale licence
Profaner dans sa fleur la timide innocence?

. . . .

Voyez et répondez, écrivains malheureux!
Quel délire a dicté vos romans désastreux?
Quel démon vous a dit : « Écris, écris sans cesse,
« Fatigue l'imprimeur et fais gémir la presse;
« Ne te repose point, entasse à tous moments
« Sottise sur sottise et romans sur romans;
« Assouvis sans pitié la fureur qui t'anime,
« Et choisis la vertu pour première victime.... »
Ma verve, à ce penser [1], s'allume de courroux.
Pour vous justifier, que m'alléguerez-vous?
Le besoin... L'assassin, monstre en horreur au monde,
Le voleur qui m'attend dans la forêt profonde,
Doivent donc, comme vous, trouver grâce à nos yeux?
Non, il faut les absoudre, ou vous punir comme eux.

Mais vous, jeunes auteurs, qu'un plus beau zèle enflamme,
Enfants abandonnés que le bon goût réclame,
Si, plein d'un noble espoir, votre cœur s'est flatté
De fixer les regards de la postérité;
Si de créer enfin le besoin vous consume,
Que de sujets plus beaux appellent votre plume!
Chantez les vrais plaisirs, la loyauté, les mœurs,
L'amour et l'amitié, doux besoins de nos cœurs;
Que l'humanité sainte en vos écrits respire.
A de vastes travaux si votre orgueil aspire,
Consacrez des héros les belles actions;
Retracez à grands traits les maux des passions.
Par des portraits frappants faites rougir le vice;
De lui-même effrayé, que le crime pâlisse.

[1] *Penser* pour *pensée*, expression toute poétique, mais qui s'emploie mieux au pluriel qu'au singulier.

Je veux que votre ouvrage utile, avec douceur,
Conserve du roman la forme et la couleur :
Un bon roman vaut mieux qu'un traité de morale.
De l'homme à l'écrivain rapprochant l'intervalle,
Il frappe tous les yeux, il parle à tous les cœurs ;
Chacun y reconnaît ses penchants et ses mœurs.
La leçon, plus aimable et bien mieux retenue,
Dans le cœur attendri doucement s'insinue ;
Sur un récit touchant on aime à revenir,
Et sa lecture en nous laisse un long souvenir.
De *Paul et Virginie* en traçant la peinture,
Bernardin est encor peintre de la nature.
Quel ton de vérité ! quel sentiment profond !
Avec l'âme de Paul mon âme se confond.
Ange de la pudeur, je crois voir Virginie
Remonter vers les cieux, sa première patrie.
Tout est simple, attachant ; rien d'outré, rien de faux
Dans leur grandeur modeste imitez ces tableaux.
Peut-être un Aristarque, injuste et despotique,
Accordera la palme à l'auteur emphatique,
Qui, dans ses vains écrits, toujours vides de sens,
Faisant choquer entre eux des mots retentissants,
Exhale à chaque page, en prose boursouflée,
Le magnifique ennui de sa verve ampoulée.
Bravez de tels censeurs : leur plaire est un défaut ;
Qui n'écrit que pour eux leur ressemble bientôt.
Qu'importent leurs arrêts et leur vaine ironie ?
La critique des sots est l'encens du génie.

MILLEVOYE.

LES DRAMATURGES DE NOS JOURS.

. . . .

Mais les hommes pervers, mais les hommes coupables,
Dont le pied grave au sol des traces plus durables,
Ce sont tous ces auteurs qui, le scalpel en main,

Cherchent, les yeux ardents, au fond du cœur humain,
La fibre la plus vive et la plus sale veine,
Pour en faire jaillir des flots d'or à main pleine.
Les uns vont calculant du fond du cabinet
D'un spectacle hideux le produit brut et net;
D'autres aux ris du peuple, aux brocards de l'école,
Promènent sans pitié l'encensoir et l'étole ;
D'autres, déshabillant la céleste pudeur,
Ne laissent pas un voile à l'humaine candeur;
Puis viennent les maçons de la littérature,
Qui, portant leur marteau sur toute sépulture,
Courent de siècle en siècle arracher par lambeaux
Les crimes inouïs qui dorment aux tombeaux !
Sombres profanateurs, avides de dépouilles,
Ils n'attendent pas même, au milieu de leurs fouilles,
Que la terre qui tombe ait refroidi les morts;
De la fosse encor fraîche ils retirent les corps
Et sans crainte de Dieu, leur bras, leur bras obscène,
Les livre encor tout chauds aux clameurs de la scène.
Ils ne savent donc pas, ces vulgaires rimeurs,
Quelle force ont les arts pour démolir les mœurs !
Ils ne savent donc pas que leurs plumes grossières
Referment les sillons creusés par les lumières !
Combien il est affreux d'empoisonner le bien,
Et de porter le nom de mauvais citoyen !
Ils ne savent donc pas la sanglante torture
De se dire à part soi : « J'ai fait une œuvre impure; »
Et de voir ses enfants, à la face du Ciel,
Baisser l'œil et rougir du renom paternel !...

. . . .

Auguste Barbier.

LA BOURSE.

O chaos! dans ce gouffre où préside le sort,
A flots tumultueux la foule rentre et sort;

Les effrénés joueurs débordent pêle-mêle
Par le large escalier, par la porte jumelle,
Par tous les soupiraux ouverts aux quatre vents.
L'œil est halluciné par tant d'hommes mouvants.
Et que diriez-vous donc si notre capitale
Dans cet Erèbe impur parquait tous ses Tantale,
Tous ceux qui, tourmentés d'un démon clandestin,
Par leur agent de change assiégent le destin?
En vain sous de faux noms leur prudence s'abrite·
Un seul coup fait crouler leur fortune hypocrite;
Aujourd'hui sur le char, demain ils sont dessous,
C'est la chance commune : eh bien! je les absous.
Mais de quel nom flétrir, de quel cachet de honte,
Celui qui dans le poste où la faveur le monte,
D'un secret politique en ses mains retenu
Trafique pour son compte avant qu'il soit connu ;
Sur le pouls de l'état, qu'à toute heure il consulte,
Il règle les succès de la rapine occulte,
Et, transportant la Bourse au palais Mont-Thabor,
Au péril du budget, fait jouer le trésor?
Puis, quand le jour arrive où le poids de la rente
Entraîne et laisse à nu sa ruine flagrante;
Quand, perdant à la fin ses frauduleux appuis,
Le hideux déficit se montre au fond du puits,
Il écrit un billet d'un ton de Jérémie,
Il dit qu'il ne veut pas survivre à l'infamie,
Et, conservant toujours la fraîcheur de son teint,
Il court s'asphyxier sur du charbon éteint.
Voilà quel sol brûlant, quel infernal domaine
Hante, les yeux bandés, la frénésie humaine!
On frémit en songeant que dans ce lieu maudit
Notre état financier a fondé son crédit.

BARTHÉLEMY.

 DE LITTÉRATURE ET DE MORALE

TIRÉES DE

L'ÉLÉGIE NARRATIVE ET DE L'ÉLÉGIE LYRIQUE ET HÉROIQUE.

LE PETIT SAVOYARD.

LE DÉPART.

« Pauvre petit, pars pour la France.
Que te sert mon amour? Je ne possède rien.
On vit heureux ailleurs; ici, dans la souffrance.
    Pars, mon enfant, c'est pour ton bien.

    Tant que mon lait put te suffire,
Tant qu'un travail utile à mes bras fut permis,
Heureuse et délaissée, en te voyant sourire,
    Jamais on n'eût osé me dire :
    « Renonce aux baisers de ton fils. »

Mais je suis veuve : on perd la force avec la joie.
    Triste et malade, où recourir ici?
Où mendier pour toi... Chez des pauvres aussi!
Laisse ta pauvre mère, enfant de la Savoie;
    Va, mon enfant, où Dieu t'envoie.

Mais, si loin que tu sois, pense au foyer absent ;
Avant de le quitter, viens, qu'il nous réunisse.
Une mère bénit son fils en l'embrassant :
    Mon fils, qu'un baiser te bénisse.

» Vois-tu ce grand chêne, là-bas ?
Je pourrai jusque-là t'accompagner, j'espère.
Quatre ans déjà passés, j'y conduisis ton père ;
    Mais lui, mon fils, ne revint pas.

Encor s'il était là pour guider ton enfance,
Il m'en coûterait moins de t'éloigner de moi ;
Mais tu n'as pas dix ans, et tu pars sans défense...
    Que je vais prier Dieu pour toi !...

Que feras-tu, mon fils, si Dieu ne te seconde ?
Seul, parmi les méchants (car il en est au monde),
Sans ta mère, du moins, pour t'apprendre à souffrir..,
Oh ! que n'ai-je du pain, mon fils, pour te nourrir !

Mais Dieu le veut ainsi : nous devons nous soumettre.
    Ne pleure pas en me quittant ;
Porte au seuil des palais un visage content.
Parfois mon souvenir t'affligera, peut-être...
Pour distraire le riche, il faut chanter pourtant.

Chante, tant que la vie est pour toi moins amère ;
Prends ta marmotte et ton léger trousseau,
Répète, en cheminant, les chansons de ta mère,
Quand ta mère chantait autour de ton berceau.

Si ma force première encor m'était donnée,
J'irais te conduisant moi-même par la main ;
Mais je n'atteindrais pas la troisième journée :
Il faudrait me laisser bientôt sur ton chemin ;
Et moi, je veux mourir aux lieux où je suis née.

Maintenant de ta mère entends le dernier vœu :
Souviens-toi, si tu veux que Dieu ne t'abandonne,
Que le seul bien du pauvre est le peu qu'on lui donne.
Prie et demande au riche : il donne au nom de Dieu.
Ton père le disait. Sois plus heureux : adieu. »

Mais le soleil tombait des montagnes prochaines ;
Et la mère avait dit : « Il faut nous séparer ; »
Et l'enfant s'en allait à travers les grands chênes,
Se tournant quelquefois, et n'osant pas pleurer.

PARIS.

« J'ai faim. Vous qui passez, daignez me secourir.
Voyez : la neige tombe, et la terre est glacée.
J'ai froid ; le vent s'élève et l'heure est avancée
    Et je n'ai rien pour me couvrir.

Tandis qu'en vos palais tout flatte votre envie,
A genoux sur le seuil, j'y pleure bien souvent.
Donnez : peu me suffit ; je ne suis qu'un enfant ;
    Un petit sou me rend la vie.

On m'a dit qu'à Paris je trouverais du pain ;
Plusieurs ont raconté, dans nos forêts lointaines,
Qu'ici le riche aidait le pauvre dans ses peines ;
Eh bien ! moi, je suis pauvre, et je vous tends la main.

    Faites-moi gagner mon salaire :
Où me faut-il courir ? dites, j'y volerai.
Ma voix tremble de froid : eh bien ! je chanterai,
    Si mes chansons peuvent vous plaire.

    Il ne m'écoute pas, il fuit,
Il court dans une fête (et j'en entends le bruit),
    Finir son heureuse journée.
Et moi, je vais chercher, pour y passer la nuit,
    Cette guérite abandonnée.

Au foyer paternel quand pourrai-je m'asseoir !
    Rendez-moi ma pauvre chaumière,
Le laitage durci qu'on partageait le soir,
Et, quand la nuit tombait, l'heure de la prière,
Qui ne s'achevait pas sans laisser quelque espoir.

Ma mère, tu m'as dit, quand j'ai fui ta demeure :
« Pars, grandis et prospère, et reviens près de moi. »
Hélas! et tout petit, faudra-t-il que je meure
    Sans avoir rien gagné pour toi !

    Non, l'on ne meurt point à mon âge,
Quelque chose me dit de reprendre courage...
Eh! que sert d'espérer?... que puis-je attendre, enfin?..
J'avais une marmotte : elle est morte de faim.

Et faible, sur la terre il reposait sa tête ;
Et la neige, en tombant, le couvrait à demi,
Lorsqu'une douce voix, à travers la tempête,
Vint réveiller l'enfant par le froid endormi :

   « Qu'il vienne à nous celui qui pleure,
Disait la voix mêlée au murmure des vents ;
   L'heure du péril est notre heure ;
   Les orphelins sont nos enfants. »

Et deux femmes en deuil recueillaient sa misère.
Lui, docile et confus, se levait à leur voix.
Il s'étonnait d'abord ; mais il vit dans leurs doigts
Briller la croix d'argent au bout d'un long rosaire ;
Et l'enfant les suivit en se signant deux fois.

LE RETOUR.

Avec leurs grands sommets, leurs glaces éternelles,
Par un soleil d'été, que les Alpes sont belles !
Tout, dans leurs frais vallons, sert à nous enchanter,
La verdure, les eaux, les bois, les fleurs nouvelles.
Heureux qui sur ces bords peut longtemps s'arrêter !
Heureux qui les revoit s'il a pu les quitter !

Quel est ce voyageur que l'été leur renvoie,
  Seul, loin, dans la vallée, un bâton à la main ?

C'est un enfant... il marche, il suit le long chemin
    Qui va de France à la Savoie.

Bientôt de la colline il prend l'étroit sentier :
Il a mis ce matin la bure du dimanche,
    Et dans son sac de toile blanche
Est un pain de froment qu'il garde tout entier.

Pourquoi tant se hâter à sa course dernière?
C'est que le pauvre enfant veut gravir le coteau,
Et ne point s'arrêter qu'il n'ait vu son hameau,
    Et n'ait reconnu sa chaumière.

Les voilà !... tels encor qu'il les a vus toujours,
Ces grands bois, ce ruisseau qui fuit sous le feuillage !
Il ne se souvient plus qu'il a marché dix jours :
    Il est si près de son village !

Tout joyeux il arrive et regarde... mais quoi !
Personne ne l'attend! sa chaumière est fermée!
Pourtant du toit aigu sort un peu de fumée ;
Et l'enfant, plein de trouble : « Ouvrez, dit-il, c'est moi. »

La porte cède : il entre; et sa mère attendrie,
Sa mère, qu'un long mal près du foyer retient,
Se relève à moitié, tend les bras et s'écrie :
    « N'est-ce pas mon fils qui revient? »
Son fils est dans ses bras, qui pleure et qui l'appelle :
« Je suis infirme, hélas ! Dieu m'afflige, dit-elle;
Et depuis quelques jours je te l'ai fait savoir ;
Car je ne voulais pas mourir sans te revoir. »

Mais lui : « De votre enfant vous étiez éloignée ;
Le voilà qui revient : ayez des jours contents ;
Vivez ; je suis grandi : vous serez bien soignée ;
    Nous sommes riches pour longtemps. »
Et les mains de l'enfant, des siennes détachées,

Jetaient sur ses genoux tout ce qu'il possédait,
Les trois pièces d'argent dans sa veste cachées,
Et le pain de froment que pour elle il gardait.

Sa mère l'embrassait et respirait à peine;
Et son œil se fixait, de larmes obscurci,
   Sur un grand crucifix de chêne,
Suspendu devant elle et par le temps noirci.
« C'est lui, je le savais, le Dieu des pauvres mères
Et des petits enfants, qui du mien a pris soin;
Lui qui me consolait quand mes plaintes amères
   Appelaient mon fils de si loin.

C'est le Christ du foyer que les mères implorent,
Qui sauve nos enfants du froid et de la faim.
Nous gardons nos agneaux, et les loups les dévorent;
Nos fils s'en vont tous seuls... et reviennent enfin.

Toi, mon fils, maintenant me seras-tu fidèle?
Ta pauvre mère infirme a besoin de secours;
Elle mourrait sans toi. » L'enfant, à ce discours,
Grave, et joignant ses mains, tombe à genoux près d'elle,
Disant : « Que le bon Dieu vous fasse de longs jours ! »

Alex. Guiraud.

LE CONVOI D'UN ENFANT.

   Un jour que j'étais en voyage
   Près de ce clos qu'un mur défend,
   Je vis deux hommes du village
   Qui portaient un cercueil d'enfant.

   Une femme marchait derrière,
   Qui pleurait, et disait tout bas

Une lente et triste prière,
Celle qu'on dit lors d'un trépas.

Point de parents, point de famille !
Je ne vis, le long du chemin,
Qu'une pauvre petite fille
Cachant des larmes sous sa main.

Elle suivait la longue allée
Qui conduit au champ du repos,
Et paraissait bien désolée,
Et dévorait bien des sanglots.

Ainsi marchant, quand ils passèrent
Au pied de ce grand peuplier,
Ceux qui travaillaient s'arrêtèrent,
Et je les vis s'agenouiller,

Prier le Ciel pour la jeune âme,
Faire le signe de la croix,
Et, quand passa la pauvre femme,
Se détourner tous à la fois !

Cependant, inclinant la tête,
Au cimetière on arriva.
Une fosse ouverte était prête ;
Alors un homme dit : « C'est là. »

Et la fosse n'étant plus vide,
On y poussa la terre... Et puis
Je ne vis plus qu'un tertre humide,
Avec une branche de buis.

Et comme la petite fille,
S'en allant, passa près de moi,
Je l'arrêtai par sa mantille :
« Tu pleures, mon enfant, pourquoi ?

— Monsieur, c'est que Julien, dit-elle,
Mon petit camarade, est mort ! »
Et, voilant sa noire prunelle,
La pauvrette pleura plus fort.

DOVALLE.

LES TROIS SŒURS.

Elles étaient trois sœurs, trois, autour d'une mère,
Dont la pauvre existence eût été bien amère,
Mon Dieu !.. bien sombre à voir, sans ces trois chers objets,
Sous leurs baisers si doux endormant ses regrets

Or (je l'ai su depuis), ces trois charmantes filles
Travaillaient pour le monde ; et leurs frêles aiguilles
De leur mère adorée allégeaient les vieux ans,
Lorsque leur bras cessait d'aider ses pas pesants.

On leur avait loué, sous les toits, une chambre ;
Et c'était là, sans feu, dans les jours de décembre ;
Là, brûlant sous les plombs, dans les jours chauds d'août,
Là qu'elles travaillaient sans se plaindre beaucoup,
Quelquefois s'essayant à des chansons joyeuses,
Souriant quelquefois, quelquefois même heureuses.

La plus jeune... C'était par un soir de printemps.
Elle était belle ! oh belle !... et n'avait pas vingt ans !
Près de sa mère en deuil, elle suivait l'allée
Qui, d'un coteau voisin, menait à la vallée ;
L'herbe haute, sans bruit, s'inclinait sous leurs pieds ;
Le silence était vaste, et les grands peupliers,
Sous un souffle ondulant qui balançait leur tête,
D'un monotone accord, seuls, prolongeaient le son ;
Et le soleil, tombant derrière l'horizon,
De leur double rideau ne dorant que le faîte,

Jetait à peine encore un rayon safrané,
Faible comme un malade au tombeau condamné.

L'enfant semblait cacher un germe de souffrance ;
Et, tournés vers le ciel (son unique espérance),
Ses beaux yeux bleus, empreints d'angéliques douceurs,
Trahissaient quelquefois de secrètes douleurs.

« Qu'as-tu donc, mon enfant? disait alors sa mère ;
N'as-tu pas dans le cœur, enfant, quelque chimère,
Ou le travail des mains est-il trop lourd pour toi?

— Je n'ai rien, répondait la jeune fille... Moi,
Je ne pense qu'à vous, ma mère bien-aimée ;
Et si je vous parais par instants moins charmée,
C'est de voir mon travail si peu vous secourir. »

Et sa lèvre, en parlant, dévorait un soupir.

Une autre fois encore, et ce fut la dernière,
Comme elle murmurait, je crois, quelque prière,
Passant sous la mansarde où s'aggravaient ses maux,
Je la vis s'esquisser à travers les vitraux,
Comme on voit, dans un cadre, une tête de vierge,
Qu'au fond d'une chapelle éclaire un pâle cierge.

Bientôt à la fenêtre, avec un zèle entier,
Elle vint se placer entre ses sœurs actives,
Brodant et se courbant au-dessus d'un métier ;
Puis sa mère, soudain, de ses mains attentives
La soutint : elle allait défaillir... Sur-le-champ
Le repos fut prescrit... Mais, d'un regard touchant,
L'enfant, qui retrouvait sa force en son courage,
Semblait redemander sa place et son ouvrage ;
Et, souriant, sans doute elle disait : « Oh! non,
Ce n'est pas le travail ; au contraire, il m'est bon.
Oh! travailler pour vous, c'est mon bonheur, ma vie !

Je mourrais sans cela : vous n'avez point envie,
N'est-ce pas, que je meure?... Et puis il faut du pain,
Ma mère... »

   On arrachait l'ouvrage de sa main.
Par le progrès du mal enfin trop éclairée,
Sa mère, bien qu'elle eût grand besoin de soutiens,
Sa mère eût mieux aimé mourir désespérée
Que de devoir la vie à la santé des siens.

Il s'était écoulé depuis lors une année.
Je longeais de nouveau la porte infortunée ;
J'allais passer... Soudain j'aperçois un cercueil,
Comme un pauvre en haillons, étendu sur le seuil.
Personne autour : pas même encor l'humble prière !
Quatre cierges jaunis, projetant leur lumière
Du bénitier de cuivre au crucifix de bois,
Tremblaient et s'éteignaient sous avril aux vents froids,
Et le drap jadis blanc qui recouvrait la planche
Supportait, vers la tête, une couronne blanche.
« Qui donc, dis-je aux passants, qui donc est morte ici,
Et si jeune et si pauvre, abandonnée ainsi? »
Ils ne le savaient pas... Vint une vieille femme,
Qui, la tête voilée, la douleur dans l'âme,
Seule, s'agenouilla près du cercueil... et puis
Trempa dans l'eau bénite une branche de buis
Bientôt je l'entendis soupirer sa prière ;
Et sa lèvre un instant se colla sur la bière.

Et quand elle eut fini, d'elle je m'approchai ;
Avec un saint respect du doigt je la touchai.
Elle se retourna :

   « Qui donc est là sans vie,
Vous le savez ?

   — Oh ! oui, c'est moi qui l'ai nourrie,

Oui, moi qui, tout enfant, la portais dans mes bras ;
Mais je dirais son nom qu'on ne le croirait pas.

— Mon Dieu ! ma brave femme, en ces soixante années,
On a vu tant déchoir de têtes couronnées,
On a vu tant et tant, et des plus glorieux,
Dans la poudre abîmés, quand ils touchaient aux cieux,
Qu'on m'apprendrait, hélas ! que cette jeune fille
Eut un nom dont l'éclat entre tous les noms brille,
J'en paraîtrais ému, mais nullement surpris. »

De peur que, le voyant tomber d'un si haut faîte,
Quelque lâche, en passant, ne lui lance un mépris,
Tout bas, la bonne femme à mes vœux attendris
Livra ce nom frappé par l'humaine tempête,
Et sous un vieux respect elle inclina sa tête.

« Certainement, monsieur, nous autres pauvres gens,
Nous pâtissons beaucoup, et la misère est grande,
Reprit plus haut la vieille en son naïf bon sens ;
Et si les mieux lotis aux nombreux indigents
De ce qu'ils ont de trop faisaient la sainte offrande,
On ne verrait pas tant de ces crimes qu'on voit ;
Et, le travail aidant, sans haine et sans envie,
Tout doucement chacun pourrait mener sa vie,
Et vieux ou tout petits n'auraient ni faim ni froid.
Ah ! oui, certainement, il n'est mal qu'on ne prenne :
Mais à la dure au moins on est accoutumé ;
Et, comme on est né pauvre, en pauvre on prend la peine,
Et comme un pauvre on sait qu'on doit être inhumé.
Mais avoir été riche et servi par les autres,
Avoir eu les honneurs et l'éducation,
Et finir ses jours pauvre et dans l'affliction,
Près de ces douleurs-là, ce n'est rien que les nôtres,
Et c'est vraiment du Christ souffrir la passion.
Encor si la santé restait à la misère !

Mais rien, rien ! Ah ! monsieur, auprès de ses deux sœurs,
C'était pitié de voir cette ange de douceurs,
Malgré le médecin, malgré sa pauvre mère,
Travailler jour et nuit comme une mercenaire !

— Je m'en doutais, hélas ! celles dont vous parlez,
Dis-je, ne me sont pas tout à fait inconnues,
Et j'y pris intérêt rien qu'à les avoir vues.
Comment ! Avec le nom que vous me révélez,
Si belles à la fois, bonnes et vertueuses,
Nulle, entre ces trois sœurs, n'aura trouvé d'époux,
Qui dans cette famille ait mis un sort plus doux !

— L'or va toujours à l'or ; les bourses généreuses
Qui s'ouvrent, sans compter, au premier mouvement,
Celles où l'on rencontre un peu de dévouement,
Ce ne sont pas, monsieur, les bourses les plus pleines.
Pourtant, quand il n'irait que de leur propre honneur,
Les grands, dans le secret, devraient mettre du cœur
A soulager entre eux certaines grandes peines ;
Mais qui tombe en misère à rien n'est plus lié ;
Et ce qu'il fait de mieux, c'est de vivre oublié.
S'il lui reste quelqu'un qui le cherche et qui l'aime,
C'est un vieux serviteur, hélas ! pauvre lui-même,
Qui n'a, pour partager, qu'un morceau de pain noir,
Mais qui jusqu'à la fin au moins fait son devoir. »

Tandis qu'en mots si vrais, au milieu des alarmes,
La morale abondait de ces humbles discours,
Comme d'un cœur brisé les sanglots et les larmes,
Mes yeux sur le cercueil se reportaient toujours :
« Pauvre enfant, soupirais-je, elle du moins est morte ;
Et les vierges d'en haut, qui lui tendent les bras,
S'avançant à la file au-devant de ses pas,
A leur sœur qui sourit ouvrent déjà la porte,
Et s'apprêtent déjà, sur le céleste seuil,

Pour la robe étoilée, à changer son linceul!...
Mais sa mère, sa mère!...

— Hélas! la chère dame!
Durant l'hiver dernier, le ciel a pris son âme;
Et depuis ce temps-là, la sainte que voici
A paru toute prête à nous quitter aussi.
Tant qu'a duré sa mère, elle avait bon courage,
Et toujours le travail allait son petit train ;
Mais, sa mère défunte, elle eut pire visage;
Elle changeait, changeait de la veille au matin ;
Et la saison d'après, elle était si chétive,
Que tous, jusqu'aux plus durs, se sentaient pris de pleurs,
A la voir s'en aller comme venaient les fleurs.
Elle attendit la mort sans se montrer craintive,
Disant : « Merci, mon Dieu, qui prolongeas mes jours
Tant que ma pauvre mère eut besoin de secours! »

— Et ses sœurs? dis-je encor.. »

J'interrogeais à peine
Que, sous le grand bonnet et la guimpe et la laine,
Avec l'épais rosaire à leurs flancs agité,
Je vis, qui s'approchaient, deux sœurs de charité !

« Ah! tenez, les voilà, dit la bonne nourrice :
Leurs proches, par la mort, étant hors de besoin,
(Et c'était un projet qu'elles formaient de loin),
A tous, depuis hier, appartient leur service ;
Et qui pauvre a souffert du pauvre aura grand soin.

— Elles n'ont point déchu de leur noblesse antique,
Dis-je, en me retirant par respect des douleurs
Qui, si près du cercueil, saisissaient les deux sœurs;
Et c'est bien terminer un vieux nom héroïque,
Que de se consacrer et de cœur et de bras

Au grand allégement des misères d'en bas. »

Bientôt, psalmodiant une oraison dernière,
Un prêtre en blanc surplis fit enlever la bière,
Que suivaient à pas lents la nourrice et les sœurs,
Et qu'à l'angle prochain qui tourne vers l'église,
D'où la funèbre marche allait être reprise,
Immobile, perdit mon œil voilé de pleurs.

LÉON GUÉRIN.

LA JEUNE FILLE AGONISANTE.

L'huile sainte a touché les pieds de la mourante,
    L'arrêt fatal est prononcé :
L'art n'a point de secours pour cette âme souffrante;
    Le monde pour elle a cessé;
Tout s'éloigne, tout fuit; hélas! l'amitié même
    A l'effroi des derniers adieux
    Se dérobe en baissant les yeux.
Intrépide témoin de ce moment suprême,
La mère est seule enfin près de l'enfant qu'elle aime.

Elle s'enferme alors sous ses obscurs rideaux,
Ecarte loin du lit les funèbres flambeaux;
    Et, d'un œil que la foi rassure,
Regarde sans pâlir le crucifix de bois
Que la vierge chrétienne a saisi de ses doigts,
Et l'eau sainte, et le buis à la sombre verdure,
Du chevet des mourants douloureuse parure.

    Mais quand elle voit de plus près
Le sinistre frisson qui parcourt tous ses traits,
Et ce front d'où découle une sueur mortelle,
Et cet œil qui s'éteint : « O mon enfant! dit-elle,
Si tu vis, je vivrai ; mais si tu meurs, je meurs.
Déjà la tombe enferme et ton père et tes sœurs;
Seules nous nous restons; toi seule es ma famille :

Et tu me quitterais, toi, mon sang, toi, ma fille!
Non, tu vivras pour moi; Dieu voudra te guérir.
Ta mère t'aime trop, tu ne peux pas mourir.
Je ne sais quelle voix me dit encore : « Espère! »
Hélas! pour espérer est-il jamais trop tard?
Jeune âme de ma fille, oh! suspends ton départ,
Et pour quitter ce monde attends du moins ta mère! »

Ainsi la foi l'anime, et l'espoir la soutient.
Mais par quels soins touchants cet espoir s'entretient!
Elle courbe son front sur la jeune victime;
De son souffle abondant la réchauffe et l'anime;
Saisit sa froide main d'un doigt mal assuré,
Interroge le pouls dans sa marche égaré,
Joint le doux suc du miel au doux jus de l'orange
Et dans sa bouche en feu versant ce frais mélange,
Par un breuvage heureux cherche à combattre enfin
Le brasier de la fièvre allumé dans son sein.
Et déjà cependant évoquant ses ténèbres,
Ses larves, ses terreurs, ses spectres menaçants,
  L'agonie aux ailes funèbres
De la vierge expirante égarait tous les sens;
Et l'ange du départ sur ses lèvres muettes
Répandait de la mort les pâles violettes.
A ce spectacle affreux, le front humilié,
Pressant entre ses bras son Dieu crucifié :
« Toi seul peux la sauver, Dieu puissant! dit la mère;
Ce n'est qu'en ton secours maintenant que j'espère.
Oui, sur ma pauvre enfant j'appelle tes bontés.
Ses jours si peu nombreux sont-ils déjà comptés?
Tu vois l'affreuse lutte où se débat sa vie.
De ce calice amer tu bus jusqu'à la lie,
Je le sais, et la mort fut digne encor de toi;
Je n'ose à tes douleurs égaler ma misère;
Mais souviens-toi des maux que dut souffrir ta mère,
  Et tu prendras pitié de moi.

La fille de Jaïr à ta voix fut sauvée :
Tu lui dis : « Levez-vous ! » La fille s'est levée ;
De l'éternel sommeil elle dormait pourtant ;
La mienne au moins respire, et peut-être m'entend. »

En prononçant ces mots, elle craint d'en trop dire,
    Et vers le lit revient soudain
S'assurer qu'en effet sa fille encor respire.
Puis sous les blancs rideaux qu'a soulevés sa main,
De la mère du Christ apercevant l'image :
« Toi qui fus mère aussi, tu conçois mes douleurs :
D'un hymen trop fécond voilà le dernier gage ;
De ton nom, au berceau, je dotai son jeune âge,
Je vouai son enfance à tes blanches couleurs.
Ce nom, ce vêtement m'étaient d'un doux présage ;
Et, quand ma fille et moi, nous tenant par la main,
Nous allions à l'église invoquer ta puissance,
    Les compagnes de son enfance
    Voyant de loin, par le chemin,
Et sa blanche tunique et son voile de lin
Se disaient : « Celle-là, dans ses destins prospères,
« Aura des jours d'amour, d'innocence et de paix. »
Et moi, l'œil attaché sur ses chastes attraits,
Je me trouvais encore heureuse entre les mères. »

Ainsi disait la mère, et la nuit s'écoulait :
    Depuis neuf jours elle veillait.

Déjà l'aube naissante a rougi le nuage ;
Le jour se lève armé de feux plus éclatants ;
Le jour la voit encor devant la sainte image :
Longtemps elle y gémit, elle y pria longtemps.
Tandis qu'elle priait : « Ma mère... où donc est-elle ?
Dit une faible voix. Oh ! viens... Je me rappelle
Qu'un étrange sommeil a pesé sur mes yeux !
Dieu ! quel songe à la fois triste et délicieux !
Dans mon accablement, je me sentais ravie

Loin de notre humble terre et par-delà les cieux.
C'était un autre jour, c'était une autre vie.
Dans ce monde nouveau, paisible, exempt de soins,
D'étoiles et de fleurs ta fille couronnée,
Cherchait ta main pour guide et tes yeux pour témoins ;
De fronts purs et joyeux j'étais environnée,
Et mon âme pourtant ne goûtait qu'à moitié
Ce bonheur imparfait dont j'étais étonnée.
Ma mère... où donc est-elle? ai-je aussitôt crié :
Et les anges, en chœurs, vers toi m'ont ramenée. »

CAMPENON.

LES PETITS ORPHELINS.

L'hiver glace les champs ; les beaux jours sont passés.
  Malheur au pauvre sans demeure !
  Loin des secours il faut qu'il meure :
Comme les champs alors, tous les cœurs sont glacés.

De l'an renouvelé c'était la nuit première ;
Les mortels, revenant de la fête du jour,
  Hâtaient leur joie et leur retour ;
Même un peu de bonheur visitait la chaumière.

  Au seuil d'une chapelle assis,
Deux enfants, presque nus et pâles de souffrance,
Appelaient des passants la sourde indifférence,
  Soupirant de tristes récits.

Une lampe à leurs pieds éclairait leurs alarmes,
  Et semblait supplier pour eux.
Le plus jeune, tremblant, chantait baigné de larmes ;
L'autre tendait sa main au refus des heureux.

« Nous voici deux enfants, nous n'avons plus de mère :
Elle mourut hier en nous donnant son pain ;

Elle dort où dort notre père.
Venez ; nous avons froid, nous expirons de faim.

L'étranger nous a dit : — Allez, j'ai ma famille ;
Est-ce vous que je dois nourrir ? —
Nous avons vu pleurer sa fille,
Et pourtant nous allons mourir ! »

Et sa voix touchante et plaintive
Frappait les airs de cris perdus.
La foule, sans les voir, s'échappait fugitive ;
Et bientôt on ne passa plus.

Ils frappaient à la porte sainte,
Car leur mère avait dit que Dieu n'oubliait pas.
Rien ne leur répondait que l'écho de l'enceinte,
Rien ne venait que le trépas.

La lampe n'était pas éteinte ;
L'heure, d'un triste accent, vint soupirer minuit.
Au loin, d'un char de fête on entendit le bruit ;
Mais on n'entendit plus de plainte.

Vers l'église portant ses pas,
Un prêtre, au jour naissant, allant à la prière,
Les voit blanchis de neige et couchés sur la pierre,
Les appelle en pleurant... Ils ne se lèvent pas.

Leur pauvre enfance, hélas ! se tenait embrassée,
Pour conserver, sans doute, un reste de chaleur·
Et le couple immobile, effrayant de pâleur,
Tendait encor sa main glacée.

Le plus grand, de son corps couvrant l'autre à moitié,
Avait porté la main aux lèvres de son frère,
Comme pour arrêter l'inutile prière,
Comme pour l'avertir qu'il n'est plus de pitié.

Ils dorment pour toujours, et la lampe encor veille !

On les plaint : on sait mieux plaindre que secourir.
Vers eux de toute part les pleurs viennent s'offrir ;
   Mais on ne venait pas la veille.
                       BELMONTET.

LA PAUVRE FILLE.

   J'ai fui ce pénible sommeil
   Qu'aucun songe heureux n'accompagne,
   J'ai devancé sur la montagne
   Les premiers rayons du soleil.

   S'éveillant avec la nature,
Le jeune oiseau chantait sur l'aubépine en fleur ;
Sa mère lui portait la douce nourriture.....
   Mes yeux se sont mouillés de pleurs.

   Oh ! pourquoi n'ai-je pas de mère ?
Pourquoi ne suis-je pas semblable au jeune oiseau,
Dont le nid se balance aux branches de l'ormeau ?
   Rien ne m'appartient sur la terre ;
   Je n'ai pas même de berceau,
Et je suis un enfant trouvé sur une pierre,
   Devant l'église du hameau.

   Loin de mes parents exilée,
De leurs embrassements j'ignore la douceur ;
   Et les enfants de la vallée
   Ne m'appellent jamais leur sœur !
Je ne partage pas les jeux de la veillée ;
   Jamais, sous un toit de feuillée,
Le joyeux laboureur ne m'invite à m'asseoir ;
   Et de loin je vois sa famille,
   Autour du sarment qui pétille,
Chercher sur ses genoux les caresses du soir.

   Vers la chapelle hospitalière,

En pleurant, j'adresse mes pas,
La seule demeure, ici-bas,
Où je ne sois point étrangère,
La seule devant moi qui ne se ferme pas!

Souvent je contemple la pierre
Où commencèrent mes douleurs;
J'y cherche la trace des pleurs
Qu'en m'y laissant, peut-être y répandit ma mère.

Souvent aussi mes pas errants
Parcourent des tombeaux l'asile solitaire;
Mais pour moi les tombeaux sont tous indifférents :
La pauvre fille est sans parents,
Au milieu des cercueils ainsi que sur la terre!

J'ai pleuré quatorze printemps,
Loin des bras qui m'ont repoussée,
Reviens, ma mère; je t'attends
Sur la pierre où tu m'as laissée.

SOUMET.

LA NUIT DE NOEL.

Tandis que les flots du torrent
Inondaient la forêt par l'hiver dépouillée,
Une mère, à côté de son fils expirant,
Prolongeait sa triste veillée.

Muette et pâle de douleurs,
Dans sa cabane solitaire,
Elle pleurait... et, sur la terre,
Nul mortel n'a daigné s'informer de ses pleurs.

Sans se plaindre à l'Être suprême,
Elle a vu fuir tous ses amis :
Pauvre mère! peut-être il faudra qu'elle-même

Du funeste linceul enveloppe son fils.
Son fils!... Elle succombe à ces tristes pensées.

Tout à coup du hameau les cloches balancées
Vers le temple des champs appellent les mortels ;
On célébrait alors, au pied des saints autels,
  Cette nuit chaste et fortunée
Qui vit naître l'enfant, délices d'Israël,
  Et, de rayons purs couronnée,
L'étoile de Jacob se montrait dans le ciel.

  Sa miraculeuse lumière,
L'airain qui retentit de moments en moments,
  Dans le cœur navré d'une mère
Font naître par degrés d'heureux pressentiments.
  Hélas! à force de tourments
Elle avait oublié jusques à la prière.

  Faible, le front couvert de deuil,
Confiant à son Dieu l'objet de ses alarmes,
De sa triste cabane elle passe le seuil,
Et bientôt les autels sont baignés de ses larmes.

  « Toi, dont le secours est promis
  « Au chrétien souffrant et fidèle,
« Epouse du Seigneur, écoute-moi, dit-elle ;
« J'abandonne pour toi la couche de mon fils.

  « De tes demeures éternelles
  « Daigne descendre en ce lieu ;
« Tu sentis comme moi les craintes maternelles,
« Tu tremblas pour ton fils, et ton fils était Dieu !

  « Contre la tempête inhumaine
« Protége un lis mourant qui n'a plus de soutien ;
  « Mon enfant commençait à peine
  « A prononcer le nom du tien.

7.

« Ne m'en sépare pas; je l'entends qui m'appelle :
« De son lit de douleur je reprends le chemin.
  « Adieu, je reviendrai demain
« Déposer son berceau dans ta sainte chapelle. »

    Elle dit, et déjà ses pas
    Se sont tournés vers sa chaumière;
    Mais au retour de la lumière,
Dans l'église rustique elle ne revint pas.

    Les cierges des morts s'allumèrent,
    Et devant le temple attristé,
    Le soir à leur pâle clarté,
    Deux cercueils inégaux passèrent.

                                    SOUMET.

LA SOEUR GRISE.

J'ai laissé pour toujours la maison paternelle;
Mes jeunes sœurs pleuraient, ma pauvre mère aussi.
Oh! qu'un regret tardif me rendrait criminelle!
    Ne suis-je pas heureuse ici?

Ne m'abandonne pas, toi qui m'as appelée :
Dieu qui mourus pour nous, mon Dieu, je t'appartiens;
    Et moi, qui console et soutiens,
    J'ai besoin d'être consolée.

Ignorante du monde avant de le quitter,
    Je ne le hais point, et peut-être,
(Un mourant me l'a dit) j'aurais dû le connaître,
    Pour ne jamais le regretter.

Quand je me sens reprendre à sa joie éphémère,
    Faible encor du dernier adieu,
    J'embrasse ta croix, ô mon Dieu!

Je n'embrasserai plus ma mère.

Souvenirs du bonheur, que voulez-vous de moi?
Que vous sert de troubler ma retraite profonde?
    Et qu'ai-je affaire avec le monde,
Dont le nom seul, ici, doit me glacer d'effroi?

Ici la charité remplit mes chastes heures.
Le malheureux bénit ma main, qui le défend;
Je nourris l'orphelin d'espérances meilleures;
Ta servante, ô mon Dieu! dans ces tristes demeures,
Est l'enfant du vieillard, la mère de l'enfant.

Et tandis que mes sœurs à de nouvelles fêtes
    Vont peut-être se préparer,
Que des fleurs dont ma mère aimait à me parer,
    Elles ont couronné leurs têtes,
Moi, je veille et je prie, et ne dois point pleurer.

O de mes premiers jours images trop fidèles!
Mes songes quelquefois me rendent vos douceurs.
Ma bouche presse encor les lèvres maternelles,
Et même au bal joyeux je suis mes jeunes sœurs,
    Le front ceint de roses comme elles.

    Vaine illusion d'un instant,
Dont le charme confus m'agite et me réveille!
Mais la cloche plaintive a frappé mon oreille :
A son lit de douleur le malade m'attend.

    Là, naguère, une pauvre fille
Me disait en pleurant : « Dieu finit mes malheurs.
    J'étais orpheline, et je meurs
    Sans avoir connu ma famille.

—Moi j'ai quitté la mienne...» Et nous mêlions nos pleurs.
J'avais une famille, et pourtant je l'oublie;

Et mon cœur bat d'un noble orgueil,
Quand le pauvre a pressé de sa main affaiblie
Ma main qui doucement l'accompagne au cercueil.
Consolé par ma voix, à son heure suprême,
Bien souvent le pécheur s'endort moins agité.
Que dis-je ? le mourant me console lui-même
De ce monde si vain qu'avant lui j'ai quitté.

Et lorsque dans ses yeux une dernière flamme
Révèle un saint espoir, né d'une ardente foi,
Je recommande à Dieu de recevoir son âme,
    Au mourant de prier pour moi.

ALEX. GUIRAUD.

L'ANGE ET L'ENFANT.

Un ange au radieux visage,
Penché sur le bord d'un berceau,
Semblait contempler son image
Comme dans l'onde d'un ruisseau.

« Charmant enfant qui me ressemble,
« Disait-il, oh ! viens avec moi ;
« Viens, nous serons heureux ensemble :
  La terre est indigne de toi.

« Là, jamais entière allégresse,
« L'âme y souffre de ses plaisirs :
« Les cris de joie ont leur tristesse,
« Et les voluptés leurs soupirs.

« La crainte est de toutes les fêtes,
« Jamais un jour calme et serein,
« Du choc ténébreux des tempêtes
« N'a garanti le lendemain.

« Eh quoi ! les chagrins, les alarmes
« Viendraient troubler ce front si pur !
« Et par l'amertume des larmes
« Se terniraient ces yeux d'azur !

« Non, non, dans les champs de l'espace
« Avec moi tu vas t'envoler :
« La Providence te fait grâce
« Des jours que tu devais couler.

« Que personne dans ta demeure
« N'obscurcisse ses vêtements,
« Qu'on accueille ta dernière heure
« Ainsi que tes premiers moments.

« Que les fronts y soient sans nuage,
« Que rien n'y révèle un tombeau ;
« Quand on est pur comme à ton âge,
« Le dernier jour est le plus beau. »

Et secouant ses blanches ailes,
L'ange à ces mots a pris l'essor
Vers les demeures éternelles...
Pauvre mère !... ton fils est mort !

REBOUL.

LA CHUTE DES FEUILLES.

De la dépouille de nos bois
L'automne avait jonché la terre,
Le bocage était sans mystère,
Le rossignol était sans voix.
Triste et mourant à son aurore,
Un jeune malade, à pas lents,
Parcourait une fois encore
Le bois cher à ses premiers ans :

« Bois que j'aime, adieu, je succombe.
Votre deuil a prédit mon sort,
Et dans chaque feuille qui tombe
Je vois un présage de mort.
Fatal oracle d'Épidaure,
Tu m'as dit : « Les feuilles des bois
« A tes yeux jauniront encore,
« Et c'est pour la dernière fois.
« La nuit du trépas t'environne ;
« Plus pâle que la pâle automne,
« Tu t'inclines vers le tombeau.
« Ta jeunesse sera flétrie
« Avant l'herbe de la prairie,
« Avant le pampre du coteau. »
Et je meurs !... De leur froide haleine
M'ont touché les sombres autans ;
Et j'ai vu, comme une ombre vaine,
S'évanouir mon beau printemps.
Tombe, tombe, feuille éphémère !
Et, couvrant ce triste chemin,
Cache au désespoir de ma mère
La place où je serai demain. »

. . . .
. . . .

Il dit, s'éloigne... et sans retour !...
Sa dernière heure fut prochaine ;
Vers la fin du troisième jour,
On l'inhuma sous le vieux chêne.
Sa mère peu de temps, hélas !
Visita la pierre isolée ;
Et le pâtre de la vallée
Troubl seule du bruit de ses pas
Le silence du mausolée.

MILLEVOYE.

L'ANNIVERSAIRE.

Helas! après dix ans je revois la journée
Où l'âme de mon père aux cieux est retournée.
L'heure sonne : j'écoute... O regrets! ô douleurs!
Quand cette heure eut sonné je n'avais plus de père;
On retenait mes pas loin du lit funéraire;
On me disait : « Il dort! » et je versais des pleurs.
Mais du temple voisin quand la cloche sacrée
Annonça qu'un mortel avait quitté le jour,
Chaque son retentit dans mon âme navrée,
  Et je crus mourir à mon tour.
Tout ce qui m'entourait me racontait ma perte.
Quand la nuit dans les airs jeta son crêpe noir,
Mon père à ses côtés ne me fit plus asseoir;
Et j'attendis en vain à sa place déserte
Une tendre caresse et le baiser du soir.

  Je voyais l'ombre auguste et chère
  M'apparaître toutes les nuits;
  Inconsolable en mes ennuis,
Je pleurais tous les jours, même auprès de ma mère.
Ce long regret, dix ans ne l'ont point adouci;
Je ne puis voir un fils dans les bras de son père
Sans dire en soupirant : « J'avais un père aussi! »
Son image est toujours présente à ma tendresse.
Ah! quand la pâle automne aura jauni les bois,
O mon père! je veux promener ma tristesse
Aux lieux où je te vis pour la dernière fois.
  Sur ces bords que la Somme arrose,
J'irai chercher l'asile où ta cendre repose;
  J'irai d'une modeste fleur
  Orner ta tombe respectée,
Et sur la pierre, encor de larmes humectée,
  Redire ce chant de douleur.

         MILLEVOYE.

SUR LA MORT D'UN ENFANT.

L'innocente victime, au terrestre séjour,
N'a vu que le printemps qui lui donna le jour.
Rien n'est resté de lui qu'un nom, un vain nuage,
Un souvenir, un songe, une invisible image.
Adieu, fragile enfant, échappé de nos bras ;
Adieu, dans la maison d'où l'on ne revient pas.
Nous ne te verrons plus, quand, de moisson couverte,
La campagne d'été rend la ville déserte ;
Dans l'enclos paternel nous ne te verrons plus,
De tes pieds, de tes mains, de tes flancs demi-nus,
Presser l'herbe et les fleurs dont les nymphes de Seine
Couronnent tous les ans les coteaux de Lucienne.
L'axe de l'humble char à tes jeux destiné,
Par de fidèles mains avec toi promené,
Ne sillonnera plus les prés et le rivage.
Tes regards, ton murmure, obscur et doux langage,
N'inquièteront plus nos soins officieux ;
Nous ne recevrons plus, avec des cris joyeux,
Les efforts impuissants de ta bouche vermeille
A bégayer les sons offerts à ton oreille.
Adieu, dans la demeure où nous nous suivrons tous,
Où ta mère déjà tourne ses yeux jaloux !

ANDRÉ CHÉNIER.

SUR LA MORT D'UNE JEUNE FILLE.

Son âge échappait à l'enfance ;
Timide comme l'innocence,
Elle avait les traits de l'amour ;
Quelques mois, quelques jours encore,

Dans ce cœur pur et sans détour
Le sentiment allait éclore.
Mais le Ciel avait au trépas
Condamné ses jeunes appas.
Au Ciel elle a rendu sa vie
Sans murmurer contre ses lois.
Ainsi le sourire s'efface,
Ainsi meurt sans laisser de trace
Le chant d'un oiseau dans les bois.

PARNY

LE TOMBEAU DE LA JEUNE FILLE.

Sur la plage sonore où la mer de Sorrente
Déroule ses flots bleus aux pieds de l'oranger,
Il est, près du sentier, sous la haie odorante,
Une pierre petite, étroite, indifférente
    Aux pas distraits de l'étranger !

La giroflée y cache un seul nom sous ses gerbes,
Un nom que nul écho n'a jamais répété !
Quelquefois seulement le passant arrêté,
Lisant l'âge et la date en écartant les herbes,
Et sentant dans ses yeux quelques larmes courir,
Dit : « Elle avait seize ans ! c'est bien tôt pour mourir ! »

. . . .

Un arbuste épineux, à la pâle verdure,
Est le seul monument que lui fit la nature ;
Battu des vents de mer, du soleil calciné,
Comme un regret funèbre au cœur enraciné,
Il vit dans le rocher sans lui donner d'ombrage ;
La poudre du chemin y blanchit son feuillage ;
Il rampe près de terre, où ses rameaux penchés,

Par la dent des chevreaux sont toujours retranchés ;
Une fleur, au printemps, comme un flocon de neige,
Y flotte un jour ou deux ; mais le vent qui l'assiége
L'effeuille avant qu'elle ait répandu son odeur,
Comme la vie, avant qu'elle ait charmé le cœur.
Un oiseau de tendresse et de mélancolie
S'y pose, pour chanter, sur le rameau qui plie.
Oh! dis, fleur que la vie a fait sitôt flétrir,
N'est-il pas une terre où tout doit refleurir?

A. DE LAMARTINE.

LE POÈTE MOURANT.

Aujourd'hui qu'au tombeau je suis prêt à descendre,
Mes amis, dans vos mains je dépose ma cendre.
L'espoir que des amis pleureront notre sort,
Charme l'instant suprême et console la mort.
Vous-mêmes choisirez à mes jeunes reliques
Quelque bord fréquenté des pénates rustiques,
Des regards d'un beau ciel doucement animé,
Des fleurs et de l'ombrage, et tout ce que j'aimai.
C'est là, près d'une eau pure, au coin d'un bois tranquille,
Qu'à mes mânes éteints je demande un asile :
Afin que votre ami soit présent à vos yeux,
Afin qu'au voyageur amené dans ces lieux,
La pierre, par vos mains, de ma fortune instruite,
Raconte en ce tombeau quel malheureux habite ;
Quels maux ont abrégé ses rapides instants ;
Qu'il fut bon, qu'il aima, qu'il dut vivre longtemps.
Ah! le meurtre jamais n'a souillé mon courage.
Ma bouche du mensonge ignora le langage ;
Et jamais, prodiguant un serment faux et vain,
Ne trahit le secret recelé dans mon sein.
Nul forfait odieux, nul remords implacable

Ne déchire mon âme inquiète et coupable ;
Vos regrets la verront pure et digne de pleurs.
Oui, vous plaindrez sans doute en mes longues douleurs
Et ce brillant midi qu'annonçait mon aurore,
Et ces fruits dans leur germe éteints avant d'éclore,
Que mes naissantes fleurs auront en vain promis.
Oui, je vais vivre encore au sein de mes amis.
Souvent à vos festins qu'égaya ma jeunesse,
Au milieu des éclats d'une vive allégresse,
Frappés d'un souvenir, hélas ! amer et doux,
Sans doute vous direz : « Que n'est-il avec nous! »

ANDRÉ CHÉNIER.

SUR LA DISGRACE DE FOUQUET.

Remplissez l'air de cris, en vos grottes profondes,
Pleurez, Nymphes de Vaux, faites croître vos ondes,
Et que l'Anqueil enflé ravage les trésors
Dont les regards de Flore ont embelli ses bords.
On ne blâmera pas vos larmes innocentes,
Vous pouvez donner cours à vos douleurs pressantes,
Chacun attend de vous ce devoir généreux.
Les destins sont contents, Oronte est malheureux.
Vous l'avez vu naguère aux bords de vos fontaines,
Qui, sans craindre du sort les faveurs incertaines,
Plein d'éclat, plein de gloire, adoré des mortels,
Recevait des honneurs qu'on ne doit qu'aux autels.
Hélas ! qu'il est déchu de ce bonheur suprême :
Que vous le trouveriez différent de lui-même !
Pour lui les plus beaux jours sont de secondes nuits ;
Les soucis dévorants, les regrets, les ennuis,
Hôtes infortunés de sa triste demeure,
En des gouffres de maux le plongent à toute heure ;
Voilà le précipice où l'ont enfin jeté

Les attraits enchanteurs de la prospérité.
Dans les palais des rois cette plainte est commune,
On n'y connaît que trop les traits de la Fortune,
Ses trompeuses faveurs, ses appâts inconstants ;
Mais on ne la connaît que quand il n'est plus temps.
Lorsque sur cette mer on vogue à pleines voiles,
Qu'on croit avoir pour soi les vents et les étoiles,
Il est bien malaisé de régler ses désirs.
Le plus sage s'endort sur la foi des zéphirs.
Jamais un favori ne borne sa carrière,
Il ne regarde pas ce qu'il laisse en arrière,
Et tout ce vain amour des grandeurs et du bruit
Ne le saurait quitter qu'après l'avoir détruit.
Tant d'exemples fameux que l'histoire en raconte,
Ne suffisaient-ils pas sans la perte d'Oronte?
Ah! si ce faux éclat n'eût pas fait ses plaisirs,
Si ce séjour de Vaux eût borné ses désirs,
Qu'il pouvait doucement laisser couler son âge!
Vous n'avez pas chez vous ce brillant équipage,
Cette foule de gens qui s'en vont chaque jour
Saluer à longs flots le soleil de la cour ;
Mais la faveur du Ciel vous donne en récompense
Du repos, du loisir, de l'ombre et du silence,
Un tranquille sommeil, d'innocents entretiens,
Et jamais à la cour on ne trouve ces biens.
Mais quittons ces pensers, Oronte nous appelle,
Vous dont il a rendu la demeure si belle,
Nymphes qui lui devez vos plus charmants appas,
Si le long de vos bords Louis porte ses pas,
Tâchez de l'adoucir, fléchissez son courage;
Il aime ses sujets, il est juste, il est sage,
Du titre de clément rendez-le [1] ambitieux,

---

[1] Prononcez *rendez l'ambitieux*. C'est une élision qui a fait le sujet d'une de nos remarques dans le traité de versification, et que l'on ne se permettrait plus aujourd'hui.

C'est par là que les rois sont semblables aux dieux.
Du magnanime Henri qu'il contemple la vie,
Dès qu'il put se venger il en perdit l'envie.
Inspirez à Louis cette même douceur ;
La plus belle victoire est de vaincre son cœur.
Oronte est à présent un objet de clémence ;
S'il a cru les conseils d'une aveugle puissance,
Il est assez puni par son sort rigoureux.
Et c'est être innocent que d'être malheureux.

LA FONTAINE.

LA BATAILLE DE WATERLOO.

Ils ne sont plus : laissez en paix leur cendre ;
Par d'injustes clameurs ces braves outragés
A se justifier n'ont pas voulu descendre ;
    Mais un seul jour les a vengés :
    Ils sont tous morts pour vous défendre.

Malheur à vous si vos yeux inhumains
    N'ont point de pleurs pour la patrie !
    Sans force contre vos chagrins,
Contre le mal commun votre âme est aguerrie ;
Tremblez : la mort peut-être étend sur vous ses mains !

Que de leçons, grand Dieu ! que d'horribles images
L'histoire d'un seul jour présente aux yeux des rois !
Clio, sans que la plume échappe de ses doigts,
    Pourra-t-elle en tracer les pages ?

Cachez-moi ces soldats sous le nombre accablés,
  Domptés par la fatigue, écrasés par la foudre,
Ces membres palpitants dispersés sur la poudre,
    Ces cadavres amoncelés !

Éloignez de mes yeux ce monument funeste
    De la fureur des nations.
    O mort! épargne ce qui reste!
    Varus, rends-nous nos légions!

    Les coursiers frappés d'épouvante,
    Les chefs et les soldats épars,
    Nos aigles et nos étendards
    Souillés d'une fange sanglante,
    Insultés par les léopards,
    Les blessés mourant sur les chars,
Tout se presse sans ordre; et la foule incertaine,
    Qui se tourmente en vains efforts,
    S'agite, se heurte, se traîne,
    Et laisse après soi dans la plaine
    Du sang, des débris et des morts.

Parmi des tourbillons de flamme et de fumée,
O douleur! quel spectacle à mes yeux vient s'offrir?
Le bataillon sacré, seul devant une armée,
    S'arrête pour mourir.
C'est en vain que, surpris d'une vertu si rare,
Les vainqueurs dans leurs mains retiennent le trépas;
Fier de le conquérir, il court, il s'en empare :
    LA GARDE, avait-il dit, MEURT ET NE SE REND PAS.

On dit qu'en les voyant couchés sur la poussière,
D'un respect douloureux frappé par tant d'exploits,
L'ennemi, l'œil fixé sur leur face guerrière,
Les regarda sans peur pour la première fois.

Les voilà ces héros si longtemps invincibles!
Ils menacent encor les vainqueurs étonnés!
Glacés par le trépas, que leurs yeux sont terribles!
Que de hauts faits écrits sur leurs fronts sillonnés!
Ils ont bravé les feux du soleil d'Italie,

De la Castille ils ont franchi les monts ;
Et le Nord les a vus marcher sur les glaçons
Dont l'éternel rempart protége la Russie.
Ils avaient tout dompté... Le destin des combats
    Leur devait, après tant de gloire,
Ce qu'aux Français naguère il ne refusait pas :
Le bonheur de mourir dans un jour de victoire.

Casimir Delavigne.

LA MORT DE JEANNE D'ARC.

A qui réserve-t-on ces apprêts meurtriers ?
    Pour qui ces torches qu'on excite ?
    L'airain sacré tremble et s'agite...
D'où vient ce bruit lugubre ? où courent ces guerriers
Dont la foule à longs flots roule et se précipite ?

    La joie éclate sur leurs traits.
    Sans doute l'honneur les enflamme ;
Ils vont, pour un assaut, former leurs rangs épais :
    Non, ces guerriers sont des Anglais
    Qui vont voir mourir une femme !

    Qu'ils sont nobles dans leur courroux !
Qu'il est beau d'insulter au bras chargé d'entraves !
La voyant sans défense, ils s'écriaient, ces braves :
    « Qu'elle meure ! elle a contre nous
Des esprits infernaux suscité la magie... »
    Lâches, que lui reprochez-vous ?
D'un courage inspiré la brûlante énergie,
L'amour du nom français, le mépris du danger,
    Voilà sa magie et ses charmes ;

En faut-il d'autres que des armes
Pour combattre, pour vaincre et punir l'étranger

Du Christ avec ardeur Jeanne baisait l'image ;
Ses longs cheveux épars flottaient au gré des vents ;
Au pied de l'échafaud, sans changer de visage,
　　Elle s'avançait à pas lents.
Tranquille, elle y monta ; quand, debout sur le faîte
Elle vit ce bûcher qui l'allait dévorer,
Les bourreaux en suspens, la flamme déjà prête,
Sentant son cœur faillir, elle baissa la tête,
　　Et se prit à pleurer.

　　Ah ! pleure, fille infortunée !
　　Ta jeunesse va se flétrir
　　Dans sa fleur trop tôt moissonnée !
　　Adieu, beau ciel ; il faut mourir !

Tu ne reverras plus tes riantes montagnes,
Le temple, le hameau, les champs de Vaucouleurs ;
　　Et ta chaumière, et tes compagnes,
Et ton père expirant sous le poids des douleurs.

Chevaliers, parmi vous, qui combattra pour elle ?
N'osez-vous entreprendre une cause si belle ?
Quoi ! vous restez muets ! Aucun ne sort des rangs !
Aucun pour la sauver ne descend dans la lice !
Puisqu'un forfait si noir les trouve indifférents,
　　Tonnez, confondez l'injustice,
Cieux, obscurcissez-vous de nuages épais ;
Éteignez sous leurs flots les feux du sacrifice,
　　Ou guidez au lieu du supplice,
A défaut du tonnerre, un chevalier français.

Après quelques instants d'un horrible silence,
Tout à coup le feu brille, il s'irrite, il s'élance...

Le cœur de la guerrière alors s'est ranimé;
A travers les vapeurs d'une fumée ardente,
    Jeanne, encor menaçante,
Montre aux Anglais son bras à demi consumé.
    Pourquoi reculer d'épouvante,
      Anglais? son bras est désarmé.
La flamme l'environne; et sa voix expirante
Murmure encore : « O France! ô mon roi bien-aimé! »

Qu'un monument s'élève aux lieux de ta naissance,
O toi qui des vainqueurs renversas les projets!
La France y portera son deuil et ses regrets,
    Sa tardive reconnaissance;
Elle y viendra gémir sous de jeunes cyprès.
Puissent croître avec eux ta gloire et sa puissance!

Que sur l'airain funèbre on grave des combats,
Des étendards anglais fuyant devant tes pas,
Dieu vengeant par tes mains la plus juste des causes!
Venez, jeunes beautés; venez, braves soldats;
Semez sur son tombeau les lauriers et les roses!
Qu'un jour le voyageur, en parcourant ces bois,
Cueille un rameau sacré, l'y dépose, et s'écrie :
« A celle qui sauva le trône et la patrie,
Et n'obtint qu'un tombeau pour prix de ses exploits! »

Casimir Delavigne.

LEÇONS DE LITTÉRATURE

ET INSPIRATIONS POÉTIQUES ET RELIGIEUSES

TIRÉES DE

LA POÉSIE LYRIQUE (PROPREMENT DITE).

Odes mythologiques.

AU COMTE DU LUC.

Tel que le vieux pasteur des troupeaux de Neptune,
Protée, à qui le ciel, père de la fortune,
    Ne cache aucuns secrets,
Sous diverse figure, arbre, flamme, fontaine,
S'efforce d'échapper à la vue incertaine
    Des mortels indiscrets ;

Ou tel que d'Apollon le ministre terrible,
Impatient du Dieu dont le souffle invincible
    Agite tous ses sens,
Le regard furieux, la tête échevelée,
Du temple fait mugir la demeure ébranlée
    Par ses cris impuissants :

Tel, aux premiers accès d'une sainte manie,
Mon esprit alarmé redoute du génie
    L'assaut victorieux,
Il s'étonne, il combat l'ardeur qui le possède,

Et voudrait secouer du démon qui l'obsède
Le joug impérieux.

Mais sitôt que, cédant à la fureur divine,
Il reconnaît enfin du Dieu qui le domine
Les souveraines lois,
Alors tout pénétré de sa vertu suprême,
Ce n'est plus un mortel, c'est Apollon lui-même
Qui parle par ma voix.

Je n'ai point l'heureux don de ces esprits faciles
Pour qui les doctes sœurs, caressantes, dociles,
Ouvrent tous leurs trésors ;
Et qui, dans la douceur d'un tranquille délire,
N'éprouvèrent jamais, en maniant la lyre,
Ni fureurs, ni transports.

Des veilles, des travaux, un faible cœur s'étonne :
Apprenons toutefois que le fils de Latone,
Dont nous suivons la cour,
Ne nous vend qu'à ce prix ces traits de vive flamme,
Et ces ailes de feu qui ravissent une âme
Au céleste séjour.

C'est par là qu'autrefois d'un prophète fidèle
L'esprit, s'affranchissant de sa chaîne mortelle
Par un puissant effort,
S'élançait dans les airs comme un aigle intrépide,
Et jusque chez les Dieux allait d'un vol rapide
Interroger le sort.

C'est par là qu'un mortel, forçant les rives sombres,
Au superbe tyran qui règne sur les ombres
Fit respecter sa voix :
Heureux si, trop épris d'une beauté rendue,
Par un excès d'amour il ne l'eût point perdue
Une seconde fois.

Telle était de Phébus la vertu souveraine,
Tandis qu'il fréquentait les bords de l'Hippocrène
    Et les sacrés vallons :
Mais ce n'est plus le temps, depuis que l'avarice,
Le mensonge flatteur, l'orgueil et le caprice,
    Sont nos seuls Apollons.

Ah ! si ce Dieu sublime, échauffant mon génie,
Ressuscitait pour moi de l'antique harmonie
    Les magiques accords ;
Si je pouvais du ciel franchir les vastes routes,
Ou percer par mes chants les infernales voûtes
    De l'empire des morts ;

Je n'irais point, des Dieux profanant la retraite,
Dérober au Destin, téméraire interprète,
    Ses augustes secrets,
Je n'irais point chercher une amante ravie,
Et, la lyre à la main, redemander sa vie
    Au gendre de Cérès.

Enflammé d'une ardeur plus noble et moins stérile,
J'irais, j'irais pour vous, ô mon illustre asile,
    O mon fidèle espoir,
Invoquer aux enfers ces trois fières déesses,
Que jamais jusqu'ici nos vœux ni nos promesses
    N'ont su l'art d'émouvoir.

Puissantes déités qui peuplez cette rive,
Préparez, leur dirais-je, une oreille attentive
    Au bruit de mes concerts ;
Puissent-ils amollir vos superbes courages
En faveur d'un héros digne des premiers âges
    Du naissant univers !

Non, jamais sous les yeux de l'auguste Cybèle
La terre ne fit naître un plus parfait modèle,
    Entre les Dieux mortels ;

Et jamais la vertu n'a, dans un siècle avare,
D'un plus riche parfum ni d'un encens plus rare
    Vu fumer ses autels.

C'est lui, c'est le pouvoir de cet heureux génie
Qui soutient l'équité contre la tyrannie
    D'un astre injurieux.
L'aimable vérité, fugitive, importune,
N'a trouvé qu'en lui seul sa gloire, sa fortune,
    Sa patrie et ses Dieux.

Corrigez donc pour lui vos rigoureux usages.
Prenez tous les fuseaux qui, pour les plus longs âges,
    Tournent entre vos mains.
C'est à vous que du Styx les Dieux inexorables
Ont confié les jours, hélas! trop peu durables,
    Des fragiles humains.

Si ces Dieux, dont un jour tout doit être la proie,
Se montrent trop jaloux de la fatale soie
    Que vous leur redevez,
Ne délibérez plus, tranchez mes destinées,
Et renouez leur fil à celui des années
    Que vous lui réservez.

Ainsi daigne le ciel, toujours pur et tranquille,
Verser sur tous les jours que votre main nous file
    Un regard amoureux!
Et puissent les mortels amis de l'innocence,
Mériter tous les soins que votre vigilance
    Daigne prendre pour eux!

C'est ainsi qu'au delà de la fatale barque
Mes chants adouciraient de l'orgueilleuse Parque
    L'impitoyable loi;
Lachésis apprendrait à devenir sensible,
Et le double ciseau de sa sœur inflexible
    Tomberait devant moi.

8.

Une santé dès lors florissante, éternelle,
Vous ferait recueillir d'une automne nouvelle
    Les nombreuses moissons ;
Le ciel ne serait plus fatigué de nos larmes ;
Et je verrais enfin de mes froides alarmes
    Fondre tous les glaçons.

Mais une dure loi, des Dieux même suivie,
Ordonne que le cours de la plus belle vie
    Soit mêlé de travaux :
Un partage inégal ne leur fut jamais libre,
Et leur maintient toujours dans un juste équilibre
    Tous nos biens et nos maux.

Ils ont sur vous, ces Dieux, épuisé leur largesse ;
C'est d'eux que vous tenez la raison, la sagesse,
    Les sublimes talents ;
Vous tenez d'eux enfin cette magnificence
Qui seule sait donner à la haute naissance
    De solides brillants.

C'en était trop, hélas ! et leur tendresse avare,
Vous refusant un bien dont la douceur répare
    Tous les maux amassés,
Prit sur votre santé, par un décret funeste,
Le salaire des dons qu'à votre âme céleste
    Elle avait dispensés

Le ciel nous vend toujours les biens qu'il nous prodigue ;
Vainement un mortel se plaint et le fatigue
    De ses cris superflus :
L'âme d'un vrai héros, tranquille, courageuse,
Sait comme il faut souffrir d'une vie orageuse
    Le flux et le reflux.

Il sait, et c'est par là qu'un grand cœur se console,
Que son nom ne craint rien ni des fureurs d'Éole,
    Ni des flots inconstants ;

Et que, s'il est mortel, son immortelle gloire
Bravera dans le sein des filles de Mémoire,
    Et la mort et le temps.

Tandis qu'entre des mains à sa gloire attentives
La France confira de ses saintes archives
    Le dépôt solennel,
L'avenir y verra le fruit de vos journées,
Et vos heureux destins unis aux destinées
    D'un empire éternel.

Il saura par quels soins, tandis qu'à force ouverte
L'Europe conjurée armait pour notre perte
    Mille peuples fougueux,
Sur des bords étrangers votre illustre assistance
Sut ménager pour nous les cœurs et la constance
    D'un peuple belliqueux.

Il saura quel génie, au fort de nos tempêtes,
Arrêta, malgré nous, dans leurs vastes conquêtes,
    Nos ennemis hautains;
Et que vos seuls conseils, déconcertant leurs princes,
Guidèrent au secours de deux riches provinces
    Nos guerriers incertains.

Mais quel peintre fameux, par de savantes veilles,
Consacrant aux humains de tant d'autres merveilles
    L'immortel souvenir,
Pourra suivre le fil d'une histoire si belle,
Et laisser un tableau digne des mains d'Apelle
    Aux siècles à venir?

Que ne puis-je franchir cette noble barrière!
Mais, peu propre aux efforts d'une longue carrière,
    Je vais jusqu'où je puis;
Et, semblable à l'abeille en nos jardins éclose,
De différentes fleurs j'assemble et je compose
    Le miel que je produis.

Sans cesse en divers lieux errant à l'aventure,
Des spectacles nouveaux que m'offre la nature
  Mes yeux sont égayés ;
Et tantôt dans les bois, tantôt dans les prairies,
Je promène toujours mes douces rêveries
  Loin des chemins frayés.

Celui qui, se livrant à des guides vulgaires,
Ne détourne jamais de routes populaires
  Ses pas infructueux,
Marche plus sûrement dans une humble campagne
Que ceux qui, plus hardis, percent de la montagne
  Les sentiers tortueux.

Toutefois c'est ainsi que nos maîtres célèbres
Ont dérobé leurs noms aux épaisses ténèbres
  De leur antiquité ;
Et ce n'est qu'en suivant leur périlleux exemple,
Que nous pouvons, comme eux, arriver jusqu'au temple
  De l'immortalité.

J.-B. Rousseau.

LA MORT DE J.-B. ROUSSEAU.

Quand le premier chantre du monde
Expira sur les bords glacés
Où l'Èbre effrayé, dans son onde,
Reçut ses membres dispersés,
Le Thrace errant sur les montagnes
Remplit les bois et les campagnes
Du cri perçant de ses douleurs ;
Les champs de l'air en retentirent,
Et dans les antres qui gémirent
Le lion répandit des pleurs.

La France a perdu son Orphée ;

Muses, dans ces moments de deuil,
Élevez le pompeux trophée
Que vous demande son cercueil ;
Laissez, par de nouveaux prodiges,
D'éclatants et dignes vestiges
D'un jour marqué par vos regrets.
Ainsi, le tombeau de Virgile
Est couvert du laurier fertile
Qui par vos soins ne meurt jamais.

D'une brillante et triste vie,
Rousseau quitte aujourd'hui les fers,
Et, loin du ciel de sa patrie,
La mort termine ses revers.
D'où ses maux ont-ils pris leur source ?
Quelles épines, dans sa course,
Étouffaient les fleurs sous ses pas ?
Quels ennuis, quelle vie errante !
Et quelle foule renaissante
D'adversaires et de combats !

Le Nil a vu sur ses rivages
Les noirs habitants des déserts
Insulter par leurs cris sauvages
L'astre éclatant de l'univers.
Cris impuissants, fureurs bizarres !
Tandis que ces monstres barbares
Poussaient d'insolentes clameurs,
Le dieu, poursuivant sa carrière,
Versait des torrents de lumière
Sur ses obscurs blasphémateurs.

Souveraine des chants lyriques,
Toi que Rousseau, dans nos climats,
Appela des jeux olympiques
Qui semblaient seuls fixer ses pas :
Par qui ta trompette éclatante

Secondant ta voix triomphante,
Formera-t-elle des concerts?
Des héros, muse magnanime,
Par quel organe assez sublime
Vas-tu parler à l'univers?

Favoris, élèves dociles
De ce ministre d'Apollon,
Vous à qui ses conseils utiles
Ont ouvert le sacré vallon :
Accourez, troupe désolée,
Déposez sur son mausolée
Votre lyre qu'il inspirait!
La mort a frappé votre maître,
Et d'un souffle a fait disparaître
Le flambeau qui vous éclairait.

Et vous, dont sa fière harmonie
Égala les superbes sons,
Qui reviviez dans ce génie
Formé par vos seules leçons :
Mânes d'Alcée et de Pindare,
Que votre suffrage répare
La rigueur de son sort fatal ;
Dans la nuit du séjour funèbre,
Consolez son ombre célèbre,
Et couronnez votre rival.

LE FRANC DE POMPIGNAN.

L'ENTHOUSIASME.

Aigle qui ravis les Pindares
Jusqu'au trône enflammé des dieux,
Enthousiasme! tu m'égares
A travers l'abîme des cieux.

Ce vil globe à mes yeux s'abaisse ;
Mes yeux s'épurent, et je laisse
Cette fange, empire des rois.
Déjà, sous mon regard immense,
Les astres roulent en silence ;
L'Olympe tressaille à ma voix.

O muse ! Dans l'ombre infernale
Ton fils plongea ses pas vivants :
Moi, sur les ailes de Dédale
Je franchis la route des vents.
« Il est beau, mais il est funeste
De tenter la voûte céleste. »
Arrête, importune raison !
Je vole, je devance Icare,
Dussé-je à quelque mer barbare
Laisser mes ailes et mon nom.

Que la colombe d'Amathonte
S'épouvante au feu des éclairs ;
Le noble oiseau qui les affronte
Prouve seul qu'il est roi des airs.
Je brûle du feu qui l'anime.
Jamais un front pusillanime
N'a ceint des lauriers immortels.
L'audace enfante les trophées.
Qu'importe la mort aux Orphées,
Si leurs tombeaux sont des autels ?

Silence, altières pyramides !
Silence, vains efforts de l'art !
Les œuvres de ses mains timides
N'ont rien d'un généreux hasard.
O nature ! ta main sublime
Dans les airs a jeté la cime
De ces Etnas majestueux.
L'art pâlit d'en tracer l'image ;

L'œil étonné te rend hommage
Par un effroi respectueux.

C'est de là qu'exhalant son âme
Non loin des gouffres de l'enfer,
Encelade vomit la flamme
Contre les feux de Jupiter.
De ses lèvres étincelantes,
L'incendie aux ailes brûlantes
Fond dans les cieux épouvantés;
Ses étincelles vagabondes
Couvrent l'air, la terre et les ondes
De leurs foudroyantes clartés.

Vaste Homère! de ton génie
Ainsi les foudres allumés,
Avec des torrents d'harmonie,
Roulent dans tes vers enflammés.
Des feux de ta bouillante audace
Jaillissent la force et la grâce
De tes divins enfantements,
Comme des mers le dieu suprême
Vit éclore la beauté même
Du choc de ses flots écumants.

O génie! ô vainqueur des âges,
Toi qui sors brillant du tombeau,
Sous de mystérieux nuages
Souvent tu caches ton berceau.
C'est dans la solitude et l'ombre
Que ta gloire muette et sombre
Prépare ses jours éclatants :
L'œil profane qui vit ta source
Ne se doutait pas que ta course
Dût franchir la borne des temps.

Tel on voit dans l'empire aride

Des fils basanés de Memnon,
Le Nil, de son berceau liquide
S'échapper sans gloire et sans nom ;
Du haut des rocs ses flots jaillissent,
Et quelque temps s'ensevelissent
Parmi des gouffres ignorés ;
Mais tout à coup à la lumière
Il renaît pour Memphis entière
Et ses flots en sont adorés.

Divin génie ! un cœur de flamme
Est la source de tes élans !
De là tu verses dans les âmes
Tes flots éternels et brûlants.
Ton enthousiasme rapide
Entraîne dans sa course avide
Les peuples, les siècles divers :
Puissance électrique et soudaine,
D'un coup frappant toute la chaîne
Qui ceindrait l'immense univers.

Il t'embrasait, ô Galilée !
Quand la terre entendit ta voix,
Et que, loin du centre exilée,
Elle parut suivre tes lois.
Newton ! roi des sphères célestes,
Tu le respires, tu l'attestes
Dans tes calculs audacieux.
Franklin maîtrise le tonnerre,
Et Montgolfier, fuyant la terre,
Se précipite dans les cieux.

LEBRUN.

A BUFFON, CONTRE SES DÉTRACTEURS.

Buffon, laisse gronder l'envie ;
C'est l'hommage de sa terreur :
Que peut sur l'éclat de ta vie
Son obscure et lâche fureur ?
Olympe, qu'assiége un orage,
Se rit de l'impuissante rage
Des aquilons tumultueux :
Tandis que la noire tempête
Gronde à ses pieds, sa noble tête
Garde un calme majestueux.

Pensais-tu donc que le génie
Qui te place au trône des arts,
Longtemps d'une gloire impunie
Blesserait de jaloux regards ?
Non, non, tu dois payer ta gloire ;
Tu dois expier ta mémoire
Par les orages de tes jours :
Mais ce torrent qui dans ton onde
Vomit sa fange vagabonde,
N'en saurait altérer le cours...

Flatté de plaire aux goûts volages,
L'esprit est le dieu des instants ;
Le génie est le dieu des âges,
Lui seul embrasse tous les temps.
Qu'il brûle d'un noble délire
Quand la gloire, autour de sa lyre,
Lui peint les siècles assemblés,
Et leur suffrage vénérable
Fondant son trône inaltérable
Sur les empires écroulés !

Eût-il, sans ce tableau magique,
Dont son noble cœur est flatté,

Rompu le charme léthargique
De l'indolente volupté ?
Eût-il dédaigné les richesses ;
Eût-il rejeté les caresses
Des Circés aux brillants appas,
Et, par une étude incertaine,
Acheté l'estime lointaine
Des peuples qu'il ne verra pas ?

Ainsi, l'active chrysalide,
Fuyant le jour et le plaisir,
Va filer son trésor liquide
Dans un mystérieux loisir.
La nymphe s'enferme avec joie
Dans ce tombeau d'or et de soie
Qui la voile aux profanes yeux,
Certaine que ses nobles veilles
Enrichiront de leurs merveilles
Les rois, les belles et les dieux.

Ceux dont le présent est l'idole
Ne laissent point de souvenir :
Dans un succès vain et frivole
Ils ont usé leur avenir.
Amants des roses passagères,
Ils ont les grâces mensongères
Et le sort des rapides fleurs ;
Leur plus long règne est d'une aurore :
Mais le temps rajeunit encore
L'antique laurier des neuf sœurs.

Jusques à quand de vils Procustes
Viendront-ils au sacré vallon,
Souillant ces retraites augustes,
Mutiler les fils d'Apollon ?
Le croirez-vous, races futures ?
J'ai vu Zoïle aux mains impures,

Zoïle outrager Montesquieu !
Mais quand la Parque inexorable
Frappa cet homme irréparable,
Nos regrets en firent un dieu.

Quoi ! tour à tour dieux et victimes,
Le sort fait marcher les talents
Entre l'Olympe et les abîmes,
Entre la satire et l'encens !
Malheur au mortel qu'on renomme !
Vivant, nous blessons le grand homme ;
Mort, nous tombons à ses genoux.
On n'aime que la gloire absente :
La mémoire est reconnaissante,
Les yeux sont ingrats et jaloux.

Buffon, dès que, rompant ses voiles
Et fugitive du cercueil,
De ces palais peuplés d'étoiles
Ton âme aura franchi le seuil,
Du sein brillant de l'empyrée
Tu verras la France éplorée
T'offrir des honneurs immortels,
Et le temps, vengeur légitime,
De l'envie expier le crime,
Et l'enchaîner à tes autels.

LEBRUN.

LE SOLEIL FIXE AU MILIEU DES PLANÈTES [1].

L'homme a dit : Les cieux m'environnent,
Les cieux ne roulent que pour moi ;

---

[1] Cette ode appartient encore au genre mythologique par un grand nombre d'expressions ; mais déjà l'unité du Dieu des chrétiens, qu'elle place à côté de l'Olympe des dieux du paganisme, la rattache à une poésie nouvelle. Ce mélange doit même y être considéré comme un défaut.

De ces astres qui me couronnent
La nature me fit le roi ;
Pour moi seul le soleil se lève,
Pour moi seul le soleil achève
Son cercle éclatant dans les airs ;
Et je vois, souverain tranquille,
Sur son poids la terre immobile
Au centre de cet univers.

Fier mortel, bannis ces fantômes,
Sur toi-même jette un coup d'œil.
Que sommes-nous, faibles atomes,
Pour porter si loin notre orgueil !
Insensés ! nous parlons en maîtres,
Nous qui, dans l'océan des êtres,
Nageons tristement confondus ;
Nous dont l'existence légère,
Pareille à l'ombre passagère,
Commence, paraît, et n'est plus !

Mais quelles routes immortelles
Uranie entr'ouvre à mes yeux !
Déesse, est-ce toi qui m'appelles
Aux voûtes brillantes des cieux ?
Je te suis. Mon âme agrandie,
S'élançant d'une aile hardie,
De la terre a quitté les bords :
De ton flambeau la clarté pure
Me guide au temple où la nature
Cache ses augustes trésors.

Grand Dieu ! quel sublime spectacle
Confond mes sens, glace ma voix !
Où suis-je ? Quel nouveau miracle
De l'Olympe a changé les lois ?
Au loin, dans l'étendue immense,
Je contemple seul en silence

La marche du grand univers;
Et dans l'enceinte qu'elle embrasse,
Mon œil surpris voit sur sa trace
Retourner les orbes divers.

Portés du couchant à l'aurore
Par un mouvement éternel,
Sur leur axe ils tournent encore
Dans les vastes plaines du ciel.
Quelle intelligence secrète
Règle en son cours chaque planèt
Par d'imperceptibles ressorts?
Le soleil est-il le génie
Qui fait avec tant d'harmonie
Circuler les célestes corps?

Au milieu d'un vaste fluide,
Que la main du dieu créateur
Versa dans l'abîme du vide,
Cet astre unique est leur moteur.
Sur lui-même agité sans cesse,
Il emporte, il balance, il presse
L'éther et les orbes errants;
Sans cesse une force contraire
De cette ondoyante matière
Vers lui repousse les torrents.

Ainsi se forment les orbites
Que tracent ces globes connus :
Ainsi dans des bornes prescrites,
Volent et Mercure et Vénus.
La terre suit; Mars, moins rapide,
D'un air sombre s'avance et guide
Les pas tardifs de Jupiter;
Et son père, le vieux Saturne,
Roule à peine son char nocturne
Sur les bords glacés de l'éther....

Oui, notre sphère, épaisse masse,
Demande au soleil ses présents.
A travers sa dure surface
Il darde ses feux bienfaisants.
Le jour voit les heures légères
Présenter les deux hémisphères
Tour à tour à ses doux rayons;
Et sur les signes inclinée,
La terre promenant l'année,
Produit des fleurs et des moissons.

Je te salue, âme du monde,
Sacré soleil, astre de feu,
De tous les biens source féconde,
Soleil, image de mon Dieu !
Aux globes qui, dans leur carrière,
Rendent hommage à ta lumière,
Annonce Dieu par ta splendeur :
Règne à jamais sur ses ouvrages
Triomphe, entretiens tous les âges
De son éternelle grandeur.

MALFILATRE.

Odes et Stances élégiaques [1].

A UN PÈRE SUR LA MORT DE SA FILLE.

Ta douleur, Duperrier, sera donc éternelle?
    Et les tristes discours
Que te met en l'esprit l'amitié paternelle
    L'augmenteront toujours?

---

[1] Sous ce titre, nous avons placé, comme par opposition à l'élégie lyrique, des odes et des stances qui sont éminemment élégiaques. Le

Le malheur de ta fille au tombeau descendue
    Par un commun trépas,
Est-ce quelque dédale où ta raison perdue
    Ne se retrouve pas?

Je sais de quels appas son enfance était pleine,
    Et n'ai pas entrepris,
Injurieux ami, de soulager ta peine
    Avecque [1] son mépris.

Mais elle était du monde où les plus belles choses
    Ont le pire destin ;
Et rose, elle a vécu ce que vivent les roses,
    L'espace d'un matin.

La mort a des rigueurs à nulle autre pareilles ;
    On a beau la prier,
La cruelle qu'elle est se bouche les oreilles
    Et nous laisse crier.

Le pauvre en sa cabane, où le chaume le couvre,
    Est sujet à ses lois ;

sujet ne suffisait pas pour cela ; ainsi l'ode sur la mort de Rousseau, que l'on a pu lire précédemment, quoique le sujet qui l'a inspirée soit triste en lui-même, n'appartient, ni par les pensées ni par l'expression, au genre élégiaque ; dans ce qui suit, au contraire, sujet, expression, pensée, tout se rattache à ce genre, moins la forme, qui est lyrique. Disons d'avance que dans les paraphrases hébraïques des livres saints, aussi bien que dans les inspirations et méditations religieuses que nous classons également sous la dénomination générale de *Poésie lyrique*, on trouvera des morceaux qui s'inspirent aussi de sentiments élégiaques : tels seront l'ode sur la *Convalescence d'une jeune malade* de J.-B. Rousseau, le *Crucifix*, les *Pensées des morts* de Lamartine, etc., etc. Nous avons cru devoir laisser ces divers morceaux à la place qui nous a semblé leur appartenir plus spécialement.

[1] *Avecque* au lieu d'*avec*, ne s'écrit plus depuis longtemps, même en poésie.

Et la garde qui veille aux barrières du Louvre
  N'en défend pas nos rois.

MALHERBE.

ADIEUX D'UN JEUNE POETE A LA VIE.

J'ai révélé mon cœur au dieu de l'innocence;
  Il a vu mes pleurs pénitents,
Il guérit mes remords, il m'arme de constance :
  Les malheureux sont ses enfants.

Mes ennemis riant ont dit dans leur colère :
  Qu'il meure, et sa gloire avec lui!
Mais à mon cœur calmé le Seigneur dit en père :
  Leur haine sera ton appui.

A tes plus chers amis ils ont prêté leur rage.
  Tout trompe ta simplicité :
Celui que tu nourris court vendre ton image,
  Noire de sa méchanceté.

Mais Dieu t'entend gémir, Dieu vers qui te ramène
  Un vrai remords né des douleurs;
Dieu qui pardonne enfin à la nature humaine
  D'être faible dans les malheurs.

J'éveillerai pour toi la pitié, la justice
  De l'incorruptible avenir;
Eux-même épureront, par leur long artifice,
  Ton honneur qu'ils pensent ternir.

Soyez béni, mon Dieu! vous qui daignez me rendre
  L'innocence et son noble orgueil;
Vous qui, pour protéger le repos de ma cendre,
  Veillerez près de mon cercueil!

Au banquet de la vie, infortuné convive,
    J'apparus un jour, et je meurs :
Je meurs, et sur ma tombe où lentement j'arrive,
    Nul ne viendra verser des pleurs.

Salut, champs que j'aimais ! et vous, douce verdure !
    Et vous, riant exil des bois !
Ciel ! pavillon de l'homme, admirable nature,
    Salut pour la dernière fois !

Ah ! puissent voir longtemps votre beauté sacrée
    Tant d'amis sourds à mes adieux !
Qu'ils meurent pleins de jours ! que leur mort soit pleuré
    Qu'un ami leur ferme les yeux !

GILBERT.

LA JEUNE CAPTIVE.

L'épi naissant mûrit, de la faux respecté ;
Sans crainte du pressoir, le pampre, tout l'été,
    Boit les doux présents de l'aurore ;
Et moi, comme lui belle, et jeune comme lui,
Quoi que l'heure présente ait de trouble et d'ennui,
    Je ne veux pas mourir encore.

Qu'un stoïque aux yeux secs vole embrasser la mort,
Moi je pleure et j'espère ; au noir souffle du nord
    Je plie et relève ma tête :
S'il est des jours amers, il en est de si doux !
Hélas ! quel miel jamais n'a laissé de dégoûts ?
    Quelle mer n'a point de tempête ?

L'illusion féconde habite dans mon sein.
D'une prison, sur moi, les murs pèsent en vain :
    J'ai les ailes de l'espérance.
Échappée aux réseaux de l'oiseleur cruel,

Plus vive, plus heureuse, aux campagnes du ciel,
    Philomèle chante et s'élance.

Est-ce à moi de mourir ! tranquille je m'endors,
Et tranquille je veille ; et ma veille aux remords
    Ni mon sommeil ne sont en proie.
Ma bienvenue au jour me rit dans tous les yeux ;
Sur des fronts abattus mon aspect dans ces lieux
    Ranime presque de la joie.

Mon beau voyage encore est si loin de sa fin !
Je pars, et des ormeaux qui bordent le chemin
    J'ai passé les premiers à peine ;
Au banquet de la vie à peine commencé
Un instant seulement mes lèvres ont pressé
    La coupe en mes mains encor pleine.

Je ne suis qu'au printemps : je veux voir la moisson,
Et, comme le soleil, de saison en saison,
    Je veux achever mon année.
Brillante sur ma tige, et l'honneur du jardin,
Je n'ai vu luire encor que les feux du matin :
    Je veux achever ma journée.

O mort ! tu peux attendre ; éloigne, éloigne-toi ;
Va consoler les cœurs que la honte, l'effroi,
    Le pâle désespoir dévore.
Pour moi Palès encore a des asiles verts,
Les vallons des échos, les muses des concerts :
    Je ne veux pas mourir encore.

Ainsi, triste et captif, ma lyre toutefois
S'éveillait : écoutant cette plainte, cette voix,
    Ces vœux d'une jeune captive,
Et secouant le joug de mes jours languissants,
Aux douces lois des vers je pliais les accents
    De sa bouche aimable et naïve.

Ces chants, de ma prison témoins harmonieux,
Feront à quelque amant des loisirs studieux
    Chercher quelle fut cette belle.
La grâce décorait son front et ses discours ;
Et, comme elle, craindront de voir finir leurs jours,
    Ceux qui les passeront près d'elle [1].

André Chénier.

LA SUITE D'UN BAL.

Elle est morte, à quinze ans, belle, heureuse, adorée !
Morte au sortir d'un bal qui nous mit tous en deuil ;
Morte, hélas ! et des bras d'une mère égarée
La mort aux froides mains la prit toute parée,
    Pour l'endormir dans le cercueil.

Pour danser d'autres bals elle était encore prête,
Tant la mort fut pressée à prendre un corps si beau !
Et ces roses d'un jour qui couronnaient sa tête,
Qui s'épanouissaient, la veille, en une fête,
    Se fanèrent dans un tombeau.

Vous toutes qu'à ses jeux le bal riant convie,
Pensez à l'Espagnole éteinte sans retour,
Jeunes filles ! Joyeuse et d'une main ravie,
Elle allait moissonnant les roses de la vie,
    Beauté, plaisir, jeunesse, amour !

La pauvre enfant, de fête en fête promenée,
De ce bouquet charmant arrangeait les couleurs ;

---

[1] C'était la jeune demoiselle de Coigny, jetée dans la même prison qu'André Chénier pendant la révolution, et qui mourut comme lui sur l'échafaud. On regrette qu'il se soit glissé une ou deux expressions mythologiques dans ce ravissant morceau.

Mais qu'elle a passé vite, hélas! l'infortunée!
Ainsi qu'Ophélia, par le fleuve entraînée,
   Elle est morte en cueillant des fleurs !

Victor Hugo.

LOUIS XVII.

I.

En ces temps-là, du ciel les portes d'or s'ouvrirent ;
Du saint des saints ému les feux se découvrirent :
Tous les cieux un moment brillèrent dévoilés ;
Et les élus voyaient, lumineuses phalanges,
Venir une jeune âme entre de jeunes anges
   Sous les portiques étoilés.

C'était un bel enfant qui fuyait de la terre,
Son œil bleu du malheur portait le signe austère ;
Ses blonds cheveux flottaient sur ses traits pâlissants ;
Et les vierges du ciel, avec des chants de fête,
Aux palmes du martyre unissaient sur sa tête
   La couronne des innocents.

II.

On entendit des voix qui disaient dans la nue :
« Jeune ange, Dieu sourit à ta gloire ingénue ;
« Viens, rentre dans ses bras pour ne plus en sortir
« Et vous, qui du Très-Haut racontez les louanges,
   « Séraphins, prophètes, archanges,
« Courbez-vous, c'est un roi ; chantez, c'est un martyr ! »

— « Où donc ai-je régné ? demandait la jeune ombre.
« Je suis un prisonnier, je ne suis point un roi.
« Hier, je m'endormis au fond d'une tour sombre.
« Où donc ai-je régné ? Seigneur, dites-le moi.

« Hélas ! mon père est mort d'une mort bien amère ;

« Ses bourreaux, ô mon Dieu, m'ont abreuvé de fiel ;
« Je suis un orphelin, je viens chercher ma mère,
  « Qu'en mes rêves j'ai vue au ciel. »

Les anges répondaient : « Ton sauveur te réclame.
« Ton Dieu d'un monde impie a rappelé ton âme.
« Fuis la terre insensée où l'on brise les croix,
« Où jusque dans la mort descend le régicide,
  « Où le meurtre, d'horreurs avides,
« Fouille dans les tombeaux pour y chercher des rois !

— « Quoi ! de ma longue vie ai-je achevé le reste ?
« Disait-il. Tous mes maux les ai-je enfin soufferts ?
« Est-il vrai qu'un geôlier, de ce rêve céleste,
« Ne viendra pas demain m'éveiller dans mes fers !
« Captif, de mes tourments cherchant la fin prochaine,
« J'ai prié ; Dieu veut-il enfin me secourir ?
« Oh ! n'est-ce pas un songe ? A-t-il brisé ma chaîne ?
  « Ai-je eu le bonheur de mourir ?

« Car vous ne savez point quelle était ma misère !
« Chaque jour dans ma vie amenait des malheurs ;
« Et lorsque je pleurais, je n'avais pas ma mère,
« Pour chanter à mes cris, pour sourire à mes pleurs.
« D'un châtiment sans fin languissante victime,
« De ma tige arraché comme un tendre arbrisseau,
« J'étais proscrit bien jeune, et j'ignorais quel crime
  « J'avais commis dans mon berceau.

« Et pourtant, écoutez : bien loin dans ma mémoire,
« J'ai d'heureux souvenirs avant ces temps d'effroi ;
« J'entendais en dormant des bruits confus de gloire,
« Et des peuples joyeux veillaient autour de moi.
« Un jour tout disparut dans un sombre mystère ;
« Je vis fuir l'avenir à mes destins promis ;
« Je n'étais qu'un enfant, faible et seul sur la terre,
  « Hélas ! et j'eus des ennemis !

« Ils m'ont jeté vivant sous des murs funéraires ;
« Mes yeux voués aux pleurs n'ont plus vu le soleil ;
« Mais vous que je retrouve, anges du ciel, mes frères,
« Vous m'avez visité souvent dans mon sommeil.
« Mes jours se sont flétris dans leurs mains meurtrières,
« Seigneur, mais les méchants sont toujours malheureux ;
« Oh ! ne soyez pas sourd comme eux à mes prières,
    « Car je viens vous prier pour eux. »

Et les anges chantaient : « L'arche à toi se dévoile,
« Suis-nous ; sur ton beau front nous mettrons une étoile.
« Prends les ailes d'azur des chérubins vermeils.
« Tu viendras avec nous bercer l'enfant qui pleure,
    « Ou, dans leur brûlante demeure,
« D'un souffle lumineux rajeunir les soleils ! »

III.

Soudain le chœur cessa, les élus écoutèrent :
Il baissa son regard par les larmes terni ;
Au fond des cieux muets les mondes s'arrêtèrent,
Et l'éternelle voix parla dans l'infini :

« O roi ! je t'ai gardé loin des grandeurs humaines,
« Tu t'es réfugié du trône dans les chaînes.
    « Va, mon fils, bénis tes revers.
« Tu n'as point su des rois l'esclavage suprême,
« Ton front du moins n'est pas meurtri du diadème,
    « Si tes bras sont meurtris de fers.

« Enfant, tu t'es courbé sous le poids de la vie.
« Et la terre, pourtant, d'espérance et d'envie
    « Avait entouré ton berceau !
« Viens, ton Seigneur lui-même eut ses douleurs divines,
« Et mon fils, comme toi, roi couronné d'épines,
    « Porta le sceptre de roseau ! »

Victor Hugo.

A UN AMI,

SUR LA MORT D'UN AMI COMMUN.

Aimons-nous ! nos rangs s'éclaircissent,
Chaque heure emporte un sentiment;
Que nos pauvres âmes s'unissent
Et se serrent plus tendrement !

Ces contemporains de nos âmes,
Ces mains qu'enchaînait notre main,
Ces frères, ces amis, ces femmes,
Nous abandonnent en chemin.

A ce chœur joyeux de la route
Qui commençait à tant de voix,
Chaque fois que l'oreille écoute
Une voix manque chaque fois.

Chaque jour l'hymne recommence
Plus faible et plus triste à noter,
Hélas! c'est qu'à chaque distance
Un cœur cesse de palpiter.

Ainsi, dans la forêt voisine,
Où nous allions près de l'enclos,
Des cris d'une voix enfantine
Éveiller des milliers d'échos,

Si l'homme, jaloux de leur cime,
Met la cognée aux pieds des troncs
A chaque chêne qu'il décime
Une voix tombe avec leurs fronts,

Il en reste un ou deux encore,
Nous retournons au bord des bois
Savoir si le débris sonore
Multiplie encor notre voix :

L'écho décimé, d'arbre en arbre,
Nous jette à peine un dernier cri ;
Le bûcheron au cœur de marbre
L'abat dans son dernier abri.

Adieu les voix de notre enfance,
Adieu l'ombre de nos beaux jours ;
La vie est un morne silence
Où le cœur appelle toujours !

A. DE LAMARTINE.

L'AUTOMNE.

Salut ! bois couronnés d'un reste de verdure !
Feuillages jaunissants sur les gazons épars !
Salut ! derniers beaux jours ! le deuil de la nature
Convient à la douleur et plaît à mes regards.

Je suis d'un pas rêveur le sentier solitaire ;
J'aime à revoir encor, pour la dernière fois,
Ce soleil pâlissant dont la faible lumière
Perce à peine à mes pieds l'obscurité des bois.

Oui, dans ces jours d'automne où la nature expire,
A ses regards voilés je trouve plus d'attraits :
C'est l'adieu d'un ami, c'est le dernier sourire
Des lèvres que la mort va fermer pour jamais.

Ainsi, prêt à quitter l'horizon de la vie,
Pleurant de mes longs jours l'espoir évanoui,
Je me retrouve encore, et d'un regard d'envie
Je contemple ces biens dont je n'ai pas joui.

Terre, soleil, vallons, belle et douce nature,
Je vous dois une larme au bord de mon tombeau :
L'air est si parfumé ! la lumière est si pure !
Aux regards d'un mourant le soleil est si beau !

Je voudrais maintenant vider jusqu'à la lie
Ce calice mêlé de nectar et de fiel :
Au fond de cette coupe où je buvais la vie,
Peut-être restait-il une goutte de miel.

Peut-être l'avenir me gardait-il encore
Un retour de bonheur dont l'espoir est perdu !
Peut-être dans la foule une âme que j'ignore
Aurait compris mon âme et m'aurait répondu !...

La fleur tombe en livrant ses parfums au zéphyre ;
A la vie, au soleil, ce sont là ses adieux ;
Moi, je meurs ; et mon âme, au moment qu'elle expire,
S'exhale comme un son triste et mélodieux.

A. DE LAMARTINE.

SOUFFRANCES D'HIVER.

Le souffle de l'automne a jauni les allées ;
Leurs feuillages errants dans les sombres vallées
Sur le gazon flétri retombent sans douleurs :
Adieu l'éclat des cieux ! leur bel azur s'altère ;
Et le soupir charmant de l'oiseau solitaire
    A disparu comme les fleurs.

L'aquilon seul gémit dans les campagnes nues :
Tout se voile ; les cieux, vaste océan de nues,
Ne reflètent sur nous qu'un jour terne et changeant,
L'orage s'est levé ; l'hiver s'avance et gronde,
L'hiver, saison des jeux pour les riches du monde,
    Saison des pleurs pour l'indigent !

Oh ! le vent déchaîné sème en vain les tempêtes,
Heureux du monde ! il passe et respecte vos fêtes ;
L'ivresse du plaisir embellit vos instants ;
Et, malgré les hivers, vous respirez encore,

Dans les tardives fleurs que vos soins font éclore,
    Un dernier souffle de printemps.

Et le bal recommence, et la beauté s'oublie
Aux suaves concerts de la molle Italie,
A ces accords touchants de grâce et de langueur,
Et, bercée à ces bruits qu'un doux écho prolonge,
Votre âme à chaque instant traverse comme un songe
    Tous les prestiges du bonheur.

Mais la douleur aussi veille autour de sa proie.
Soulevez, soulevez ces longs rideaux de soie,
Qui défendent vos nuits des lueurs du matin !
Hélas ! à votre seuil que verrez-vous paraître ?
Quelque femme éplorée, ou bien encor peut-être
    Un vieillard tout pâle de faim.

Oh ! vous ne savez pas ce qu'on souffre à toute heure,
Sous ces toits indigents, frêle et triste demeure
Où l'aquilon pénètre, et que rien ne défend :
Non, vous ne savez pas ce que souffre une mère,
Qui, glacée elle-même au fond de la chaumière,
    Ne peut réchauffer son enfant !

Non, vous n'avez pas vu ces fantômes livides,
Sous vos balcons dorés tendre des mains avides.
Le bruit des instruments vous dérobe à moitié
Ce cri que j'entendais au pied de vos murailles,
Ce cri de désespoir qui va jusqu'aux entrailles :
    Oh ! pitié ! donnez par pitié !

Pitié pour le vieillard dont la tête s'incline !
Pitié pour l'humble enfant ! pitié pour l'orpheline
Qu'un peu d'or ou de pain sauve du déshonneur !
Ils sont là ; leur voix triste essaye une prière :
Dites, resterez-vous aussi froids que la pierre
    Où s'agenouille la douleur ?

Donnez : ce plaisir pur, ineffable, céleste,
Est le plus beau de tous, le seul dont il nous reste
Un charme consolant que rien ne doit flétrir ;
L'âme trouve en lui seul la paix et l'espérance.
Donnez : il est si doux de rêver en silence
    Aux larmes qu'on a pu tarir !

Donnez : et quand viendra cette heure où la pensée
Sous le vent de la mort languit tout oppressée,
Le frisson de vos cœurs sera moins douloureux ;
Et quand vous paraîtrez devant le juge austère,
Vous direz : « J'ai connu la pitié sur la terre ;
    Je puis la demander aux cieux !

TURQUETY.

Paraphrases[1].

LA GRANDEUR DE DIEU
MANIFESTÉE PAR SES OUVRAGES.

    Les cieux instruisent la terre
    A révérer leur auteur :
    Tout ce que leur globe enserre
    Célèbre un Dieu créateur.
    Oh ! quel sublime cantique,
    Que ce concert magnifique
    De tous les célestes corps !
    Quelle grandeur infinie !
    Quelle divine harmonie
    Résulte de leurs accords !

    De sa puissance immortelle
    Tout parle, tout nous instruit.

---

[1] Voir ce que nous avons dit de la paraphrase dans le précis des différents genres de la poésie qui est en tête de ce recueil.

Le jour au jour la révèle,
La nuit l'annonce à la nuit.
Ce grand et superbe ouvrage
N'est point pour l'homme un langage
Obscur et mystérieux.
Son adorable structure
Est la voix de la nature
Qui se fait entendre aux yeux.

Dans une éclatante voûte
Il a placé de ses mains
Ce soleil qui, dans sa route,
Éclaire tous les humains.
Environné de lumière,
Cet astre ouvre sa carrière
Comme un époux glorieux,
Qui, dès l'aube matinale,
De sa couche nuptiale,
Sort brillant et radieux.

L'univers, à sa présence,
Semble sortir du néant.
Il prend sa course, il s'avance
Comme un superbe géant.
Bientôt sa marche féconde
Embrasse le tour du monde
Dans le cercle qu'il décrit ;
Et, par sa chaleur puissante,
La nature languissante
Se ranime et se nourrit.

Oh ! que tes œuvres sont belles,
Grand Dieu ! quels sont tes bienfaits !
Que ceux qui te sont fidèles,
Sous ton joug trouvent d'attraits !
Ta crainte inspire la joie ;
Elle assure notre voie,

Elle nous rend triomphants;
Elle éclaire la jeunesse,
Et fait briller la sagesse
Dans les plus faibles enfants.

J.-B. Rousseau.

AVEUGLEMENT DES HOMMES.

Qu'aux accents de ma voix la terre se réveille :
Rois, soyez attentifs; peuples, prêtez l'oreille :
Que l'univers se taise et m'écoute parler!
Mes chants vont seconder les accords de ma lyre :
L'esprit saint me pénètre; il m'échauffe, il m'inspire
Les grandes vérités que je vais révéler.

L'homme en sa propre force a mis sa confiance.
Ivre de ses grandeurs et de son opulence,
L'éclat de sa fortune enfle sa vanité.
Mais, ô moment terrible, ô jour épouvantable,
Où la mort saisira ce fortuné coupable,
Tout chargé des liens de son iniquité!

Que deviendront alors, répondez, grands du monde,
Que deviendront ces biens où votre espoir se fonde,
Et dont vous étalez l'orgueilleuse moisson?
Sujets, amis, parents, tout deviendra stérile;
Et, dans ce jour fatal, l'homme à l'homme inutile
Ne paîra point à Dieu le prix de sa rançon.

Vous avez vu tomber les plus illustres têtes;
Et vous pourriez encore, insensés que vous êtes,
Ignorer le tribut que l'on doit à la mort?
Non, non : tout doit franchir ce terrible passage;
Le riche et l'indigent, l'imprudent et le sage,
Sujets à même loi, subissent même sort.

D'avides étrangers, transportés d'allégresse,

Engloutissent déjà toute cette richesse,
Ces terres, ces palais de vos noms ennoblis.
Et que vous reste-t-il en ces moments suprêmes ?
Un sépulcre funèbre, où vos noms, où vous-mêmes
Dans l'éternelle nuit serez ensevelis.

Les hommes éblouis de leurs honneurs frivoles,
Et de leurs vains flatteurs écoutant les paroles,
Ont de ces vérités perdu le souvenir :
Pareils aux animaux farouches et stupides,
Les lois de leur instinct sont leurs uniques guides,
Et pour eux le présent paraît sans avenir.

Un précipice affreux devant eux se présente ;
Mais toujours leur raison, soumise et complaisante,
Au-devant de leurs yeux met un voile imposteur.
Sous leurs pas cependant s'ouvrent les noirs abîmes,
Où la cruelle mort, les prenant pour victimes,
Frappe ces vils troupeaux dont elle est le pasteur.

Là s'anéantiront ces titres magnifiques,
Ce pouvoir usurpé, ces ressorts politiques,
Dont le juste autrefois sentit le poids fatal :
Ce qui fit leur bonheur deviendra leur torture ;
Et Dieu, de sa justice apaisant le murmure,
Livrera ces méchants au pouvoir infernal.

Justes, ne craignez point le vain pouvoir des hommes ;
Quelque élevés qu'ils soient, ils sont ce que nous sommes :
Si vous êtes mortels, ils le sont comme vous.
Nous avons beau vanter nos grandeurs passagères,
Il faut mêler sa cendre aux cendres de ses pères ;
Et c'est le même Dieu qui nous jugera tous.

J.-B. ROUSSEAU.

ACTIONS DE GRACES D'UNE CONVALESCENTE.

J'ai vu mes tristes journées
Décliner vers leur penchant ;
Au midi de mes années
Je touchais à mon couchant :
La mort, déployant ses ailes,
Couvrait d'ombres éternelles
La clarté dont je jouis ;
Et, dans cette nuit funeste,
Je cherchais en vain le reste
De mes jours évanouis.

Grand Dieu, votre main réclame
Les dons que j'en ai reçus :
Elle vient couper la trame
Des jours qu'elle m'a tissus :
Mon dernier soleil se lève,
Et votre souffle m'enlève
De la terre des vivants,
Comme la feuille séchée,
Qui, de sa tige arrachée,
Devient le jouet des vents.

Comme un lion plein de rage,
Le mal a brisé mes os ;
Le tombeau m'ouvre un passage
Dans ses lugubres cachots.
Victime faible et tremblante,
A cette image sanglante
Je soupire nuit et jour !
Et, dans ma crainte mortelle,
Je suis comme l'hirondelle
Sous les griffes du vautour.

Ainsi, de cris et d'alarmes
Mon mal semblait se nourrir ;

Et mes yeux, noyés de larmes,
Étaient lassés de s'ouvrir.
Je disais à la nuit sombre :
O nuit, tu vas dans ton ombre
M'ensevelir pour toujours !
Je redisais à l'aurore :
Le jour que tu fais éclore
Est le dernier de mes jours !

Mon âme est dans les ténèbres,
Mes sens sont glacés d'effroi ;
Écoutez mes cris funèbres,
Dieu juste, répondez-moi.
Mais enfin sa main propice
A comblé le précipice
Qui s'entr'ouvrait sous mes pas.
Son secours me fortifie,
Et me fait trouver la vie
Dans les horreurs du trépas.

Seigneur, il faut que la terre
Connaisse en moi vos bienfaits :
Vous ne m'avez fait la guerre
Que pour me donner la paix.
Heureux l'homme à qui la grâce
Départ ce don efficace
Puisé dans ses saints trésors,
Et qui, rallumant sa flamme,
Trouve la santé de l'âme
Dans les souffrances du corps !

C'est pour sauver la mémoire
De vos immortels secours,
C'est pour vous, pour votre gloire,
Que vous prolongez nos jours.
Non, non, vos bontés sacrées
Ne seront point célébrées

Dans l'horreur des monuments :
La mort aveugle et muette
Ne sera point l'interprète
De vos saints commandements.

Mais ceux qui de sa menace,
Comme moi, sont rachetés,
Annonceront à leur race
Vos célestes vérités ;
J'irai, Seigneur, dans vos temples
Réchauffer par mes exemples
Les mortels les plus glacés,
Et, vous offrant mon hommage,
Leur montrer l'unique usage
Des jours que vous leur laissez.

J.-B. ROUSSEAU.

Odes religieuses, Hymnes, Cantiques.

L'ESPRIT DE DIEU,

OU L'ENTHOUSIASME RELIGIEUX.

Le feu divin qui me consume
Ressemble à ces feux indiscrets
Qu'un pasteur imprudent allume
Aux bords des profondes forêts :
Tant qu'aucun souffle ne l'éveille,
L'humble foyer couve et sommeille ;
Mais s'il respire l'aquilon,
Tout à coup la flamme engourdie
S'enfle, déborde, et l'incendie
Embrasse un immense horizon.

O mon âme ! de quels rivages

Viendra ce souffle inattendu?
Sera-ce un enfant des orages,
Un soupir à peine entendu?
Viendra-t-il, comme un doux zéphyre,
Mollement caresser ma lyre
Ainsi qu'il caresse une fleur?
Ou sous ses ailes frémissantes
Briser ces cordes gémissantes
Du cri perçant de la douleur?

Fuyant les bords qui l'ont vu naître,
De Laban l'antique berger
Un jour devant lui vit paraître
Un mystérieux étranger :
Dans l'ombre ses larges prunelles
Lançaient de pâles étincelles;
Ses pas ébranlaient le vallon;
Le courroux gonflait sa poitrine,
Et le souffle de sa narine
Résonnait comme l'aquilon.

Dans un formidable silence
Ils se mesurent un moment;
Soudain l'un sur l'autre s'élance,
Saisi d'un même emportement;
Leurs bras menaçants se replient;
Leurs fronts luttent, leurs membres crient,
Leurs flancs pressent leurs flancs pressés;
Comme un chêne qu'on déracine,
Leur tronc se balance et s'incline
Sur leurs genoux entrelacés.

Tous deux ils glissent dans la lutte,
Et Jacob, enfin terrassé,
Chancelle, tombe, et dans sa chute
Entraîne l'ange renversé :
Palpitant de crainte et de rage,

Soudain le pasteur se dégage
Des bras du combattant des cieux,
L'abat, le presse, le surmonte,
Et sur son sein gonflé de honte
Pose un genou victorieux !

Mais sur le lutteur qu'il domine
Jacob, encor mal affermi,
Sent à son tour sur sa poitrine
Le poids du céleste ennemi.
Enfin, depuis les heures sombres
Où le soir lutte avec les ombres,
Tantôt vaincu, tantôt vainqueur,
Contre ce rival qu'il ignore
Il combattit jusqu'à l'aurore....
Et c'était l'Esprit du Seigneur !

Attendons le souffle suprême
Dans un repos silencieux ;
Nous ne sommes rien de nous-même
Qu'un instrument mélodieux.
Quand le doigt d'en haut se retire,
Restons muets comme la lyre
Qui recueille ses saints transports ;
Jusqu'à ce que la main puissante
Touche la corde frémissante
Où dorment les divins accords.

J.-B. Rousseau.

MOÏSE SAUVÉ DES EAUX.

Mes sœurs, l'onde est plus fraîche aux premiers feux du jour,
Venez : le moissonneur repose en son séjour,
    La rive est solitaire encore ;
Memphis élève à peine un murmure confus ;

Et nos chastes plaisirs sous ces bouquets touffus
　　N'ont d'autre témoin que l'aurore.

Au palais de mon père on voit briller les arts ;
Mais ces bords pleins de fleurs charment plus mes regards
　　Qu'un bassin d'or et de porphyre,
Ces chants aériens sont mes concerts chéris ;
Je préfère aux parfums qu'on brûle en nos lambris
　　Le souffle embaumé du zéphyre !

Venez : l'onde est si calme et le ciel est si pur !
Laissez sur ces buissons flotter les plis d'azur
　　De vos ceintures transparentes ;
Détachez ma couronne et ces voiles jaloux :
Car je veux aujourd'hui folâtrer avec vous,
　　Au sein des vagues murmurantes.

Hâtons-nous... mais parmi les brouillards du matin,
Que vois-je ? — Regardez à l'horizon lointain...
　　Ne craignez rien, filles timides !
C'est sans doute, par l'onde entraîné vers les mers,
Le tronc d'un vieux palmier qui, du fond des déserts,
　　Vient visiter les pyramides.

Que dis-je ? si j'en crois mes regards indécis,
C'est la barque d'Hermès ou la conque d'Isis
　　Que pousse une brise légère.
Mais non : c'est un esquif où, dans un doux repos,
J'aperçois un enfant qui dort au sein des flots,
　　Comme on dort au sein de sa mère !

Il sommeille, et, de loin, à voir son lit flottant,
On croirait voir voguer sur le fleuve inconstant
　　Le nid d'une blanche colombe.
Dans sa couche enfantine il erre au gré du vent ;
L'eau le balance, il dort, et le gouffre mouvant
　　Semble le bercer dans sa tombe ;

Il s'éveille : accourez, ô vierges de Memphis !
Il crie... ah ! quelle mère a pu livrer son fils
    Au caprice des flots mobiles ?
Il tend les bras, les eaux grondent de toute part.
Hélas ! contre la mort il n'a d'autre rempart
    Qu'un berceau de roseaux fragiles.

Sauvons-le... — C'est peut-être un enfant d'Israël.
Mon père les proscrit : mon père est bien cruel
    De proscrire ainsi l'innocence !
Faible enfant ! ses malheurs ont ému mon amour,
Je veux être sa mère : il me devra le jour,
    S'il ne me doit pas la naissance.

Ainsi parlait Iphis, l'espoir d'un roi puissant,
Alors qu'aux bords du Nil son cortége innocent
    Suivait sa course vagabonde ;
Et ces jeunes beautés qu'elle effaçait encor,
Quand la fille des rois quittait ses voiles d'or,
    Croyaient voir la fille de l'onde.

Sous ses pieds délicats déjà le flot frémit.
Tremblante, la pitié vers l'enfant qui gémit
    La guide en sa marche craintive ;
Elle a saisi l'esquif ! Fière de ce doux poids,
L'orgueil sur son beau front, pour la première fois,
    Se mêle à la pudeur naïve.

Bientôt divisant l'onde et brisant les roseaux,
Elle apporte à pas lents l'enfant sauvé des eaux
    Sur le bord de l'arène humide :
Et ses sœurs tour à tour, au front du nouveau-né,
Offrant leur doux sourire à son œil étonné,
    Déposaient un baiser timide.

Accours, toi qui, de loin, dans un doute cruel,
Suivais des yeux ton fils sur qui veillait le Ciel ;
    Viens ici comme une étrangère ;

Ne crains rien : en pressant Moïse entre tes bras,
Tes pleurs et tes transports ne te trahiront pas,
    Car Iphis n'est pas encor mère !

Alors, tandis qu'heureuse et d'un pas triomphant
La vierge au roi farouche amenait l'humble enfant,
    Baigné des larmes maternelles,
On entendait en chœur, dans les cieux étoilés,
Des anges, devant Dieu, de leurs ailes voilés
    Chanter les lyres éternelles.

Ne gémis plus, Jacob, sur la terre d'exil ;
Ne mêle plus tes pleurs aux flots impurs du Nil :
    Le Jourdain va t'ouvrir ses rives.
Le jour enfin approche où vers les champs promis
Gessen verra s'enfuir, malgré leurs ennemis,
    Les tribus si longtemps captives.

Sous les traits d'un enfant délaissé sur les flots,
C'est l'élu de Sina, c'est le roi des fléaux,
    Qu'une vierge sauve de l'onde.
Mortels, vous dont l'orgueil méconnaît l'Éternel,
Fléchissez : un berceau va sauver Israël,
    Un berceau doit sauver le monde !

Victor Hugo.

L'ANNONCIATION.

Il est à Nazareth, ville de Galilée,
Une demeure simple, une maison voilée,
Que l'étranger qui passe embrasse d'un coup d'œil ;
Maison qui semble fuir tous les bruits de la terre
Sous les rameaux charmants d'un palmier solitaire
    Qui croît doucement sur le seuil.

Et dans cette maison, chère à la rêverie,
Il est une humble vierge, une femme qui prie :

Son visage est empreint d'un calme solennel ;
Elle baisse à moitié sa modeste paupière ;
On lit sur son beau front que sa pure prière
　　Est un écho même du Ciel.

Elle n'a pas cherché de volupté profane,
Elle vit loin d'un monde où tout parfum se fane,
Où le cèdre est frappé comme l'obscur roseau :
Elle y reste, semblable à la rose ignorée
Qui croît loin de la foule et qui n'est effleurée
　　Que par la brise ou par l'oiseau.

Et pourtant cette femme est la prédestinée,
L'Ève qui doit sauver la terre condamnée,
Et rayer de nos fronts le sceau réprobateur ;
Cette vierge sans nom, mais aussi sans souillure,
(O siècles, courbez-vous !) c'est la mère future
　　De l'immortel libérateur.

Un éclair sort des cieux : Gabriel se présente ;
Son regard est serein, sa face éblouissante ;
Il descend doucement dans des flots de clarté,
Il va parler ; la Vierge, étonnée à sa vue,
Se trouble, s'épouvante ; et lui : « Je vous salue,
　　« Pleine de grâce et de beauté !

« Ne vous effrayez pas, Vierge mystérieuse,
« O vase de pudeur ! ô rose glorieuse !
« Vous vîntes ici-bas pour le salut de tous.
« Il fallait une femme, et c'est vous que Dieu nomme ;
« Le fils de Jéhova sera le fils de l'homme,
　　« Et l'Éternel naîtra de vous. »

Il s'arrête, il attend. Comme une fleur craintive,
Qui voudrait refermer, quand trop de flamme arrive,
Son calice entr'ouvert par un soleil de feu,
La Vierge se recueille, et d'une voix tremblante :

« Le Seigneur a parlé, je suis l'humble servante
« Du Seigneur, mon maître et mon Dieu. »

Or, dans ce même instant, comme un vautour immonde,
Je ne sais quel César bouleversait le monde ;
Et c'est pendant ces jours où tout semblait finir,
Où le vice inondait la terre dégradée,
Qu'une humble femme, au fond de l'obscure Judée,
    Portait dans son sein l'avenir !

TURQUETY.

LA PASSION.

L'Horeb s'est ébranlé jusque dans les nuages,
Les cèdres attentifs inclinent leurs feuillages,
Des frissons inconnus commencent à courir.
Cieux et terre, pleurez dans ce jour formidable,
Le juste va tomber pour sauver le coupable,
    L'immortel va mourir !

Qu'a-t-il fait ? Pour quel crime a-t-on saisi dans l'ombre
Ce prophète entouré de miracles sans nombre ?
Pourquoi dresser la croix, déployer le linceul ?
Qu'a-t-il osé ? D'où naît cette haine profonde,
Cette haine qui semble ameuter tout un monde
    Autour d'un homme seul ?

Ce qu'il a fait ! Parlez, répondez au grand prêtre,
O vous qu'il guérissait, qu'il aidait à renaître !
Esclaves et pécheurs sauvés par un remords,
Vous tous qu'il retira du désespoir farouche,
Vous tous qu'il délivra par un mot de sa bouche
    Des ombres de la mort !

Voilà son crime, à lui : la vertu. C'est pour elle
Que le prêtre jaloux le traite de rebelle

Et livre au fouet vengeur le Christ humilié ;
C'est pour punir enfin ce sacrilége immense
Que la foule bientôt crira dans sa démence :
    « Qu'il soit crucifié ! »

Les prêtres assemblés par l'ordre de Caïphe
S'entretiennent entre eux dans la cour du pontife :
« Il est temps d'immoler le prophète nouveau.
Hâtons-nous ; mais craignons quelque émeute funeste.
Il faudra qu'un des siens nous le livre ; le reste
    Est la part du bourreau. »

Judas accourt, Jésus se trouble dans l'attente ;
Il n'est pas de douleur que son cœur ne ressente.
Son sort est accompli ; tout cherche à le briser.
Tout l'abandonne. Il va de défaite en défaite :
Vendu pour un peu d'or, trahi dans une fête,
    Trahi dans un baiser.

O traître ! l'avenir que ton nom seul remue
Se souviendra toujours de ce baiser qui tue,
De ce baiser sanglant sur un front qui t'aima !
Toujours malgré le bruit de leur course infinie,
Les siècles entendront ce long cri d'agonie
    Qui sort d'Haceldama !

Le Créateur des cieux, traîné devant le juge
Comme un vil criminel qui n'a pas de refuge,
Garde au milieu des coups son céleste maintien
La populace est là qui le raille et l'outrage ;
On lui frappe la tête, on lui crache au visage,
    Et lui ne répond rien.

Calme à travers les flots de cette plèbe impure,
On a beau l'accabler d'angoisses, de blessure,
Il se résigne à tout, sa pensée est ailleurs ;
Il voit la race humaine après sa délivrance,

Il la voit faible encore, et lui montre d'avance
    Le secret des douleurs.

« Qu'il soit crucifié ! » Cent mille voix ensemble
Jettent ce cri de mort à Pilate qui tremble
Et ne sait que répondre à la foule en courroux.
« Mais il est innocent ! dit l'envoyé de Rome.
— N'importe, tuez-le ; que le sang de cet homme
    Tombe à jamais sur nous ! »

Vous l'aviez dit, ô Juifs ! et vous fûtes prophètes ;
Vous appeliez ce sang, il tombe sur vos têtes ;
Il y reste malgré dix-huit siècles d'efforts,
Pas un de vos enfants, errants sur chaque route,
Dont le front réprouvé n'en conserve une goutte
    Aussi rouge qu'alors !

L'heure approche ; Jésus monte sur le Calvaire.
— Or, le pâle soleil retirait sa lumière,
Les nuages pesaient sur le roc sillonné,
Et la nature en deuil, pleine de vie et d'âme,
Semblait se lamenter comme une faible femme
    Qui perd son premier né.

On l'étend sur la croix, dans le sang et la boue.
On redouble d'outrages ; on l'attache, on le cloue,
On lui perce le corps avec un rire affreux ;
Puis quand sa voix s'éteint, quand son œil est sans flammes,
On dresse à ses côtés deux voleurs, deux infâmes,
    Pour qu'il expire entre eux.

Et sa mère était là. Le disciple fidèle,
L'apôtre bien-aimé se tenait seul près d'elle ;
Elle était là muette en face de la croix,
Tandis que la victime, avec un air céleste,
Consacrait au pardon le faible et dernier reste
    De sa mourante voix.

C'était la sixième heure, et jusqu'à la neuvième
L'affront resta pareil, le pardon fut le même.
Tout à coup un cri part, Jésus s'est ranimé ;
Le cri de l'abandon monte un moment, s'achève ;
Puis de la croix fatale un grand soupir s'élève,
    Et tout est consommé.

Il meurt : la nuit s'étend ; je ne sais quel délire
Bouleverse le globe ; un vent du ciel déchire
Le voile solennel qui couvrait le saint lieu.
Les pâles spectateurs, qu'un rayon illumine,
Troublés, épouvantés, se frappent la poitrine
    En disant : « C'était Dieu ! »

Chrétiens ! frappons nous-même avec remords et crainte,
Frappons ce sein rebelle à la volonté sainte :
L'exemple du Très-Haut nous invite aujourd'hui,
Son ardente pitié nous cherche, nous embrasse ;
Il s'abaissa vers nous, tâchons avec sa grâce,
    De monter jusqu'à lui.

Volons au sanctuaire, et là, dans les ténèbres,
Courbés sous le fardeau de ces heures funèbres,
Adorons tous Jésus, Jésus, notre trésor.
Contemplons bien longtemps, à travers nos pensées,
Ce front saignant qui tombe, et ces mains transpercées
    Qui nous cherchent encor.

Frères, rallions-nous quand le monde s'écroule ;
Prions pour expier les crimes de la foule,
Prions pour que l'autel reste à jamais vainqueur ;
Marchons près de Jésus dans ce moment d'alarme,
Sans parler, sans pleurer. — Pas de voix, pas de larme,
    Rien qu'un sanglot du cœur.

Mais un sanglot puissant qui batte, qui soulève
Nos seins tout agités comme un flot sur la grève,

Un sanglot qui lui dise à ce maître de tous :
« Père, nous sommes là ; nous n'avons qu'une envie :
C'est de voir se briser notre cœur, notre vie,
    En criant : Gloire à vous ! »

              TURQUETY.

LA RÉSURRECTION.

Il est ressuscité ! Le linceul de la terre
Ne couvre plus son front ! Ineffable mystère !
Du sépulcre désert le marbre est soulevé !
Il est ressuscité ! comme un guerrier fidèle
Que le bruit du clairon à son poste rappelle...
    Peuples, le Seigneur s'est levé !

Ainsi qu'un pèlerin à moitié du voyage,
Sous l'abri d'un palmier couché durant l'orage,
Se lève, et, tout rempli de ses célestes vœux,
Secoue en s'éveillant une feuille séchée
Qui, pendant son sommeil, de l'arbre détachée,
    S'était mêlée à ses cheveux ;

Ainsi le mort divin, à l'aube renaissante,
A jeté loin de lui cette pierre impuissante,
Sacrilége gardien de son cadavre-roi ;
Quand son âme, du fond de la sombre vallée,
Au corps qui l'attendait tout à coup rappelée,
    A dit : « Me voici, lève-toi ! »

O père d'Israël ! quelle voix bienheureuse
Vous a fait agiter votre tête poudreuse ?
C'est lui, l'Emmanuel, le Christ libérateur !
Il a vaincu l'enfer frémissant sous son glaive.
O vous qui l'attendiez ! oui ! votre exil s'achève :
    C'est lui, c'est lui, le Rédempteur !

Quel mortel avant lui, dans le séjour suprême,

Vivant, aurait pu voir ce brûlant diadème
Que l'œil des chérubins n'ose jamais braver!
Patriarches, c'est lui qui, dans le noir abîme,
Des coupables humains volontaire victime,
    Est descendu pour vous sauver !

Aux prophètes anciens il voulut apparaître
Quand ces hommes disaient les jours qui doivent naître
Comme un père à son fils raconte le passé ;
Tel qu'un soleil brillant dans les déserts du vide,
Il se montrait d'avance à leur regard avide,
    Le Christ par Dieu même annoncé !

Quand le juste Isaïe, aux ardentes paroles,
Proclamait sous le fouet, en face des idoles,
Celui qui pour le monde un jour devait venir !
Quand Daniel, confident des sombres destinées,
Roulait dans son esprit les futures années,
    Se souvenant de l'avenir !

Or, c'était le matin : Salome et Madeleine,
Tout bas s'entretenant du sujet de leur peine,
Pleuraient amèrement l'homme crucifié ;
Voilà que du saint temple a chancelé le faîte :
Les bourreaux ont pâli, croyant voir sur leur tête
    Le Dieu qu'ils ont sacrifié !

Un jeune homme étranger appuyé sur sa lance,
Au pied du monument est debout en silence ;
Ses vêtements sont blancs, son visage est de feu :
« Celui que vous cherchez, ô femme inconsolée,
Dit-il avec douceur, il est en Galilée,
    Allez, il n'est plus en ce lieu ! »

Chantons ! qu'à la douleur succède enfin la joie ;
Que l'or accoutumé, que la pourpre et la soie
Resplendissent encor sur l'autel attristé !

Que le prêtre vêtu de la robe de neige,
A l'éclat des flambeaux, dans un pompeux cortége,
   Annonce le ressuscité !

ANTONY DESCHAMPS.

L'ASSOMPTION.

Elle a pris son vol... où va-t-elle
Par les espaces entr'ouverts ?
Où va cette femme immortelle
Au milieu de ce flot d'éclairs ?
Elle s'élance éblouissante,
Avec la vitesse puissante
De l'aigle ou des vents fugitifs ;
Elle s'élève couronnée,
Par-dessus la terre étonnée,
Par-dessus les cieux attentifs.

Cette femme que l'ange nomme
Au bruit des acclamations,
C'est la mère du Dieu fait homme,
Du désiré des nations.
C'est la vierge auguste et féconde
Qui porta le sauveur du monde,
Dans un siècle à jamais sacré ;
C'est la mère pleine de grâce
De celui qui mourut en face
De ce grand ciel qu'il a créé.

Oh ! quelle merveille éclatante !
Oh ! quel spectacle inattendu !
La mère heureuse et triomphante
Retourne au fils qu'elle a perdu.
Est-ce bien lui, lui, dont la terre
Renia l'appel solitaire,
Condamna la céleste voix ;

Lui qui vivait dans les alarmes ;
Lui qu'elle a vu, malgré ses larmes,
Agoniser sur une croix ?

Il règne maintenant, il plane
Au-dessus de l'homme pervers ;
Le martyr d'un peuple profane
Est là-haut roi de l'univers.
Pas un des soleils de l'espace
Qui ne se courbe quand il passe,
En murmurant son nom béni ;
Il peut tout frapper, tout absoudre ;
Il a pour messager la foudre,
Il a pour palais l'infini !

Et c'est là, sous un dais de flamme,
Qu'il vient de serrer dans ses bras
La douce vierge, l'humble femme
Qu'il choisit pour mère ici-bas.
Oh ! de quel brillant diadème
Il entoure ce front qu'il aime !
Quel triomphe immense et divin !
Le Seigneur, le Dieu de victoire
La porte aujourd'hui dans sa gloir
Comme il fut porté dans son sein.

O vous que le Christ environne,
O sainte Mère du saint Roi,
Daignez, du haut de votre trône,
Daignez dissiper notre effroi.
Protégez-nous contre l'audace
De l'ennemi qui nous menace ;
Fortifiez notre abandon ;
Préservez-nous d'une défaite,
O vous que l'Éternel a faite
Si puissante pour le pardon !

Plaignez, sauvez l'homme fragile
Qui, sans vous, mourrait tout entier,
Pauvre créature d'argile
Que tout fait trembler et ployer.
Ayez pitié quand il s'égare,
Et dans son atmosphère avare
Envoyez-lui quelques lueurs;
Rendez plus doux que de coutume
Ce pain du soir, pain d'amertume
Qu'il paye avec tant de sueurs.

Aidez nos âmes à renaître :
Voyez ! nous défaillons déjà.
Priez pour nous le divin Maître;
Dites : « Mon fils ! ».…. il cédera :
Que refuse-t-il à sa mère?
Implorez-le; votre prière
Nous empêchera de périr.
Chaque mot d'une voix si pure
Fait disparaître une souillure
Et fait éclore un repentir !

TURQUETY.

LE PRÊTRE.

On l'a dit : notre siècle emporte
Pêle-mêle dans ses limons
Ce qu'une race ardente et forte
Eut de splendeurs et de grands noms.
Tout s'en va, manoirs, basiliques,
Murs vénérés, saintes reliques,
Tout s'en va lambeau par lambeau;
Vieux débris d'une vieille race
Dont la France se débarrasse
Avec la hache et le marteau.

O siècle! était-ce donc là l'œuvre
Que ton bras s'était imposé?...
C'est le vil marteau d'un manœuvre
Qui te fait raison du passé !
Encor si ta folle colère
Ne s'acharnait que sur la pierre...
Mais non, la ruine est ailleurs :
Ta hache encor pleine de boue
Se redresse, entame et secoue
Le monument des vieilles mœurs.

Les mœurs!... Oh! voilà ce qui croule
Déraciné par tous les vents!
Voilà ce que maudit la foule
Dans les ténèbres de nos temps !
Eh bien ! c'est à nous de le dire ;
C'est à nous, quand on veut proscrire
L'autel désert et mutilé,
C'est à nous d'entrer dans la rue,
Et de rasseoir chaque statue
Sur son piédestal ébranlé.

Le prêtre ! oui, je le dis sans crainte,
Je le proclame devant tous,
C'est la figure la plus sainte
Qui se rencontre parmi nous.
Le prêtre, c'est la haute image,
Le vivant débris d'un autre âge,
D'un passé toujours combattu.
Le prêtre, c'est une puissance,
C'est la grandeur de l'innocence,
La royauté de la vertu.

Le prêtre!... A ce mot qui la blesse,
La foule rit d'un air moqueur;
Car l'orgueil humain se redresse,
L'orgueil, ce vieux serpent du cœur.

A quoi bon nous jeter en face
Un nom décrépit qui s'efface
D'impuissance et de vétusté?...
A quoi bon des fables grossières?...
N'a-t-on pas rompu les lisières
De l'antique crédulité?

Oh! j'en conviens, l'impur blasphème
Profane encore le saint lieu;
Il n'est pas jusqu'à l'enfant même
Qui n'ait son sarcasme pour Dieu.
Il n'est pas d'insulte et d'outrage
Qu'un siècle effréné n'encourage
Et ne recouvre de son sceau.
Oh! oui, notre époque funeste
Garde au fond plus d'un sale reste
De l'écume de son berceau.

Mais que nous importe, à nous autres?...
Nous sommes entrés franchement
Dans la vieille foi des apôtres,
Et nous le disons hautement.
C'est donc à nous de ne rien taire,
D'indiquer tout ce qu'on altère,
Tout ce qu'on sape de nos droits;
C'est à nous, si d'autres reculent,
C'est à nous dont les veines brûlent,
De crier du pied de la croix:

Le prêtre! oui, nommons tous le prêtre!
Voyez-le, vous qui l'insultez,
Cet imitateur du Grand-Maître
A travers nos iniquités.
Docile à la main qui l'envoie,
Il est tour à tour, dans sa voie,
Ou victime ou consolateur;
Il donne de tout à son frère,

Il a des pleurs pour sa misère,
Il a du sang pour sa fureur.

Suivez sa marche dans l'arène,
Et vous l'y verrez chaque jour,
Répondant à des cris de haine
Par des effusions d'amour.
Il apaise la violence,
Il n'oppose que le silence
A la bouche qui le flétrit ;
Il a sur ses lèvres modestes
Un peu de ces parfums célestes
Qui coulaient des lèvres du Christ.

Va donc, poursuis ta noble route,
O prêtre ! laisse avec dédain
L'homme d'ignorance et de doute
Te renier soir et matin ;
Laisse-le, suivant sa coutume,
Jeter l'opprobre et l'amertume
A quiconque parle du ciel ;
Laisse-le, cet enfant du crime,
Cracher sur la toge sublime
Dont t'enveloppa l'Éternel.

Oh ! plus la haine qui l'enflamme
Essaira de ternir ton front,
Plus il te chargera de blâme,
Et plus nos voix te béniront ;
Nos voix adouciront l'injure
De sa parole amère et dure,
De ses cris sales et grossiers ;
Nous verserons notre louange,
Comme un parfum, sur cette fange
Qu'il sème à plaisir sous tes pieds.

Va donc, et si la forte houle

Renouvelle ses grands combats,
Monte au rocher que le flot foule,
O toi qui le domineras !
Ministre d'un Dieu qui nous aime,
Monte, apparais sur le bord même
De l'océan où nous errons;
Et là, quand la mer frappe et brise,
Étends les mains, nouveau Moïse,
Sur le vaisseau des nations !

TURQUETY.

L'ATHÉE.

Il n'y parviendra pas; il a beau dans sa course
    Se serrer à deux mains le cœur,
    Comme pour y comprimer la source
    De l'intarissable douleur;

La douleur ! elle gonfle, elle bat ses artères,
    Elle l'étreint de tous côtés,
    Dans les lieux les plus solitaires,
    Sur les bords les plus fréquentés.

Qu'il aille au haut des monts, qu'il aille sur la crête
    Du roc le plus retentissant,
    Dans le calme ou dans la tempête,
    Sur la terre ou sur l'Océan,

Il entendra toujours le grand mot qu'il redoute,
    Partout, à toute heure, en tout lieu;
    Les pierres même de la route
    Lui crîront le nom de son Dieu.

    Oh ! oui, c'est en vain qu'il espère,
    Qu'il implore un sommeil sans fin;
    Une voix sourde à sa prière
    Lui jette le mot de demain;

C'est en vain qu'il se réfugie
Dans les tumultes de l'orgie,
Dans les abîmes de la nuit :
Comme une ardente chasseresse
Qui toujours le traque et le presse,
Son immortalité le suit.

Et quand sa paupière alourdie
Se ferme au soleil d'ici-bas,
Quand sa voix mourante mendie
Un jour de plus qu'il n'aura pas,
Oh! c'est là qu'il tremble et recule,
C'est là qu'un affreux crépuscule
Lui fait pousser un cri profond :
« A moi, j'ai peur! à moi, je tombe! »
Car il s'aperçoit que la tombe,
Froide au bord, est brûlante au fond.

TURQUETY.

LE CHRETIEN MOURANT.

Qu'entends-je? autour de moi l'airain sacré résonne!
Quelle foule pieuse en pleurant m'environne?
Pour qui ce chant funèbre et ce pâle flambeau?
O mort! est-ce ta voix qui frappe mon oreille?
Pour la dernière fois, eh quoi! je me réveille
    Sur le bord du tombeau!

O toi! d'un feu divin précieuse étincelle,
De ce corps périssable habitante immortelle,
Dissipe ces terreurs : la mort vient t'affranchir!
Prends ton vol, ô mon âme! et dépouille tes chaînes.
Déposer le fardeau des misères humaines,
    Est-ce donc là mourir?

Oui, le temps a cessé de mesurer mes heures.
Messagers rayonnants des célestes demeures,

Dans quels palais nouveaux allez-vous me ravir?
Déjà, déjà je nage en des flots de lumière,
L'espace devant moi s'agrandit, et la terre
    Sous mes pieds semble fuir!

Mais qu'entends-je? au moment où mon âme s'éveille,
Des soupirs, des sanglots ont frappé mon oreille!
Compagnons de l'exil, quoi! vous pleurez ma mort?
Vous pleurez! et déjà dans la coupe sacrée
J'ai bu l'oubli des maux, et mon âme enivrée
    Entre au céleste port!

              A. DE LAMARTINE.

LE CRUCIFIX.

Toi, que je recueillis sur sa bouche expirante
Avec son dernier souffle et son dernier adieu,
Symbole deux fois saint, don d'une main mourante,
    Image de mon Dieu!

Que de pleurs ont coulé sur tes pieds que j'adore
Depuis l'heure sacrée où du sein d'un martyr
Dans mes tremblantes mains tu passas tiède encore
    De son dernier soupir.

Les saints flambeaux jetaient une dernière flamme,
Le prêtre murmurait ces doux chants de la mort,
Pareils aux chants plaintifs que murmure une femme
    A l'enfant qui s'endort.

De son pieux espoir son front gardait la trace;
Et sur ses traits frappés d'une auguste beauté,
La douleur fugitive avait empreint sa grâce,
    La mort, sa majesté.

Le vent, qui caressait sa tête échevelée,
Me montrait tour à tour et me voilait ses traits,

Comme l'on voit flotter sur un blanc mausolée
　　L'ombre des noirs cyprès.

Un de ses bras pendait de la funèbre couche ;
L'autre, languissamment replié sur son cœur,
Semblait chercher encore et presser sur sa bouche
　　L'image du Sauveur.

Ses lèvres s'entr'ouvraient pour l'embrasser encore,
Mais son âme avait fui dans ce divin baiser,
Comme un léger parfum que la flamme dévore
　　Avant de l'embraser.

Maintenant, tout dormait sur sa bouche glacée,
Le souffle se taisait dans son sein endormi ;
Et sur l'œil sans regard sa paupière affaissée
　　Retombait à demi.

Et moi, debout, saisi d'une terreur secrète,
Je n'osais m'approcher de ce reste adoré,
Comme si du trépas la majesté muette
　　L'eût déjà consacré.

Je n'osais... mais le prêtre entendit mon silence,
Et de ses doigts glacés prenant le crucifix :
« Voilà le souvenir et voilà l'espérance !
　　Emportez-les, mon fils. »

Oui, tu me resteras, ô funèbre héritage !
Sept fois depuis ce jour l'arbre que j'ai planté
Sur sa tombe sans nom a changé son feuillage,
　　Tu ne m'as pas quitté.

Placé près de ce cœur, hélas ! où tout s'efface,
Tu l'as contre le temps défendu de l'oubli,
Et mes yeux, goutte à goutte, ont imprimé leur trace
　　Sur l'ivoire amolli.

O dernier confident de l'âme qui s'envole,

Viens, reste sur mon cœur! parle encore, et dis-moi
Ce qu'elle te disait quand sa faible parole
    N'arrivait plus qu'à toi;

A cette heure douteuse où l'âme recueillie,
Se cachant sous le voile épaissi sur nos yeux,
Hors de nos sens glacés pas à pas se replie,
    Sourde aux derniers adieux;

Alors qu'entre la vie et la mort incertaine,
Comme un fruit par son poids détaché du rameau,
Notre âme est suspendue et tremble à chaque haleine
    Sur la nuit du tombeau;

Quand des chants, des sanglots la confuse harmonie
N'éveille déjà plus notre esprit endormi,
Aux lèvres du mourant collé dans l'agonie
    Comme un dernier ami;

Pour éclaircir l'horreur de cet étroit passage,
Pour relever vers Dieu son regard abattu,
Divin consolateur, dont nous baisons l'image,
    Réponds, que lui dis-tu?

Tu sais, tu sais mourir! et tes larmes divines
Dans cette nuit terrible où tu prias en vain,
De l'olivier sacré baignèrent les racines
    Du soir jusqu'au matin.

De la croix où ton œil sonda ce grand mystère
Tu vis ta mère en pleurs et la nature en deuil,
Tu laissas comme nous tes amis sur la terre
    Et ton corps au cercueil.

Au nom de cette mort, que ma faiblesse obtienne
De rendre sur ton sein ce douloureux soupir!
Quand mon heure viendra, souviens-toi de la tienne,
    O toi qui sais mourir!

Je chercherai la place où sa bouche expirante
Exhala sur tes pieds l'irrévocable adieu ;
Et son âme viendra guider mon âme errante
    Au sein du même Dieu.

Ah ! puisse, puisse alors sur ma funèbre couche,
Triste et calme à la fois comme un ange éploré,
Une figure en deuil recueillir sur ma bouche
    L'héritage sacré !

Soutiens ses derniers pas, charme sa dernière heure,
Et, gage consacré d'espérance et d'amour,
De celui qui s'éloigne à celui qui demeure
    Passe ainsi tour à tour,

Jusqu'au jour où, des morts perçant la voûte sombre,
Une voix dans le ciel les appelant sept fois,
Ensemble éveillera ceux qui dormaient à l'ombre
    De l'éternelle croix !

A. DE LAMARTINE.

PENSÉE DES MORTS.

Voilà les feuilles sans sève
Qui tombent sur le gazon,
Voilà le vent qui s'élève
Et gémit dans le vallon,
Voilà l'errante hirondelle
Qui rase du bout de l'aile
L'eau dormante des marais,
Voilà l'enfant des chaumières
Qui glane sur les bruyères
Le bois tombé des forêts

L'onde n'a plus le murmure
Dont elle enchantait les bois ;
Sous des rameaux sans verdure

Les oiseaux n'ont plus de voix ;
Le soir est près de l'aurore,
L'astre à peine vient d'éclore
Qu'il va terminer son tour ;
Il jette par intervalle
Une heure de clarté pâle
Qu'on appelle encore un jour.

L'aube n'a plus de zéphire
Sous ses nuages dorés ;
La pourpre du soir expire
Sur les flots décolorés ;
La mer solitaire et vide
N'est plus qu'un désert aride
Où l'œil cherche en vain l'esquif,
Et sur la grève plus sourde
La vague orageuse et lourde
N'a qu'un murmure plaintif.

La brebis sur les collines
Ne trouve plus le gazon,
Son agneau laisse aux épines
Les débris de sa toison,
La flûte aux accords champêtres
Ne réjouit plus les hêtres
Des airs de joie et d'amour ;
Toute herbe aux champs est glanée,
Ainsi finit une année,
Ainsi finissent nos jours !

C'est la saison où tout tombe
Aux coups redoublés des vents ;
Un vent qui vient de la tombe
Moissonne aussi les vivants ;
Ils tombent alors par mille,
Comme la plume inutile
Que l'aigle abandonne aux airs,

Lorsque des plumes nouvelles
Viennent réchauffer ses ailes
A l'approche des hivers.

C'est alors que ma paupière
Vous vit pâlir et mourir,
Tendres fruits qu'à la lumière
Dieu n'a pas laissés mûrir !
Quoique jeune sur la terre,
Je suis déjà solitaire
Parmi ceux de ma saison ;
Et quand je dis en moi-même :
Où sont ceux que ton cœur aime?
Je regarde le gazon.

Leur tombe est sur la colline :
Mon pied la voit ; la voilà !
Mais leur essence divine
Mais eux, Seigneur, sont-ils là?
Jusqu'à l'indien rivage
Le ramier porte un message.
Qu'il rapporte en nos climats ;
La voile passe et repasse,
Mais de son étroit espace
Leur âme ne revient pas.

Ah! quand les vents de l'automne
Sifflent dans les rameaux morts,
Quand le brin d'herbe frissonne,
Quand le pin rend ses accords,
Quand la cloche des ténèbres
Balance ses glas funèbres,
La nuit, à travers les bois,
A chaque vent qui s'élève,
A chaque flot sur la grève,
Je dis : N'es-tu pas leur voix?

Du moins si leur voix si pure
Est trop vague pour nos sens,
Leur âme en secret murmure
De plus intimes accents ;
Au fond des cœurs qui sommeillent,
Leurs souvenirs qui s'éveillent
Se pressent de tous côtés,
Comme d'arides feuillages
Que rapportent les orages
Au tronc qui les a portés !

C'est une mère ravie
A ses enfants dispersés,
Qui leur tend de l'autre vie
Ses bras qui les ont bercés ;
Des baisers sont sur sa bouche ;
Sur ce sein qui fut leur couche,
Son cœur les rappelle à soi ;
Des pleurs voilent son sourire,
Et son regard semble dire :
« Vous aime-t-on comme moi ? »

C'est une jeune fiancée
Qui, le front ceint d'un bandeau,
N'emporta qu'une pensée
De sa jeunesse au tombeau ;
Triste, hélas ! dans le ciel même,
Pour revoir celui qu'elle aime
Elle revient sur ses pas,
Et lui dit : « Ma tombe est verte !
Sur cette terre déserte
Qu'attends-tu ? je n'y suis pas. »

C'est un ami de l'enfance,
Qu'aux jours simples du malheur,
Nous prêta la Providence,
Pour appuyer notre cœur ;

Il n'est plus ; notre âme est veuve ;
Il nous suit dans notre épreuve,
Et nous dit avec pitié :
« Ami, si ton âme est pleine,
De ta joie ou de ta peine
Qui portera la moitié ? »

C'est l'ombre pâle d'un père
Qui mourut en nous nommant ;
C'est une sœur, c'est un frère,
Qui nous devance un moment ;
Sous notre heureuse demeure,
Avec celui qui les pleure,
Hélas ! ils dormaient hier,
Et notre cœur doute encore
Que le ver déjà dévore
Cette chair de notre chair.

L'enfant dont la mort cruelle
Vient de vider le berceau,
Qui tomba de la mamelle
Au lit glacé du tombeau ;
Tous ceux enfin dont la vie
Un jour ou l'autre ravie,
Emporte une part de nous,
Murmurent sur la poussière :
« Vous qui voyez la lumière,
Vous souvenez-vous de nous ? »

Ah ! vous pleurer est le bonheur suprême,
Mânes chéris de quiconque a des pleurs !
Vous oublier, c'est s'oublier soi-même ;
N'êtes-vous pas un débris de nos cœurs ?

En avançant dans notre obscur voyage,
Du doux passé l'horizon est plus beau ;
En deux moitiés notre âme se partage,
Et la meilleure appartient au tombeau !

Dieu du pardon! leur Dieu! Dieu de leurs pères!
Toi que leur bouche a si souvent nommé,
Entends pour eux les larmes de leurs frères!
Prions pour eux, nous qu'ils ont tant aimé!

Ils t'ont prié pendant leur courte vie,
Ils ont souri quand tu les as frappés!
Ils ont crié : « Que ta main soit bénie! »
Dieu, tout espoir! les aurais-tu trompés!

Et cependant, pourquoi ce long silence?
Nous auraient-ils oubliés sans retour!
N'aiment-ils plus? Ah! ce doute t'offense!
Et toi, mon Dieu, n'es-tu pas tout amour?

Mais s'ils parlaient à l'ami qui les pleure,
S'ils nous disaient comment ils sont heureux,
De tes desseins nous devancerions l'heure,
Avant ton jour nous volerions vers eux.

Où vivent-ils? quel astre à leur paupière
Répand un jour plus durable et plus doux
Vont-ils peupler ces îles de lumière,
Ou planent-ils entre le ciel et nous?

Sont-ils noyés dans l'éternelle flamme?
Ont-ils perdu ces doux noms d'ici-bas?
Ces noms de sœur, et d'amante, et de femme?
A ces appels ne répondront-ils pas?

Non, non, mon Dieu, si la céleste gloire
Leur eût ravi tout souvenir humain,
Tu nous aurais enlevé leur mémoire;
Nos pleurs sur eux couleraient-ils en vain?

Ah! dans ton sein que leur âme se noie!
Mais garde-nous nos places dans leur cœur;
Eux qui jadis ont goûté notre joie,
Pouvons-nous être heureux sans leur bonheur?

Étends sur eux la main de ta clémence,
Ils ont péché ; mais le Ciel est un don !
Ils ont souffert, c'est une autre innocence !
Ils ont aimé, c'est le sceau du pardon !

Ils furent ce que nous sommes,
Poussière, jouet du vent !
Fragiles comme des hommes,
Faibles comme le néant !
Si leurs pieds souvent glissèrent,
Si leurs lèvres transgressèrent
Quelques lettres de ta loi,
O père ! ô juge suprême !
Ah ! ne les vois pas eux-mêmes
Ne regarde en eux que toi.

Si tu scrutes la poussière,
Elle s'enfuit à ta voix !
Si tu touches la lumière,
Elle ternira tes doigts !
Si ton œil divin les sonde,
Les colonnes de ce monde
Et des cieux chancelleront ;
Si tu dis à l'innocence :
« Monte et plaide en ma présence, »
Tes vertus se voileront.

Mais toi, Seigneur, tu possèdes
Ta propre immortalité !
Tout le bonheur que tu cèdes
Accroît ta félicité !
Tu dis au soleil d'éclore,
Et le jour ruisselle encore !
Tu dis au temps d'enfanter,
Et l'éternité docile,
Jetant les siècles par mille,
Les répand sans les compter !

Les mondes que tu répares
Devant toi vont rajeunir,
Et jamais tu ne sépares
Le passé de l'avenir ;
Tu vis et tu vis ! les âges,
Inégaux pour tes ouvrages,
Sont tous égaux sous ta main ;
Et jamais ta voix ne nomme,
Hélas ! ces trois mots de l'homme :
Hier, aujourd'hui, demain !

O père de la nature,
Source, abîme de tout bien,
Rien à toi ne se mesure,
Ah ! ne te mesure à rien !
Mets, ô divine clémence !
Mets ton poids dans la balance,
Si tu pèses le néant !
Triomphe, ô vertu suprême !
En te contemplant toi-même,
Triomphe en nous pardonnant !

A. DE LAMARTINE.

LES DESTINÉES DU CHRISTIANISME.

Le Dieu né de l'homme qui passe,
Vit un jour et meurt épuisé ;
Créé pour le temps et l'espace,
L'espace et le temps l'ont usé.
L'homme peut à son gré proscrire un dieu d'argile ;
Mais celui qui, du Ciel apporta l'Évangile
N'y remontera pas avant la fin des temps.
Ah ! pour marcher debout aux bords où tu t'élances
Homme, conserve encore un peu de ces croyances
Dont le Christ ranima toutes les défaillances
    Des peuples haletants.

En vain tu plonges un œil sombre
Dans le vaste océan des cieux ;
Tu tends en vain les bras dans l'ombre,
Dieu trompe les bras et les yeux.
Il règne cependant au sein de la nature,
Et quand ta voix demande à toute créature
Si celui qu'elle masque est toujours Jéhova,
Tu fais comme l'enfant qui court de cime en cime,
Et qui lance une pierre au fond de chaque abîme,
Comme pour demander à leur écho sublime
    S'il sommeille encor là !

Enfant, tourmente encor ta fronde,
Homme, frappe encor sur le Ciel,
Il n'est qu'un écho dans le monde,
Il n'est là-haut qu'un Éternel.
Lorsque l'impie au feu livre un Dieu qui lui pèse,
Ce n'est qu'un vil métal qu'il jette à la fournaise,
Le Dieu se réfugie en son immensité ;
Quand la foule du front brise le sanctuaire,
Et sous ces mille pieds met le temple en poussière,
Le Christ resté debout sur la dernière pierre
    Garde sa majesté.

Et voici qu'il faut qu'on envie
Ces jours où le bras des bourreaux
Fait rejaillir jusqu'au Messie
Le sang du pontife en lambeaux.
Ce courroux, qui rugit et marche avec la flamme,
Trahit encor la foi qui sommeille dans l'âme,
C'est le cri du captif qui fuit avec le frein ;
Mais le siècle de fer, c'est l'âge, et c'est le nôtre,
Où l'homme sans terreur passe d'un monde à l'autre ;
A l'œuvre, meurtriers !... Aux genoux de l'apôtre
    Vous tomberez demain.

Notre siècle au Dieu du Calvaire

  Réservait plus que le trépas,
  Plus que les clameurs de la terre,
  Plus que le baiser de Judas ;
L'oubli, dernière croix d'où le Christ voit la foule
Qui passe insouciante à ses pieds et s'écoule,
Ne sachant déjà plus s'arrêter pour si peu.
Dis, toi qui du passé réveilles la mémoire
Dans ce champ de la mort qu'on appelle l'histoire,
Si mieux que nous le Juif, en ses âges de gloire,
  Savait tuer un Dieu.

  L'oubli, c'est la dernière honte
  Qui manquait au Dieu du Carmel,
  L'unique blasphème qui monte
  Jusqu'au seuil étoilé du Ciel.
Qu'importe ? Invente, ô peuple ! une nouvelle offense,
Plus amère au Seigneur que ton indifférence,
Ce tombeau dévorant des dogmes d'aujourd'hui ;
Jésus cloué deux fois sur une croix immonde,
Sur un autre Thabor que sa lumière inonde,
Dans ses bras mutilés enfermera le monde
  Deux fois vaincu par lui.

Antoine de Latour.

LE JUGEMENT DERNIER.

Quel bruit s'est élevé ? la trompette sonnante
  A retenti de tous côtés,
Et, sur son char de feu, la foudre dévorante
  Parcourt les airs épouvantés.
Ces astres teints de sang, et cette horrible guerre
  Des vents échappés de leurs fers,
Hélas ! annoncent-ils aux enfants de la terre
  Le dernier jour de l'univers ?

L'Océan révolté loin de son lit s'élance,
  Et de ses flots séditieux

Court en grondant battre les cieux,
Tout prêts à les couvrir de leur ruine immense,
C'en est fait : l'Éternel, trop longtemps méprisé,
    Sort de la nuit profonde
Où loin des yeux de l'homme il s'était reposé ;
Il a paru : c'est lui, son pied frappe le monde,
    Et le monde est brisé.

    Tremblez, humains ! voici de ce juge suprême
        Le redoutable tribunal.
Ici perdent leur prix l'or et le diadème ;
    Ici l'homme à l'homme est égal ;
Ici la vérité tient ce livre terrible,
    Où sont écrits vos attentats ;
Et la religion, mère autrefois sensible,
S'arme d'un cœur d'airain contre ses fils ingrats.

        Sortez de la nuit éternelle,
        Rassemblez-vous, âmes des morts ;
        Et reprenant vos mêmes corps,
Paraissez devant Dieu ; c'est Dieu qui vous appelle.
    Arrachés de leur froid repos,
Les morts du sein de l'ombre avec terreur s'élancent,
Et près de l'Éternel en désordre s'avancent
Pâles, et secouant la cendre des tombeaux...

Que sont-ils devenus, ces peuples de coupables,
    Dont Sion vit ses champs couverts ?
Le Tout-Puissant parlait : ses accents redoutables
    Les ont plongés dans les enfers.
Là tombent condamnés et la sœur et le frère,
Le père avec les fils, la fille avec la mère ;
Les amis, les amants, et la femme et l'époux,
Le roi près du flatteur, l'esclave avec le maître ;
Légions de méchants, honteux de se connaître,
Et livrés pour jamais au céleste courroux.

Le juste enfin remporte la victoire,
Et de ses longs combats, au sein de l'Éternel,
 Il se repose environné de gloire.
Ses plaisirs sont au comble et n'ont rien de mortel :
 Il voit, il sent, il connaît, il respire
Le Dieu qu'il a servi, dont il aima l'empire ;
 Il en est plein, il chante ses bienfaits.
L'Éternel a brisé son tonnerre inutile ;
Et d'ailes et de faux dépouillé désormais,
Sur les mondes détruits le Temps dort immobile.
GILBERT.

FINS DERNIÈRES.

Je ne demande plus à la muse que j'aime
Qu'un seul chant pour ma mort, solennel et suprême ;
Le poëte avec joie au tombeau doit s'offrir ;
S'il ne souriait pas au moment où l'on pleure,
 Chacun lui dirait : Voici l'heure !
Pourquoi ne pas chanter, puisque tu vas mourir ?

C'est que la mort n'est pas ce que la foule en pense !
C'est l'instant où notre âme obtient sa délivrance,
Où le fils exilé rentre au sein paternel.
Quand nous penchons près d'elle une oreille inquiète,
La voix du trépassé, que nous croyons muette,
 A commencé l'hymne éternel !

Ah ! nous ne sommes plus au temps où le poëte
Parlait au Ciel en prêtre, à la terre en prophète !
Que Moïse, Isaïe, apparaisse en nos champs ;
Les peuples qu'ils viendront juger, punir, absoudre,
Dans leurs yeux pleins d'éclairs méconnaîtront la foudre
 Qui tonne en éclats dans leurs chants !

Vainement ils iront s'écriant dans les villes :
Plus de rébellions ! plus de guerres civiles !

Aux autels du Veau-d'Or pourquoi danser toujours
Dagon va s'écrouler; Baal va disparaître.
  Le Seigneur a dit à son prêtre :
« Pour faire pénitence ils n'ont plus que deux jours ! »

Rois, peuples, couvrez-vous d'un sac souillé de cendre !
Bientôt sur la nuée un juge doit descendre.
Vous dormez ! Que vos yeux daignent enfin s'ouvrir,
Tyr appartient aux flots, Gomorrhe à l'incendie;
Secouez le sommeil de votre âme engourdie,
  Et réveillez-vous pour mourir !

Peuples, vous ignorez le Dieu qui vous fit naître !
Et pourtant vos regards le peuvent reconnaître,
Dans vos maux, dans vos biens, à toute heure, en tout lieu !
Un Dieu compte vos jours, un Dieu règne en vos fêtes !
  Lorsqu'un chef vous mène aux conquêtes,
Le bras qui vous entraîne est poussé par un Dieu !

Frémissez donc ! Bientôt annonçant sa venue,
Le clairon de l'archange entr'ouvrira la nue ;
Jour d'éternels tourments ! jour d'éternel bonheur !
Resplendissant d'éclairs, de rayons, d'auréoles,
  Dieu vous montrera vos idoles,
Et vous demandera : « Qui donc est le Seigneur ? »

La trompette sept fois sonnant dans les nuées,
Poussera jusqu'à lui, pâles, exténuées,
Les races à grands flots se heurtant dans la nuit;
Jésus appellera sa mère virginale,
Et la porte céleste et la porte infernale
  S'ouvriront ensemble avec bruit !

Dieu vous dénombrera d'une voix solennelle.
Les rois se courberont sous le vent de son aile.
Chacun lui portera son espoir, ses remords....
  A travers le marbre des tombes,
Son souffle remûra la poussière des morts !

O siècle ! arrache-toi de tes pensers frivoles,
L'air va bientôt manquer dans l'espace où tu voles !
Mortels, gloire, plaisirs, biens, tout est vanité !
A quoi pensez-vous donc, vous qui, dans vos demeures,
Voulez voir en riant entrer toutes les heures ?...
  L'éternité ! l'éternité !
Victor Hugo.

LA PRIÈRE POUR TOUS.

Ma fille ! va prier. — Vois, la nuit est venue.
Une planète d'or là-bas perce la nue ;
La brume des coteaux fait trembler le contour ;
A peine un char lointain glisse dans l'ombre... Écoute !
Tout rentre, et se repose ; et l'arbre de la route
Secoue aux vents du soir la poussière du jour !

Le crépuscule, ouvrant la nuit qui les recèle,
Fait jaillir chaque étoile en ardente étincelle ;
L'occident amincit sa frange de carmin ;
La nuit, de l'eau, dans l'ombre, argente la surface ;
Sillons, sentiers, buissons, tout se mêle et s'efface ;
Le passant inquiet doute de son chemin.

Le jour est pour le mal, la fatigue et la haine.
Prions : voici la nuit ! la nuit grave et sereine !
Le vieux pâtre, le vent aux brèches de la tour,
Les étangs, les troupeaux, avec leur voix cassée,
Tout souffre et tout se plaint. La nature lassée
A besoin de sommeil, de prière et d'amour !

C'est l'heure où les enfants parlent avec les anges.
Tandis que nous courons à nos plaisirs étranges,
Tous les petits enfants, les yeux levés au ciel,
Mains jointes et pieds nus, à genoux sur la pierre,
Disant à la même heure une même prière,
Demandent pour nous grâce au père universel !

Et puis ils dormiront. — Alors, épars dans l'ombre,
Les rêves d'or, essaim tumultueux, sans nombre,
Qui naît aux derniers bruits du jour à son déclin,
Voyant de loin leur souffle et leurs bouches vermeilles,
Comme volent aux fleurs de joyeuses abeilles,
Viendront s'abattre en foule à leurs rideaux de lin !

O sommeil du berceau ! prière de l'enfance !
Voix qui toujours caresse et qui jamais n'offense !
Douce religion qui s'égaye et qui rit !
Prélude du concert de la nuit solennelle !
Ainsi que l'oiseau met sa tête sous son aile,
L'enfant dans la prière endort son jeune esprit !

Ma fille, va prier ! — D'abord, surtout, pour celle
Qui berça tant de nuits ta couche qui chancelle,
Pour celle qui te prit, jeune âme, dans le ciel,
Et qui te mit au monde, et depuis, tendre mère,
Faisant pour toi deux parts dans cette vie amère,
Toujours a bu l'absinthe et t'a laissé le miel !

Puis ensuite pour moi ! j'en ai plus besoin qu'elle
Elle est, ainsi que toi, bonne, simple et fidèle !
Elle a le cœur limpide et le front satisfait.
Beaucoup ont sa piété; nul ne lui fait envie;
Sage et douce, elle prend patiemment la vie;
Elle souffre le mal sans savoir qui le fait.

Tout en cueillant des fleurs, jamais sa main novice
N'a touché seulement à l'écorce du vice;
Nul piége ne l'attire à son riant tableau;
Elle est pleine d'oubli pour les choses passées;
Elle ne connaît pas les mauvaises pensées
Qui passent dans l'esprit comme une ombre sur l'eau.

. . . .

Moi, je sais mieux la vie; et je pourrai te dire,

Quand tu seras plus grande et qu'il faudra t'instruire,
Que poursuivre l'empire et la fortune et l'art,
C'est folie et néant ; que l'urne aléatoire
Nous jette bien souvent la honte pour la gloire,
Et que l'on perd son âme à ce jeu de hasard !

L'âme en vivant s'altère ; et quoiqu'en toute chose
La fin soit transparente et laisse voir la cause,
On vieillit, sous le vice et l'erreur abattu ;
A force de marcher, l'homme erre et l'esprit doute.
Tous laissent quelque chose aux buissons de la route,
Les troupeaux leur toison, et l'homme sa vertu !

Va donc prier pour moi ! — Dis pour toute prière :
« Seigneur, Seigneur, mon Dieu, vous êtes notre père !
Grâce, vous êtes bon ! grâce, vous êtes grand ! »
Laisse aller ta parole où ton âme l'envoie ;
Ne t'inquiète pas, toute chose a sa voie,
Ne t'inquiète pas du chemin qu'elle prend !

Il n'est rien ici-bas qui ne trouve sa pente :
Le fleuve jusqu'aux mers dans les plaines serpente
L'abeille sait la fleur qui recèle le miel.
Toute aile vers son but incessamment retombe :
L'aigle vole au soleil, le vautour à la tombe,
L'hirondelle au printemps et la prière au Ciel !

Lorsque pour moi vers Dieu ta voix s'est envolée,
Je suis comme l'esclave, assis dans la vallée,
Qui dépose sa charge aux bornes du chemin ;
Je me sens plus léger ; car ce fardeau de peine,
De fautes et d'erreurs, qu'en gémissant je traîne,
Ta prière en chantant l'emporte dans sa main !

. . . .

A genoux, à genoux, à genoux sur la terre
Où ton père a son père, où ta mère a sa mère.

Où tout ce qui vécut dort d'un sommeil profond,
Abîme où la poussière est mêlée aux poussières,
Où sous son père encore on retrouve des pères,
Comme l'onde sous l'onde en une mer sans fond !

Enfant ! quand tu t'endors, tu ris ! L'essaim des songes
Tourbillonne, joyeux, dans l'ombre où tu te plonges,
S'effarouche à ton souffle, et puis revient encor ;
Et tu rouvres enfin tes yeux divins que j'aime,
En même temps que l'aube, œil céleste elle-même,
Entr'ouvre à l'horizon sa paupière aux cils d'or !

Mais eux, si tu savais de quel sommeil ils dorment !
Leurs lits sont froids et lourds à leurs os qu'ils déforment,
Les anges autour d'eux ne chantent pas en chœur.
De tout ce qu'ils ont fait le rêve les accable.
Pas d'aube pour leur nuit ; le remords implacable
S'est fait ver du sépulcre et leur ronge le cœur.

Tu peux avec un mot, tu peux d'une parole,
Faire que le remords prenne une aile et s'envole !
Qu'une douce chaleur réjouisse leurs os !
Qu'un rayon touche encor leur paupière ravie,
Et qu'il leur vienne un bruit de lumière et de vie,
Quelque chose des vents, des forêts et des eaux !

Oh ! dis-moi, quand tu vas, jeune et déjà pensive,
Errer au bord d'un flot qui se plaint sur la rive,
Sous des arbres dont l'ombre emplit l'âme d'effroi,
Parfois, dans les soupirs de l'onde et de la brise,
N'entends-tu pas de souffle et de voix qui te dise :
« Enfant ! quand vous prîrez,¹ prîrez-vous pas pour moi ? »

C'est la plainte des morts ! — Les morts pour qui l'on prie
Ont sur leur lit de terre une herbe plus fleurie.
Ils entendent du ciel le cantique lointain.

¹ Grammaticalement parlant, il faudrait : *Ne prîrez-vous pas*.

Ceux qu'on oublie, hélas! leur nuit est plus épaisse,
Un ver dans leur cercueil les dévore sans cesse,
Et l'orfraie à côté fait l'hymne du festin!

Prie! afin que le père, et l'oncle et les aïeules,
Qui ne demandent plus que nos prières seules,
Tressaillent dans leur tombe en s'entendant nommer,
Sachent que sur la terre on se souvient encore,
Et, comme le sillon qui sent la fleur éclore,
Sentent dans leur œil vide une larme germer!

. . . .

Comme une aumône, enfant, donne donc ta prière
A ton père, à ta mère, aux pères de ton père;
Donne au riche à qui Dieu refuse le bonheur,
Donne au pauvre, à la veuve, au crime, au vice immonde.
Fais, en priant, le tour des misères du monde;
Donne à tous! donne aux morts! Enfin, donne au Seigneur!

Victor Hugo.

A UNE JEUNE FILLE.

Laisse-toi conseiller par l'aiguille ouvrière,
Présente à ton labeur, présente à ta prière,
Qui dit tout bas : Travaille!— Oh! crois-moi, Dieu, vois-tu,
Fit naître du travail, que l'insensé repousse,
Deux filles : la vertu, qui fait la gaîté douce,
Et la gaîté, qui rend charmante la vertu!

Entends ces mille voix d'amour accentuées,
Qui passent dans le vent, qui tombent des nuées,
Qui montent vaguement des seuils silencieux,
Que la rosée apporte avec ses chastes gouttes,
Que le chant des oiseaux te répète, et qui toutes
Te disent à la fois : Sois pure sous les cieux!

Sois calme. Le repos va du cœur au visage ;
La tranquillité fait la majesté du sage.
Sois joyeuse. La foi vit sans l'austérité ;
Un des reflets du ciel, c'est le rire des femmes ;
La joie est la chaleur qui jette dans les âmes
Cette clarté d'en haut qu'on nomme vérité.

Sois bonne. La bonté contient les autres choses.
Le Seigneur indulgent sur qui tu te reposes
Compose de bonté le penseur fraternel.
La bonté, c'est le fond des natures augustes.
D'une seule vertu Dieu fait le cœur des justes,
Comme d'un seul saphir la coupole du ciel.

Ainsi, tu resteras, comme un lis, comme un cygne,
Blanche entre les fronts purs marqués d'un divin signe ;
Et tu seras de ceux qui, sans peur, sans ennuis,
Des saintes actions amassant la richesse,
Rangent leur barque au port, leur vie à la sagesse,
Et, priant tous les soirs, dorment toutes les nuits !

Victor Hugo.

L'ENFANT.

La nuit, quand l'homme dort, quand l'esprit rêve, à l'heure
Où l'on entend gémir, comme une voix qui pleure,
    L'onde entre les roseaux,
Si l'aube tout à coup là-bas luit comme un phare,
Sa clarté dans les champs éveille une fanfare
    De cloches et d'oiseaux.

Enfant, vous êtes l'aube, et mon âme est la plaine
Qui des plus douces fleurs embaume son haleine,
    Quand vous la respirez ;
Mon âme est la forêt dont les sombres ramures
S'emplissent, pour vous seul, de suaves murmures
    Et de rayons dorés !

Car vos beaux yeux sont pleins de douceurs infinies ;
Car vos petites mains, joyeuses et bénies,
    N'ont point mal fait encor ;
Jamais vos jeunes pas n'ont touché notre fange ;
Tête sacrée ! enfant aux cheveux blonds, bel ange
    A l'auréole d'or !

Vous êtes parmi nous la colombe de l'arche ;
Vos pieds tendres et purs n'ont point l'âge où l'on marche ;
    Vos ailes sont d'azur.
Sans le comprendre encor, vous regardez le monde ;
Double virginité ! corps où rien n'est immonde,
    Ame où rien n'est impur !

Il est si beau, l'enfant, avec son doux sourire,
Sa douce bonne foi, sa voix qui veut tout dire,
    Ses pleurs vite apaisés,
Laissant errer sa vue étonnée et ravie,
Offrant de toutes parts sa jeune âme à la vie
    Et sa bouche aux baisers !

Seigneur, préservez-moi, préservez ceux que j'aime,
Frères, parents, amis, et mes ennemis même,
    Dans le mal triomphants,
De jamais voir, Seigneur, l'été sans fleurs nouvelles,
La cage sans oiseaux, la ruche sans abeilles,
    La maison sans enfants !

                        Victor Hugo.

L'HYMNE DE LA NUIT.

Dieu du jour ! Dieu des nuits ! Dieu de toutes les heures !
Laisse-moi m'envoler sur les feux du soleil !
Où va vers l'Occident ce nuage vermeil ?
Il va voiler le seuil de tes saintes demeures,
  Où l'œil ne connaît plus la nuit, ni le sommeil !
Cependant ils sont beaux à l'œil de l'espérance

Ces champs du firmament ombragés par la nuit;
Mon Dieu! dans ces déserts mon œil retrouve et suit
    Les miracles de ta présence!

Ces chœurs étincelants que ton doigt seul conduit,
Ces océans d'azur où leur foule s'élance,
Ces fanaux allumés de distance en distance,
Cet astre qui paraît, cet astre qui s'enfuit,
Je les comprends, Seigneur! tout chante, tout m'instruit
Que l'abîme est comblé par ta magnificence,
Que les cieux sont vivants, et que ta providence
Remplit de sa vertu tout ce qu'elle a produit!
    Ces flots d'or, d'azur, de lumière,
Ces mondes nébuleux que l'œil ne compte pas,
      O mon Dieu, c'est la poussière
      Qui s'élève sous tes pas!

    O Nuits, déroulez en silence
    Les pages du livre des cieux;
    Astres, gravitez en cadence
    Dans vos sentiers harmonieux;
    Durant ces heures solennelles,
    Aquilons, repliez vos ailes :
    Terre, assoupissez vos échos;
    Étends tes vagues sur les plages,
    O mer! et berce les images
    Du Dieu qui t'a donné tes flots.

Que tes temples, Seigneur, sont étroits pour mon âme!
    Tombez, murs impuissants, tombez!
Laissez-moi voir ce ciel que vous me dérobez!
Architecte divin, tes dômes sont de flamme!
Que tes temples, Seigneur, sont étroits pour mon âme!
    Tombez, murs impuissants, tombez!

    Voilà le temple où tu résides!..
    Sous la voûte du firmament

Tu ranimes ces feux rapides
Par leur éternel mouvement !
Tous ces enfants de ta parole,
Balancés sur leur double pôle,
Nagent au sein de tes clartés,
Et des cieux où leurs feux pâlissent
Sur notre globe ils réfléchissent
Des feux à toi-même empruntés !

    L'Océan se joue
    Aux pieds de son Roi ;
    L'Aquilon secoue
    Ses ailes d'effroi ;
    La foudre te loue
    Et combat pour toi ;
    L'éclair, la tempête,
    Couronnent ta tête
    D'un triple rayon :
    L'aurore t'admire,
    Le jour te respire,
    La nuit te soupire,
    Et la terre expire
    D'amour à ton nom !

Et moi, pour te louer, Dieu des soleils, qui suis-je ?
    Atome dans l'immensité,
    Minute dans l'éternité,
Ombre qui passe et qui n'a plus été,
    Peux-tu m'entendre sans prodige ?
    Ah ! le prodige est ta bonté !

A. DE LAMARTINE.

HYMNE DU MATIN.

Chaque être s'écrie :
C'est lui, c'est le jour !

C'est lui, c'est la vie !
C'est lui, c'est l'amour
Dans l'ombre assouplie
Le ciel se replie
Comme un pavillon :
Roulant son image,
Le léger nuage
Monte, flotte et nage
Dans son tourbillon.
Il avance, il foule
Ce chaos qui roule
Ses flots égarés ;
L'espace étincelle,
La flamme ruisselle
Sous ses pieds sacrés ;
La terre encor sombre
Lui tourne dans l'ombre
Ses flancs altérés ;
L'ombre est adoucie,
Les flots éclairés ;
Des monts colorés
La cime est jaunie ;
Des rayons dorés
Tout reçoit la pluie ;
Tout vit, tout s'écrie :
C'est lui, c'est le jour !
C'est lui, c'est la vie !
C'est lui, c'est l'amour !

L'oiseau chante, l'agneau bêle,
L'enfant gazouille au berceau,
La voix de l'homme se mêle
Au bruit des vents et de l'eau,
L'air frémit, l'épi frissonne,
L'insecte au soleil bourdonne,
L'airain pieux qui résonne

Rappelle au Dieu qui le donne
Ce premier soupir du jour ;
Tout vit, tout luit, tout remue,
C'est l'aurore dans la nue,
C'est la terre qui salue
L'astre de vie et d'amour !

Mais tandis, ô mon Dieu, qu'aux yeux de ton aurore
Un nouvel univers chaque jour semble éclore,
Et qu'un soleil flottant dans l'abîme lointain
Fait remonter vers toi les parfums du matin,
D'autres soleils cachés par la nuit des distances,
Qu'à chaque instant là-haut tu produis et tu lances,
Vont porter dans l'espace à leurs planètes d'or
Des matins plus brillants et plus sereins encor.
Oui, l'heure où l'on t'adore est ton heure éternelle ;
Oui, chaque point des cieux pour toi la renouvelle,
Et ces astres sans nombre épars au sein des nuits
N'ont été par ton souffle allumés et conduits,
Qu'afin d'aller, Seigneur, autour de tes demeures,
L'un l'autre se porter la plus belle des heures,
Et te faire bénir par l'aurore des jours,
Ici, là-haut, sans cesse, à jamais et toujours.

Oui, sans cesse un monde se noie
Dans les feux d'un nouveau soleil ;
Les cieux sont toujours dans la joie ;
Toujours un astre a son réveil ;
Partout où s'abaisse ta vue
Un soleil levant te salue ;
Les cieux sont un hymne sans fin !
Et des temps que tu fais éclore,
Chaque heure, ô Dieu, n'est qu'une aurore,
Et l'éternité qu'un matin !

Montez donc, flottez donc, roulez, volez, vents, flamme,
Oiseaux, vagues, rayons, vapeurs, parfums et voix !

Terre, exhale ton souffle ; homme, élève ton âme !
Montez, flottez, roulez, accomplissez vos lois !

Montez, volez à Dieu ; plus haut, plus haut encore :
Dans les feux du soleil sa splendeur vous a lui ;
Reportez dans les cieux l'hommage de l'aurore,
Montez, il est là-haut ; descendez, tout est lui !

Et toi, jour dont son nom a commencé la course,
Jour qui dois rendre compte au Dieu qui t'a compté,
La nuit qui t'enfanta te rappelle à ta source,
    Tu finis dans l'éternité.

Tu n'es qu'un pas du temps, mais ton Dieu te mesure :
Tu dois de son auteur rapprocher la nature ;
Il ne t'a point créé comme un vain ornement,
Pour semer de tes feux la nuit du firmament,
Mais pour lui rapporter, aux célestes demeures,
La gloire et la vertu sur les ailes des heures,
    Et la louange à tout moment !

A. DE LAMARTINE.

L'HUMANITÉ.

Un homme ! un fils, un roi de la nature entière !
Insecte né de boue et qui vit de lumière !
Qui n'occupe qu'un point, qui n'a que deux instants,
Mais qui de l'Infini par la pensée est maître,
Et reculant sans fin les bornes de son être,
S'étend dans tout l'espace et vit dans tous les temps !

Il naît, et d'un coup d'œil il s'empare du monde ;
Chacun de ses besoins soumet un élément ;
Pour lui germe l'épi, pour lui s'épanche l'onde,
Et le feu, fils du jour, descend du firmament !

L'instinct de sa faiblesse est sa toute-puissance ;

Pour lui l'insecte même est un objet d'effroi ;
Mais le sceptre du globe est à l'intelligence ;
L'homme s'unit à l'homme, et la terre à son roi !

Il regarde, et le jour se peint dans sa paupière ;
Il pense, et l'univers dans son âme apparaît !
Il parle, et son accent, comme une autre lumière,
Va dans l'âme d'autrui se peindre trait pour trait !

Il se donne des sens qu'oublia la nature,
Jette un frein sur la vague au vent capricieux,
Lance la mort au but que son calcul mesure,
Sonde avec un cristal les abîmes des cieux !

Il écrit, et les vents emportent sa pensée,
Qui va dans tous les lieux vivre et s'entretenir !
Et son âme invisible en traits vivants tracée
Écoute le passé qui parle à l'avenir !

Il fonde les cités, familles immortelles,
Et pour les soutenir il élève les lois,
Qui, de ces monuments colonnes éternelles,
Du temple social se divisent le poids !

Après avoir conquis la nature, il soupire ;
Pour un plus noble prix sa vie a combattu ;
Et son cœur vide encor, dédaignant son empire,
Pour s'égaler aux dieux inventa la vertu !

Il offre en souriant sa vie en sacrifice ;
Il se confie au Dieu que son œil ne voit pas ;
Coupable, a le remords qui venge la justice,
Vertueux, une voix qui l'applaudit tout bas !

Plus grand que son destin, plus grand que la nature,
Ses besoins satisfaits ne lui suffisent pas ;
Son âme a des destins qu'aucun œil ne mesure,
Et des regards portant plus loin que le trépas !

Il lui faut l'espérance, et l'empire et la gloire,
L'avenir à son nom, à sa foi des autels,
Des dieux à supplier, des vérités à croire,
Des cieux et des enfers, et des jours immortels !

Mais le temps tout à coup manque à sa vie usée ;
L'horizon raccourci s'abaisse devant lui ;
Il sent tarir ses jours comme une onde épuisée,
    Et son dernier soleil a lui !

Regardez-le mourir !... Assis sur le rivage
Que vient battre la vague où sa nef doit partir,
Le pilote qui sait le but de son voyage
D'un cœur plus rassuré n'attend pas le zéphyr !

On dirait que son œil, qu'éclaire l'espérance,
Voit l'immortalité luire sur l'autre bord ;
Au delà du tombeau sa vertu le devance,
Et, certain du réveil, le jour baisse, il s'endort !

Et les astres n'ont plus d'assez pure lumière,
Et l'Infini n'a plus d'assez vaste séjour,
Et les siècles divins d'assez longue carrière,
Pour l'âme de celui qui n'était que poussière,
    Et qui n'avait qu'un jour !

A. DE LAMARTINE.

HYMNE AU CHRIST.

    Verbe incréé ! source féconde
    De justice et de liberté !
    Parole qui guéris le monde !
    Rayon vivant de vérité !
Est-il vrai que ta voix d'âge en âge entendue,
Pareille au bruit lointain qui meurt dans l'étendue,
N'a plus pour nous guider que des sons impuissants?

Et qu'une voix plus souveraine,
La voix de la parole humaine,
Étouffe à jamais tes accents?

Mais la raison c'est toi, mais cette raison même
Qu'était-elle avant l'heure où tu vins l'éclairer?
Nuage, obscurité, doute, combat, système,
Flambeau que notre orgueil portait pour s'égarer!

Le monde n'était que ténèbres,
Les doctrines sans foi luttaient comme des flots,
Et trompé, détrompé de leurs clartés funèbres,
L'esprit humain flottait, noyé dans ce chaos;
L'espérance ou la peur, au gré de leurs caprices,
Ravageaient tour à tour et repeuplaient les cieux;
La fourbe s'engraissait du sang des sacrifices;
Mille dieux attestaient l'ignorance des dieux!
 Fouillez les cendres de Palmyre,
 Fouillez les limons d'Osiris,
 Et ces panthéons où respire
L'ombre fétide encor de tous ces dieux proscrits!
 Tirez de la fange ou de l'herbe,
Tirez ces dieux moulés, fondus, taillés, pétris,
Ces monstres mutilés, ces symboles flétris,
Et dites ce qu'était cette raison superbe
 Quand elle adorait ces débris!

Ne sachant plus nommer les exploits ou les crimes,
Les noms tombaient du sort comme au hasard jetés,
La gloire suffisait aux âmes magnanimes,
 Et les vertus les plus sublimes
 N'étaient que des vices dorés!

 Tu parais! ton verbe vole,
 Comme autrefois la parole
 Qu'entendit le noir chaos,
 De la nuit tira l'aurore,

Des cieux sépara les flots
Et du nombre fit éclore
L'harmonie et le repos !
Ta parole créatrice
Sépare vertus et vice,
Mensonges et vérité ;
Le maître apprend la justice,
L'esclave la liberté,
L'indigent le sacrifice,
Le riche la charité !
Un dieu créateur et père,
En qui l'innocence espère,
S'abaisse jusqu'aux mortels !
Sa prière qu'il appelle
S'élève à lui libre et belle
Sans jamais souiller son aile
Des holocaustes cruels !
Nos iniquités, nos crimes,
Nos désirs illégitimes,
Voilà les seules victimes
Qu'on immole à ses autels !
L'immortalité se lève
Et brille au delà des temps ;
L'espérance, divin rêve,
De l'exil que l'homme achève
Abrége les courts instants ;
L'amour céleste soulève
Nos fardeaux les plus pesants ;
Le siècle éternel commence ;
Le juste a sa conscience,
Le remords son innocence ;
L'humble foi fait la science
Des sages et des enfants !
Et l'homme qu'elle console
Dans cette seule parole
Se repose deux mille ans !

L'astre qu'à ton berceau le mage vit éclore,
L'étoile qui guida les bergers de l'aurore
Vers le Dieu couronné d'indigence et d'affront,
Répandit sur la terre un jour qui luit encore,
Que chaque âge à son tour reçoit, bénit, adore,
Qui dans la nuit des temps jamais ne s'évapore
Et ne s'éteindra pas quand les cieux s'éteindront!

Ils disent cependant que cet astre se voile,
Que les clartés du siècle ont vaincu cette étoile ;
Que ce monde vieilli n'a plus besoin de toi !
Que la raison est seule immortelle et divine,
Que la rouille des temps a rongé ta doctrine,
Et que de jour en jour de son temple en ruine,
Quelque pierre en tombant déracine ta foi !

O Christ ! il est trop vrai, ton éclipse est bien sombre!
La terre sur ton astre a projeté son ombre;
Nous marchons dans un siècle où tout tombe à grand bruit.
Vingt siècles écroulés y mêlent leur poussière.
Fables et vérités, ténèbres et lumière
Flottent confusément devant notre paupière,
Et l'un dit : C'est le jour ! et l'autre : C'est la nuit !

Et l'aveugle raison demande quels miracles
De cette loi vieillie attestent les oracles !
Ah ! le miracle est là permanent et sans fin !
Que cette vérité par ces flots d'impostures,
Que ce flambeau brillant par tant d'ombres obscures,
Que ce verbe incréé par nos lèvres impures
Ait passé deux mille ans et soit encor divin !

Et c'est en vain que l'homme, ingrat et las de croire,
De ses autels brisés et de son souvenir,
Comme un songe importun veut enfin te bannir ;
Tu règnes malgré lui jusque dans sa mémoire,

Et du haut d'un passé rayonnant de ta gloire,
Tu jettes ta splendeur au dernier avenir !

Lumière des esprits, tu pâlis, ils pâlissent !
Fondement des États, tu fléchis, ils fléchissent !
Séve du genre humain, il tarit si tu meurs !
Racine de nos lois dans le sol enfoncée,
Partout où tu languis on voit languir les mœurs ;
Chaque fibre à ton nom s'émeut dans tous les cœurs,
Et tu revis partout jusque dans la pensée,
    Jusque dans la haine insensée
    De tes ingrats blasphémateurs !

Ah ! qui sait si cette ombre où pâlit ta doctrine
Est une décadence, ou quelque nuit divine,
Quelque nuage faux prêt à se déchirer,
Où ta foi va monter et se transfigurer,
Comme aux jours de ta vie humaine et méconnue,
Tu te transfiguras toi-même dans la nue,
Quand ta divinité reprenant son essor,
Un jour sorti de toi revêtit le Thabor,
Dans ton vol glorieux te balança sans ailes,
Éblouit les regards des disciples fidèles,
Et, pour les consoler de ton prochain adieu,
Homme prêt à mourir, te montra déjà Dieu ?

Oui ! de quelque faux nom que l'avenir te nomme,
Nous te saluons Dieu ! car tu n'es pas un homm
L'homme n'eût pas trouvé dans notre infirmité
Ce germe tout divin de l'immortalité,
La clarté dans la nuit, la vertu dans le vice.
Dans l'égoïsme étroit la soif du sacrifice !
Dans la lutte la paix, l'espoir dans la douleur,
Dans l'orgueil révolté l'humilité du cœur,
Dans la haine l'amour, le pardon dans l'offense,
Et dans le repentir la seconde innocence !

Notre encens à ce prix ne saurait s'égarer,
Et j'en crois des vertus qui se font adorer !

O toi qui fis lever cette seconde aurore,
Dont un second chaos vit l'harmonie éclore,
Parole qui portais avec la vérité
Justice et tolérance, amour et liberté !
Règne à jamais, ô Christ, sur la raison humaine,
Et de l'homme à son Dieu sois la divine chaîne !
Illumine sans fin de tes feux éclatants
Les siècles endormis dans le berceau des temps !
Et que ton nom légué pour unique héritage,
De la mère à l'enfant descende d'âge en âge,
Tant que l'œil dans la nuit aura soif de clarté,
Et le cœur d'espérance et d'immortalité !
Tant que l'humanité plaintive et désolée
Arrosera de pleurs sa terrestre vallée,
Et tant que les vertus garderont leurs autels,
Ou n'auront pas changé de nom chez les mortels !

Pour moi, soit que ton nom ressuscite ou succombe,
O Dieu de mon berceau, sois le Dieu de ma tombe !
Plus la nuit est obscure et plus mes faibles yeux
S'attachent au flambeau qui pâlit dans les cieux !
Et quand l'autel brisé que la foule abandonne
S'écroulerait sur moi !... temple que je chéris,
Temple où j'ai tout reçu, temple où j'ai tout appris,
J'embrasserais encor ta dernière colonne,
Dussé-je être écrasé sous tes sacrés débris !

A. DE LAMARTINE.

POUR LE PREMIER JOUR DE L'ANNÉE.

Des moments les heures sont nées,
Et les heures forment les jours,

  Et les jours forment les années
  Dont le siècle grossit son cours !

Mais toi seul, ô mon Dieu, par siècles tu mesures
Ce temps qui sous tes mains coule éternellement !
L'homme compte par jours ; tes courtes créatures
Pour naître et pour mourir ont assez d'un moment !

Combien de fois déjà les ai-je vus renaître,
Ces ans si prompts à fuir, si prompts à revenir ?
Combien en compterai-je encore ? Un seul peut-être :
Plus le passé fut plein, plus vide est l'avenir !

Cependant les mortels avec indifférence
Laissent glisser les jours, les heures, les moments ;
  L'ombre seule marque en silence
Sur le cadran rempli les pas muets du temps !
On l'oublie : et voilà que les heures fidèles
  Sur l'airain ont sonné minuit,
Et qu'une année entière a replié ses ailes
  Dans l'ombre d'une seule nuit !

  De toutes les heures qu'affronte
  L'orgueilleux oubli du trépas,
  Et qui sur l'airain qui les compte
  En fuyant impriment leurs pas,
  Aucune à l'oreille insensible
  Ne sonne d'un glas plus terrible
  Que ce dernier coup de minuit,
  Qui, comme une borne fatale,
  Marque d'un suprême intervalle
  Le temps qui commence et qui fuit !

  Les autres s'éloignent et glissent
  Comme des pieds sur les gazons,
  Sans que leurs bruits nous avertissent
  Des pas nombreux que nous faisons ;

Mais cette minute accomplie
Jusqu'au cœur léger qui l'oublie
Porte le murmure et l'effroi !
Elle frémit à notre oreille,
Et loin de l'homme qu'elle éveille
S'envole et lui dit : Compte-moi !

Compte-moi ! car Dieu m'a comptée
Pour sa gloire et pour ton bonheur !
Compte-moi ! je te fus prêtée,
Et tu me devras au Seigneur !
Compte-moi ! car l'heure sonnée
Emporte avec elle une année,
En amène une autre demain !
Compte-moi ! car le temps me presse !
Compte-moi ! car je fuis sans cesse
Et ne reviens jamais en vain !

A. DE LAMARTINE.

AU ROSSIGNOL.

Quand ta voix céleste prélude
Aux silences des belles nuits,
Barde ailé de ma solitude,
Tu ne sais pas que je te suis !

Tu ne sais pas que mon oreille,
Suspendue à ta douce voix,
De l'harmonieuse merveille
S'enivre longtemps sous les bois !

Tu ne sais pas que mon haleine
Sur mes lèvres n'ose passer,
Que mon pied muet foule à peine
La feuille qu'il craint de froisser !

Et qu'enfin un autre poëte

Dont la lyre a moins de secrets,
Dans son âme envie et répète
Ton hymne nocturne aux forêts !

Mais si l'astre des nuits se penche
Aux bords des monts pour t'écouter,
Tu te caches de branche en branche
Au rayon qui vient y flotter.

Et si la source qui repousse
L'humble caillou qui l'arrêtait,
Élève une voix sous la mousse,
La tienne se trouble et se tait !

Ah ! ta voix touchante ou sublime
Est trop pure pour ce bas lieu !
Cette musique qui t'anime
Est un instinct qui monte à Dieu !

Tes gazouillements, ton murmure,
Sont un mélange harmonieux
Des plus doux bruits de la nature,
Des plus vagues soupirs des cieux !

Ta voix, qui peut-être s'ignore,
Est la voix du bleu firmament,
De l'arbre, de l'antre sonore,
Du vallon sous l'ombre dormant !

Tu prends les sons que tu recueilles
Dans les gazouillements des flots,
Dans les frémissements des feuilles,
Dans les bruits mourants des échos ;

Dans l'eau qui filtre goutte à goutte
Du rocher nu dans le bassin,
Et qui résonne sous sa voûte
En ridant l'azur de son sein ;

Dans les voluptueuses plaintes

Qui sortent la nuit des rameaux,
Dans les voix des vagues éteintes
Sur le sable ou dans les roseaux !

Et de ces doux sons où se mêle
L'instinct céleste qui t'instruit,
Dieu fit ta voix, ô Philomèle !
Et tu fais ton hymne à la nuit !

Ah ! ces douces scènes nocturnes,
Ces pieux mystères du soir,
Et ces fleurs qui penchent leurs urnes
Comme l'urne d'un encensoir ;

Ces feuilles où tremblent des larmes,
Ces fraîches haleines des bois,
O nature ! avaient trop de charmes
Pour n'avoir pas aussi leur voix !

Et cette voix mystérieuse,
Qu'écoutent les anges et moi,
Ce soupir de la nuit pieuse,
Oiseau mélodieux, c'est toi !

Oh ! mêle ta voix à la mienne !
La même oreille nous entend ;
Mais ta prière aérienne
Monte mieux au ciel qui l'attend !

Elle est l'écho d'une nature
Qui n'est qu'amour et pureté,
Le brûlant et divin murmure,
L'hymne flottant des nuits d'été !

Et nous, dans cette voix sans charmes,
Qui gémit en sortant du cœur,
On sent toujours trembler des larmes,
Ou retentir une douleur !

A. DE LAMARTINE.

A L'ESPRIT SAINT.

Cantique.

Tu ne dors pas, souffle de vie,
Puisque l'univers vit toujours !
Ta sainte haleine vivifie
Les premiers et les derniers jours !
C'est toi qui répondis au Verbe qui te nomme !
Quand le chaos muet tressaillit comme un homme
Que d'une voix puissante on éveille en sursaut ;
C'est toi qui l'agitas dans l'inerte matière,
Répétas dans les cieux la parole première
Et comme un bleu tapis déroulas la lumière
Sous les pas du Très-Haut !

Tu fis aimer, tu fis comprendre
Ce que la parole avait dit ;
Tu fis monter, tu fis descendre
Ce Verbe qui se répandit ;
Tu condensas les airs, tu balanças les nues ;
Tu sondas des soleils les routes inconnues ;
Tu fis tourner le ciel sur l'immortel essieu ;
Tel qu'un guide avancé dans une voie obscure,
Tu donnas forme et vie à toute créature,
Et, pour tracer sa route à l'aveugle nature,
Tu marchas devant Dieu !

Mais tu ne gardas pas sans cesse
Les mêmes formes à ses yeux !
Tu les pris toutes, ô Sagesse,
Afin de glorifier mieux !
Tantôt brise et rayons, tantôt foudre et tempêtes,
Son terrible ou plaintif des harpes des prophètes,
Colonne qu'Israël voit marcher devant soi,
Parabole touchante ou sanglant sacrifice,
Sueur des Oliviers la veille du supplice,

Grâce et vertu coulant de ce divin calice,
C'est toi! c'est toujours toi!

Le genre humain n'est qu'un seul être
Formé de générations,
Comme un seul homme on le voit naître,
Ton souffle est dans ses passions!
Jeune, son âme immense, orageuse et profonde,
Déborde à flots d'écume et ravage le monde;
Tu sèmes ses flocons de climats en climats;
Ton accent belliqueux a l'éclat du tonnerre;
Ton pas retentissant secoue au loin la terre,
Et le dieu qui te lance est le dieu de la guerre
Servi par le trépas!

Tu revêts la forme sanglante
D'un héros, d'un peuple, d'un roi!
Tu foules la terre tremblante
Qui passe et se tait devant toi!
Mais quand le sang glacé dans ses veines s'arrête,
Le genre humain qui sent que son heure s'apprête,
S'élève de la vie à l'immortalité;
Tu marches devant lui, sous l'ombre d'une idée!
D'un immense désir la terre est possédée,
Et dans les flots d'erreurs dont elle est inondée,
Cherche une vérité!

Alors tu descends! tu respires
Dans ces sages, flambeaux mortels,
Dans ces mélodieuses lyres
Qui soupirent près des autels!
La pensée est ton feu! la parole est ton glaive!
L'esprit humain flottant s'abaisse et se relève,
Comme au roulis des mers le mât des matelots!
Mais tu choisis surtout les bardes dans la foule;
Dans leurs chants immortels l'inspiration coule;

Cette onde harmonieuse est le fleuve qui roule
    Le plus d'or dans ses flots !

    Où sont-ils, âme surhumaine,
    Ces instruments de tes desseins ?
    Où sont-ils dès que ton haleine
    A cessé d'embraser leurs seins ?
Ils meurent les premiers !... Foyer qui se consume,
Flots qui rongent la rive et fondent en écume,
Arbres brisés du vent sous qui l'herbe a ployé !
En néant avant nous ils viennent se résoudre,
Tu jettes leur orgueil et leur nom dans la poudre,
Et ton doigt les éteint, comme il éteint la foudre
    Quand elle a foudroyé !

    Il se fait un vaste silence !
    L'esprit dans ses ombres se perd,
    Le doute étouffe l'espérance
    Et croit que le ciel est désert !
Puis tel qu'un chêne obscur, longtemps avant l'orage
Dont frémit tout à coup l'immobile feuillage,
Et dont l'oiseau s'enfuit sans entendre aucun son ;
Le monde où nul éclair ne te précède encore,
D'un inquiet ennui se trouble et se dévore,
Et, comme à son insu, de l'esprit qu'il ignore
    Sent le divin frisson !

    Et le ciel se couvre ; et la terre
    Croit qu'un astre s'est approché,
    Et nul ne comprend ce mystère,
    Car ton maître est un Dieu caché !
Mais moi je te comprends, car je baisse la tête !
J'entends venir de loin la céleste tempête,
Et d'un effroi stupide impassible témoin,
Quand de l'antique jour les clartés s'affaiblissent,
Que des lois et des mœurs les colonnes fléchissent,

Que la terre se trouble et que les cieux pâlissent,
  Je dis : Il n'est pas loin !

  Les voilà ces heures divines !
  Les voilà ! mes yeux, ouvrez-vous !
  La poussière de nos ruines
  S'élève entre le jour et nous !
De quel vent soufflera l'esprit que l'homme appelle ?
L'âme avec plus de soif jamais l'entendit-elle ?
Jamais passé sur nous croula-t-il plus entier ?
Jamais l'homme vit-il à l'horizon des âges
Gronder sur l'avenir de plus sombres orages ?
Et te prépara-t-il entre plus de nuages
  Un plus divin sentier ?

  Fends la nue, et suscite un homme
  Un homme palpitant de toi !
  Que son front rayonnant le nomme
  Aux regards qui cherchent ta foi !
D'un autre Sinaï fais flamboyer la cime ;
Retrempe au feu du ciel la parole sublime,
Ce glaive de l'esprit émoussé par le temps !
De ce glaive vivant arme une main mortelle,
Parais, descends, travaille, agite, et renouvelle,
Et ranime de l'œil, et du vent de ton aile
  Tes derniers combattants !

  Que la mer des erreurs s'amasse !
  Qu'elle soulève son limon
  Pour engloutir l'heureuse race
  De ceux qui marchent en ton nom
Sur la mer en courroux que ta droite s'étende !
Que ton souffle nous creuse une route, et suspende
Ces flots qui sous nos pas s'ouvrent comme un tombeau !
Que le gouffre trompé sur lui-même s'écroule !
Que l'écume des temps dans ses abîmes roule,

Et que le genre humain la traverse et s'écoule,
    Vers un désert nouveau !

  Je le vois ! mon regard devance
  Les pas des siècles plus heureux !
  La colonne de l'espérance
  Marche et m'éclaire de ses feux !
Tu souffleras plus pur sur des plages nouvelles !
Ton aigle pour toujours n'a pas plié ses ailes,
La nature à son Dieu garde encor de l'encens,
Il est encor des pleurs sous de saintes paupières,
Du ciel dans les soupirs, dans les cœurs des prières,
Et sur ces harpes d'or qui chantent les dernières
    Quelques divins accents !

  Oh ! puissé-je, souffle suprême,
  Instrument de promission,
  Sous ton ombre frémir moi-même,
  Comme une harpe de Sion !
Puissé-je, écho mourant des paroles de vie,
De l'hymne universel être une voix choisie,
Et quand j'aurai chanté mon cantique au Seigneur,
Plein de l'esprit divin qui fait aimer et croire,
Ne laisser ici-bas pour trace et pour mémoire
Qu'une voix dans le temple, un son qui dise : Gloire
    Au souffle créateur !

        A. DE LAMARTINE.

LES RÉVOLUTIONS.

Quand l'Arabe altéré dont le puits n'a plus d'onde
A plié le matin sa tente vagabonde
  Et suspendu la source aux flancs de ses chameaux,
  Il salue en partant la citerne tarie,
  Et, sans se retourner, va chercher la patrie
    Où le désert cache ses eaux.

Que lui fait qu'au couchant le vent de feu se lève,
Et, comme un océan qui laboure la grève,
Comble derrière lui l'ornière de ses pas,
Suspende la montagne où courait la vallée,
Ou sème en flots durcis la dune amoncelée?
    Il marche, et ne repasse pas.

Mais vous, peuples assis de l'Occident stupide,
Hommes pétrifiés dans votre orgueil timide,
Partout où le hasard sème vos tourbillons,
Vous germez comme un gland sur vos sombres collines,
Vous poussez dans le roc vos stériles racines,
    Vous végétez sur vos sillons!

Vous taillez le granit, vous entassez les briques,
Vous fondez tours, cités, trônes ou républiques :
Vous appelez le Temps qui ne répond qu'à Dieu :
Et, comme si des jours ce Dieu vous eût fait maître,
Vous dites à la race humaine encore à naître :
    Vis, meurs, immuable en ce lieu!

Mais ce n'est pas ainsi que le Dieu qui vous somme
Entend la destinée et les phases de l'homme,
Ce n'est pas le chemin que son doigt vous écrit!
En vain le cœur vous manque et votre pied se lasse,
Dans l'œuvre du Très-Haut le repos n'a pas place ;
    Son esprit n'est pas votre esprit!

Marche! sa voix le dit à la nature entière,
Ce n'est pas pour croupir sur ses champs de lumière
Que le soleil s'allume et s'éteint dans ses mains!
Dans cette œuvre de vie où son âme palpite,
Tout respire, tout croît, tout grandit, tout gravite!
    Les cieux, les astres, les humains!

Marchez! l'humanité ne vit pas d'une idée!
Elle éteint chaque soir celle qui l'a guidée,
Elle en allume une autre à l'immortel flambeau;

Comme ces morts vêtus de leur parure immonde,
Les générations emportent de ce monde
    Leurs vêtements dans le tombeau!

L'humanité n'est pas le bœuf à courte haleine,
Qui creuse à pas égaux son sillon dans la plaine,
Et revient ruminer sur un sillon pareil;
C'est l'aigle rajeuni qui change son plumage,
Et qui monte affronter de nuage en nuage
    De plus hauts rayons du soleil!

Enfants de six mille ans qu'un peu de bruit étonne,
Ne vous troublez donc pas d'un mot nouveau qui tonne,
D'un empire éboulé, d'un siècle qui s'en va!
Que vous font les débris qui jonchent la carrière?
Regardez en avant et non pas en arrière,
    Le courant roule à Jéhova!

Que dans vos cœurs étroits vos espérances vagues
Ne croulent pas sans cesse avec toutes les vagues!
Ces flots vous porteront, hommes de peu de foi!
Qu'importent bruit et vent, poussière et décadence?
Pourvu qu'au-dessus d'eux la haute Providence
    Déroule l'éternelle loi?

Vos siècles page à page épellent l'Évangile!
Vous n'y lisiez qu'un mot, et vous en lirez mille!
Vos enfants plus hardis y liront plus avant!
Ce livre est comme ceux des sibylles antiques
Dont l'augure trouvait les feuillets prophétiques
    Siècle à siècle arrachés au vent.

Dans la foudre et l'éclair votre Verbe aussi vole!
Montez à sa lueur, courez à sa parole,
Attendez sans effroi l'heure lente à venir!
Vous! enfants de celui qui, l'annonçant d'avance,
Du sommet d'une croix vit briller l'espérance
    Sur l'horizon de l'avenir!

Cet oracle sanglant chaque jour se révèle ;
L'esprit en renversant élève et renouvelle ;
Passagers ballottés dans vos siècles flottants !
Vous croyez reculer sur l'océan des âges,
Et vous vous remontrez après mille naufrages
    Plus loin sur la route des temps !

Ainsi quand le vaisseau qui vogue entre deux mondes
A perdu tout rivage et ne voit que les ondes
S'élever et crouler comme deux sombres murs,
Quand le maître a brouillé les nœuds nombreux qu'il file,
Sur la plaine sans borne il se croit immobile
    Entre deux abîmes obscurs.

C'est toujours, se dit-il, dans son cœur plein de doute,
Même onde que je vois, même bruit que j'écoute ;
Le flot que j'ai franchi revient pour me bercer ;
A les compter en vain mon esprit se consume,
C'est toujours de la vague, et toujours de l'écume,
    Les jours flottent sans avancer !

Et les jours et les flots semblent ainsi renaître,
Trop pareils pour que l'œil puisse les reconnaître,
Et le regard trompé s'use en les regardant ;
Et l'homme que toujours leur ressemblance abuse,
Les brouille, les confond, les gourmande et t'accuse,
    Seigneur !... Ils marchent cependant !

Et quand sur cette mer, las de chercher sa route,
Du firmament splendide il explore la voûte,
Des astres inconnus s'y lèvent à ses yeux ;
Et moins triste, aux parfums qui soufflent des rivages,
Au jour tiède et doré qui glisse des cordages,
    Il sent qu'il a changé de cieux !

Nous donc, si le sol tremble au vieux toit de nos pères,
Ensevelissons-nous sous des cendres si chères,
Tombons enveloppés de ces sacrés linceuls !

Mais ne ressemblons pas à ces rois d'Assyrie
Qui trainaient au tombeau femmes, enfants, patrie,
    Et ne savaient pas mourir seuls !

Qui jetaient au bûcher, avant que d'y descendre,
Famille, amis, coursiers, trésors réduits en cendre,
Espoir ou souvenirs de leurs jours plus heureux,
Et livrant leur empire et leurs dieux à la flamme,
Auraient voulu qu'aussi l'univers n'eût qu'une âme
    Pour que tout mourût avec eux !

A. DE LAMARTINE.

HYMNE AU SOLEIL.

Dieu ! que les airs sont doux ! que la lumière est pure !
Tu règnes en vainqueur sur toute la nature,
O soleil ! et des cieux où ton char est porté,
Tu lui verses la vie et la fécondité !
Le jour, où, séparant la nuit de la lumière,
L'Eternel te lança dans ta vaste carrière,
L'univers tout entier te reconnut pour roi,
Et l'homme, en t'adorant, s'inclina devant toi.
De ce jour, poursuivant ta carrière enflammée,
Tu décris sans repos ta route accoutumée ;
L'éclat de tes rayons ne s'est point affaibli,
Et sous la main des temps ton front n'a point pâli.
Quand la voix du matin vient réveiller l'aurore,
L'Indien, prosterné, te bénit et t'adore ;
Et moi, quand le midi de ses feux bienfaisants
Ranime par degrés mes membres languissants,
Il me semble qu'un Dieu, dans tes rayons de flamme,
En échauffant mon sein, pénètre dans mon âme ;
Et je sens de ses fers mon esprit détaché,
Comme si du Très-Haut le bras m'avait touché.
Mais ton sublime auteur défend-il de le croire ?
N'es-tu point, ô soleil ! un rayon de sa gloire ?

Quand tu vas mesurant l'immensité des cieux,
O soleil! n'es-tu point un regard de ses yeux?

A. DE LAMARTINE.

HYMNE DE L'ENFANT A SON RÉVEIL.

O Père qu'adore mon père!
Toi qu'on ne nomme qu'à genoux!
Toi dont le nom terrible et doux
Fait courber le front de ma mère!

On dit que ce brillant soleil
N'est qu'un jouet de ta puissance,
Que sous tes pieds il se balance
Comme une lampe de vermeil.

On dit que c'est toi qui fais naître
Les petits oiseaux dans les champs,
Et qui donne aux petits enfants
Une âme aussi pour te connaître!

On dit que c'est toi qui produis
Les fleurs dont le jardin se pare;
Et que, sans toi, toujours avare,
Le verger n'aurait point de fruits.

Aux dons que ta bonté mesure
Tout l'univers est convié;
Nul insecte n'est oublié
A ce festin de la nature.

L'agneau broute le serpolet;
La chèvre s'attache au cytise;
La mouche au bord du vase puise
Les blanches gouttes de mon lait.

L'alouette a la graine amère
Que laisse envoler le glaneur;

Le passereau suit le vanneur,
Et l'enfant s'attache à sa mère.

Et pour obtenir chaque don
Que chaque jour tu fais éclore,
A midi, le soir, à l'aurore,
Que faut-il? prononcer ton nom.

O Dieu! ma bouche balbutie
Ce nom des anges redouté.
Un enfant même est écouté
Dans le chœur qui te glorifie!

On dit qu'il aime à recevoir
Les vœux présentés par l'enfance,
A cause de cette innocence
Que nous avons sans le savoir.

On dit que leurs humbles louanges
A son oreille montent mieux,
Que les anges peuplent les cieux,
Et que nous ressemblons aux anges!

Ah! puisqu'il entend de si loin
Les vœux que notre bouche adresse,
Je veux lui demander sans cesse
Ce dont les autres ont besoin.

Mon Dieu, donne l'onde aux fontaines,
Donne la plume aux passereaux,
Et la laine aux petits agneaux,
Et l'ombre et la rosée aux plaines.

Donne au malade la santé,
Au mendiant le pain qu'il pleure,
A l'orphelin une demeure,
Au prisonnier la liberté.

Donne une famille nombreuse

Au père qui craint le Seigneur ;
Donne à moi sagesse et bonheur,
Pour que ma mère soit heureuse !

Que je sois bon, quoique petit,
Comme cet enfant dans le temple,
Que chaque matin je contemple
Souriant au pied de mon lit.

Mets dans mon âme la justice,
Sur mes lèvres la vérité.
Qu'avec crainte et docilité
Ta parole en mon cœur mûrisse !

Et que ma voix s'élève à toi
Comme cette douce fumée
Que balance l'urne embaumée
Dans la main d'enfants comme moi !

A. DE LAMARTINE.

Odes historiques.

BATAILLE DE PÉTERWARADIN [1].

Ainsi le glaive fidèle
De l'ange exterminateur
Plongea dans l'ombre éternelle
Un peuple profanateur,
Quand l'Assyrien terrible
Vit, dans une nuit horrible,
Tous ses soldats égorgés,
De la fidèle Judée,
Par ses armes obsédée,
Couvrir les champs saccagés.

---

[1] Gagnée par les Autrichiens, sous les ordres du prince Eugène de Savoie, sur l'armée des Turcs.

Où sont ces fils de la terre
Dont les fières légions
Devaient allumer la guerre
Au sein de nos régions?
La nuit les vit rassemblées ;
Le jour les voit écoulées,
Comme de faibles ruisseaux
Qui, gonflés par quelque orage,
Viennent inonder la plage
Qui doit engloutir leurs eaux.

Déjà ces monstres sauvages,
Qu'arma l'infidélité,
Marchaient le long des rivages
Du Danube épouvanté :
Leur chef, guidé par l'audace,
Avait épuisé la Thrace
D'armes et de combattants,
Et des bornes de l'Asie
Jusqu'à la double Mésie
Conduit leurs drapeaux flottants.

A ce déluge barbare
D'effroyables bataillons,
L'infatigable Tartare
Joint encore ses pavillons.
C'en est fait : leur insolence
Peut rompre enfin le silence ;
L'effroi ne les retient plus :
Ils peuvent, sans nulle crainte,
D'une paix trompeuse et feinte
Briser les nœuds superflus.

C'est en vain qu'à notre vue
Un guerrier, par sa valeur,
De leur attaque imprévue
A repoussé la chaleur :

C'est peu qu'après leur défaite,
Sa triomphante retraite
Sur nos confins envahis
Ait, avec sa renommée,
Consacré dans leur armée
La honte de leurs spahis.

Ils s'aigrissent par leurs pertes;
Et déjà de toutes parts
Nos campagnes sont couvertes
De leurs escadrons épars.
Venez, troupe meurtrière;
La nuit, qui, dans sa carrière,
Fuit à pas précipités,
Va bientôt laisser éclore
De votre dernière aurore
Les foudroyantes clartés.

Un prince dont le génie
Fait le destin des combats
Veut de votre tyrannie
Purger enfin nos États :
Il tient cette même foudre
Qui vous fit mordre la poudre
En ce jour si glorieux
Où, par vingt mille victimes,
La mort expia les crimes
De vos funestes aïeux.

Hé quoi! votre ardeur glacée
Délibère à son aspect?
Ah! la saison est passée
D'un orgueil si circonspect,
En vain de lâches tranchées
Couvrent vos têtes cachées :
Eugène est près d'avancer :
Il vient, il marche en personne;

Le jour luit, la charge sonne :
Le combat va commencer.

Wirtemberg, sous sa conduite,
A la tête de nos rangs,
Déjà certain de leur fuite,
Attaque leurs premiers flancs.
Merci, qu'un même ordre enflamme,
Parmi les feux et la flamme
Qui tonnent aux environs,
Force, dissipe, renverse,
Détruit tout ce qui traverse
L'effort de ses escadrons.

Nos[1] soldats, dans la tempête,
Par cet exemple affermis,
Sans crainte exposent leur tête
A tous les feux ennemis ;
Et chacun, malgré l'orage,
Suivant d'un même courage
Le chef présent en tous lieux,
Plein de joie et d'espérance,
Combat avec l'assurance
De triompher à ses yeux.

Tout fuit, tout cède à nos armes :
Le visir, percé de coups,
Va, dans Belgrade en alarmes,
Rendre son âme en courroux.
Le camp s'ouvre ; et ses richesses,
Le fruit des vastes largesses
De cent peuples asservis,
Dans cette nouvelle Troie
Vont être aujourd'hui la proie
De nos soldats assouvis.

---

[1] Dans toute cette ode, lorsque Rousseau dit *nos, notre*, il parle des Autrichiens et des Hongrois, de l'Autriche et de la Hongrie.

Rendons au Dieu des armées
Nos honneurs les plus touchants !
Que ces voûtes parfumées
Retentissent de nos chants !
Et lorsqu'envers sa puissance
Notre humble reconnaissance
Aura rempli ce devoir,
Marchons, pleins d'un nouveau zèle,
A la victoire nouvelle
Qui flatte encor notre espoir.

Temeswar, de nos conquêtes
Deux fois le fatal écueil,
Sous nos foudres toutes prêtes
Va voir tomber son orgueil :
Par toi seul, prince invincible,
Ce rempart inaccessible
Pouvait être renversé.
Va, par son illustre attaque,
Rompre les fers du Valaque
Et du Hongrois oppressé.

J.-B. Rousseau.

LE VAISSEAU LE VENGEUR.

Trahi par le sort infidèle,
Comme un lion pressé de nombreux léopards,
Seul au milieu de tous, sa fureur étincelle :
Il les combat de toutes parts.

L'airain lui déclare la guerre ;
Le fer, l'onde, la flamme entourent ces héros.
Sans doute ils triomphaient ! mais leur dernier tonnerre
Vient de s'éteindre sous les flots.

Captifs !... la vie est un outrage :

Ils préfèrent le gouffre à ce bienfait honteux ;
L'Anglais, en frémissant, admire leur courage ;
  Albion pâlit devant eux.

Plus fiers d'une mort infaillible,
Sans peur, sans désespoir, calmes dans leurs combats,
De ces républicains l'âme n'est plus sensible
  Qu'à l'ivresse d'un beau trépas.

Près de se voir réduits en poudre,
Ils défendent leurs bords enflammés et sanglants :
Voyez-les défier et la vague et la foudre,
  Sous des mâts rompus et brûlants !

Voyez ce drapeau tricolore,
Qu'élève, en périssant, leur courage indompté :
Sous le flot qui les couvre entendez-vous encore
  Ce cri : « Vive la liberté ! »

Ce cri !... c'est en vain qu'il expire
Étouffé par la mort et par les flots jaloux ;
Sans cesse il revivra, répété par ma lyre ;
  Siècles ! il planera sur vous.

LEBRUN.

BONAPARTE.

Sur un écueil battu par la vague plaintive,
Le nautonier de loin voit blanchir sur la rive
Un tombeau, près du bord par les flots déposé ;
Le temps n'a pas encor bruni l'étroite pierre,
Et, sous le vert tissu de la ronce et du lierre,
  On distingue... un sceptre brisé !

Ici gît... point de nom !... demandez à la terre
Ce nom ! Il est inscrit en sanglant caractère,
Des bords du Tanaïs au sommet du Cédar,

Sur le bronze et le marbre, et sur le sein des braves,
Et jusque dans le cœur de ces troupeaux d'esclaves
  Qu'il foulait tremblants sous son char.

Il est là!... sous trois pas un enfant le mesure !
Son ombre ne rend pas même un léger murmure.
Le pied d'un ennemi foule en paix son cercueil.
Sur ce front foudroyant le moucheron bourdonne,
Et son ombre n'entend que le bruit monotone
  D'une vague contre un écueil.

Ne crains pas cependant, ombre encore inquiète,
Que je vienne outrager ta majesté muette :
Non, la lyre aux tombeaux n'a jamais insulté ;
La mort fut, de tout temps, l'asile de la gloire ;
Rien ne doit jusqu'ici poursuivre une mémoire,
  Rien... excepté la vérité !

Ta tombe et ton berceau sont couverts d'un nuage ;
Mais pareil à l'éclair, tu sortis d'un orage ;
Tu foudroyas le monde avant d'avoir un nom.
Tel ce Nil, dont Memphis boit les vagues fécondes,
Avant d'être nommé, fait bouillonner ses ondes
  Aux solitudes de Memnon.

Les dieux étaient tombés, les trônes étaient vides,
La victoire te prit sur ses ailes rapides ;
D'un peuple de Brutus la gloire te fit roi.
Ce siècle, dont l'écume entraînait dans sa course
Les mœurs, les rois, les dieux !... refoulé vers sa source,
  Recula d'un pas devant toi.

Tu combattis l'erreur sans regarder le nombre ;
Pareil au fier Jacob, tu luttas contre une ombre ;
Le fantôme croula sous le poids d'un mortel.
Et, de tous ces grands noms profanateur sublime,
Tu jouas avec eux, comme la main du crime
  Avec les vases de l'autel.

Ainsi, dans les accès d'un impuissant délire,
Quand un siècle vieilli de ses mains se déchire,
En jetant dans ses fers un cri de liberté,
Un héros tout à coup de la poudre s'élève,
Le frappe avec son sceptre... Il s'éveille, et le rêve
    Tombe devant la vérité.

Superbe et dédaignant ce que la terre admire,
Tu ne demandais rien au monde que l'empire.
Tu marchais... Tout obstacle était ton ennemi.
Ta volonté volait comme ce trait rapide
Qui va frapper le but où le regard le guide,
    Même à travers un cœur ami.

Jamais pour éclaircir ta royale tristesse,
La coupe des festins ne te versa l'ivresse.
Tes yeux d'une autre pourpre aimaient à s'enivrer.
Comme un soldat debout, qui veille sous ses armes,
Tu vis de la beauté le sourire et les larmes
    Sans sourire et sans soupirer.

Tu n'aimais que le bruit du fer, le cri d'alarmes,
L'éclat resplendissant de l'aube sur les armes;
Et ta main ne flattait que ton léger coursier,
Quand les flots ondoyants de sa pâle crinière
Sillonnaient, comme un vent, la sanglante poussière,
    Et que ses pieds brisaient l'acier.

Tu grandis sans plaisir, tu tombas sans murmure :
Rien d'humain ne battait sous ton épaisse armure;
Sans haine et sans amour, tu vivais pour penser.
Comme l'aigle régnant dans un ciel solitaire,
Tu n'avais qu'un regard pour mesurer la terre,
    Et des serres pour l'embrasser.

S'élancer d'un seul bond au char de la victoire,
Foudroyer l'univers des splendeurs de sa gloire,
Fouler d'un même pied les tribuns et les rois,

Forger un joug trempé dans l'amour et la haine,
Et faire frissonner sous le frein qui l'enchaîne,
    Un peuple échappé de ses lois ;

Être d'un siècle entier la pensée et la vie,
Émousser le poignard, décourager l'envie,
Ébranler, raffermir l'univers incertain,
Aux sinistres clartés de ta foudre qui gronde,
Vingt fois contre les dieux jouer le sort du monde,
    Quel rêve !... Et ce fut ton destin.

Tu tombas cependant de ce sublime faîte ;
Sur ce rocher désert, jeté par la tempête,
Tu vis tes ennemis déchirer ton manteau ;
Et le sort, ce seul dieu qu'adora ton audace,
Pour dernière faveur, t'accorda cet espace
    Entre le trône et le tombeau.

Oh ! qui m'aurait donné d'y sonder ta pensée,
Lorsque le souvenir de ta grandeur passée
Venait, comme un remords, t'assaillir loin du bruit,
Et que, les bras croisés sur ta large poitrine,
Sur ton front chauve et nu, que la pensée incline,
    L'horreu passait comme la nuit.

Tel qu'un pasteur debout sur la rive profonde
Voit son ombre de loin se prolonger sur l'onde,
Et du fleuve orageux suivre, en flottant, le cours ;
Tel du sommet désert de ta grandeur suprême,
Dans l'ombre du passé te recherchant toi-même,
    Tu rappelais tes anciens jours.

Ils passaient devant toi comme des flots sublimes
Dont l'œil voit sur les mers étinceler les cimes ;
Ton oreille écoutait leur bruit harmonieux,
Et d'un reflet de gloire éclairant ton visage,
Chaque flot t'apportait une brillante image
    Que tu suivais longtemps des yeux.

Là, sur un pont tremblant, tu défiais la foudre ;
Là, du désert sacré tu réveillais la poudre ;
Ton coursier frissonnait dans les flots du Jourdain ;
Là, tes pas abaissaient une cime escarpée ;
Là, tu changeais en sceptre une invincible épée ;
  Ici... Mais quel effroi soudain !

Pourquoi détournes-tu ta paupière éperdue ?
D'où vient cette pâleur sur ton front répandue ?
Qu'as-tu vu tout à coup dans l'horreur du passé ?
Est-ce de vingt cités la ruine fumante,
Ou du sang des humains quelque plaine écumante ?
  Mais la gloire a tout effacé.

La gloire efface tout... tout, excepté le crime.
Mais son doigt me montrait le corps d'une victime,
Un jeune homme, un héros, d'un sang pur inondé.
Le flot qui l'apportait, passait, passait sans cesse,
Et, toujours en passant, la vague vengeresse
  Lui jetait le nom de Condé.

Comme pour effacer une tache livide,
On voyait sur son front passer sa main rapide ;
Mais la trace du sang sous son doigt renaissait :
Et, comme un sceau frappé par une main suprême,
La goutte ineffaçable, ainsi qu'un diadème,
  Le couronnait de son forfait.

On dit qu'aux derniers jours de sa longue agonie,
Devant l'éternité, seul avec son génie,
Son regard vers le ciel parut se soulever ;
Le signe rédempteur toucha son front farouche...
Et même on entendit commencer sur sa bouche
  Un nom... qu'il n'osait achever.

Achève... c'est le Dieu qui règne et qui couronne,
C'est le Dieu qui punit, c'est le Dieu qui pardonne.
Pour les héros et nous il a des poids divers.

Parle-lui sans effroi : lui seul peut te comprendre.
L'esclave et le tyran ont tous deux compte à rendre,
    L'un du sceptre, l'autre des fers.

Son cercueil est fermé : Dieu l'a jugé, silence !
Son crime et ses exploits pèsent dans la balance :
Que des faibles mortels la main n'y touche plus !
Qui peut sonder, Seigneur, ta clémence infinie !
Et vous, fléau de Dieu, qui sait si le génie
    N'est pas une de vos vertus...

A. DE LAMARTINE.

NAPOLÉON II.

Courbés comme un cheval qui sent venir son maître,
Ils se disaient entre eux : « Quelqu'un de grand va naître !
L'immense empire attend un héritier demain.
Qu'est-ce que le Seigneur va donner à cet homme
Qui, plus grand que César, plus grand même que Rome,
Absorbe dans son sort le sort du genre humain ? »

Comme ils parlaient, la nue éclatante et profonde
S'entr'ouvrit, et l'on vit se dresser sur le monde
    L'homme prédestiné ;
Et les peuples béants ne purent que se taire,
Car ses deux bras levés présentaient à la terre
    Un enfant nouveau-né !

Et lui ! l'orgueil gonflait sa puissante narine ;
Ses deux bras, jusqu'alors croisés sur sa poitrine,
    S'étaient enfin ouverts !
Et l'enfant, soutenu dans sa main paternelle,
Inondé des éclairs de sa fauve prunelle,
    Rayonnait au travers !

Quand il eut bien fait voir l'héritier de ses trônes
Aux vieilles nations comme aux vieilles couronnes,

Éperdu, l'œil fixé sur quiconque était roi,
Comme un aigle arrivé sur une haute cime,
Il cria, tout joyeux, avec un air sublime :
« L'avenir ! l'avenir ! l'avenir est à moi ! »

Non, l'avenir n'est à personne !
Sire ! l'avenir est à Dieu !
A chaque fois que l'heure sonne,
Tout ici-bas nous dit adieu.
L'avenir ! l'avenir ! mystère !
Toutes les choses de la terre,
Gloire, fortune militaire,
Couronne éclatante des rois,
Victoire aux ailes embrasées,
Ambitions réalisées,
Ne sont jamais sur nous posées
Que comme l'oiseau sur nos toits !

Non, si puissant qu'on soit, non, qu'on rie ou qu'on pleure,
Nul ne te fait parler, nul ne peut avant l'heure
    Ouvrir ta froide main,
O fantôme muet, ô notre ombre, ô notre hôte !
Spectre toujours masqué qui nous suis côte à côte,
    Et qu'on nomme demain !

Oh ! demain, c'est la grande chose !
De quoi demain sera-t-il fait ?
L'homme aujourd'hui sème la cause,
Demain Dieu fait mûrir l'effet ;
Demain, c'est l'éclair dans la voile,
C'est le nuage sur l'étoile,
C'est un traître qui se dévoile,
C'est le bélier qui bat les tours,
C'est l'astre qui change de zone,
C'est Paris qui suit Babylone ;
Demain, c'est le sapin du trône,
Aujourd'hui, c'en est le velours !

Demain, c'est le cheval qui s'abat blanc d'écume.
Demain, ô conquérant, c'est Moscou qui s'allume,
    La nuit, comme un flambeau.
C'est votre vieille garde au loin jonchant la plaine.
Demain, c'est Waterloo, demain, c'est Sainte-Hélène!
    Demain, c'est le tombeau!

Dieu garde la durée et vous laisse l'espace;
Vous pouvez sur la terre avoir toute la place,
Être aussi grand qu'un front peut l'être sous le ciel;
Sire, vous pouvez prendre, à votre fantaisie,
L'Europe à Charlemagne, à Mahomet l'Asie; —
Mais tu ne prendras pas demain à l'Éternel!

O revers! ô leçon! — Quand l'enfant de cet homme
Eut reçu pour hochet la couronne de Rome;
Lorsqu'on l'eut revêtu d'un nom qui retentit;
Lorsqu'on eut bien montré son front royal, qui tremble,
Au peuple, émerveillé qu'on puisse tout ensemble
    Être si grand et si petit!

Quand son père eut pour lui gagné bien des batailles,
Lorsqu'il eut épaissi de vivantes murailles
Autour du nouveau-né, riant sur son chevet;
Quand ce grand ouvrier, qui savait comme on fonde,
Eut, à coups de cognée, à peu près fait le monde
    Selon le songe qu'il rêvait;

Quand tout fut préparé par les mains paternelles,
Pour doter l'humble enfant de splendeurs éternelles;
Lorsqu'on eut de sa vie assuré les relais;
Quand, pour loger un jour ce maître héréditaire,
On eut enraciné, bien avant dans la terre,
    Les pieds de marbre des palais;

Lorsqu'on eut pour sa soif posé devant la France
Un vase tout rempli du vin de l'espérance.....
Avant qu'il eût goûté de ce poison doré,

Avant que de sa lèvre il eût touché la coupe,
Un cosaque survint, qui prit l'enfant en croupe,
    Et l'emporta tout effaré !

Oui, l'aigle, un soir, planait aux voûtes éternelles,
Lorsqu'un grand coup de vent lui cassa les deux ailes
Sa chute fit dans l'air un foudroyant sillon ;
Tous alors sur son nid fondirent pleins de joie ;
Chacun, selon ses dents, se partagea la proie :
L'Angleterre prit l'aigle, et l'Autriche l'aiglon !...

Tous deux sont morts.—Seigneur, votre droite est terrible !
Vous avez commencé par le maître invincible,
    Par l'homme triomphant ;
Puis vous avez enfin complété l'ossuaire ;
Dix ans vous ont suffi pour filer le suaire
    Du père et de l'enfant !

Gloire, jeunesse, orgueil, biens que la tombe emporte !
L'homme voudrait laisser quelque chose à la porte ;
    Mais la mort lui dit non !
Chaque élément retourne où tout doit redescendre.
L'air reprend la fumée, et la terre la cendre ;
    L'oubli reprend le nom.

Victor Hugo.

LA COLONNE DE LA PLACE VENDOME.

O monument vengeur ! trophée indélébile !
Bronze qui, tournoyant sur ta base immobile,
Sembles porter au ciel ta gloire et ton néant ;
Et, de tout ce qu'a fait une main colossale,
Seul es resté debout ; — ruine triomphale
    De l'édifice du géant !

Débris du Grand Empire et de la Grande Armée,
Colonne, d'où si haut parle la renommée !

Je t'aime : l'étranger t'admire avec effroi
J'aime tes vieux héros, sculptés par la Victoire ;
    Et tous ces fantômes de gloire
    Qui se pressent autour de toi.

J'aime à voir sur tes flancs, Colonne étincelante,
Revivre ces soldats qu'en leur onde sanglante
Ont roulés le Danube, et le Rhin, et le Pô !
Tu mets, comme un guerrier, le pied sur ta conquête.
J'aime ton piédestal d'armures, et ta tête
    Dont le panache est un drapeau !

Que de fois, tu le sais, quand la nuit sous ses voiles
Fait fuir la blanche lune ou trembler les étoiles,
Je viens, triste, évoquer tes fastes devant moi ;
Et d'un œil enflammé dévorant ton histoire,
Prendre, convive obscur, ma part de tant de gloire,
    Comme un pâtre au banquet d'un roi !

Que de fois j'ai cru voir, ô Colonne française,
Ton airain ennemi rugir dans la fournaise !
Que de fois, ranimant les combattants épars,
Heurtant sur tes parois leurs armes dérouillées,
    J'ai ressuscité ces mêlées
    Qui t'assiégent de toutes parts !

Jamais, ô monument, même ivres de leur nombre,
Les étrangers sans peur n'ont passé sous ton ombre.
Leurs pas n'ébranlent point ton bronze souverain.
Quand le sort une fois les poussa vers nos rives,
Ils n'osaient étaler leurs parades oisives
    Devant tes batailles d'airain.

Mais quoi ! n'entends-je point, avec de sourds murmures,
De ta base à ton front bruire les armures ?
Colonne ! il m'a semblé qu'éblouissant mes yeux,
Tes bataillons cuivrés cherchaient à redescendre...

Que tes demi-dieux, noirs d'une héroïque cendre,
Interrompaient soudain leur marche vers les cieux !

Qu'est-ce donc ! — Et pourquoi, bronze envié de Rome,
Vois-je tes légions frémir comme un seul homme ?
Quel impossible outrage à ta hauteur atteint ?
Qui donc a réveillé ces ombres immortelles,
Ces aigles qui, battant ta base de leurs ailes,
Dans leur ongle captif pressent leur foudre éteint ?

Je comprends : — l'étranger qui nous croit sans mémoire,
Veut, feuillet par feuillet, déchirer notre histoire,
Écrite avec du sang, à la pointe du fer. —
Ose-t-il, imprudent ! heurter tant de trophées ?
De ce bronze, forgé de foudres étouffées,
    Chaque étincelle est un éclair !

Victor Hugo.

L'ARC DE TRIOMPHE DE L'ÉTOILE.

Toi dont la courbe au loin, par le couchant dorée,
S'emplit d'azur céleste, arche démesurée ;
Toi qui lèves si haut ton front large et serein,
Fait pour changer sous lui la campagne en abîme,
Et pour servir de base à quelque aigle sublime,
Qui viendra s'y poser, et qui sera d'airain !

O vaste entassement ciselé par l'histoire !
Monceau de pierre assis sur un monceau de gloire !
    Édifice inouï !
Toi que l'homme par qui notre siècle commence,
De loin, dans les rayons de l'avenir immense,
    Voyait, tout ébloui !

Non, tu n'es pas fini, quoique tu sois superbe !
Non ! puisque aucun passant, dans l'ombre assis sur l'herbe,
Ne fixe un œil rêveur à ton mur triomphant,

Tandis que, triviale, errante et vagabonde,
Entre tes quatre pieds toute la ville abonde,
Comme une fourmilière aux pieds d'un éléphant!

A ta beauté royale il manque quelque chose.
Les siècles vont venir pour ton apothéose,
  Qui te l'apporteront;
Il manque sur ta tête un sombre amas d'années,
Qui pendent, pêle-mêle et toutes ruinées,
  Aux brêches de ton front!

Il te manque la ride et l'antiquité fière,
Le passé, pyramide où tout siècle a sa pierre,
Les chapiteaux brisés, l'herbe sur les vieux fûts;
Il manque sous ta voûte, où notre orgueil s'élance,
Ce bruit mystérieux qui se mêle au silence,
Le sourd chuchotement des souvenirs confus!

La vieillesse couronne, et la ruine achève.
Il faut à l'édifice un passé dont on rêve,
  Deuil, triomphe ou remords.
Nous voulons, en foulant son enceinte pavée,
Sentir, dans la poussière à nos pieds soulevée,
  De la cendre des morts!

Il faut que le vieillard, chargé de jours sans nombre,
Menant son jeune fils sous l'arche pleine d'ombre,
Nomme Napoléon comme on nomme Cyrus;
Et dise, en la montrant de ses mains décharnées :
« Vois cette porte énorme! elle a trois mille années;
« C'est par là qu'ont passé des hommes disparus! »

Arche! alors tu seras éternelle et complète,
Quand tout ce que la Seine en son onde reflète
  Aura fui pour jamais,
Quand de cette cité, qui fut égale à Rome,
Il ne restera plus qu'un ange, un aigle, un homme,
  Debout sur trois sommets!

C'est alors que le roi, le sage, le poëte,
Tous ceux dont le passé presse l'âme inquiète,
T'admireront vivante auprès de Paris mort ;
Et pour mieux voir ta face où flotte un sombre rêve,
Lèveront à demi ton lierre, ainsi qu'on lève
Un voile sur le front d'une aïeule qui dort !

Sur ton mur, qui pour eux n'aura rien de vulgaire,
Ils chercheront nos mœurs, nos héros, notre guerre ;
  Tous pensifs à tes pieds,
Ils croiront voir, le long de ta frise animée,
Revivre le grand peuple avec la grande armée !
  « Oh ! diront-ils, voyez !

« Là, c'est le régiment, ce serpent des batailles,
« Traînant sur mille pieds ses luisantes écailles,
« Qui, tantôt furieux, se roule au pied des tours,
« Tantôt, d'un mouvement formidable et tranquille,
« Troue un rempart de pierre et traverse une ville,
« Avec son front sonore, où battent vingt tambours !

« Là-haut, c'est l'empereur avec ses capitaines,
« Qui songe s'il ira vers ces terres lointaines
  « Où se tourne son char,
« Et s'il doit préférer, pour vaincre et se défendre,
« La courbe d'Annibal ou l'angle d'Alexandre
  « Au carré de César.

« Là, c'est l'artillerie aux cent gueules de fonte,
« D'où la fumée à flots monte, tombe et remonte,
« Qui broie une cité, détruit les garnisons,
« Ruine, par la brèche incessamment accrue,
« Tours, dômes, ponts, clochers, et, comme une charrue,
« Creuse une horrible rue à travers les maisons ! »

Et tous les souvenirs qu'à ton front taciturne
Chaque siècle, en passant, versera de son urne
  Leur reviendront au cœur.

Ils feront de ton mur jaillir ta vieille histoire,
Et diront, en posant un panache de gloire
    Sur ton cimier vainqueur :

« Oh! que tout était grand dans cette époque antique!
« Si les ans n'avaient pas dévasté ce portique,
« Nous en retrouverions encor bien des lambeaux!
« Mais le temps, grand semeur de la ronce et du lierre,
« Touche les monuments d'une main familière,
« Et déchire le livre aux endroits les plus beaux! »
                      VICTOR HUGO.

Dithyrambes.

L'IMMORTALITÉ.

Lorsqu'en mourant le sage cède
Au décret éternel dont tout subit la loi,
  Un Dieu lui dit : « J'ai réservé pour moi
    « L'éternité qui te précède ;
  « L'éternité qui s'avance est à toi. »

Ah! que dis-je? écartons ce profane langage.
  L'éternité n'admet point de partage :
Tout entière en toi seul Dieu sut la réunir;
Dans lui ton existence à jamais fut tracée;
    Et déjà ton être à venir
  Était présent à sa vaste pensée.

    Sois donc digne de ton auteur ;
    Ne ravale point la hauteur
    De cette origine immortelle !
    Eh! qui peut mieux enseigner qu'elle
A braver des faux biens l'éclat ambitieux?
Que la terre est petite à qui la voit des cieux!

Que semble à ses regards l'ambition superbe?
C'est de ces vers rampants, dans leur humble cité,
Vils tyrans des gazons, conquérants d'un brin d'herbe
  L'invisible rivalité.
 Tous ces objets qu'agrandit l'ignorance,
  Que colore la vanité,
Que sont-ils aperçus dans un lointain immense,
Des célestes hauteurs de l'immortalité?...
Silence, êtres mortels! vaines grandeurs, silence!
L'obscurité, l'éclat, le savoir, l'ignorance,
  La force, la fragilité,
 Tout, excepté le crime et l'innocence,
 Et le respect d'une juste puissance,
Près du vaste avenir courte et frêle existence,
Aux yeux désenchanteurs de la réalité,
  Descend de sa haute importance
  Dans l'éternelle égalité.
Tel le vaste Apennin, de sa cime hautaine
Confondant à nos yeux et montagne et vallon,
 D'un monde entier ne forme qu'une plaine,
Et rassemble en un point un immense horizon.

Ah! si ce noble instinct par qui du grand Homère,
Par qui des Scipions l'esprit fut enfanté,
  N'était qu'une vaine chimère,
 Qu'un vain roman par l'orgueil inventé;
  Aux limites de sa carrière,
  D'où vient que l'homme épouvanté,
A l'aspect du néant se rejette en arrière?
  Pourquoi dans l'instabilité
  De cette demeure inconstante,
  Nourrit-il cette longue attente
  De l'immuable éternité?

  Non, ce n'est point un vain système,
C'est un instinct profond vainement combattu;

Et sans doute l'Être suprême
Dans nos cœurs le grava lui-même
Pour combattre le vice et servir la vertu.
Dans sa demeure inébranlable,
Assise sur l'éternité,
La tranquille immortalité
Propice au bon, et terrible au coupable,
Du temps qui sous ses yeux marche à pas de géant,
Défend l'ami de la justice,
Et ravit à l'espoir du vice
L'asile horrible du néant.

Oui, vous qui, de l'Olympe [1] usurpant le tonnerre,
Des éternelles lois renversez les autels,
Lâches oppresseurs de la terre,
Tremblez ! vous êtes immortels.
Et vous, vous, du malheur victimes passagères,
Sur qui veillent d'un Dieu les regards paternels,
Voyageurs d'un moment aux terres étrangères,
Consolez-vous ! — vous êtes immortels.

DELILLE.

LA POÉSIE SACRÉE.

Son front est couronné de palmes et d'étoiles;
Son regard immortel que rien ne peut ternir,
Traversant tous les temps, soulevant tous les voiles,
Réveille le passé, plonge dans l'avenir !
Du monde sous ses yeux les fastes se déroulent;
Les siècles à ses pieds comme un torrent s'écoulent :
A son gré descendant ou remontant leurs cours,
Elle sonne aux tombeaux l'heure, l'heure fatale;

---

[1] On voit que le poëte mêle l'Olympe du paganisme avec le Dieu de l'Évangile. Il fait encore un bien plus grand abus de ce mélange dans la partie que nous avons supprimée de son œuvre.

Ou sur sa lyre virginale
Chante au monde vieilli ce jour, père des jours.

❊

Écoutez ! — Jéhova s'élance
Du sein de son éternité.
Le chaos endormi s'éveille en sa présence ;
Sa vertu le féconde, et sa toute-puissance
Repose sur l'immensité.
Ieu dit, et le jour fut ; Dieu dit, et les étoiles
la nuit éternelle éclaircirent les voiles ;
Tous les éléments divers
A sa voix se séparèrent ;
Les eaux soudain s'écoulèrent
Dans le lit creusé des mers ;
Les montagnes s'élevèrent,
Et les aquilons volèrent
Dans les libres champs des airs.

Sept fois de Jéhova la parole féconde
Se fit entendre au monde,
Et sept fois le néant à sa voix répondit ;
Et Dieu dit : Faisons l'homme à ma vivante image.
Il dit, l'homme naquit ; à ce dernier ouvrage
Le Verbe créateur s'arrête et s'applaudit.

❊

Mais ce n'est plus un Dieu ; c'est l'homme qui soupire.
Éden a fui... voilà le travail et la mort.
Dans les larmes sa voix expire ;
La corde du bonheur se brise sur sa lyre,
Et Job en tire un son triste comme le sort.
Ah ! périsse à jamais le jour qui m'a vu naître !
Ah ! périsse à jamais la nuit qui m'a conçu,
Et le sein qui m'a donné l'être,
Et les genoux qui m'ont reçu !

Que du nombre des jours Dieu pour jamais l'efface!
Que, toujours obscurci des ombres du trépas,
Ce jour parmi les jours ne trouve plus sa place!
    Qu'il soit comme s'il n'était pas!

Maintenant dans l'oubli je dormirais encore
    Et j'achèverais mon sommeil
Dans cette longue nuit qui n'aura point d'aurore,
Avec ces conquérants que la terre dévore,
Avec le fruit conçu qui meurt avant d'éclore,
    Et qui n'a pas vu le soleil.

    Mes jours déclinent comme l'ombre;
    Je voudrais les précipiter.
    O mon Dieu! retranchez le nombre
    Des soleils que je dois compter.
    L'aspect de ma longue infortune
    Éloigne, repousse, importune
    Mes frères lassés de mes maux;
    En vain je m'adresse à leur foule,
    Leur pitié m'échappe, et s'écoule
    Comme l'onde au flanc des coteaux.

    Ainsi qu'un nuage qui passe,
    Mon printemps s'est évanoui;
    Mes yeux ne verront plus la trace
    De tous ces biens dont j'ai joui.
    Par le souffle de la colère,
    Hélas! arraché de la terre,
    Je vais d'où l'on ne revient pas:
    Mes vallons, ma propre demeure,
    Et cet œil même qui me pleure,
    Ne reverront jamais mes pas!

    L'homme vit un jour sur la terre
    Entre la mort et la douleur;
    Rassasié de sa misère,

Il tombe enfin comme la fleur ;
Il tombe ! au moins, par la rosée,
Des fleurs la racine arrosée
Peut-elle un moment refleurir ;
Mais l'homme, hélas ! après la vie,
C'est un lac dont l'eau s'est enfuie :
On le cherche, il vient de tarir.

Mes jours fondent comme la neige
Au souffle du courroux divin ;
Mon espérance, qu'il abrége,
S'enfuit comme l'eau de ma main ;
Ouvrez-moi mon dernier asile ;
Là, j'ai dans l'ombre un lit tranquille,
Lit préparé pour mes douleurs.
O tombeau ! vous êtes mon père ;
Et je dis aux vers de la terre :
Vous êtes ma mère et mes sœurs !

Mais les jours heureux de l'impie
Ne s'éclipsent pas au matin ;
Tranquille, il prolonge sa vie
Avec le sang de l'orphelin.
Il étend au loin ses racines ;
Comme un troupeau sur les collines,
Sa famille couvre Ségor ;
Puis dans un riche mausolée
Il est couché dans la vallée,
Et l'on dirait qu'il vit encor.

C'est le secret de Dieu ; je me tais et j'adore.
C'est sa main qui traça les sentiers de l'aurore,
Qui pesa l'Océan, qui suspendit les cieux.
Pour lui, l'abîme est nu, l'enfer même est sans voiles.
Il a fondé la terre et semé les étoiles :
    Et qui suis-je à ses yeux ?

Mais la harpe a frémi sous les doigts d'Isaïe ;
De son sein bouillonnant la menace à longs flots
S'échappe ; un Dieu l'appelle, il s'élance, il s'écrie :
Cieux et terre, écoutez ! silence au fils d'Amos !

Osias n'était plus. Dieu m'apparut : je vis
Adonaï vêtu de gloire et d'épouvante ;
Les bords éblouissants de sa robe flottante
    Remplissaient le sacré parvis.

Des séraphins, debout sur des marches d'ivoire,
Se voilaient devant lui de six ailes de feux ;
Volant de l'un à l'autre, ils se disaient entre eux :
Saint, saint, saint, le Seigneur, le Dieu, le roi des cieux !
    Toute la terre est pleine de sa gloire !

Du temple à ces accents la voûte s'ébranla ;
Adonaï s'enfuit sous la nue enflammée ;
Le saint lieu fut rempli de torrents de fumée ;
    La terre sous mes pieds trembla.

Et moi, je resterais dans un lâche silence !
Moi qui t'ai vu, Seigneur, je n'oserais parler !
    A ce peuple impur qui t'offense
    Je craindrais de te révéler !

Qui marchera pour nous ? dit le dieu des armées.
Qui parlera pour moi ? dit Dieu. Qui ? Moi, Seigneur.
    Touche mes lèvres enflammées :
    Me voilà ! je suis prêt !... malheur !

    Malheur à vous qui dès l'aurore
    Respirez les parfums du vin,
    Et que le soir retrouve encore
    Chancelants aux bords du festin !
    Malheur à vous qui par l'usure
    Étendez sans fin ni mesure
    La borne immense de vos champs !

Voulez-vous donc, mortels avides,
Habiter dans vos champs arides
Seuls sur la terre des vivants?

Malheur à vous, race insensée!
Enfants d'un siècle audacieux,
Qui dites dans votre pensée :
Nous sommes sages à nos yeux.
Vous changez la nuit en lumière,
Et le jour en ombre grossière
Où se cachent vos voluptés!
Mais comme un taureau dans la plaine,
Vous traînez après vous la chaîne
De vos longues iniquités!

Malheur à vous, filles de l'onde!
Iles de Sidon et de Tyr!
Tyrans, qui trafiquez du monde
Avec la pourpre et l'or d'Ophir!
Malheur à vous! votre heure sonne;
En vain l'Océan vous couronne!
Malheur à toi, reine des eaux,
A toi qui, sur des mers nouvelles,
Fais retentir, comme des ailes,
Les voiles de mille vaisseaux!

Ils sont enfin venus les jours de ma justice;
Ma colère, dit Dieu, se déborde sur vous!
 Plus d'encens, plus de sacrifice
 Qui puisse éteindre mon courroux!
Je livrerai ce peuple à la mort, au carnage :
Le fer moissonnera comme l'herbe sauvage
  Ses bataillons entiers!

— Seigneur, épargnez-nous! Seigneur! — Non, point de trêve;
Et je ferai sur lui ruisseler de mon glaive
  Le sang de ses guerriers!

Ses torrents sécheront sous ma brûlante haleine;
Ma main nivellera, comme une vaste plaine,
  Ses murs et ses palais;
Le feu les brûlera comme il brûle le chaume.
Là, plus de nation, de ville, de royaume;
  Le silence à jamais!

Ses murs se couvriront de ronces et d'épines;
L'hyène et les serpents peupleront ses ruines;
  Les hiboux, les vautours,
L'un l'autre s'appelant durant la nuit obscure,
Viendront à leurs petits porter la nourriture
  Au sommet de ses tours!

✼

Mais Dieu ferme, à ces mots, les lèvres d'Isaïe.
  Le sombre Ézéchiel
Sur le tronc desséché de l'ingrat Israël
Fait descendre à son tour la parole de vie!

✼

L'Éternel emporta mon esprit au désert:
D'ossements desséchés le sol était couvert;
J'approche en frissonnant, mais Jéhova me crie:
Si je parle à ces os, reprendront-ils la vie?
— Éternel, tu le sais. — Eh bien! dit le Seigneur,
Écoute mes accents; retiens-les, et dis-leur:
Ossements desséchés, insensible poussière,
Levez-vous! recevez l'esprit et la lumière!
Que vos membres épars s'assemblent à ma voix!
Que l'esprit vous anime une seconde fois!
Qu'entre vos os flétris vos muscles se replacent!
Que votre sang circule et vos nerfs s'entrelacent!
Levez-vous et vivez, et voyez qui je suis!
J'écoutai le Seigneur, j'obéis et je dis:

Esprit, soufflez sur eux, du couchant, de l'aurore ;
Soufflez de l'aquilon, soufflez !... Pressés d'éclore,
Ces restes du tombeau, réveillés par mes cris,
Entre-choquent soudain leurs ossements flétris ;
Aux clartés du soleil leur paupière se rouvre,
Leurs os sont rassemblés et la chair les recouvre !
Et ce champ de la mort tout entier se leva,
Redevint un grand peuple, et connut Jéhova.

✲

Mais Dieu de ses enfants a perdu la mémoire ;
La fille de Sion, méditant ses malheurs,
S'assied en soupirant, et, veuve de sa gloire,
Écoute Jérémie, et retrouve des pleurs.

✲

Le Seigneur, m'accablant du poids de sa colère,
Retire tour à tour et ramène sa main ;
  Vous qui passez par le chemin,
Est-il une misère égale à ma misère ?

En vain ma voix s'élève, il n'entend plus ma voix.
Il m'a choisi pour but de ses flèches de flamme,
  Et tout le jour contre mon âme
Sa fureur a lancé les fils de son carquois.

Sur mes os consumés ma peau s'est desséchée ;
Les enfants m'ont chanté dans leurs dérisions ;
  Seul, au milieu des nations,
Le Seigneur m'a jeté comme une herbe arrachée.

Il s'est enveloppé de son divin courroux ;
Il a fermé ma route, il a troublé ma voie ;
  Mon sein n'a plus connu la joie,
Et j'ai dit au Seigneur : Seigneur, souvenez-vous,

Souvenez-vous, Seigneur, de ces jours de colère ;
Souvenez-vous du fiel dont vous m'avez nourri ;
    Non, votre amour n'est point tari :
Vous me frappez, Seigneur, et c'est pourquoi j'espère.

Je repasse en pleurant ces misérables jours ;
J'ai connu le Seigneur dès ma plus tendre aurore :
    Quand il punit, il aime encore ;
Il ne s'est pas, mon âme, éloigné pour toujours.

Heureux qui le connaît ! heureux qui, dès l'enfance,
Porta le joug d'un Dieu clément dans sa rigueur !
    Il croit au salut du Seigneur,
S'assied au bord du fleuve, et l'attend en silence !

Il sent peser sur vous ce joug de votre amour ;
Il répand dans la nuit ses pleurs et sa prière,
    Et, la bouche dans la poussière,
Il invoque, il espère, il attend votre jour.

    Silence, ô lyre ! et vous, silence,
    Prophètes, voix de l'avenir !
    Tout l'univers se tait d'avance
    Devant celui qui doit venir.
    Fermez-vous, lèvres inspirées !
    Reposez-vous, harpes sacrées,
    Jusqu'au jour où, sur les hauts lieux,
    Une voix au monde inconnue
    Fera retentir dans la nue :
    Paix à la terre et gloire aux cieux !

A. DE LAMARTINE.

Ïambes.

ANDRE CHÉNIER A SES AMIS[1].

Quand au mouton bêlant la sombre boucherie
    Ouvre ses cavernes de mort,
Pauvres chiens et moutons, toute la bergerie
    Ne s'informe plus de son sort.
Les enfants qui suivaient ses ébats dans la plaine,
    Les vierges aux belles couleurs,
Qui le baisaient en foule, et sur sa blanche laine
    Entrelaçaient rubans et fleurs,
Sans plus penser à lui le mangent, s'il est tendre.
    Dans cet abîme enseveli,
J'ai le même destin. Je m'y devais attendre.
    Accoutumons-nous à l'oubli.
Oubliés, comme moi, dans cet affreux repaire,
    Mille autres moutons, comme moi,
Pendus aux crocs sanglants du charnier populaire,
    Seront servis au peuple-roi.
Que pouvaient mes amis? Oui, de leur main chérie,
    Un mot à travers ces barreaux
A versé quelque baume en mon âme flétrie;
    De l'or peut-être à mes bourreaux...
Mais tout est précipice. Ils ont eu droit de vivre.
    Vivez, amis, vivez contents.
En dépit de Bavus, soyez lents à me suivre.
    Peut-être en de plus heureux temps,
J'ai moi-même, à l'aspect des pleurs de l'infortune,
    Détourné mes regards distraits;
A mon tour, aujourd'hui mon malheur importune.
    Vivez, amis, vivez en paix.

ANDRÉ CHÉNIER.

[1] André Chénier, qui périt d'une si déplorable façon sur l'échafaud révolutionnaire, fit cette pièce de vers et les deux suivantes dans la prison où on l'avait jeté avant son exécution.

AMERTUME DU MÊME POËTE PENDANT SA CAPTIVITÉ.

Que promet l'avenir ? quelle franchise auguste,
    De mâle constance et d'honneur ;
Quels exemples sacrés, doux à l'âme du juste ;
    Pour lui quelle ombre de bonheur,
Quelle Thémis, terrible aux têtes criminelles ;
    Quels pleurs d'une noble pitié,
Des antiques bienfaits quels souvenirs fidèles,
    Quels beaux échanges d'amitié
Font digne de regrets l'habitacle des hommes !
    La peur blême et louche est leur dieu.
Le désespoir ?... Le fer. Ah ! lâches que nous sommes !
    Tous, oui, tous. Adieu, terre, adieu.
Vienne, vienne la mort ! Que la mort me délivre !
    Ainsi donc, mon cœur abattu
Cède au poids de ses maux ? Non, non, puissé-je vivre !
    Ma vie importe à la vertu.
Car l'honnête homme, enfin, victime de l'outrage,
    Dans les cachots, près du cercueil,
Relève plus altiers son front et son langage,
    Brillants d'un généreux orgueil.
S'il est écrit aux cieux que jamais une épée
    N'étincellera dans mes mains,
Dans l'encre et l'amertume une autre arme trempée
    Peut encor servir les humains.
Justice, vérité, si ma bouche sincère,
    Si mes pensers les plus secrets,
Ne froncèrent jamais votre sourcil sévère ;
    Et si les infâmes progrès,
Si la risée atroce, ou (plus atroce injure)
    L'encens de hideux scélérats,
Ont pénétré vos cœurs d'une longue blessure,
    Sauvez-moi ; conservez un bras
Qui lance votre foudre, un amant qui vous venge.

Mourir sans vider mon carquois !
Sans percer, sans fouler, sans pétrir dans leur fange
　　Ces bourreaux, barbouilleurs de lois,
Ces tyrans effrontés de la France asservie,
　　Égorgée !... O mon cher trésor,
O ma plume ! Fiel, bile, horreur, dieux de ma vie !
　　Par vous seuls je respire encor.
Quoi ! nul ne restera pour attendrir l'histoire
　　Sur tant de justes massacrés :

. . . .

Pour consoler leurs fils, leurs veuves et leurs mères
　　Pour que des brigands abhorrés
Frémissent aux portraits noirs de leur ressemblance ;
　　Pour descendre jusqu'aux enfers,
Chercher le triple fouet, le fouet de la vengeance,
　　Déjà levé vers ces pervers ;
Pour insulter leurs noms, pour chanter leur supplice !
　　Allons, étouffe tes clameurs :
Souffre, ô cœur gros de haine, affamé de justice.
　　Toi, vertu, pleure si je meurs.

ANDRÉ CHÉNIER.

DERNIERS VERS D'ANDRÉ CHÉNIER

AVANT D'ALLER A L'ÉCHAFAUD.

Comme un dernier rayon, comme un dernier zéphire
　　Anime la fin d'un beau jour,
Au pied de l'échafaud j'essaye encor ma lyre.
　　Peut-être est-ce bientôt mon tour ;
Peut-être avant que l'heure, en cercle promenée,
　　Ait posé, sur l'émail brillant,
Dans les soixante pas où sa route est bornée,
　　Son pied sonore et vigilant,
Le sommeil du tombeau pressera ma paupière.
　　Avant que de ses deux moitiés

Ce vers que je commence ait atteint la dernière,
 Peut-être, en ces murs effrayés,
Le messager de mort, noir recruteur des ombres,
 Escorté d'infâmes soldats,
Remplira de mon nom ces longs corridors sombres.

. . . .

ANDRÉ CHÉNIER.

LA CURÉE DES PLACES APRÈS LA RÉVOLUTION DE 1830.

Paris n'est maintenant qu'une sentine impure,
 Un égout sordide et boueux,
Où mille noirs courants de limon et d'ordure
 Viennent traîner leurs flots honteux ;
Un taudis regorgeant de faquins sans courage
 D'effrontés coureurs de salons,
Qui vont de porte en porte et d'étage en étage,
 Gueusant quelques bouts de galons ;
Une halle cynique, aux clameurs insolentes,
 Où chacun cherche à déchirer
Un misérable coin des guenilles sanglantes
 Du pouvoir qui vient d'expirer.
Ainsi, quand dans sa bauge aride et solitaire,
 Le sanglier, frappé de mort,
Est là, tout palpitant, étendu sur la terre,
 Et sous le soleil qui le mord,
Lorsque, blanchi de bave et la langue tirée,
 Ne bougeant plus en ses liens,
Il meurt, et que la trompe a sonné la curée
 A toute la meute des chiens ;
Toute la meute alors, comme une vague immense,
 Bondit ; alors chaque mâtin
Hurle en signe de joie, et prépare d'avance
 Ses larges crocs pour le festin ;

Et puis vient la cohue, et les abois féroces
    Roulent de vallons en vallons ;
Chiens courants et limiers, et dogues et molosses,
    Tout se lance, et tout crie : « Allons ;
Quand le sanglier tombe et roule sur l'arène,
    Allons, allons, les chiens sont rois ;
Allons, nous n'avons plus de valet qui nous fouaille,
    Et qui se pende à notre cou ;
Du sang chaud, de la chair ; allons, faisons ripaille,
    Et gorgeons-nous tout notre soûl ; »
Et tous, comme ouvriers que l'on met à la tâche,
    Fouillent ces flancs à plein museau,
Et de l'ongle et des dents travaillent sans relâche ;
    Car chacun en veut un morceau,
Car il faut au chenil que chacun d'eux revienne
    Avec un os demi-rongé,
Et que, trouvant au seuil son orgueilleuse chienne,
    Jalouse et le poil allongé,
Il lui montre sa gueule encor rouge, et qui grogne,
    Son os dans les dents arrêté,
Et lui crie, en jetant son quartier de charogne :
    « Voici ma part de royauté. »

A. Barbier.

LE COURAGE CIVIQUE.

Hélas ! nous vivons tous dans un temps de misère,
    Un temps à nul autre pareil,
Où la corruption mange et ronge sur terre
    Tout ce qu'en tire le soleil,
Où dans le cœur humain l'égoïsme déborde,
    Où rien de bon n'y fait séjour,
Où partout la vertu montre bientôt la corde,
    Où le héros ne l'est qu'un jour ;
Un temps où les serments et la foi politique
    Ne soulèvent plus que des ris,

Où le sublime autel de la pudeur publique
  Jonche le sol de ses débris ;
Un vrai siècle de boue, où, tous tant que nous sommes,
  Chacun se vautre et se salit ;
Où, comme en un linceul, dans le mépris des hommes,
  Le monde entier s'ensevelit !
Pourtant, si quelque jour de ces fangeux abîmes,
  Où nous roulons aveuglément,
De ce chaos immense où les âmes sublimes
  Apparaissent si rarement,
Tout d'un coup, par hasard, il en surgissait une,
  Au large front, au bras charnu ;
Une âme toute en fer, sans peur à la tribune,
  Sans peur devant un glaive nu ;
Si cette âme, en un mot, saisissant le vulgaire,
  Et le frappant de son éclat,
Montait, avec l'appui de la main populaire,
  S'asseoir au timon de l'État ;
Alors je lui crierais, de ma voix de poëte
  Et de mon cœur de citoyen :
« Homme placé si haut, ne baisse pas la tête,
  Marche, marche, et n'écoute rien !
Laisse le peuple, en bas, applaudir à ton rôle,
  Et se repaître de ton nom ;
Laisse-le te promettre un jour même l'épaule
  Pour te porter au Panthéon !
Marche ! et ne pense pas à son temple de pierre ;
  Souviens-toi que, changeant de goût,
Sa main du Panthéon peut chasser ta poussière,
  Et la balayer dans l'égout !
Marche pour la patrie, et, sans qu'il nous en coûte,
  Marche en ta force et le front haut ;
Et dût ton pied heurter, à la fin de ta route,
  Les planches de quelque échafaud,
Dût ton front de génie et ta tête sublime
  Tomber enfin avec le jour,

Du peuple, quel qu'il soit, ne cherche que l'estime,
  Ne redoute que son amour !... »

A. BARBIER.

NAPOLÉON.

O Corse à cheveux plats, que ta France était belle,
  Au grand soleil de messidor !
C'était une cavale indomptable et rebelle,
  Sans frein d'acier ni rênes d'or ;
Une jument sauvage à la croupe rustique,
  Fumante encor du sang des rois,
Mais fière et d'un pied libre heurtant le sol antique,
  Libre pour la première fois :
Jamais aucune main n'avait passé sur elle
  Pour la flétrir et l'outrager ;
Jamais ses larges flancs n'avaient porté la selle
  Et le harnais de l'étranger ;
Tout son poil était vierge : et, belle vagabonde,
  L'œil haut, la croupe en mouvement,
Sur ses jarrets dressés, elle effrayait le monde
  Du bruit de son hennissement.
Tu parus, et sitôt que tu vis son allure,
  Ses reins si souples et dispos,
Centaure impétueux, tu pris sa chevelure,
  Tu montas, botté, sur son dos.
Alors, comme elle aimait les rumeurs de la guerre,
  La poudre et les tambours battants,
Pour champs de course alors tu lui donnas la terre,
  Et des combats pour passe-temps ;
Alors plus de repos, plus de nuits, plus de sommes,
  Toujours l'air, toujours le travail,
Toujours comme du sable écraser des corps d'hommes,
  Toujours du sang jusqu'au poitrail ;
Quinze ans, son dur sabot, dans sa course rapide,

Broya les générations :
Quinze ans, elle passa fumante, à toute bride,
Sur le ventre des nations.
Enfin, lasse d'aller sans finir sa carrière,
D'aller sans user son chemin,
De pétrir l'univers, et comme une poussière
De soulever le genre humain ;
Les jarrets épuisés, haletante et sans force,
Prête à fléchir à chaque pas,
Elle demanda grâce à son cavalier corse,
Mais, bourreau, tu n'écoutas pas !
Tu la pressas plus fort de ta cuisse nerveuse,
Pour étouffer ses cris ardents,
Tu retournas le mors dans sa bouche baveuse,
De fureur tu brisas ses dents :
Elle se releva ; mais, un jour de bataille,
Ne pouvant plus mordre ses freins,
Mourante, elle tomba sur un lit de mitraille,
Et du coup te cassa les reins.

BARBIER.

Odes (genre gracieux).

A PHILOMÈLE.

Pourquoi, plaintive Philomèle,
Songer encore à vos malheurs,
Quand, pour apaiser vos douleurs,
Tout cherche à vous marquer son zèle ?

L'univers, à votre retour,
Semble renaître pour vous plaire ;
Les dryades à votre amour
Prêtent leur ombre solitaire.

Loin de vous l'Aquilon fougueux
Souffle sa piquante froidure ;
La terre reprend sa verdure ;
Le ciel brille des plus beaux feux.

Pour vous l'amante de Céphale
Enrichit Flore de ses pleurs.
Le Zéphir cueille sur les fleurs
Les parfums que la terre exhale.

Pour entendre vos doux accents,
Les oiseaux cessent leur ramage,
Et le chasseur le plus sauvage
Respecte vos jours innocents.

Cependant votre âme attendrie,
Par un douloureux souvenir,
Des malheurs d'une sœur chérie
Semble toujours s'entretenir.

Hélas ! que mes tristes pensées
M'offrent des maux bien plus cuisants !
Vous pleurez des peines passées :
Je pleure des ennuis présents.

Et quand la nature attentive
Cherche à calmer vos déplaisirs,
Il faut même que je me prive
De la douceur de mes soupirs.

J.-B. Rousseau.

AU ROSSIGNOL.

Quand ta voix céleste prélude
Aux silences des belles nuits,
Barde ailé de ma solitude,
Tu ne sais pas que je te suis !

Tu ne sais pas que mon oreille,
Suspendue à ta douce voix,
De l'harmonieuse merveille
S'enivre souvent sous les bois !

Tu ne sais pas que mon haleine
Sur mes lèvres n'ose passer,
Que mon pied muet foule à peine
La feuille qu'il craint de froisser !

Et qu'enfin un autre poëte,
Dont la lyre a moins de secrets,
Dans son âme envie et répète
Ton hymne nocturne aux forêts !

Mais si l'astre des nuits se penche
Aux bords des monts pour t'écouter,
Tu te caches, de branche en branche,
Au rayon qui vient y flotter.

Et si la source qui repousse
L'humble caillou qui l'arrêtait
Élève une voix sous la mousse,
La tienne se trouble et se tait !

Ah ! ta voix touchante ou sublime
Est trop pure pour ce bas lieu !
Cette musique qui t'anime
Est un instinct qui monte à Dieu !

Tes gazouillements, ton murmure,
Sont un mélange harmonieux
Des plus doux bruits de la nature,
Des plus vagues soupirs des cieux !

Ta voix, qui peut-être s'ignore,
Est la voix du bleu firmament,
De l'arbre, de l'antre sonore,
Du vallon sous l'ombre dormant !

Tu prends les sons que tu recueilles
Dans le gazouillement des flots,
Dans les frémissements des feuilles,
Dans les bruits mourants des échos,

Dans l'eau qui filtre goutte à goutte
Du rocher nu dans le bassin,
Et qui résonne sous sa voûte,
En ridant l'azur de son sein;

Et de ces doux sons où se mêle
L'instinct céleste qui t'instruit,
Dieu fit ta voix, ô Philomèle!
Et tu fais ton hymne à la nuit!

Ah! ces douces scènes nocturnes,
Ces pieux mystères du soir,
Et ces fleurs qui penchent leurs urnes
Comme l'urne d'un encensoir;

Ces feuilles où tremblent des larmes,
Ces fraîches haleines des bois,
O nature! avaient trop de charmes
Pour n'avoir pas aussi leur voix!

Et cette voix mystérieuse,
Qu'écoutent les anges et moi,
Ce soupir de la nuit pieuse,
Oiseau mélodieux, c'est toi!

Oh! mêle ta voix à la mienne!
La même oreille nous entend;
Mais ta prière aérienne
Monte mieux au ciel qui l'attend!

Elle est l'écho d'une nature
Qui n'est qu'amour et pureté,
Le brûlant et divin murmure,
L'hymne flottant des nuits d'été!

Et nous, dans cette voix sans charme,
Qui gémit en sortant du cœur !
On sent toujours trembler des larmes,
Ou retentir une douleur !

A. DE LAMARTINE.

FONTENAY.

Désert, aimable solitude,
Séjour du calme et de la paix,
Asile où n'entrèrent jamais
Le tumulte et l'inquiétude ;

C'est toi qui me rends à moi-même ;
Tu calmes mon cœur agité,
Et de ma seule oisiveté
Tu me fais un bonheur extrême.

Parmi ces bois et ces hameaux,
C'est là que je commence à vivre,
Et j'empêcherai de m'y suivre
Le souvenir de tous mes maux.

Emplois, grandeurs tant désirées,
J'ai connu vos illusions ;
Je vis loin des préventions
Que forgent vos chaînes dorées.

La cour ne peut plus m'éblouir ;
Libre de son joug le plus rude,
J'ignore ici la servitude
De louer qui je dois haïr.

Fils des dieux, qui des flatteries
Repaissez votre vanité,
Apprenez que la vérité
Ne s'entend que dans nos prairies.

Grotte d'où sort ce clair ruisseau,
De mousse et de fleurs tapissée,
N'entretiens jamais ma pensée
Que du murmure de ton eau.

Ah! quelle riante peinture
Chaque jour se pare à mes yeux
Des trésors dont la main des dieux
Se plaît d'enrichir la nature!

Quel plaisir de voir les troupeaux,
Quand le midi brûle l'herbette,
Rangés autour de la houlette,
Chercher l'ombre sous ces ormeaux!

Puis, sur le soir, à nos musettes
Ouïr répondre les coteaux,
Et retentir tous nos hameaux
De hautbois et de chansonnettes!

Mais, hélas! ces paisibles jours
Coulent avec trop de vitesse;
Mon indolence et ma paresse
N'en peuvent arrêter le cours.

Déjà la vieillesse s'avance,
Et je verrai dans peu la mort
Exécuter l'arrêt du sort
Qui m'y livre sans espérance.

Fontenay, lieu délicieux
Où je vis d'abord la lumière,
Bientôt au bout de ma carrière,
Chez toi je joindrai mes aïeux.

Muses, qui dans ce lieu champêtre
Avec soin me fîtes nourrir;
Beaux arbres qui m'avez vu naître,
Bientôt vous me verrez mourir.

Cependant du frais de votre ombre
Il faut sagement profiter,
Sans regret prêt à vous quitter
Pour le manoir terrible et sombre,

Où des arbres dont tout exprès
Pour un plus doux et long usage,
Mes mains ornèrent ce bocage,
Nul ne me suivra qu'un cyprès.

CHAULIEU.

A MES AMIS.

Sans monter au char de victoire,
Meurt le poëte créateur ;
Son siècle est trop près de sa gloire
Pour en mesurer la hauteur.
C'est Bélisaire au Capitole ;
La foule court à quelque idole,
Et jette, en passant, une obole
Au mendiant triomphateur.

Amis, dans ma douce retraite,
A tous vos maux je dis adieu.
Là ma vie est molle et secrète :
J'ai des autels pour chaque dieu.
Le myrte, qu'au laurier j'enchaîne,
Y croît sous l'ombrage du chêne ;
J'y mets Horace avec Mécène,
Et Corneille sans Richelieu.

Là, dans l'ombre, descend ma muse,
A l'œil fier, aux traits ingénus,
Image éclatante et confuse
Des anges à l'homme inconnus.
Ses rayons cherchent le mystère ;
Son aile, chaste et solitaire,

Jamais ne permet à la terre
D'effleurer ses pieds blancs et nus.

Là je cache un hymen prospère;
Et sur mon seuil hospitalier
Parfois tu t'assieds, ô mon père!
Comme un antique chevalier.
Ma famille est ton humble empire;
Et mon fils, avec un sourire,
Dort aux sons de ma jeune lyre,
Bercé dans ton vieux bouclier.

VICTOR HUGO

A UNE JEUNE FILLE.

Vous qui ne savez pas combien l'enfance est belle,
Enfant! n'enviez point notre âge de douleurs,
Où le cœur tour à tour est esclave et rebelle,
Où le rire est souvent plus triste que vos pleurs.

Votre âge insouciant est si doux, qu'on l'oublie!
Il passe comme un souffle au vaste champ des airs,
Comme une voix joyeuse en fuyant affaiblie,
  Comme un alcyon sur les mers.

Oh! ne vous hâtez point de mûrir vos pensées!
Jouissez du matin, jouissez du printemps;
Vos heures sont des fleurs l'une à l'autre enlacées;
Ne les effeuillez pas plus vite que le temps.

Laissez venir les ans! le destin vous dévoue,
Comme nous, aux regrets, à la fausse amitié,
A ces maux sans espoir que l'orgueil désavoue,
  A ces plaisirs qui font pitié!

Riez pourtant! du sort ignorez la puissance;
Riez! n'attristez pas votre front gracieux,

Votre œil d'azur, miroir de paix et d'innocence,
Qui révèle votre âme et réfléchit les cieux,

VICTOR HUGO.

Sonnets.

A DIEU.

Grand Dieu, tes jugements sont remplis d'équité :
Toujours tu prends plaisir à nous être propice ;
Mais j'ai tant fait de mal, que jamais ta bonté
Ne me pardonnera qu'en blessant ta justice.

Oui, Seigneur, la grandeur de mon impiété
Ne laisse à ton pouvoir que le choix du supplice.
Ton intérêt s'oppose à ma félicité,
Et ta clémence même attend que je périsse.

Contente ton désir, puisqu'il t'est glorieux,
Offense-toi des pleurs qui coulent de mes yeux :
Tonne, frappe, il est temps, rends-moi guerre pour guerre.

J'adore, en périssant, la raison qui t'aigrit,
Mais dessus[1] quel endroit tombera ton tonnerre,
Qui ne soit tout couvert du sang de Jésus-Christ ?

DESBARREAUX.

SUR LA MORT DE RICHELIEU.

Impuissantes grandeurs, faibles dieux de la terre,
N'élevez plus au ciel vos triomphes divers ;
La vertu des lauriers dont vous êtes couverts
Ne peut vous garantir des coups de son tonnerre.

Le ministre fameux que cette tombe enserre

---

[1] *Dessus* pour *sur* ne se dit plus.

Ne témoigne que trop aux yeux de l'univers
Que la pourpre est sujette à l'injure des vers,
Et que l'éclat du monde est un éclat de verre.

Tous les autres veillaient au soin de sa grandeur,
Augmentaient tous les jours sa pompe et sa splendeur,
Et rendaient en tous lieux sa puissance célèbre.

Cependant sa puissance a trouvé son écueil ;
Sa pompe n'est plus rien qu'une pompe funèbre,
Et sa grandeur se borne à celle d'un cercueil.

CLAUDE DE MALLEVILLE.

AU CARDINAL DE RICHELIEU.

Par vos humeurs le monde est gouverné ;
Vos volontés font le calme et l'orage ;
Et vous riez de me voir confiné,
Loin de la cour, dans mon petit village.

Cléomédon, mes désirs sont contents ;
Je trouve beau le désert où j'habite,
Et connais bien qu'il faut céder au temps,
Fuir [1] l'éclat, et devenir ermite.

Je suis heureux de vieillir sans emploi,
De me cacher, de vivre tout à moi,
D'avoir dompté la crainte et l'espérance.

Et si le ciel, qui me traite si bien,
Avait pitié de vous et de la France,
Votre bonheur serait égal au mien [2].

MAYNARD.

[1] *Fuir* ne doit plus former qu'une syllabe.
[2] Ce courageux sonnet épigrammatique fut adressé par son auteur au plus puissant des ministres, par qui il avait été dédaigné.

CONTRE COLBERT,

AU SUJET DE LA DISGRACE DU SURINTENDANT FOUQUET.

Ministre avare et lâche, esclave malheureux,
Qui gémis sous le poids des affaires publiques,
Victime dévouée aux chagrins politiques,
Fantôme révéré sous un titre onéreux !

Vois combien des grandeurs le comble est dangereux ;
Contemple de Fouquet les funestes reliques ;
Et tandis qu'à sa perte en secret tu t'appliques,
Crains qu'on ne te prépare un destin plus affreux !

Sa chute quelque jour te peut être commune ;
Crains ton parti, ton rang, la cour et la fortune ;
Nul ne tombe innocent d'où l'on te voit monté.

Cesse donc d'animer ton prince à son supplice,
Et, près d'avoir besoin de toute sa bonté,
Ne le fais pas user de toute sa justice[1].

JEAN HÉNAULT.

SUR LA MORT DE JEAN HÉNAULT.

S'élève qui voudra, par force ou par adresse,
Jusqu'au sommet glissant des grandeurs de la cour ;
Hénault sut, sans quitter un aimable séjour,
Loin du monde et du bruit, rechercher la sagesse.

Là, sans crainte des grands, sans faste et sans tristesse,
Ses yeux, après la nuit, voyaient naître le jour ;
Il y vit les saisons se suivre tour à tour,
Et dans un doux repos attendit la vieillesse.

---

[1] L'auteur lui-même regretta ce sonnet (d'ailleurs remarquable par l'expression et l'indignation) dirigé contre un des plus grands ministres qu'ait eu la France.

Ainsi, lorsque la mort vint et rompit le cours
Des bienheureux moments qui composaient ses jours,
Il mourut chargé d'ans, inconnu, solitaire.

Qu'un homme est misérable à l'heure du trépas,
Lorsqu'ayant négligé le seul point nécessaire,
Il meurt connu de tous, et ne se connaît pas !

ANONYME.

LE VRAI BONHEUR.

J'ai fait le tour des choses de la vie ;
J'ai bien erré dans le monde de l'art ;
Cherchant le beau, j'ai poussé le hasard :
Dans mes efforts la grâce s'est enfuie !

A bien des cœurs où la joie est ravie,
J'ai demandé du bonheur, mais trop tard !
A maint orage, éclos sous un regard,
J'ai dit : « Renais, ô flamme évanouie ! »

Et j'ai trouvé, bien las enfin et mûr,
Que pour l'art même et sa beauté plus vive,
Il n'est rien tel qu'une grâce naïve ;

Et qu'en bonheur il n'est charme plus sûr,
Fleur plus divine aux gazons de la rive,
Qu'un jeune cœur embelli d'un front pur.

SAINTE-BEUVE.

L'ANGE.

Il est, au pied du Christ, à côté de sa mère,
Un ange, le plus beau des habitants du ciel,
Un frère adolescent de ceux que Raphaël
Entre ses bras divins apporta sur la terre.

Un léger trouble effleure à demi sa paupière,
Sa voix ne s'unit pas au cantique éternel;
Mais son regard, plus tendre et presque maternel,
Suit l'homme qui s'égare au vallon de misère.

De clémence et d'amour esprit consolateur,
Dans une coupe d'or, sous les yeux du Seigneur,
Par lui du repentir les larmes sont comptées;

Car de la pitié sainte il a reçu le don;
C'est lui qui mène à Dieu les âmes rachetées,
Et ce doux séraphin se nomme : le pardon!

Antoine de Latour.

LE JOUR DES MORTS.

Voici le jour des morts : l'âme croit les entendre;
Mais, au lieu d'un jour sombre et d'un ciel attristé,
Une heure de printemps se lève sur leur cendre,
Comme un signe de paix et d'immortalité.

Vers les champs du repos, autour de la cité,
La foule des vivants commence à se répandre,
Et plus d'un a choisi le sentier écarté
Que peut-être demain il lui faudra reprendre.

Ah! vous n'êtes pas là, vous que j'ai tant pleurés;
Le hasard fit, hélas! à vos mânes sacrés,
Pour la nuit de la tombe, un chevet solitaire.

Mais la loi du temps cesse où la vie a cessé,
Et les larmes du cœur vont partout, sous la terre,
Consoler dans la mort le pauvre trépassé.

Antoine de Latour.

L'AUTOMNE.

Chaque jour, en tombant sur la terre glacée,
Des feuilles de nos bois la dernière moisson
Emporte de mon cœur la plus chère pensée,
Quelque sonnet qui suit le pâle tourbillon.

Et feuilles et sonnets, au gré de l'Aquilon,
S'égarent un moment sur la foule insensée,
Puis retournent flétris à l'ombre du vallon ;
Le voyageur les foule, et leur heure est passée.

Du moins, lorsque de mai le soleil renaîtra,
Sur les monts rajeunis l'arbre reverdira.
Et pour lui les hivers n'auront été qu'un rêve ;

Mais vainement, hélas ! des jours qu'il a perdus
Le poëte en son cœur croit réveiller la séve :
Le cœur n'a qu'un printemps et ne refleurit plus.

ANTOINE DE LATOUR.

Cantates.

SUR UN ARBRISSEAU.

(Cantate mythologique.)

Jeune et tendre arbrisseau, l'espoir de mon verger,
Fertile nourrisson de Vertumne et de Flore,
Des faveurs de l'hiver redoutez le danger,
Et retenez vos fleurs qui se pressent d'éclore,
Séduites par l'éclat d'un beau jour passager.

    Imitez la sage anémone,
    Craignez Borée et ses retours,
    Attendez que Flore et Pomone
    Vous puissent prêter leur secours.

Philomèle est toujours muette,
Progné craint de nouveaux frissons ;
Et la timide violette
Se cache encor sous les gazons.

Imitez la sage anémone,
Craignez Borée et ses retours,
Attendez que Flore et Pomone
Vous puissent prêter leur secours.

Soleil, père de la nature,
Viens répandre en ces lieux tes fécondes chaleurs,
Dissipe les frimas, écarte la froidure
    Qui brûle nos fruits et nos fleurs ;
    Cérès, pleine d'impatience,
N'attend que ton retour pour enrichir nos bords ;
    Et sur ta fertile présence
Bacchus fonde l'espoir de ses nouveaux trésors.

Les lieux d'où tu prends ta course
Virent ses premiers combats,
Mais loin des climats de l'Ourse,
Il porta toujours ses pas.

        J.-B. ROUSSEAU.

CANTATE POUR LES ENFANTS
D'UNE MAISON DE CHARITÉ.

(Sujet chrétien.)

RÉCITATIF.

Le temple de Sion était dans le silence !
Les saints hymnes dormaient sur les harpes de Dieu,
Les foyers odorants que l'encensoir balance
S'éteignaient ; et l'encens, comme un nuage immense,
S'élevait en rampant sur les murs du saint lieu.

Les docteurs de la loi, les chefs de la prière,

Étaient assis dans leur orgueil ;
Sous leurs sourcils pensifs ils cachaient leur paupière,
Ou lançaient sur la foule un superbe coup d'œil ;
Leur voix interrogeait la timide jeunesse,
Les rides de leurs fronts témoignaient leur sagesse ;
Respirant du Sina l'antique majeste,
De leurs cheveux blanchis, de leur barbe touffue
On croyait voir glisser sur leur poitrine nue
    La lumière et la charité,
    Comme des neiges des montagnes
Descendent, ô Sârons, sur tes humbles campagnes
    Le jour et la fertilité !

Un enfant devant eux s'avança, plein de grâce ;
La foule, en l'admirant, devant ses pas s'ouvrait,
    Puis se refermait sur sa trace ;
    Il semblait éclairer l'espace
D'un jour surnaturel que lui seul ignorait !

    Des ombres de sa chevelure
    Son front sortait, comme un rayon
    Échappé de la nue obscure
    Éclaire un sévère horizon.

    Ce front pur et mélancolique
    S'avançait sur l'œil inspiré,
    Tel qu'un majestueux portique
    S'avance sur un seuil sacré !

    L'éclair céleste de son âme
    S'adoucissait dans son œil pur,
    Comme une étoile dont la flamme
    Sort plus douce des flots d'azur.

    Il parla : les sages doutèrent
    De leur orgueilleuse raison,
    Et les colonnes l'écoutèrent,
    Les colonnes de Salomon !

PREMIÈRE VOIX.

O merveilleuse histoire! ô prodiges étranges
Que la mère à ses fils se plaît à raconter!

DEUXIÈME VOIX.

Que disait cet enfant?

PREMIÈRE VOIX.

Interrogez les anges,
Eux seuls pourraient le répéter!

DEUXIÈME VOIX.

D'où sortait ce Joas?

PREMIÈRE VOIX.

De l'ombre de la vie,
De l'exil, du silence et de la pauvreté!

DEUXIÈME VOIX.

Comment disparut-il de la foule ravie?

PREMIÈRE VOIX.

Il rentra dans l'obscurité;
Dans les humbles travaux d'une vie inconnue,
Comme l'aurore sous la nue,
Il se cacha vingt ans dans son humilité;
On ne le revit plus qu'à la fin du mystère,
Enseignant le ciel à la terre,
Sur le sable ou sur l'eau semant la vérité,
Puis, traînant son supplice au sommet du Calvaire,
De l'homme qu'il aimait victime volontaire,
Revêtir l'iniquité,
Arroser de son sang sa semence prospère,
Et payer à son père
Le monde racheté.

LE CHŒUR.

Du sage et de l'enfant c'est le maître sublime,
C'est le flambeau qui nous luit,
C'est l'âme qui nous anime,
Le chemin qui nous conduit!

PREMIÈRE VOIX.

Il disait à celui dont la main nous repousse :
Laissez-les venir à moi!

DEUXIÈME VOIX.

Et voilà qu'une main mystérieuse et douce
Tout petits jusqu'à lui nous mène par la foi!

PREMIÈRE VOIX.

Il disait : Faites-vous des trésors que la rouille
Ne puisse pas ronger sous d'impuissants verrous!

DEUXIÈME VOIX.

Et voilà que des mains, que ce seul mot dépouille,
S'ouvrent devant lui seul et s'épanchent sur nous!

PREMIÈRE VOIX.

Il disait : Espérez! et fiez-vous au père!
L'hirondelle n'a point de palais sur la terre,
Elle trouve au sommet de la tour solitaire
    Une tuile pour ses petits!
Le passereau n'a pas semé la graine amère.
Mais de tous ses enfants la Providence est mère,
L'une a le toit du riche, et l'autre a ses épis!

LE CHOEUR.

Nous sommes l'hirondelle errante et sans asile :
Le toit de l'étranger nous prête ses abris;
    Le passereau de l'Évangile :
Nous ne moissonnons pas, et nous sommes nourris!

DEUXIÈME VOIX.

Que disait-il encore?

PREMIÈRE VOIX.

    Voyez sur la verdure
  Éclater le lis du vallon!
  Pour se composer sa parure
Il n'a filé de lin, ni tissu de toison,
Et pourtant sa tunique est plus riche et plus pure,
  Que les robes de Salomon!

LE CHOEUR.

Nous sommes les lis des vallées ;
Les tièdes laines des brebis
Par nous n'ont point été filées,
Et la main invisible a tissé nos habits !

DEUXIÈME VOIX.

Et nous, enfants, que peut notre reconnaissance ?
Nos toits sont sans trésors et notre âge impuissant !
Nous n'avons que nos mains à lever en silence
  Vers cette Providence
  D'où vient la récompense,
  D'où le bienfait descend !

PREMIÈRE VOIX.

Et que pourraient de plus les rois et leur puissance?
  Pour nos modestes bienfaiteurs
Priez donc, élevez la voix de l'innocence,
La prière s'épure en passant par vos cœurs !

DEUXIÈME VOIX.

Heureux l'homme pour qui la prière attendrie
  S'élève des lèvres d'autrui !
Il obtient par la voix de l'orphelin qui prie
  Plus qu'il n'a fait pour lui.

PREMIÈRE VOIX.

La prière est le don sans tache et sans souillure
  Que devant l'autel du Très-Haut
L'homme doit présenter dans une argile pure
  Et dans ses vases sans défaut ;
Comment offrir ce don dans ce métal profane
  Que sa sainteté nous défend ?
Du cristal ou de l'or que notre encens émane,
Le vase le plus pur est le cœur d'un enfant !

DEUXIÈME VOIX.

Le vœu souvent perdu de nos cœurs s'évapore ;
Mais ce vœu de nos cœurs par d'autres présenté,

Est comme un faible son dans un temple sonore,
Qui d'échos en échos, croissant et répété,
S'élève et retentit jusqu'à l'éternité !

PREMIÈRE VOIX.

Prions donc ! élevons la voix de l'innocence,
La prière s'épure en passant par nos cœurs !
Les anges porteront à la Toute-Puissance
Nos bénédictions et l'encens de nos pleurs !
Prions donc ! élevons la voix de l'innocence,
La prière s'épure en passant par nos cœurs !

PRIÈRE.

O toi dont l'oreille s'incline
Au nid du pauvre passereau,
Au brin d'herbe de la colline
Qui soupire après un peu d'eau !

Providence qui les console,
Toi qui sais de quelle humble main
S'échappe la secrète obole
Dont le pauvre achète son pain !

Toi qui tiens dans ta main diverse
L'abondance et la nudité,
Afin que de leur doux commerce
Naissent justice et charité !

Charge-toi seule, ô Providence,
De connaître nos bienfaiteurs,
Et de puiser leur récompense
Dans les trésors de tes faveurs !

Notre cœur, qui pour eux t'implore,
A l'ignorance est condamné ;
Car toujours leur main gauche ignore
Ce que leur main droite a donné !

Mais que le bienfait qui se cache
Sous l'humble manteau de la foi,
A leurs mains pieuses s'attache
Et les trahisse devant toi !

Qu'un vœu qui dans leur cœur commence,
Que leurs soupirs les plus voilés
Soient exaucés dans ta clémence
Avant de t'être révélés !

Que leurs mères dans leur vieillesse
Ne meurent qu'après des jours pleins !
Et que les fils de leur jeunesse
Ne restent jamais orphelins !

Mais que leur race se succède
Comme les chênes de Membré,
Dont aux ans le vieux tronc ne cède
Que quand le jeune a prospéré !

Ou comme ces eaux toujours pleines,
Dans les sources de Siloé,
Où nul flot ne sort des fontaines
Qu'après que d'autres ont coulé !

A. DE LAMARTINE.

Grandes Chansons. — Romances.

SOUVENIRS D'ENFANCE.

Lieux où jadis m'a bercé l'Espérance,
Je vous revois à plus de cinquante ans.
On rajeunit aux souvenirs d'enfance,
Comme on renaît au souffle du printemps.

Salut ! à vous, amis de mon jeune âge ;
Salut ! parents que mon amour bénit ;

Grâce à vos soins, ici, pendant l'orage,
Pauvre oiselet, j'ai pu trouver un nid...

J'ai fait ici plus d'un apprentissage,
A la paresse, hélas! toujours enclin.
Mais je me crus des droits au nom de sage,
Lorsqu'on m'apprit le métier de Franklin.

C'était à l'âge où naît l'amitié franche,
Sol que fleurit un matin plein d'espoir.
Un arbre y croît, dont souvent une branche
Nous sert d'appui pour marcher jusqu'au soir

Lieux où jadis m'a bercé l'Espérance,
Je vous revois à plus de cinquante ans.
On rajeunit aux souvenirs d'enfance,
Comme on renaît au souffle du printemps.

C'est dans ces murs qu'en des jours de défaites,
De l'ennemi j'écoutais le canon ;
Ici, ma voix, mêlée aux chants des fêtes,
De la patrie a bégayé le nom.

Ame rêveuse, aux ailes de colombe,
De mes sabots, là, j'oubliais le poids ;
Du ciel, ici, sur moi la foudre tombe,
Et m'apprivoise avec celle des rois.

Contre le sort ma raison s'est armée,
Sous l'humble toit, et vient aux mêmes lieux
Narguer la gloire, inconstante fumée,
Qui tire aussi des larmes de nos yeux.

Amis, parents, témoins de mon aurore,
Objet d'un culte avec le temps accru,
Oui, mon berceau me semble doux encore,
Et la berceuse a pourtant disparu.

Lieux où jadis m'a bercé l'Espérance,

Je vous revois à plus de cinquante ans.
On rajeunit aux souvenirs d'enfance,
Comme on renaît au souffle du printemps.

BÉRANGER.

LES ENFANTS DE LA FRANCE.

Reine du monde, ô France, ô ma patrie !
Soulève enfin ton front cicatrisé.
Sans qu'à tes yeux leur gloire en soit flétrie,
De tes enfants l'étendard s'est brisé ;
Quand la fortune outrageait ta vaillance,
Quand de tes mains tombait le sceptre d'or,
   Tes ennemis disaient encor :
« Honneur aux enfants de la France ! »

De tes grandeurs tu sus te faire absoudre,
France, et ton nom triomphe des revers :
Tu peux tomber, mais c'est comme la foudre
Qui se relève et gronde au haut des airs.
Le Rhin, aux bords ravis à ta puissance,
Porte à regret le tribut de ses eaux ;
   Il crie au fond de ses roseaux :
« Honneur aux enfants de la France ! »

Pour effacer des coursiers du barbare
Les pas empreints dans tes champs profanés,
Jamais le ciel te fut-il moins avare ?
D'épis nombreux vois ces champs couronnés.
D'un vol fameux prompts à venger l'offense,
Vois les beaux-arts, consolant leurs autels,
   Y graver en traits immortels :
« Honneur aux enfants de la France ! »

Prête l'oreille aux accents de l'histoire :
Quel peuple ancien devant toi n'a tremblé ?
Quel nouveau peuple, envieux de ta gloire,

Ne fut cent fois de ta gloire accablé?
En vain l'Anglais a mis dans la balance
L'or que pour vaincre ont mendié les rois.
 Des siècles entends-tu la voix :
 « Honneur aux enfants de la France ! »

Relève-toi, France, reine du monde !
Tu vas cueillir tes lauriers les plus beaux ;
Oui, d'âge en âge, une palme féconde
Doit de tes fils protéger les tombeaux.
Que près du mien, telle est mon espérance,
Pour la patrie admirant mon amour,
 Le voyageur répète un jour :
 « Honneur aux enfants de la France ! »

BÉRANGER.

LE RETOUR DANS LA PATRIE.

Qu'il va lentement le navire
A qui j'ai confié mon sort !
Au rivage où mon cœur aspire,
Qu'il est lent à trouver un port !
 France adorée !
 Douce contrée !
Mes yeux cent fois ont cru te découvrir.
 Qu'un vent rapide
 Soudain nous guide
Aux bords sacrés où je reviens mourir.
Mais enfin le matelot crie :
« Terre, terre, là-bas, voyez ! »
Ah ! tous mes maux sont oubliés.
 Salut à ma patrie ! !

Oui, voilà les rives de France ;
Oui, voilà le port vaste et sûr,
Voisin des champs où mon enfance

S'écoula sous un chaume obscur !
    France adorée !
    Douce contrée !
Après vingt ans enfin je te revois ;
    De mon village
    Je vois la plage,
Je vois fumer la cime de mes toits.
   Combien mon âme est attendrie !
   Là furent mes premiers amours ;
   Là ma mère m'attend toujours.
    Salut à ma patrie ! !

   Loin de mon berceau, jeune encore,
   L'inconstance emporta mes pas
   Jusqu'au sein des mers où l'aurore
   Sourit aux plus riches climats.
    France adorée !
    Douce contrée !
Dieu te devait leurs fécondes chaleurs.
    Toute l'année,
    Là brille ornée
De fleurs, de fruits, et de fruits et de fleurs.
   Mais là, ma jeunesse flétrie
   Rêvait à des climats plus chers ;
   Là je regrettais nos hivers.
    Salut à ma patrie ! !

   Poussé chez des peuples sauvages,
   Qui m'offraient de régner sur eux,
   J'ai su défendre leurs rivages
   Contre des ennemis nombreux.
    France adorée !
    Douce contrée !
Tes champs alors gémissaient envahis :
    Puissance et gloire,
    Cris de victoire,

Rien n'étouffa la voix de mon pays.
De tout quitter mon cœur me prie :
Je reviens pauvre, mais constant.
Une bêche est là qui m'attend.
Salut à ma patrie ! !

Au bruit des transports d'allégresse,
Enfin le navire entre au port.
Dans cette barque où l'on se presse,
Hâtons-nous d'atteindre le bord.
France adorée !
Douce contrée !
Puissent tes fils te revoir ainsi tous !
Enfin j'arrive,
Et sur la rive
Je rends au ciel, je rends grâce à genoux.
Je t'embrasse, ô terre chérie !
Dieu ! qu'un exilé doit souffrir !
Moi, désormais je puis mourir,
Salut à ma patrie ! !

BÉRANGER

LA SAINTE ALLIANCE DES PEUPLES.

J'ai vu la paix descendre sur la terre,
Semant de l'or, des fleurs et des épis.
L'air était calme, et du dieu de la guerre
Elle étouffait les foudres assoupis.
« Ah ! disait-elle, égaux par la vaillance,
« Français, Anglais, Belge, Russe ou Germain,
« Peuples, formez une sainte alliance,
« Et donnez-vous la main.

« Pauvres mortels, tant de haine vous lasse !
« Vous ne goûtez qu'un pénible sommeil ;
« D'un globe étroit divisez mieux l'espace :

« Chacun de vous aura place au soleil;
« Tous attelés au char de la puissance,
« Du vrai bonheur vous quittez le chemin.
« Peuples, formez une sainte alliance,
  « Et donnez-vous la main.

« Chez vos voisins vous portez l'incendie;
« L'aquilon souffle, et vos toits sont brûlés;
« Et quand la terre est enfin refroidie,
« Le soc languit sous des bras mutilés.
« Près de la borne où chaque état commence,
« Aucun épi n'est pur de sang humain.
« Peuples, formez une sainte alliance,
  « Et donnez-vous la main.

« Des potentats, dans vos cités en flammes,
« Osent debout, de leur sceptre insolent,
« Marquer, compter et recompter les âmes
« Que leur adjuge un triomphe sanglant.
« Faibles troupeaux, vous passez sans défense
« D'un joug pesant sous un joug inhumain.
« Peuples, formez une sainte alliance,
  « Et donnez-vous la main.

« Que Mars en vain n'arrête point sa course.
« Fondez les lois dans vos pays souffrants :
« De votre sang ne livrez plus la source
« Aux rois ingrats, aux vastes conquérants.
« Des astres faux conjurez l'influence;
« Effroi d'un jour, ils pâliront demain.
« Peuples, formez une sainte alliance,
  « Et donnez-vous la main.

« Oui, libre enfin, que le monde respire;
« Sur le passé jetez un voile épais.
« Semez vos champs aux accords de la lyre;
« L'encens des arts doit brûler pour la paix;

« L'espoir riant, au sein de l'abondance,
« Accueillera les doux fruits de l'hymen.
« Peuples, formez une sainte alliance,
  « Et donnez-vous la main. »

Ainsi parlait cette vierge adorée,
Et plus d'un roi répétait ses discours.
Comme au printemps la terre était parée ;
L'automne en fleurs rappelait les amours.
Pour l'étranger, coulez, bons vins de France ;
De sa frontière il reprend le chemin.
Peuples, formons une sainte alliance,
  Et donnons-nous la main.

BÉRANGER.

LE VOYAGE IMAGINAIRE.

L'automne accourt, et sur son aile humide
M'apporte encor de nouvelles douleurs.
Toujours souffrant, toujours pauvre et timide,
De ma gaîté je vois pâlir les fleurs.
Arrachez-moi des fanges de Lutèce,
Sous un beau ciel mes yeux devaient s'ouvrir.
Tout jeune aussi, je rêvais à la Grèce :
C'est là, c'est là que je voudrais mourir.

Dieu ! qu'un seul jour, éblouissant ma vue,
Ce beau soleil me réchauffe le cœur !
La Liberté, que de loin je salue,
  Me crie : « Accours, Thrasybule est vainqueur. »
  Partons ! partons, la barque est préparée ;
Mer, en ton sein garde-moi de périr.
Laisse ma muse aborder au Pirée :
C'est là, c'est là que je voudrais mourir.

Il est bien doux le ciel de l'Italie ;
Mais l'esclavage en obscurcit l'azur.

Vogue plus loin, nocher, je t'en supplie,
Vogue où là-bas renaît un jour si pur.
Quels sont ces flots ? quel est ce roc sauvage ?
Quel sol brillant à mes yeux vient s'offrir !
La tyrannie expire sur la plage :
C'est là, c'est là que je voudrais mourir.

Daignez au port accueillir un barbare,
Vierge d'Athène, encouragez ma voix.
Pour vos climats je quitte un ciel avare,
Où le génie est l'esclave des rois.
Sauvez ma lyre : elle est persécutée ;
Et si mes chants pouvaient vous attendrir,
Mêlez ma cendre aux cendres de Tyrtée :
Sous ce beau ciel je suis venu mourir.

Béranger.

SUR LA JOURNÉE DE WATERLOO.

De vieux soldats m'ont dit : « Grâce à ta muse,
Le peuple, enfin, à des chants pour sa voix.
Ris du laurier qu'un parti te refuse ;
Consacre encor des vers à nos exploits.
Chante ce jour qu'invoquaient des perfides,
Ce dernier jour de gloire et de revers. »
J'ai répondu, baissant des yeux humides :
« Son nom jamais n'attristera mes vers. »

Qui, dans Athène, au nom de Chéronée
Mêla jamais des sons harmonieux ?
Par la fortune Athènes détrônée
Maudit Philippe, et douta de ses dieux.
Un jour pareil voit tomber notre empire,
Voit l'étranger nous rapporter des fers,
Voit des Français lâchement leur sourire.
Jamais son nom n'attristera mes vers.

« Périsse enfin le géant des batailles !
Disaient les rois : peuples, accourez tous.
La liberté sonne ses funérailles ;
Par vous sauvés, nous régnerons par vous. »
Le géant tombe, et ces nains sans mémoire
A l'esclavage ont voué l'univers.
Des deux côtés ce jour trompa la gloire.
Son nom jamais n'attristera mes vers.

Mais quoi ! déjà les hommes d'un autre âge
De ma douleur se demandent l'objet.
Que leur importe, en effet, ce naufrage ?
Sur le torrent leur berceau surnageait.
Qu'ils soient heureux ! Leur astre, qui se lève,
Du jour funeste efface les revers.
Mais, dût ce jour n'être plus qu'un vain rêve,
Son nom jamais n'attristera mes vers.

BÉRANGER.

L'ORAGE.

Chers enfants, dansez, dansez !
  Votre âge
 Échappe à l'orage :
Par l'espoir gaîment bercés,
 Dansez, chantez, dansez !

A l'ombre des vertes charmilles,
Fuyant l'école et les leçons,
Petits garçons, petites filles,
Vous voulez danser aux chansons.
 En vain ce pauvre monde
  Craint de nouveaux malheurs ;
 En vain la foudre gronde,
  Couronnez-vous de fleurs.

Chers enfants, dansez, dansez !

        Votre âge
    Échappe à l'orage :
Par l'espoir gaîment bercés,
    Dansez, chantez, dansez!

L'éclair sillonne le nuage ;
Mais il n'a point frappé vos yeux ;
L'oiseau se tait dans le feuillage ;
Rien n'interrompt vos chants joyeux,
    J'en crois votre allégresse :
      Oui, bientôt d'un ciel pur
    Vos yeux, brillants d'ivresse,
      Réfléchiront l'azur.

Chers enfants, dansez, dansez !
        Votre âge
    Échappe à l'orage :
Par l'espoir gaîment bercés,
    Dansez, chantez, dansez !

Vos pères ont eu bien des peines ;
Comme eux ne soyez point trahis.
D'une main ils brisaient leurs chaînes,
De l'autre ils vengeaient leur pays.
    De leur char de victoire
      Tombés sans déshonneur,
    Ils vous lèguent la gloire :
      Ce fut tout leur bonheur.

Chers enfants, dansez, dansez !
        Votre âge
    Échappe à l'orage :
Par l'espoir gaîment bercés,
    Dansez, chantez, dansez !

Au bruit de lugubres fanfares,
Hélas ! vos yeux se sont ouverts.
C'était le clairon des barbares,

Qui vous annonçait nos revers.
 Dans le fracas des armes,
 Sous nos toits en débris,
 Vous mêliez à nos larmes
 Votre premier souris.

Chers enfants, dansez, dansez !
  Votre âge
 Échappe à l'orage :
Par l'espoir gaîment bercés,
 Dansez, chantez, dansez !

Vous triompherez des tempêtes
Où notre courage expira :
C'est en éclatant sur nos têtes
Que la foudre nous éclaira.
 Si le Dieu qui vous aime
 Crut devoir nous punir,
 Pour vous sa main ressème
 Les champs de l'avenir.

Chers enfants, dansez, dansez !
  Votre âge
 Échappe à l'orage
Par l'espoir gaîment bercés,
 Dansez, chantez, dansez !

Enfants, l'orage qui redouble
Du sort présage le courroux,
Le sort ne vous cause aucun trouble ;
Mais à mon âge on craint ses coups.
 S'il faut que je succombe
 En chantant nos malheurs,
 Déposez sur ma tombe
 Vos couronnes de fleurs.

Chers enfants, dansez, dansez !
  Votre âge
 Échappe à l'orage :

Par l'espoir gaîment bercés,
Dansez, chantez, dansez !

BÉRANGER.

LA PETITE FÉE.

Enfants, il était une fois
Une fée appelée Urgande,
Grande à peine de quatre doigts,
Mais de bonté vraiment bien grande.
De sa baguette un ou deux coups
Donnaient félicité parfaite.
Ah ! bonne fée, enseignez-nous
Où vous cachez votre baguette !

Dans une conque de saphir,
De huit papillons attelée,
Elle passait comme un zéphyr,
Et la terre était consolée.
Les raisins mûrissaient plus doux ;
Chaque moisson était complète.
Ah ! bonne fée, enseignez-nous
Où vous cachez votre baguette !

C'était la marraine d'un roi,
Dont elle créait les ministres,
Braves gens, soumis à la loi,
Qui laissaient voir dans leurs registres.
Du bercail ils chassaient les loups,
Sans abuser de la houlette.
Ah ! bonne fée, enseignez-nous
Où vous cachez votre baguette !

Les juges, sous ce roi puissant,
Étaient l'organe de la fée ;
Et par eux jamais l'innocent
Ne voyait sa plainte étouffée.

Jamais pour l'erreur à genoux
La clémence n'était muette.
Ah! bonne fée, enseignez-nous
Où vous cachez votre baguette!

Pour que son filleul fût béni,
Elle avait touché sa couronne;
Il voyait tout son peuple uni,
Prêt à mourir pour sa personne.
S'il venait des voisins jaloux,
On les forçait à la retraite.
Ah! bonne fée, enseignez-nous
Où vous cachez votre baguette!

Dans un beau palais de cristal,
Hélas! Urgande est retirée.
En Amérique tout va mal;
Au plus fort l'Asie est livrée.
Nous éprouvons un sort plus doux;
Mais pourtant, si bien qu'on nous traite,
Ah! bonne fée, enseignez-nous
Où vous cachez votre baguette!

BÉRANGER.

LE TAILLEUR ET LA FÉE.

Dans ce Paris plein d'or et de misère,
En l'an du Christ mil sept cent quatre-vingt,
Chez un tailleur, mon pauvre vieux grand-père,
Moi nouveau-né, sachez ce qui m'advint :
Rien ne prédit la gloire d'un Orphée
A mon berceau, qui n'était pas de fleurs;
Mais mon grand-père, accourant à mes pleurs,
Me trouve un jour dans les bras d'une fée;
Et cette fée, avec de gais refrains,
Calmait le cri de mes premiers chagrins.

Le bon vieillard lui dit, l'âme inquiète :
« A cet enfant quel destin est promis ? »
Elle répond : « Vois-le, sous ma baguette,
« Garçon d'auberge, imprimeur et commis.
« Un coup de foudre ajoute à mes présages :
« Ton fils atteint va périr consumé ;
« Dieu le regarde, et l'oiseau ranimé
« Vole, en chantant, braver d'autres orages. »
Et puis la fée, avec de gais refrains,
Calmait le cri de mes premiers chagrins.

« Tous les plaisirs, sylphes de la jeunesse,
« Éveilleront sa lyre au sein des nuits.
« Au toit du pauvre il répand l'allégresse ;
« A l'opulence il sauve des ennuis.
« Mais quel spectacle attriste son langage ?
« Tout s'engloutit, et gloire et liberté :
« Comme un pêcheur qui rentre épouvanté,
« Il vient au port raconter leur naufrage. »
Et puis la fée, avec de gais refrains,
Calmait le cri de mes premiers chagrins.

Le vieux tailleur s'écrie : « Eh quoi ! ma fille
« Ne m'a donné qu'un faiseur de chansons !
« Mieux jour et nuit vaudrait tenir l'aiguille
« Que, faible écho, mourir en de vains sons.
« — Va, dit la fée, à tort tu t'en alarmes ;
« De grands talents ont de moins beaux succès.
« Ses chants légers seront chers aux Français,
« Et du proscrit adouciront les larmes. »
Et puis la fée, avec de gais refrains,
Calmait le cri de mes premiers chagrins.

Amis, hier, j'étais faible et morose.
L'aimable fée apparaît à mes yeux.
Ses doigts distraits effeuillent une rose ;
Elle me dit : « Tu te vois déjà vieux.

« Tel qu'aux déserts parfois brille un mirage,
« Aux cœurs vieillis s'offre un doux souvenir.
« Pour te fêter tes amis vont s'unir :
« Longtemps près d'eux revis dans un autre âge. »
Et puis la fée, avec ses gais refrains,
Comme autrefois dissipa mes chagrins.

BÉRANGER.

LES SOUVENIRS DU PEUPLE.

On parlera de sa gloire
Sous le chaume bien longtemps.
L'humble toit, dans cinquante ans,
Ne connaîtra pas d'autre histoire.
Là viendront les villageois
Dire alors à quelque vieille :
« Par des récits d'autrefois,
Mère, abrégez notre veille.
Bien, dit-on, qu'il nous ait nui,
Le peuple encor le révère,
   Oui, le révère.
Parlez-nous de lui, grand'mère,
   Parlez-nous de lui.

— Mes enfants, dans ce village,
Suivi de rois, il passa.
Voilà bien longtemps de ça :
Je venais d'entrer en ménage.
A pied grimpant le coteau
Où pour voir je m'étais mise,
Il avait petit chapeau
Avec redingote grise.
Près de lui je me troublai ;
Il me dit : Bonjour, ma chère,
   Bonjour, ma chère.
— Il vous a parlé, grand'mère !
   Il vous a parlé !

—L'an d'après, moi, pauvre femme,
A Paris étant un jour,
Je le vis avec sa cour :
Il se rendait à Notre-Dame.
Tous les cœurs étaient contents ;
On admirait son cortége.
Chacun disait : Il fait beau temps ;
Le ciel toujours le protége.
Son sourire était bien doux ;
D'un fils Dieu le rendait père,
    Le rendait père.
— Quel beau jour pour vous, grand'mère !
    Quel beau jour pour vous !

Mais quand la pauvre Champagne
Fut en proie aux étrangers,
Lui, bravant tous les dangers,
Semblait seul tenir la campagne.
Un soir, tout comme aujourd'hui,
J'entends frapper à la porte ;
J'ouvre : bon Dieu ! c'était lui,
Suivi d'une faible escorte ;
Il s'asseoit où me voilà,
En s'écriant : Oh ! quelle guerre !
    Oh ! quelle guerre !
— Il s'est assis là, grand'mère,
    Il s'est assis là.

— J'ai faim, dit-il. Et bien vite
Je sers piquette et pain bis ;
Puis il sèche ses habits ;
Même à dormir le feu l'invite.
Au réveil, voyant mes pleurs,
Il me dit : Bonne espérance !
Je cours de tous ses malheurs,
Sous Paris, venger la France.

Il part ; et comme un trésor
J'ai depuis gardé son verre,
    Gardé son verre.
— Vous l'avez encor, grand'mère !
    Vous l'avez encor !

— Le voici. Mais à sa perte
Le héros fut entraîné.
Lui, qu'un pape a couronné,
Est mort dans une île déserte.
Longtemps aucun ne l'a cru ;
On disait : Il va paraître ;
Par mer il est accouru ;
L'étranger va voir son maître.
Quand d'erreur on nous tira,
Ma douleur fut bien amère !
    Fut bien amère !
— Dieu vous bénira, grand'mère,
    Dieu vous bénira.

BÉRANGER.

LE MONTAGNARD ÉMIGRÉ.

Combien j'ai douce souvenance
Du joli lieu de ma naissance !
Ma sœur, qu'ils étaient beaux ces jours
    De France !
O mon pays ! sois mes amours
    Toujours !

Te souvient-il que notre mère,
Au foyer de notre chaumière,
Nous pressait sur son sein joyeux,
    Ma chère !
Et nous baisions ses blonds cheveux,
    Tous deux.

Ma sœur, te souvient-il encore
Du château que baignait la Dore,
Et de cette tant vieille tour
    Du More,
Où l'airain sonnait le retour
    Du jour?

Te souvient-il du lac tranquille
Qu'effleurait l'hirondelle agile,
Du vent qui courbait le roseau
    Mobile,
Et du soleil couchant sur l'eau,
    Si beau?

Te souvient-il de cette amie,
Douce compagne de ma vie?
Dans les bois, cueillant la fleur
    Jolie,
Hélène appuyait sur mon cœur
    Son cœur.

Oh! qui me rendra mon Hélène,
Et ma montagne, et le grand chêne?
Leur souvenir fait tous les jours
    Ma peine;
Mon pays sera mes amours
    Toujours!

CHATEAUBRIAND.

PRIEZ POUR MOI[1].

Dans la solitaire bourgade,
Languissait un pauvre malade
D'un long mal qui va consumant.
Il disait : « Gens de la chaumière,

---

[1] Composé par l'auteur huit jours avant sa mort.

Voici l'heure de la prière
Et les tintements du beffroi;
Vous qui priez, priez pour moi.

« Mais quand vous verrez la cascade
Se couvrir de sombres rameaux,
Vous direz : « Le jeune malade
Est délivré de tous maux! »
Lors revenez sur cette rive
Chanter la complainte naïve;
Et quand tintera le beffroi,
Vous qui priez, priez pour moi.

« Quand à la haine, à l'imposture,
J'oppose mes mœurs et le temps,
D'une vie honorable et pure
Le terme approche : je l'attends.
Il fut court, mon pèlerinage!
Je meurs au printemps de mon âge;
Mais du sort je subis la loi :
Vous qui priez, priez pour moi.

« Ma compagne, ma seule amie,
Digne objet d'un constant amour!
Je t'avais consacré ma vie,
Hélas! et je ne vis qu'un jour!
Plaignez-la, gens de la chaumière,
Lorsqu'à l'heure de la prière,
Elle viendra sous le beffroi
Vous dire aussi : « Priez pour moi! »

MILLEVOYE.

Ballades.

LA FEUILLE DE CHÊNE.

Reposons-nous sous la feuille de chêne.

Je vous dirai l'histoire qu'autrefois,
En revenant de la cité prochaine,
Mon père, un soir, me conta dans les bois :
(O mes amis, que Dieu vous garde un père!
Le mien n'est plus.) De la terre étrangère,
Seul dans la nuit, et pâle de frayeur,
S'en revenait un riche voyageur.

Reposons-nous sous la feuille du chêne.

Un meurtrier sort du taillis voisin.
O voyageur! ta perte est trop certaine;
Ta femme est veuve, et ton fils orphelin.
« Traître, a-t-il dit, nous sommes seuls dans l'ombre;
Mais, près de nous, vois-tu ce chêne sombre?
Il est témoin : au tribunal vengeur,
Il redira la mort du voyageur! »

Reposons-nous sous la feuille du chêne.

Le meurtrier dépouilla l'inconnu;
Il emporta dans sa maison lointaine
Cet or sanglant, par le crime obtenu.
Près d'une épouse industrieuse et sage,
Il oublia le chêne et son feuillage;
Et seulement une fois la rougeur
Couvrit son front, au nom du voyageur.

Reposons-nous sous la feuille du chêne.

Un jour enfin, assis tranquillement
Sous la ramée, au bord d'une fontaine,

Il s'abreuvait d'un laitage écumant.
Soudain le vent fraîchit ; avant l'automne,
Au sein des airs la feuille tourbillonne ;
Sur le laitage elle tombe... O terreur !
C'était ta feuille, arbre du voyageur.

Reposons-nous sous la feuille du chêne.

Le meurtrier devint pâle et tremblant ;
La verte feuille et la claire fontaine,
Et le lait pur, tout lui parut sanglant.
Il se trahit ; on l'écoute, on l'enchaîne,
Devant le juge en tumulte on l'entraîne.
Tout se révèle ; et l'échafaud vengeur
Apaise enfin le sang du voyageur.

Reposons-nous sous la feuille du chêne.

MILLEVOYE.

LA VEILLE DE NOEL.

Entre mes doigts guide ce lin docile,
Pour mon enfant tourne, léger fuseau ;
Seul tu soutiens sa vie encor débile,
Tourne sans bruit auprès de son berceau.

Les entends-tu, chaste Reine des anges,
Ces tintements de l'airain solennel ?
Le peuple, en foule entourant ton autel,
Avec amour répète tes louanges.

Pour mon enfant tourne, léger fuseau,
Tourne sans bruit auprès de son berceau.

Si je ne puis unir aux saints mystères
Des vœux offerts sous les sacrés parvis,

Si le devoir me retient près d'un fils,
Prête l'oreille à mes chants solitaires.

Pour mon enfant tourne, léger fuseau,
Tourne sans bruit auprès de son berceau.

Porte des cieux, Vase élu, Vierge sainte,
Toi qui du monde enfantas le Sauveur,
Pardonne, hélas! trahissant ma ferveur,
L'hymne pieux devient un chant de plainte.

Pour mon enfant tourne, léger fuseau,
Tourne sans bruit auprès de son berceau.

Le monde entier m'oublie et me délaisse;
Je n'ai connu que d'éternels soucis :
Vierge sacrée, au moins donne à mon fils
Tout le bonheur qu'espérait ma jeunesse !

Pour mon enfant tourne, léger fuseau,
Tourne sans bruit auprès de son berceau.

Paisible, il dort du sommeil de son âge,
Sans pressentir mes douloureux tourments.
Reine du ciel, accorde-lui longtemps
Ce doux repos, qui n'est plus mon partage !

Pour mon enfant tourne, léger fuseau,
Tourne sans bruit auprès de son berceau.

Tendre arbrisseau menacé par l'orage,
Privé d'un père, où sera ton appui?
A ta faiblesse il ne reste aujourd'hui
Que mon amour, mes soins et mon courage.

Pour mon enfant tourne, léger fuseau,
Tourne sans bruit auprès de son berceau.

Mère du Dieu que le chrétien révère,

Ma faible voix s'anime en t'implorant ;
Ton divin fils est né pauvre et souffrant :
Ah ! prends pitié des larmes d'une mère !

Pour mon enfant tourne, léger fuseau,
Tourne sans bruit auprès de son berceau.

Des pas nombreux font retentir la ville ;
Ce bruit confus, s'éloignant par degrés,
M'apprend la fin des cantiques sacrés.
J'écoute encor... déjà tout est tranquille.

Pour mon enfant tourne, léger fuseau,
Tourne sans bruit auprès de son berceau.

Tout dort, hélas ! je travaille et je veille ;
La paix des nuits ne ferme plus mes yeux.
Permets du moins, appui des malheureux,
Que ma douleur jusqu'au matin sommeille.

Pour mon enfant tourne, léger fuseau,
Tourne sans bruit auprès de son berceau.

Mais non, rejette, ô divine Espérance !
Ces lâches vœux, vains murmures du cœur ;
Je veux bénir cette longue souffrance,
Gage certain d'un immortel bonheur.

Entre mes doigts guide ce lin docile,
Pour mon enfant tourne, léger fuseau ;
Seul tu soutiens sa vie encor débile ;
Tourne sans bruit auprès de son berceau.

Mme AMABLE TASTU.

LA FÉE ET LA PÉRI.

Enfants, si vous mouriez, gardez bien qu'un esprit
De la route des cieux ne détourne votre âme !
Voici ce qu'autrefois un vieux sage m'apprit :
Quelques démons, sauvés de l'éternelle flamme,
Rebelles moins pervers que l'archange proscrit,
Sur la terre, où le feu, l'onde ou l'air les réclame,
Attendent, exilés, le jour de Jésus-Christ.
Il en est qui, bannis des célestes phalanges,
Ont de si douces voix, qu'on les prend pour des anges.
Craignez-les : pour mille ans exclus du paradis,
Ils vous entraîneraient, enfants, au purgatoire !
Ne me demandez pas d'où me vient cette histoire ;
Nos pères l'ont contée, et moi je la redis.

LA PÉRI.

Où vas-tu donc, jeune âme ?... Écoute !
Mon palais pour toi veut s'ouvrir.
Suis-moi : des cieux quitte la route.
Hélas ! tu t'y perdrais sans doute,
Nouveau-né qui viens de mourir !

Tu pourras jouer à toute heure
Dans mes beaux jardins aux fruits d'or ;
Et, de ma riante demeure,
Tu verras ta mère qui pleure
Près de ton berceau, tiède encor.

LA FÉE.

Viens, bel enfant ! je suis la Fée ;
Je règne aux bords où le soleil,
Au sein de l'onde réchauffée,
Se plonge éclatant et vermeil.
Les peuples d'Occident m'adorent ;
Les vapeurs de leur ciel se dorent

Lorsque je passe en les touchant ;
Reine des ombres léthargiques,
Je bâtis mes palais magiques
Dans les nuages du couchant.

Mon aile bleue est diaphane.
L'essaim des sylphes enchantés
Croit voir sur mon dos, quand je plane,
Frémir deux rayons argentés.
Ma main luit, rose et transparente ;
Mon souffle est la brise odorante
Qui, le soir, erre dans les champs ;
Ma chevelure est radieuse,
Et ma bouche mélodieuse
Mêle un sourire à tous ses chants !

J'ai des grottes de coquillages,
J'ai des tentes de rameaux verts ;
C'est moi que bercent les feuillages,
Moi que berce le flot des mers.
Si tu me suis, ombre ingénue,
Je puis t'apprendre où va la nue,
Te montrer d'où viennent les eaux.
Viens, sois ma compagne nouvelle,
Si tu veux que je te révèle
Ce que dit la voix des oiseaux.

LA PÉRI.

Ma sphère est l'Orient, région éclatante,
Où le soleil est beau comme un roi sous sa tente !
Son disque s'y promène en un ciel toujours pur.
Ainsi, portant l'émir d'une riche contrée,
    Aux sons de la flûte sacrée,
Vogue un navire d'or sur une mer d'azur.

J'ai de vastes cités qu'en tous lieux on admire :

Lahore aux champs fleuris, Golconde, Cachemire,
La guerrière Damas, la royale Ispahan,
Bagdad, que ses remparts couvrent comme une armure,
    Alep dont l'immense murmure
Semble au pâtre lointain le bruit d'un océan.

Mysore est sur son trône une reine placée ;
Médine aux mille tours, d'aiguilles hérissée,
Avec ses flèches d'or, ses kiosques brillants,
Est comme un bataillon arrêté dans les plaines,
    Qui, parmi ses tentes hautaines,
Élève une forêt de dards étincelants.

On dirait qu'au désert, Thèbes, debout encore,
Attend son peuple entier, absent depuis l'aurore.
Madras a deux cités dans ses larges contours.
Plus loin brille Delhy, la ville sans rivales,
    Et sous ses portes triomphales,
Douze éléphants de front passent avec leurs tours!

Bel enfant, viens errer parmi tant de merveilles,
Sous ces toits pleins de fleurs, ainsi que des corbeilles,
Dans le camp vagabond des Arabes ligués.
Viens : nous verrons danser les jeunes bayadères,
    Le soir, lorsque les dromadaires
Près du puits du désert s'arrêtent fatigués.

Là, sous de verts figuiers, sous d'épais sycomores,
Luit le dôme d'étain du minaret des Maures,
La pagode de nacre, au toit rose et changeant ;
La tour de porcelaine, aux clochettes dorées,
    Et, dans les jonques azurées,
Le palanquin de pourpre, aux longs rideaux d'argent.

L'Orient fut jadis le paradis du monde :
Un printemps éternel de ses roses l'inonde ;
Et ce vaste hémisphère est un riant jardin.

Toujours autour de nous sourit la douce joie ;
    Toi qui gémis, suis notre voie :
Que t'importe le ciel, quand je t'ouvre l'Éden ?

LA FÉE.

L'Occident nébuleux est ma patrie heureuse ;
Là, variant dans l'air sa forme vaporeuse,
Fuit la blanche nuée... et de loin, bien souvent,
Le mortel isolé qui, radieux ou sombre,
    Poursuit un songe ou pleure une ombre,
    Assis, la contemple en rêvant !

Car il est des douceurs pour les âmes blessées
Dans les brumes du lac, sur nos bois balancées,
Dans nos monts où l'hiver semble à jamais s'asseoir,
Dans l'étoile, pareille à l'espoir solitaire,
    Qui vient, quand le jour fuit la terre,
    Mêler son orient au soir.

Nos cieux voilés plairont à ta douleur amère,
Enfant, que Dieu retire et qui pleures ta mère !
Viens, l'écho des vallons, les soupirs des ruisseaux,
Et la voix des forêts, au bruit des vents unie,
    Te rendront la vague harmonie
    Qui t'endormait dans ton berceau !

C'est pour moi que les vents font, sur nos mers bruyantes,
Tournoyer l'air et l'onde en trombes foudroyantes ;
La tempête à mes chants suspend son vol fatal ;
L'arc-en-ciel pour mes pieds, qu'un or fluide arrose,
    Comme un pont de nacre, se pose
    Sur des cascades de cristal.

Épouvantant les nuits d'une trompeuse aurore,
Là, souvent à ma voix le rouge météore
Croise en voûtes de feu ses gerbes dans les airs ;
Et le chasseur, debout sur la roche pendante,

Croit voir une comète ardente
Baignant ses flammes dans les mers!

De quels enchantements l'occident se décore!
Viens, le ciel est bien loin; ton aile est faible encore!
Oublie, en notre empire, un voyage fatal :
Un charme s'y révèle aux lieux les plus sauvages;
　　Et l'étranger dit nos rivages
　　Plus doux que le pays natal! »

❈

Et l'enfant hésitait, et déjà moins rebelle,
Écoutait des esprits l'appel fallacieux ;
La terre qu'il fuyait semblait pourtant si belle!..
Soudain il disparut à leur vue infidèle...
　　Il avait entrevu les cieux!

Victor Hugo.

LA GRAND'MÈRE.

« Dors-tu?... Réveille-toi, mère de notre mère!
« D'ordinaire, en dormant, ta bouche remuait;
« Car ton sommeil souvent ressemble à ta prière.
« Mais ce soir, on dirait la madone de pierre;
« Ta lèvre est immobile et ton souffle muet.

« Pourquoi courber ton front plus bas que de coutume?
« Quel mal avons-nous fait, pour ne plus nous chérir?
« Vois, la lampe pâlit, l'âtre scintille et fume;
« Si tu ne parles pas, le feu qui se consume,
　« Et la lampe, et nous deux, nous allons tous mourir!

« Tu nous trouveras morts près de la lampe éteinte.
« Alors, que diras-tu quand tu t'éveilleras?
« Tes enfants, à leur tour, seront sourds à ta plainte.
« Pour nous rendre la vie, en invoquant la sainte,
« Il faudra bien longtemps nous serrer dans tes bras!

« Mère !... hélas ! par degrés s'affaisse la lumière ;
« L'ombre joyeuse danse autour du noir foyer ;
« Les esprits vont peut-être entrer dans la chaumière...
« Oh ! sors de ton sommeil, interromps ta prière ;
« Toi qui nous rassurais, veux-tu nous effrayer ?

« Dieu ! que tes bras sont froids ! Rouvre les yeux... Naguère
« Tu nous parlais d'un monde où nous mènent nos pas,
« Et de ciel, et de tombe, et de vie éphémère ;
« Tu parlais de la mort... dis-nous, ô notre mère !
« Qu'est-ce donc que la mort ?... Tu ne nous réponds pas ! »

Leur gémissante voix longtemps se plaignit seule.
La jeune aube parut sans réveiller l'aïeule.
La cloche frappa l'air de ses funèbres coups ;
Et, le soir, un passant, par la porte entr'ouverte,
Vit, devant le saint livre et la couche déserte,
Les deux petits enfants qui priaient à genoux.

Victor Hugo.

LA CHAUMIÈRE.

LE MARI.

As-tu vu notre baronne ?
L'or qui couvrait sa couronne ?
L'or qui couvrait ses appas ?
Les messieurs, dans la chapelle,
Murmuraient tous : « Qu'elle est belle ! »

LA FEMME.

Oui, mais ils ne priaient pas.

LE MARI.

Et le soir, à la lumière,
As-tu vu, pauvre fermière,
Quel riche et royal repas !
Vins de France, vins d'Espagne !

C'était pays de Cocagne !

LA FEMME.

Oui, mais ils ne buvaient pas.

LE MARI.

Et la scène où maître Gilles
A fait force tours agiles
Sur son chef et sur ses bras?
As-tu vu comme le drôle
Leur a défilé son rôle?

LA FEMME.

Oui, mais ils ne riaient pas.

LE MARI.

Et ce bal où cent bougies,
Autant de lampes rougies,
Brillaient d'en haut jusqu'en bas?
As-tu vu quelles dorures?
Et ces bijoux, ces parures?

LA FEMME.

Oui, mais ils ne dansaient pas.

LE MARI.

Et ce lit garni de franges?
Le ciel que portaient quatre anges?
Ce couvre-pied de damas?

LA FEMME.

J'ai tout vu; mais crois-moi, Pierre,
Comme nous, dans ta chaumière
Peut-être ils ne s'aiment pas.

A. BRIZEUX.

HISTOIRES DE LA FORÊT[1].

La forêt vaste où, quand il tonne,
Par les rochers, la gorge aux Loups,
L'écho longtemps roule et résonne,
Mes enfants, la connaissez-vous?
Connaissez-vous la forêt sombre
Qui projette son épaisse ombre
Sur les cours, sur le vieux château,
Sur le val de Fontainebleau?

Elle est, dit-on, d'histoires pleine,
La forêt dont on parle au soir;
Elle en a sur sa haute plaine,
Dans ses gorges, d'aspect si noir;
Dans ses vallons, où, quand il vente,
Le cœur s'arrête en épouvante,
Comme si l'enfer aux abois
Criait, hurlait tout à la fois;

Elle en a sur chaque montagne;
Elle en a dans tous ses détours,
Où le frisson vous accompagne;
Elle en a dans ses carrefours,
Où, quand on passe, on souffle à peine;
Elle en a jusqu'aux bords de Seine,
Et de Melun à Montereau,
La forêt de Fontainebleau.

Au puits du Géant, sur la brune,
On m'a parlé de l'homme noir
Qui suit sa meute au clair de lune,
Et donne du cor chaque soir.

---

[1] Pour ces fragments des histoires de la forêt, ballades qui font partie de la nouvelle édition des *Voix naïves*, voir ce que nous avons dit dans l'avant-propos de ce recueil, pour tous les morceaux qui appartiennent à l'auteur.

Il crie aux rois qui vont en chasse :
« Amendez-vous !... » Et puis il passe...
Lui-même Henri Quatre en eut peur :
On l'a nommé le *grand veneur !*

Quand le bûcheron rentre au chaume,
Celle où chaque arbre, devant nous,
Semble avancer comme un fantôme,
Mes enfants, la connaissez-vous ?
Connaissez-vous, quand le jour baisse,
La forêt qui, dans l'ombre épaisse,
Parle aux princes de leur tombeau,
La forêt de Fontainebleau ?

« Dans le sentier des primevères,
« Gardez-vous de porter vos pas, »
Disaient, certain jour, deux grand'-mères
A leurs filles n'écoutant pas ;
« Suivez toujours la grande route :
« Car le sentier, chacun s'en doute,
« Mène, de détour en détour,
« Où les brigands ont carrefour. »

Mais aussitôt les fleurs nouvelles
Se riant des propos des vieux,
S'en allèrent les demoiselles
Vers le beau sentier périlleux ;
Et les folâtres et légères
Cueillaient, cueillaient les primevères...
Quand d'un repaire, entre les houx,
Sortent brigands pis que des loups.

Et les jeunes filles se prirent
A penser à leurs vieux parents,
Et de toutes jambes s'enfuirent...
Mais alors il n'était plus temps.
Près de ce rocher qu'on voit poindre,
Trente brigands allaient les joindre,

Quand une fée en eut souci,
Qui, de hasard, passait ici.

Soudain, plus une jeune fille!...
Tout se change en un peuple ailé,
A la gaze frêle et qui brille,
A gentil corsage effilé.
Le rocher, en souvenir d'elles,
S'appelle encor : *des Demoiselles;*
Et même, en leur corset léger,
Autour on les voit voltiger.

Malgré la fée et sa baguette,
De l'aventure, mes enfants,
Ressort une leçon très-nette :
Écoutez toujours vos parents,
Voilà le vrai!—Quant à l'histoire,
Vous pouvez fort bien n'y pas croire;
Car je la tiens d'un vieux conteur
Croyant en fée et grand veneur.

Or, au temps qu'il était des fées,
La forêt bien leur attrayait
Par sa fontaine et ses vallées,
Par le fleuve, auprès, qui fuyait;
Et sous la roche, en sa fêlure
Laissant ruisseler la verdure,
Avec un pur cristal toujours
Elles bâtissaient leurs séjours.

C'était là que, durant l'orage,
Elles cachaient leur front charmant,
Là que, durant tout l'hivernage,
Elles s'endormaient tristement;
Mais l'été, quand la lune pleine
Luisait des rochers à la plaine,
Toutes s'envolaient à la fois
Vers les frais bouleaux du *clair-bois.*

La forêt toujours ne repousse;
Souvent elle a souri pour nous.
Avez-vous marché sur sa mousse?
Mes enfants, la connaissez-vous?
Connaissez-vous, dans ses vallées,
La forêt où les jeunes fées
Voligent dans le frais bouleau,
La forêt de Fontainebleau?

Là-bas, au bout de la feuillée,
Était un chaume, à ce qu'on croit.
On y frappa vers la veillée :
C'étaient chasseurs cherchant un toit.
Ils avaient vu de la chaumière
Luire de loin l'humble lumière,
Et cette étoile avait conduit
Leurs pas égarés dans la nuit.

Point ne trompa l'humble lumière;
On ouvrit, et sous le manteau
De la cabane hospitalière,
On fit grand feu; car, fumant d'eau,
Les chasseurs poussaient à la flamme.
« Et cependant, disait la femme,
« Il est bien cher le bois du roi!
« On n'en a pas toujours pour soi. »

La pauvre femme avait famille;
Elle y songeait : c'est bien permis.
Mais le mari, qui lui sourcille,
Dit : « Silence! Et sers-nous pain bis,
« Du meilleur qui soit dans la huche,
« Et de clairet remplis la cruche;
« Car ces seigneurs, j'en suis certain,
« Ont gagné grand'soif et grand'faim. »

On y trinqua, sous la chaumière;
Vraiment, on y fut presque heureux.

La nuit se passa tout entière
En propos gais et généreux...
Mais, rose et fraîche et sans nuage,
Vint l'aurore entre le branchage,
Et, sous la feuille égouttant l'eau,
On entendit chanter l'oiseau...

« Partons, messieurs!... C'est grand dommage! »
Dit un des chasseurs se levant,
« Je m'amusais fort, et je gage
« Fort m'ennuyer en arrivant...
« Mes bonnes gens de la chaumière,
« Dont m'a tant souri la lumière,
« Que vous doit-on pour une nuit
« Si bien passée en ce réduit? »

Et sans attendre qu'on réponde,
De la poche de son voisin
Il tirait bourse belle et ronde,
Et la penchait toute à dessein.
Et quand d'or la table fut pleine :
« Ma foi, dit-il, ce n'est la peine !
« Versons le tout... C'est un bonheur
« Que de donner de si bon cœur ! »

Et des enfants l'œil plein d'envie
Dans l'or luisant avait plongé ;
Et la femme, qui, dans sa vie,
Jamais d'autant n'avait songé,
Allait l'enfermer dans son coffre,
Quand l'homme dit, repoussant l'offre :
« Je ne vends pas (sans vanité),
« Je donne l'hospitalité! »

Et voilà soudain qu'une larme
Étincelle aux yeux du chasseur :
Pour lui ce mot avait un charme
Qui noblement gonflait le cœur ;

BALLADES.

« Eh bien ! soit ! dit-il, mon brave homme,
« Oui, tu vaux mieux que cette somme !
« Je la reprends, c'est entendu,
« Sauf pour chaque enfant un écu...

« Voilà qui vaut sa récompense,
« Oui, messieurs, devant l'homme et Dieu !
« Le pauvre n'est pas ce qu'on pense,
« Et noble cœur gît en tout lieu !...
« As-tu des enfants au service,
« Ami ? — Deux... Que Dieu les bénisse !
« J'en aurai grand besoin pour moi.
« — Bien, j'en dirai deux mots au roi.

« — Au roi ?... Pour parler de la sorte,
« Vous êtes donc un haut seigneur ?
« Parler au roi ! — Va, que t'importe ?
« Pour tes fils j'aurai cet honneur.
« Mais ce n'est tout : de ta famille
« Je veux doter chacune fille,
« Et de plus, de l'enfant prochain
« Je prétends être le parrain.

« Et quant à vous, ma digne femme,
« Votre plainte est restée en moi :
« Quand il en faut payer la flamme,
« Bien trop cher est le bois du roi !
« Et, *ventrebleu !* pour qu'il avise
« Je n'entends pas qu'on le redise ! »
Puis au brave homme, là sans voix,
S'adressant encore une fois :

« Un dernier mot ! je serai quitte :
« J'ai mangé ton pain, bu ton vin ;
« C'est à mon tour, et je t'invite
« A venir au château voisin.
« — Par où donc ? — Eh ! par cette route.
« — Je n'en sais qu'un par là. — Sans doute.

19.

« — Vous moquez-vous ? C'est chez le roi.
« — Parbleu, mon brave, c'est chez moi ! »

Il partit... Ne sachant que croire,
Nos bonnes gens croyaient à tout...
Mais si je poursuivais l'histoire
Dans ses détails et jusqu'au bout,
Ce serait un volume à lire :
Qu'il me suffise de vous dire
Qu'Henri Quatre, roi plein de cœur,
Tint les promesses du chasseur.

Près du manoir de souvenance,
Celle où l'on sait contes si doux,
La plus noble forêt de France,
Mes enfants, la connaissez-vous ?
Connaissez-vous, quand le cor chasse,
Celle où maint roi revient et passe,
En saluant le vieux château,
La forêt de Fontainebleau ?

Léon Guérin.

LA RIVIÈRE SOUS LA FORÊT.

Au retour de la *Forêt Noire*,
J'ai descendu l'antique Rhin,
Moins frais, moins fleuri que la Loire,
Mais d'un aspect plus souverain.
Ce rival de notre grand Rhône,
Je l'ai vu tressant sa couronne
De rochers et de vieux châteaux,
Pleins de souvenirs féodaux...

Par les sinueuses vallées
Pleines des contes des vieux ans,
J'ai vu le Nècre aimé des fées
Se joindre à ses flots bondissants ;

J'ai vu la charmante Moselle,
J'ai vu la Lahn, presque aussi belle,
Longeant d'aventureux coteaux,
Au fleuve errant porter leurs eaux...

Mais rien encor ne m'a su plaire,
Même sur tes bords, ô beau Rhin,
Où je ne sais quel grand mystère
Roule en suivant ton flot sans frein,
Comme la rivière prochaine,
Qui, de Nemours la châtelaine,
Vient, en passant sous la forêt,
Baigner les vieux murs de Moret.

Elle est modeste la rivière,
Et j'en goûte d'autant le prix
Que, là, tout près, la Seine altière
Va me l'emporter vers Paris.
Si tu le peux, eau qui murmure,
Suspends ton cours dans ta verdure,
Et ne va pas, sans me parler,
Aux eaux du fleuve te mêler !

N'entends-je pas qu'elle soupire ?...
Eh bien ! sous cet ombrage épais,
Eau plaintive, que vas-tu dire ?...
Ce n'est qu'un flot (je me trompais
Qui bat ces restes de tourelles,
D'où s'envolent deux tourterelles...
Et l'eau plaintive a fui Moret,
En emportant plus d'un secret.

Emporte-les, eau fugitive !...
A la gloire de plus d'un roi
Aussi bien c'est être attentive...
Oui, garde tes secrets pour toi !
Mais n'as-tu pas, dans ton murmure,
Quelque histoire touchante et pure

De Blanche, la reine au saint nom,
Qui demeura dans ton vallon?

Ne pourrais-tu nous faire entendre
Quelque haut fait de saint Louis?
Car là souvent, fils noble et tendre,
Près de sa mère il s'est assis,
Et là, souvent, grand solitaire,
Cherchant la paix et le mystère,
Pour mieux rêver de sages lois,
Il se perdit au fond des bois...

Or voici ce que la rivière,
Avec un flot pur, m'apporta :
« En effet, du saint roi la mère
Sur ces bords longtemps habita.
Lui vint la généreuse envie
D'offrir pour la plus belle vie
De jeune fille d'alentour,
Honneurs et place en son séjour.

A son de trompe on fit répandre
De par la reine, cet avis,
Et qu'au château pouvaient se rendre
Les prétendantes du pays ;
On y vint en assez grand nombre :
L'une assurait avoir, dans l'ombre,
Au pauvre vieux qui tend la main,
Donné la moitié de son pain.

La reine lui dit : « Le mystère
« Sied trop bien à la charité :
« Gardez-le... » Soutenant son père,
Qu'un chien plein de fidélité
Tour à tour comme elle entraîne,
Une autre vient : « Mais, dit la reine,
« Pour un père que faites-vous
« Que ce chien ne ferait pour nous? »

La reine ainsi des prétendantes
Congédia l'essaim trop prompt :
« Je vois que les plus méritantes,
« Avisa-t-elle, ne viendront ;
« Il faut qu'on aille au-devant d'elles. »
Ce qui fut fait. Les plus fidèles
A leurs soins de tous les instants
D'accourir n'avaient eu le temps.

Là-bas, où l'on voit la ruine
De l'antique manoir de Grez,
Plus modeste était la chaumine
De jeune fille aux doux attraits.
Charmante, aimable et bonne et sage,
Chacun voulait, dans le village,
Lui donner sa main et son nom ;
Mais elle toujours disait : « Non. »

Car elle était, la jeune fille,
Près de sa mère et d'une sœur,
L'ange veillant sur la famille,
Et c'était là qu'était son cœur.
Les deux objets de sa tendresse
Jetaient souvent cri de détresse ;
L'un était vieux et tremblotant,
L'autre malade et sanglotant.

C'était en vain que pour sa mère,
C'était en vain que pour sa sœur
On offrait abri sans misère :
Elle n'avait foi qu'en son cœur.
« Je le sais bien, répondait-elle,
« Promesse est prompte et toujours belle ;
« Mais sais aussi qu'en peu de temps
« On s'ennuierait des pauvres gens. »

Et lorsqu'on vint, de par la reine,
Parler des honneurs du château,

La jeune fille, que n'entraîne
Rêve pourtant si riche et si beau,
Répondit, avec modestie,
Qu'à ses parents était sa vie,
Et que d'ailleurs, dans le pays,
Quelqu'un plus digne aurait le prix.

La reine juge, à la réponse,
Qu'ici l'honneur du prix est dû,
Et tout d'abord elle l'annonce.
Ce qu'ayant bientôt entendu
La jeune fille, elle eut alarmes
Telles qu'elle en fondait en larmes,
Craignant qu'on ne la vînt ravir
A ceux qu'elle aimait à servir.

Mais la reine Blanche était sage,
Et sans donner regrets si grands,
Elle laissa, dans le village,
La jeune fille à ses parents.
Seulement on vit, de cette heure,
S'agrandir la simple demeure ;
Car la reine y porta, dit-on,
Aisance noble et noble nom.

C'est, assure-t-on, l'origine
Du manoir que l'on voit là-bas,
Et qui n'est plus qu'une ruine.
Comme lui ne périra pas
Le souvenir, qui toujours brille,
De la touchante jeune fille :
Car, au besoin, regards pieux
L'apercevraient écrit aux cieux.

LÉON GUÉRIN.

LEÇONS DE LITTÉRATURE ET DE MORALE

TIRÉES DE

L'IDYLLE ET L'ÉGLOGUE.

L'AVEUGLE.

« Dieu, dont l'arc est d'argent, dieu de Claros, écoute,
« O Sminthée Apollon ! je périrai sans doute,
« Si tu ne sers de guide à cet aveugle errant. »

C'est ainsi qu'achevait l'aveugle en soupirant,
Et près des bois marchait, faible, et sur une pierre
S'asseyait. Trois pasteurs, enfants de cette terre,
Le suivaient, accourus aux abois turbulents
Des molosses, gardiens de leurs troupeaux bêlants.
Ils avaient, retenant leur fureur indiscrète,
Protégé du vieillard la faiblesse inquiète ;
Ils l'écoutaient de loin, et, s'approchant de lui :
« Quel est ce vieillard blanc, aveugle et sans appui ?
« Serait-ce un habitant de l'empire céleste ?
« Ses traits sont grands et fiers ; de sa ceinture agreste
« Pend une lyre informe, et les sons de sa voix
« Émeuvent l'air et l'onde et le ciel et les bois. »

Mais il entend leurs pas, prête l'oreille, espère,
Se trouble, et tend déjà les mains à la prière.
« Ne crains point, disent-ils, malheureux étranger ;
« (Si plutôt sous un corps terrestre et passager,
« Tu n'es point quelque dieu protecteur de la Grèce,
« Tant une grâce auguste ennoblit ta vieillesse !)
« Si tu n'es qu'un mortel, vieillard infortuné,

« Les humains près de qui les flots t'ont amené
« Aux mortels malheureux n'apportent point d'injures.
« Les destins n'ont jamais de faveurs qui soient pures.
« Ta voix noble et touchante est un bienfait des dieux;
« Mais aux clartés du jour ils ont fermé tes yeux.

« — Enfants, car votre voix est enfantine et tendre,
« Vos discours sont prudents, plus qu'on n'eût dû l'attendre.
. . . .
« Je crois avoir des yeux : vous êtes beaux tous trois.
« Vos visages sont doux, car douce est votre voix.
« Qu'aimable est la vertu que la grâce environne!
« Croissez, comme j'ai vu ce palmier de Latone,
« Alors qu'ayant des yeux, je traversai les flots;
« Car jadis, abordant à la sainte Délos,
« Je vis près d'Apollon, à son autel de pierre,
« Un palmier, don du ciel, merveille de la terre.
« Vous croîtrez, comme lui, grands, féconds, révérés,
« Puisque les malheureux sont par vous honorés.
« Le plus âgé de vous aura vu treize années :
« A peine, mes enfants, vos mères étaient nées,
« Que j'étais presque vieux. Assieds-toi près de moi,
« Toi, le plus grand de tous; je me confie à toi.
« Prends soin du vieil aveugle. — O sage magnanime!
« Comment, et d'où viens-tu? car l'onde maritime
« Mugit de toutes parts sur nos bords orageux.

« — Des marchands de Cymé m'avaient pris avec eux.
« J'allais voir, m'éloignant des rives de Carie,
« Si la Grèce pour moi n'aurait point de patrie,
« Et des dieux moins jaloux, et de moins tristes jours;
« Car jusques à la mort nous espérons toujours.
« Mais pauvre, et n'ayant rien pour payer mon passage,
« Ils m'ont, je ne sais où, jeté sur le rivage.

« — Harmonieux vieillard, tu n'as donc point chanté?
« Quelques sons de ta voix auraient tout acheté.

« — Enfants, du rossignol la voix pure et légère
« N'a jamais apaisé le vautour sanguinaire,
« Et les riches grossiers, avares, insolents,
« N'ont pas une âme ouverte à sentir les talents.
« Guidé par ce bâton sur l'arène glissante,
« Seul, en silence, au bord de l'onde mugissante,
« J'allais, et j'écoutais le bêlement lointain
« De troupeaux agitant leurs sonnettes d'airain.
« Puis j'ai pris cette lyre, et les cordes mobiles
« Ont encor résonné sous mes vieux doigts débiles.
« Je voulais des grands dieux implorer la bonté,
« Et surtout Jupiter, dieu d'hospitalité :
« Lorsque d'énormes chiens, à la voix formidable,
« Sont venus m'assaillir ; et j'étais misérable,
« Si vous (car c'était vous), avant qu'ils m'eussent pris,
« N'eussiez armé pour moi les pierres et les cris.
« — Mon père, il est donc vrai : tout est devenu pire ?
« Car jadis, aux accents d'une éloquente lyre,
« Les tigres et les loups, vaincus, humiliés,
« D'un chanteur comme toi vinrent baiser les pieds.
« — Les barbares ! J'étais assis près de la poupe.
« — Aveugle vagabond, dit l'insolente troupe,
« Chante ; si ton esprit n'est point comme tes yeux,
« Amuse notre ennui : tu rendras grâce aux dieux. —
« J'ai fait taire mon cœur, qui voulait les confondre ;
« Ma bouche ne s'est point ouverte à leur répondre.
« Ils n'ont pas entendu ma voix, et sous ma main
« J'ai retenu le dieu courroucé dans mon sein.
« Cymé, puisque tes fils dédaignent Mnémosyne,
« Puisqu'ils ont fait outrage à la muse divine,
« Que leur vie et leur mort s'éteignent dans l'oubli ;
« Que ton nom dans la nuit demeure enseveli.

« — Viens, suis-nous à la ville ; elle est toute voisine,
« Et chérit les amis de la muse divine.
« Un siége aux clous d'argent te place à nos festins ;

« Et, là, les mets choisis, le miel et les bons vins
« Sous la colonne où pend une lyre d'ivoire,
« Te feront de tes maux oublier la mémoire.
« Et si, dans le chemin, rapsode ingénieux,
« Tu veux nous accorder tes chants, dignes des cieux,
« Nous dirons qu'Apollon, pour charmer les oreilles,
« T'a lui-même dicté de si douces merveilles.

« — Oui, je le veux, marchons. Mais où m'entraînez-vous?
« Enfants du vieil aveugle, en quel lieu sommes-nous?

« — Sicos est l'île heureuse où nous vivons, mon père.

« — Salut, belle Sicos, deux fois hospitalière!
« Car sur ses bords heureux je suis déjà venu,
« Amis, je la connais. Vos pères m'ont connu :
« Ils croissaient comme vous; mes yeux s'ouvraient encore
« Au soleil, au printemps, aux roses de l'aurore;
« J'étais jeune et vaillant. Aux danses des guerriers,
« A la course, aux combats, j'ai paru des premiers.
« J'ai vu Corinthe, Argos, et Crète et les cent villes,
« Et du fleuve Egyptus les rivages fertiles;
« Mais la terre et la mer, et l'âge et les malheurs,
« Ont épuisé ce corps, fatigué de douleurs.
« La voix me reste. Ainsi la cigale innocente,
« Sur un arbuste assise, et se console et chante.
« Commençons par les dieux : Souverain Jupiter,
« Soleil, qui vois, entends, connais tout; et toi, mer,
« Fleuves, terre, et noirs dieux de vengeances trop lentes,
« Salut! Venez à moi, de l'Olympe habitantes,
« Muses; vous savez tout, vous, déesses; et nous,
« Mortels, ne savons rien qui ne vienne de vous. »

Il poursuit; et déjà les antiques ombrages
Mollement en cadence inclinaient leurs feuillages;
Et pâtres oubliant leur troupeau délaissé,
Et voyageurs quittant leur chemin commencé,

Couraient ; il les entend, près de son jeune guide,
L'un sur l'autre pressés, tendre une oreille avide ;
Et nymphes et sylvains sortaient pour l'admirer,
Et l'écoutaient en foule, et n'osaient respirer ;
Car, en de longs détours de chansons vagabondes,
Il enchaînait de tout les semences fécondes,
Les principes du feu, les eaux, la terre et l'air,
Les fleuves descendus du sein de Jupiter,
Les oracles, les arts, les cités fraternelles,
Et depuis le chaos les amours immortelles.
D'abord le roi divin, et l'Olympe, et les Cieux,
Et le Monde, ébranlés d'un signe de ses yeux ;
Et les dieux partagés en une immense guerre,
Et le sang plus qu'humain venant rougir la terre,
Et les rois assemblés, et sous les pieds guerriers,
Une nuit de poussière, et les chars meurtriers,
Et les héros armés, brillant dans les campagnes
Comme un vaste incendie aux cimes des montagnes ;
Les coursiers hérissant leur crinière à longs flots,
Et d'une voix humaine excitant les héros.
De là, portant ses pas dans les paisibles villes,
Les lois, les orateurs, les récoltes fertiles.
Mais bientôt de soldats les remparts entourés,
Les victimes tombant dans les parvis sacrés,
Et les assauts, mortels aux épouses plaintives,
Et les mères en deuil, et les filles captives.
. . . .
Puis, déchaînant les vents à soulever les mers,
Il perdait les nochers sur les gouffres amers.
De là, dans le sein frais d'une roche azurée,
En foule il appelait les filles de Nérée,
Qui bientôt, à ses cris, s'élevant sur les eaux,
Aux rivages troyens parcouraient des vaisseaux ;
Puis il ouvrait du Styx la rive criminelle,
Et puis les demi-dieux et les champs d'Asphodèle,
Et la foule des morts, vieillards seuls et souffrants,

Jeunes gens emportés aux yeux de leurs parents
Enfants dont au berceau la vie est terminée,
Vierges dont le trépas suspendit l'hyménée.
Mais, ô bois, ô ruisseaux, ô monts, ô durs cailloux,
Quels doux frémissements vous agitèrent tous !
Quand bientôt à Lemnos, sur l'enclume divine,
Il forgeait cette trame irrésistible et fine,
Autant que d'Arachné les piéges inconnus,
Et dans ce fer mobile emprisonnait Vénus !
Et quand il revêtit d'une pierre soudaine
La fière Niobé, cette mère thébaine ;
Et quand il répétait, en accents de douleurs,
De la triste Aëdon l'imprudence et les pleurs,
Qui, d'un fils inconnu marâtre involontaire,
Vola, doux rossignol, sous le bois solitaire.
Ensuite, avec le vin, il versait aux héros
Le puissant népenthès, oubli de tous les maux ;
Il cueillait le moly, fleur qui rend l'homme sage ;
Du paisible lotos il mêlait le breuvage.
Les mortels oubliaient, à ce philtre, charmés,
Et la douce patrie et les parents aimés ;
Enfin, l'Ossa, l'Olympe et les bois du Pénée
Voyaient ensanglanter les banquets d'hyménée.
. . . .

Sous l'effort de Nessus, la table du repas
Roule, écrase Cymèle, Évagre, Périphas ;
Pirithoüs égorge Antimaque, et Pétrée,
Et Cyllare aux pieds blancs, et le noir Macarée,
Qui de trois fiers lions, dépouillés par sa main,
Couvrait ses quatre flancs, armait son double sein.
Courbé, levant un roc choisi pour leur vengeance,
Tout à coup, sous l'airain d'un vase antique, immense,
L'imprudent Bianor, par Hercule surpris,
Sent de sa tête énorme éclater les débris.
Hercule et la massue entassent en trophée
Clanis, Démoléon, Lycotas, et Riphée,

Qui portait sur ses crins, de taches colorés
L'héréditaire éclat des nuages dorés.
Mais d'un double combat Eurynome est avide;
Car ses pieds, agités en un cercle rapide,
Battent à coups pressés l'armure de Nestor;
Le quadrupède Hélops fuit l'agile Crantor;
Le bras levé l'atteint; Eurynome l'arrête.
D'un érable noueux il va fendre sa tête :
Lorsque le fils d'Égée, invincible, sanglant,
L'aperçoit, à l'autel prend un chêne brûlant,
Sur sa croupe indomptée, avec un cri terrible,
S'élance, va saisir sa chevelure horrible,
L'entraîne; et quand sa bouche, ouverte avec effort,
Crie, il y plonge ensemble et la flamme et la mort.
L'autel est dépouillé. Tous vont s'armer de flamme,
Et le bois porte au loin les hurlements de femme,
L'ongle frappant la terre, et les guerriers meurtris,
Et les vases brisés, et l'injure, et les cris [1].

Ainsi le grand vieillard, en images hardies,
Déployait le tissu des saintes mélodies.
Les trois enfants, émus à son auguste aspect,
Admiraient, d'un regard de joie et de respect,
De sa bouche abonder les paroles divines,
Comme, en hiver, la neige au sommet des collines.
Et partout accourus, dansant sur son chemin,
Hommes, femmes, enfants, les rameaux à la main,
Et vierges et guerriers, jeunes fleurs de la ville,
Chantaient : « Viens dans nos murs, viens habiter notre île;
« Viens, prophète éloquent, aveugle harmonieux,
« Convive du nectar, disciple aimé des dieux;
« Des jeux, tous les cinq ans, rendront saint et prospère
« Le jour où nous avons reçu le grand HOMÈRE. »

ANDRÉ CHÉNIER.

---

[1] Cette idylle héroïque renferme des tableaux épiques dignes d'Homère lui-même.

LA LIBERTÉ.

UN CHEVRIER, UN BERGER.

LE CHEVRIER.

Berger, quel es-tu donc, qui t'agite? et quels dieux
De noirs cheveux épars enveloppent tes yeux?

LE BERGER.

Blond pasteur de chevreaux, oui, tu veux me l'apprendre:
Oui, ton front est plus beau, ton regard est plus tendre.

LE CHEVRIER.

Quoi! tu sors de ces monts où tu n'as vu que toi,
Et qu'on n'approche point sans peine et sans effroi?

LE BERGER.

Tu te plais mieux, sans doute, au bois, à la prairie;
Tu le peux. Assieds-toi parmi l'herbe fleurie;
Moi, sous un antre aride, en cet affreux séjour,
Je me plais sur le roc à voir passer le jour.

LE CHEVRIER.

Mais Cérès a maudit cette terre âpre et dure.
Un noir torrent pierreux y roule une onde impure;
Tous ces rocs, calcinés sous un soleil rongeur,
Brûlent et font hâter les pas du voyageur.
Point de fleurs, point de fruits, nul ombrage fertile
N'y donne au rossignol un balsamique asile.
Quelque olivier au loin, maigre fécondité,
Y rampe et fait mieux voir leur triste nudité.
Comment as-tu donc su d'herbes accoutumées
Nourrir, dans ce désert, tes brebis affamées?

LE BERGER.

Que m'importe? est-ce à moi qu'appartient ce troupeau?
Je suis esclave.

LE CHEVRIER.

Au moins un rustique pipeau
A-t-il chassé l'ennui de ton rocher sauvage?

Tiens, veux-tu cette flûte? Elle fut mon ouvrage.
Prends : sur ce buis fertile en agréables sons
Tu pourras des oiseaux imiter les chansons.

LE BERGER.

Non; garde tes présents. Les oiseaux de ténèbres,
La chouette et l'orfraie, et leurs accents funèbres,
Voilà les seuls chanteurs que je veuille écouter ;
Voilà quelles chansons je voudrais imiter.
Ta flûte sous mes pieds serait bientôt brisée ;
Je hais tous vos plaisirs. Les fleurs et la rosée,
Et de vos rossignols les soupirs caressants,
Rien ne plaît à mon cœur, rien ne flatte mes sens ;
Je suis esclave.

LE CHEVRIER.

Hélas! que je te trouve à plaindre :
Oui, l'esclavage est dur ; oui, tout mortel doit craindre
De servir, de plier sous une injuste loi ;
De vivre pour autrui, de n'avoir rien à soi.
Protége-moi toujours, ô liberté chérie !
O mère des vertus, mère de la patrie !

LE BERGER.

Va, patrie et vertu ne sont que de vains noms.
Toutefois, tes discours sont pour moi des affronts :
Ton prétendu bonheur et m'afflige et me brave :
Comme moi, je voudrais que tu fusses esclave.

LE CHEVRIER.

Et moi, je te voudrais libre, heureux comme moi.
Mais les dieux n'ont-ils point de remède pour toi ?
Il est des baumes doux, des lustrations pures,
Qui peuvent de notre âme assoupir les blessures,
Et de magiques chants qui tarissent les pleurs.

LE BERGER.

Il n'en est point : il n'est pour moi que des douleurs ;
Mon sort est de servir : il faut qu'il s'accomplisse.
Moi, j'ai ce chien aussi qui tremble à mon service ;

C'est mon esclave à moi. Mon désespoir muet
Ne peut rendre qu'à lui tous les maux qu'on me fait.

LE CHEVRIER.

La terre, notre mère, et sa douce richesse
Ne peut-elle du moins égayer ta tristesse?
Vois combien elle est belle! et vois l'été vermeil,
Prodigue de trésors, brillants fils du soleil,
Qui vient, fertile amant d'une heureuse culture,
Varier du printemps l'uniforme verdure;
Vois l'abricot naissant, sous les yeux d'un beau ciel,
Arrondir son fruit doux et blond comme le miel;
Vois la pourpre des fleurs dont le pêcher se pare
Nous annoncer l'éclat des fruits qu'il nous prépare.
Au bord de ces prés verts regarde ces guérets,
De qui les blés touffus, jaunissantes forêts,
Du joyeux moissonneur attendent la faucille.
D'agrestes déités quelle noble famille!
La récolte et la paix, aux yeux purs et sereins,
Les épis sur le front, les épis dans les mains,
Qui viennent, sur les pas de la belle espérance,
Verser la corne d'or où fleurit l'abondance.

LE BERGER.

Sans doute qu'à tes yeux elles montrent leurs pas;
Moi, j'ai des yeux d'esclave, et je ne les vois pas.
Je n'y vois qu'un sol dur, laborieux, servile,
Que j'ai, non pas pour moi, contraint d'être fertile;
Où, sous un ciel brûlant, je moissonne le grain,
Qui va nourrir un autre et me laisse ma faim.
Voilà quelle est la terre; elle n'est point ma mère,
Elle est pour moi marâtre; et la nature entière
Est plus nue à mes yeux, plus horrible à mon cœur,
Que ce vallon de mort qui te fait tant d'horreur.

LE CHEVRIER.

Le soin de tes brebis, leur voix douce et paisible,
N'ont-ils donc rien qui plaise à ton âme insensible?

N'aimes-tu point à voir les jeux de tes agneaux?
Moi, je me plais auprès de mes jeunes chevreaux,
Je m'occupe à leurs jeux, j'aime leur voix bêlante;
Et quand sur la rosée et sur l'herbe brillante,
Vers leur mère, en criant, je les vois accourir,
Je bondis avec eux de joie et de plaisir.

LE BERGER.

Ils sont à toi; mais moi j'eus une autre fortune;
Ceux-ci de mes tourments sont la cause importune
Deux fois, avec ennui, promenés chaque jour,
Un maître soupçonneux nous attend au retour.
Rien ne le satisfait : ils ont trop peu de laine,
Ou bien ils sont mourants, ils se traînent à peine ;
En un mot, tout est mal. Si le loup quelquefois
En saisit un, l'emporte et s'enfuit dans les bois,
C'est ma faute; il fallait braver ses dents avides.
Je dois rendre les loups innocents et timides.
Et puis menaces, cris, injure, emportements,
Et lâches cruautés qu'il nomme châtiments.

LE CHEVRIER.

Toujours à l'innocent les dieux sont favorables :
Pourquoi fuir leur présence, appui des misérables?
Autour de leurs autels, parés de nos festons,
Que ne viens-tu danser, offrir de simples dons,
Du chaume, quelques fleurs, et par ces sacrifices
Te rendre Jupiter et les nymphes propices?

LE BERGER.

Non : les danses, les jeux, les plaisirs des bergers,
Sont à mon triste cœur des plaisirs étrangers.
Que parles-tu de dieux, de nymphes et d'offrandes?
Moi, je n'ai pour les dieux ni chaume, ni guirlandes;
Je les crains, car j'ai vu leur foudre et leurs éclairs;
Je ne les aime pas : ils m'ont donné des fers.

LE CHEVRIER.

Eh bien! que n'aimes-tu? Quelle amertume extrême

Résiste au doux souris d'une vierge qu'on aime?
L'autre jour à la mienne, en ce bois fortuné,
Je vins offrir le don d'un chevreau nouveau-né.
Son œil tomba sur moi, si beau, si doux, si tendre!
Sa voix prit un accent! Je crois toujours l'entendre.

LE BERGER.

Eh! quel œil virginal voudrait tomber sur moi?
Ai-je, moi, des chevreaux à donner comme toi?
Chaque jour, par ce maître inflexible et barbare,
Mes agneaux sont comptés avec un soin avare!
Trop heureux quand il daigne, à mes cris superflus
N'en pas redemander plus que je n'en reçus.
O juste Némésis! si jamais je puis être
Le plus fort à mon tour, si je puis me voir maître,
Je serai dur, méchant, intraitable, sans foi,
Sanguinaire, cruel comme on l'est avec moi.

LE CHEVRIER.

Et moi, c'est vous qu'ici pour témoins j'en appelle,
Dieux! de mes serviteurs la cohorte fidèle
Me trouvera toujours humain, compatissant,
A leurs justes désirs facile et complaisant,
Afin qu'ils soient heureux et qu'ils aiment leur maître,
Et bénissent en paix l'instant qui les vit naître.

LE BERGER.

Et moi je le maudis cet instant douloureux
Qui me donna le jour pour être malheureux,
Pour agir quand un autre exige, veut, ordonne;
Pour n'avoir rien à moi, pour ne plaire à personne,
Pour endurer la faim, quand ma peine et mon deuil
Engraissent d'un tyran l'indolence et l'orgueil.

LE CHEVRIER.

Berger infortuné, ta plaintive détresse
De ton cœur dans le mien fait passer la tristesse.
Vois cette chèvre mère et ces chevreaux, tous deux
Aussi blancs que le lait qu'elle garde pour eux;

Qu'ils aillent avec toi : je te les abandonne.
Adieu. Puisse du moins ce peu que je te donne
De ta triste mémoire effacer tes malheurs,
Et, soigné par tes mains, distraire tes douleurs !

LE BERGER.

Oui, donne et sois maudit; car, si j'étais plus sage,
Ces dons sont pour mon cœur d'un sinistre présage ;
De mon despote avare ils choqueront les yeux.
Il ne croit pas qu'on donne ; il est fourbe, envieux :
Il dira que chez lui j'ai volé le salaire
Dont j'aurai pu payer les chevreaux et la mère ;
Et, d'un si bon prétexte ardent à se servir,
C'est à moi que lui-même il viendra les ravir.

ANDRÉ CHÉNIER.

LA NOCE BRETONNE.

. . . .

La veille, on admira deux habiles chanteurs,
Deux fameux bâz-valan qui, dressant les oreilles,
En l'honneur des époux nous dirent des merveilles.
Ils déclamaient en vers comme des bacheliers.
Tous deux, suivant l'usage, avaient sur leurs souliers
Des lacets rouge et bleu ; debout devant la porte,
L'avocat du garçon commença de la sorte :

PREMIER BAZ-VALAN.

Salut aux cœurs joyeux, ouverts et sans façon !
A vous, gloire et bonheur, gens de cette maison !
Or, sans plus de détours, amis, où donc est-elle,
La perle du logis, la fleur qu'on dit si belle ?

. . . .

DEUXIÈME BAZ-VALAN.

. . . .

Le ciel nous a ravi l'ange, notre trésor ;

L'ange qui nous aimait, que nous aimons encor,
A fui cette maison; dans une solitude
Il habite avec Dieu, sa grande et chère étude.
Au fond d'un cloître saint l'enfant a transplanté
Le beau lis odorant de sa virginité.
Là tous deux s'éteindront sous la cendre et les larmes,
Pour refleurir au ciel avec de nouveaux charmes.
Adieu donc, étranger, adieu ! Dans notre cœur
Nous trouvons mille vœux, tous pour votre bonheur

. . . .

PREMIER BAZ-VALAN.

Que ne m'avez-vous dit, hier, à la même heure :
« Ne venez pas, le deuil est dans notre demeure. »
Non, non, vous me trompez; l'ange, votre trésor,
L'ange que nous aimions, chez vous habite encor.
Tout le bourg eût appris sa fuite; à son passage
Chacun eût retenu la vierge belle et sage.
Aux cimetières noirs les ifs sont destinés;
Les beaux lis odorants pour les jardins sont nés.
Ne blessez pas ce cœur plus tendre qu'une cire;
Conduisez par la main celle que je désire;
Faites dresser la table, et que les fiancés
Près de leurs vieux parents par nous deux soient placés.

DEUXIÈME BAZ-VALAN.

Il faut vous obéir, ami; votre prière,
Vos plaintes ont forcé le seuil de ma chaumière.
Je vais vous présenter celles qui sont ici.
Un moment sous cet arbre attendez. — Me voici.
Ouvrez, ouvrez les yeux ! est-ce là votre rose?

PREMIER BAZ-VALAN.

A l'air grave et serein qui sur ce front repose,
A sa douce gaîté, je gage que toujours
Cette femme a rempli la tâche de ses jours;
Que ses fils, son mari, sa famille nombreuse

L'aimaient; que sous ses lois sa maison fut heureuse;
Mais l'heure du repos a pour elle sonné;
Ce qu'une autre commence, elle l'a terminé. —
Cherchez encore, ami, cherchez : ce n'est pas elle.

DEUXIÈME BAZ-VALAN.

Étranger difficile, est-ce là votre belle?

PREMIER BAZ-VALAN.

Les anges sont moins frais. Cette fleur de santé
Est d'une vierge encor bien loin de son été,
Et d'une vierge aussi sa taille droite et fine,
Mais l'ongle de ce doigt, que de près j'examine,
Me dit que bien souvent pour un fils au berceau
A l'entour du bassin il chercha le gruau.
Donc, l'ami, retournez; vous en cachez une autre.

DEUXIÈME BAZ-VALAN.

Et ce petit bijou, serait-ce point le vôtre?

PREMIER BAZ-VALAN,

Telle était, à dix ans, celle qu'on veut de vous.
Cette enfant, quelque jour, charmera son époux;
Mais il faut que ce fruit âpre et trop vert encore,
Longtemps sur l'espalier mûrisse et se colore;
L'autre, grappe dorée aux rayons du matin,
Attend le vendangeur pour paraître au festin.

DEUXIÈME BAZ-VALAN.

Vraiment vous l'emportez ! votre finesse est grande,
Chanteur! Sous cet habit de toile de Hollande,
Voici venir enfin ce que vous désirez :
De deux rangs de velours ses bras sont entourés,
Et sur son béguin blanc, tout brodé d'écarlate,
Comme au front d'une sainte, un ruban d'or éclate.

. . . .

Allez quérir l'époux, allez; un prompt retour
Mieux que tous vos serments prouvera son amour.

PREMIER BAZ-VALÁN.

Vous, chanteur, mon ami, touchez là! Face à face,
Au fumet des ragoûts, ce soir, nous prendrons place;
Et le cidre, le vin, le lard, les venaisons,
Nous feront souvenir des anciennes chansons.

A. BRIZEUX.

CHARLOTTEMBOURG,

OU LE TOMBEAU DE LA REINE DE PRUSSE.

LE VOYAGEUR.

Sous les hauts pins qui protégent ces sources,
Gardien, dis-moi quel est ce monument nouveau?

LE GARDIEN.

Un jour il deviendra le terme de tes courses :
O voyageur! c'est un tombeau.

LE VOYAGEUR.

Qui repose en ces lieux?

LE GARDIEN.

Un objet plein de charmes.

LE VOYAGEUR.

Qu'on aima?

LE GARDIEN.

Qui fut adoré.

LE VOYAGEUR.

Ouvre-moi.

LE GARDIEN.

Si tu crains les larmes,
N'entre pas.

LE VOYAGEUR.

J'ai souvent pleuré.

LE VOYAGEUR, *entrant avec le gardien.*

De la **Grèce** ou de l'**Italie**
On a ravi ce marbre à la pompe des morts.
Quel tombeau l'a cédé pour enchanter ces bords ?
Est-ce Antigone ou Cornélie ?

LE GARDIEN.

La beauté dont l'image excite tes transports
Parmi nos bois passa sa vie.

LE VOYAGEUR.

Qui pour elle à ces murs, de marbre revêtus,
A suspendu ces couronnes fanées ?

LE GARDIEN.

Les beaux enfants dont ses vertus
Ici-bas furent couronnées.

LE VOYAGEUR.

On vient !

LE GARDIEN.

C'est un époux ; il porte ici ses pas
Pour nourrir en secret un souvenir funeste.

LE VOYAGEUR.

Il a donc tout perdu ?

LE GARDIEN.

Non : un trône lui reste.

LE VOYAGEUR.

Un trône ne console pas !

CHATEAUBRIAND.

LE SACRIFICE DES PETITS ENFANTS.

MIRTIL ET CHLOÉ.

Le tendre enfant Mirtil, au lever de l'aurore,
Vit la plus jeune de ses sœurs
Tristement occupée à rassembler des fleurs.

En les réunissant, Chloé mêlait ses pleurs
Aux larmes du matin, qui les baignaient encore.
Elle laissa couler deux ruisseaux de ses yeux,
    Sitôt qu'elle aperçut son frère.

CHLOÉ.

Hélas! Mirtil, bientôt nous n'aurons plus de père!
    Que notre sort est douloureux!

MIRTIL.

Ah! s'il allait mourir, ce père qui nous aime!
    Ma sœur, il est si vertueux!
    Il a tant d'amour pour les dieux!

CHLOÉ.

Oui, Mirtil, et les dieux devaient l'aimer de même.

MIRTIL.

O ma sœur, comme ici tout me paraît changer!
Comme tous les objets semblent dans la tristesse!
    En vain mon agneau me caresse,
    Depuis cinq jours je le délaisse,
Et c'est une autre main qui lui donne à manger,
Vainement mon ramier s'approche de ma bouche;
De mes plus belles fleurs je n'ai point de souci;
Enfin ce que j'aimais n'a plus rien qui me touche :
Mon père, si tu meurs, je veux mourir aussi.

CHLOÉ.

    Hélas! il t'en souvient, mon frère!
    Cinq jours bien longs se sont passés
Depuis que, sur son sein nous tenant embrassés,
Il se mit à pleurer...

MIRTIL.

    Oui, Chloé. Ce bon père,
    Comme il devint pâle et tremblant!
« Mes enfants, disait-il, je suis bien chancelant :
« Laissez-moi... Je succombe au mal qui me tourmente. »
    Il se traîna jusqu'à son lit,

Depuis ce temps il s'affaiblit,
Et tous les jours son mal augmente.

CHLOÉ.

Écoute quel est mon dessein :
Si tu me vois, de grand matin,
Occupée à cette guirlande,
C'est qu'au dieu des bergers j'en veux faire une offrande.
Notre mère nous dit toujours
Que les dieux sont cléments, qu'ils prêtent leur secours
Aux simples vœux de l'innocence ;
Moi, je veux du dieu Pan implorer la clémence.
Et vois-tu cet oiseau, mon unique trésor ?
Eh bien ! je veux au dieu le présenter encor.

MIRTIL.

O ma sœur ! attends-moi ; je n'ai qu'un pas à faire :
De mes fruits les plus beaux j'ai rempli mon panier ;
Je vais l'aller chercher ; et, pour sauver mon père,
Je veux y joindre mon ramier.

Ces mots finis, il court, va saisir sa richesse,
Et sous un poids si doux il revole à l'instant :
Il souriait en le portant,
Tour à tour agité d'espoir et de tristesse.
Les voilà tous deux en chemin
Pour arriver au pied de la statue.
Elle se présentait sur un coteau voisin
Que des pins ombrageaient de leur cime touffue.
Là, s'étant prosternés devant le dieu des champs,
Ils élèvent vers lui leurs timides accents.

CHLOÉ.

Daigne, ô dieu des bergers, agréer mon offrande,
Et laisse-toi toucher aux pleurs que je répands !
Tu vois, je n'ai qu'une guirlande ;
A tes genoux je la suspends :
J'en ornerais ton front, si j'étais assez grande,

O dieu ! rends notre père à ses pauvres enfants.

MIRTIL.

Conserve ce bon père, ô dieu ! sois-nous propice.
Voilà mes plus beaux fruits, que j'ai cueillis pour toi !
Si mon plus beau chevreau n'était plus fort que moi,
    J'en aurais fait le sacrifice.
Quand je serai plus grand, j'en immolerai deux,
Si tu vois en pitié deux enfants malheureux.

CHLOÉ.

Nous partageons les maux que notre père endure.
Quel don peut te fléchir?... Tiens, voilà mon oiseau !
C'est pourtant tout mon bien, ô Pan, je te le jure.
Vois, il vient dans ma main chercher sa nourriture,
Et je veux que ma main lui serve de tombeau.

MIRTIL.

    O Pan ! que faut-il pour te plaire ?
Regarde mon ramier ; je le vais appeler.
    Veux-tu sa vie ? elle m'est chère :
    Mais, pour que tu sauves mon père,
Je vais... oui, dieu puissant, je vais te l'immoler. »

    Et leurs petites mains tremblantes
Saisissaient des oiseaux les ailes frémissantes.
Déjà, glacés de crainte, ils détournaient les yeux,
    Pour commencer leurs sacrifices.
Mais une voix s'élève : « Enfants trop généreux,
« Arrêtez ! L'innocence intéresse les dieux.
« Gardez-vous d'immoler ce qui fait vos délices !
    « Je rends votre père à vos vœux. »
Leur père fut sauvé. Ce jour même, avec eux
Il alla du dieu Pan bénir la bienfaisance :
Il passa de longs jours au sein de l'abondance,
Et vit naître les fils de ses petits-neveux.

                         LÉONARD.

MADAME DESHOULIÈRES A SES ENFANTS[1].

Dans ces prés fleuris
Qu'arrose la Seine,
Cherchez qui vous mène,
Mes chères brebis :
J'ai fait, pour vous rendre
Le destin plus doux,
Ce qu'on peut attendre
D'une amitié tendre ;
Mais son long courroux
Détruit, empoisonne
Tous mes soins pour vous,
Et vous abandonnne
Aux fureurs des loups.
Seriez-vous leur proie,
Aimable troupeau !
Vous, de ce hameau
L'honneur et la joie,
Vous qui, gras et beau,
Me donniez sans cesse,
Sur l'herbette épaisse,
Un plaisir nouveau !
Que je vous regrette !
Mais il faut céder ;
Sans chien, sans houlette,
Puis-je vous garder ?
L'injuste fortune
Me les a ravis.
En vain j'importune
Le ciel par mes cris ;
Il rit de mes craintes,
Et, sourd à mes plaintes,

---

[1] Cette idylle est une allégorie continuelle, et peut servir de modèle dans son genre, d'ailleurs fort peu goûté aujourd'hui.

Houlette ni chien,
Il ne me rend rien.
Puissiez-vous, contentes,
Et sans mon secours,
Passer d'heureux jours,
Brebis innocentes,
Brebis, mes amours!
Que Pan [1] vous défends;
Hélas! il le sait,
Je ne lui demande
Que ce seul bienfait.
Oui, brebis chéries,
Qu'avec tant de soin
J'ai toujours nourries,
Je prends à témoin
Ces bois, ces prairies,
Que si les faveurs
Du dieu des pasteurs
Vous gardent d'outrages,
Et vous font avoir,
Du matin au soir,
De gras pâturages,
J'en conserverai
Tant que je vivrai
La douce mémoire,
Et que mes chansons,
En mille façons,
Porteront sa gloire,
Du rivage heureux,
Où, vif et pompeux,
L'astre qui mesure
Les nuits et les jours,

---

[1] Les moutons y sont les enfants de madame Deshoulières, qui était veuve, et le dieu Pan y figure pour Louis XIV, à qui l'auteur adresse ses vœux.

Commençant son cours,
Rend à la nature
Toute sa parure,
Jusqu'en ces climats,
Où, sans doute, las
D'éclairer le monde,
Il va chez Thétys
Rallumer dans l'onde
Ses feux amortis.

Mme DESHOULIÈRES.

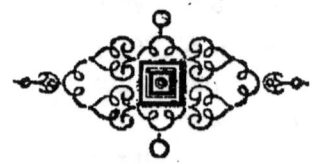

LEÇONS DE LITTÉRATURE ET DE MORALE

TIRÉES DE

LA POÉSIE DRAMATIQUE.

Modèles de Récits et de Narrations tirés de la Tragédie [1].

LE CID RACONTE SA VICTOIRE SUR LES MAURES.

Cette obscure clarté qui tombe des étoiles
Enfin avec le flux nous fait voir trente voiles.
L'onde s'enflait dessous, et d'un commun effort
Les Maures et la mer entrèrent dans le port.
On les laisse passer; tout leur paraît tranquille :
Point de soldats au port, point aux murs de la ville.
Notre profond silence abusant les esprits,
Ils n'osent plus douter de nous avoir surpris;
Ils abordent sans peur, ils ancrent, ils descendent,
Et courent se livrer aux mains qui les attendent.
Nous nous levons alors, et tous en même temps,
Poussons jusques au ciel mille cris éclatants;
Les nôtres au signal de nos vaisseaux répondent :
Ils paraissent armés; les Maures se confondent;
L'épouvante les prend à demi descendus :
Avant que de combattre, ils s'estiment perdus.
Ils couraient au pillage, et rencontrent la guerre.
Nous les pressons sur l'eau, nous les pressons sur terre,

[1] Voir, dans l'aperçu sur les différents genres dont il est traité dans ce recueil, ce que nous disons du récit et de la narration tragiques.

Et nous faisons courir les ruisseaux de leur sang,
Avant qu'aucun résiste ou reprenne son rang.
Mais bientôt, malgré nous, leurs princes les rallient;
Leur courage renaît, et leurs terreurs s'oublient;
La honte de mourir sans avoir combattu
Arrête leur désordre et leur rend leur vertu.
Contre nous de pied ferme ils tirent leurs épées;
Des plus braves soldats les trames sont coupées,
Et la terre et le fleuve, et leur flotte et le port,
Sont des champs de carnage où triomphe la mort.
Oh! combien d'actions, combien d'exploits célèbres,
Sont demeurés sans gloire au milieu des ténèbres,
Où chacun, seul témoin des grands coups qu'il donnait,
Ne pouvait discerner où le sort inclinait!
J'allais de tous côtés encourager les nôtres,
Faire avancer les uns et soutenir les autres,
Ranger ceux qui venaient, les pousser à leur tour,
Et n'en pus rien savoir jusques au point du jour.
Mais enfin sa clarté montra notre avantage;
Le Maure vit sa perte et perdit le courage;
Et voyant un renfort qui nous vint secourir,
Changea l'ardeur de vaincre en la peur de mourir.
Ils gagnent leurs vaisseaux, ils en coupent les câbles;
Nous laissent pour adieux des cris épouvantables;
Font retraite en tumulte, et sans considérer
Si leurs rois avec eux ont pu se retirer.
Ainsi leur devoir cède à la frayeur plus forte;
Le flux les apporta, le reflux les remporte.
Cependant que leurs rois, engagés parmi nous,
Et quelque peu des leurs tout percés de nos coups,
Disputent vaillamment, et vendent bien leur vie;
A se rendre, moi-même, en vain je les convie :
Le cimeterre au poing, ils ne m'écoutent pas;
Mais, voyant à leurs pieds tomber tous leurs soldats,
Et que seuls désormais en vain ils se défendent,
Ils demandent le chef, je me nomme : ils se rendent.

Je vous les envoyai tous deux en même temps;
Et le combat cessa faute de combattants.

CORNEILLE. (*Le Cid.*)

MORT D'HIPPOLYTE.

A peine nous sortions des portes de Trézène;
Il était sur son char; ses gardes affligés
Imitaient son silence, autour de lui rangés.
Il suivait, tout pensif, le chemin de Mycènes;
Sa main sur ses chevaux laissait flotter les rênes.
Ses superbes coursiers, qu'on voyait autrefois,
Pleins d'une ardeur si noble, obéir à sa voix,
L'œil morne maintenant, et la tête baissée,
Semblaient se conformer à sa triste pensée.
Un effroyable cri, sorti du sein des flots,
Des airs, en ce moment, a troublé le repos;
Et du sein de la terre une voix formidable,
Répond, en gémissant, à ce cri redoutable.
Jusqu'au fond de nos cœurs notre sang s'est glacé;
Des coursiers attentifs le crin s'est hérissé.
Cependant, sur le dos de la plaine liquide,
S'élève à gros bouillons une montagne humide.
L'onde approche, se brise, et vomit à nos yeux,
Parmi des flots d'écume, un monstre furieux.
Son front large est armé de cornes menaçantes;
Tout son corps est couvert d'écailles jaunissantes.
Indomptable taureau, dragon impétueux,
Sa croupe se recourbe en replis tortueux;
Ses longs mugissements font trembler le rivage:
Le Ciel avec horreur voit ce monstre sauvage;
La terre s'en émeut; l'air en est infecté :
Le flot qui l'apporta recule épouvanté.
Tout fuit, et, sans s'armer d'un courage inutile,
Dans le temple voisin chacun cherche un asile.

Hippolyte, lui seul, digne fils d'un héros,
Arrête ses coursiers, saisit ses javelots,
Pousse au monstre, et d'un dard lancé d'une main sûre,
Il lui fait dans le flanc une large blessure.
De rage et douleur le monstre bondissant,
Vient aux pieds des chevaux tomber en mugissant,
Se roule, et leur présente une gueule enflammée,
Qui les couvre de feu, de sang et de fumée.
La frayeur les emporte ; et, sourds à cette fois,
Ils ne connaissent plus ni le frein ni la voix.
En efforts impuissants leur maître se consume.
Ils rougissent le mors d'une sanglante écume.
On dit qu'on a vu même, en ce désordre affreux,
Un dieu qui d'aiguillons pressait leurs flancs poudreux
A travers les rochers la peur les précipite.
L'essieu crie et se rompt. L'intrépide Hippolyte
Voit voler en éclats tout son char fracassé.
Dans les rênes lui-même il tombe embarrassé.
Excusez ma douleur. Cette image cruelle
Sera pour moi de pleurs une source éternelle.
J'ai vu, seigneur, j'ai vu votre malheureux fils,
Traîné par les chevaux que sa main a nourris.
Il veut les rappeler, et sa voix les effraie ;
Ils courent : tout son corps n'est bientôt qu'une plaie.
De nos cris douloureux la plaine retentit,
Leur fougue impétueuse enfin se ralentit ;
Ils s'arrêtent, non loin de ces tombeaux antiques,
Où des rois ses aïeux sont les froides reliques.
Je cours en soupirant, et sa garde me suit ;
De son généreux sang la trace nous conduit ;
Les rochers en sont teints ; les ronces dégouttantes
Portent de ses cheveux les dépouilles sanglantes.
J'arrive, je l'appelle ; et, me tendant la main,
Il ouvre un œil mourant, qu'il referme soudain.
« Le Ciel, dit-il, m'arrache une innocente vie ;
Prends soin, après ma mort, de la triste Aricie...

Cher ami, si mon père, un jour désabusé,
Plaint le malheur d'un fils faussement accusé,
Pour apaiser mon sang et mon ombre plaintive,
Dis-lui qu'avec douceur il traite sa captive,
Qu'il lui rende... » A ce mot, ce héros expiré
N'a laissé dans mes bras qu'un corps défiguré,
Triste objet où des dieux triomphe la colère,
Et que méconnaîtrait l'œil même de son père.
RACINE. (*Phèdre*.)

MORT D'ÉRIPHYLE.

Jamais jour n'a paru si mortel à la Grèce.
Déjà de tout le camp la discorde maîtresse
Avait sur tous les yeux mis son bandeau fatal.
Et donné du combat le funeste signal.
De ce spectacle affreux votre fille alarmée
Voyait pour elle Achille, et contre elle l'armée ;
Mais, quoique seul pour elle, Achille furieux
Épouvantait l'armée et partageait les dieux.
Déjà de traits en l'air s'élevait un nuage,
Déjà coulait le sang, prémices du carnage.
Entre les deux partis Calchas s'est avancé,
L'œil farouche, l'air sombre et le poil hérissé ;
Terrible et plein du dieu qui l'agitait sans doute :
« Vous, Achille, a-t-il dit, et vous, Grecs, qu'on m'écoute!
Le dieu qui maintenant vous parle par ma voix
M'explique son oracle, et m'instruit de son choix.
Un autre sang d'Hélène, une autre Iphigénie,
Sur ce bord immolée, y doit laisser sa vie.
Thesée, avec Hélène uni secrètement,
Fit succéder l'hymen à son enlèvement.
Une fille en sortit, que sa mère a célée ;
Du nom d'Iphigénie elle fut appelée...
Elle me voit, m'entend, elle est devant vos yeux,
Et c'est elle, en un mot, que demandent les dieux. »

Ainsi parle Calchas. Tout le camp immobile
L'écoute avec frayeur, et regarde Ériphyle.
Elle était à l'autel, et peut-être en son cœur
Du fatal sacrifice accusait la lenteur.
Elle-même, tantôt, d'une course subite,
Était venue aux Grecs annoncer votre fuite
On admire en secret sa naissance et son sort;
Mais puisque Troie, enfin, est le prix de sa mort,
L'armée à haute voix se déclare contre elle,
Et prononce à Calchas sa sentence mortelle.
Déjà, pour la saisir, Calchas lève le bras.
« Arrête, a-t-elle dit, et ne m'approche pas;
Le sang de ces héros dont tu me fais descendre,
Sans tes profanes mains saura bien se répandre. »
Furieuse, elle vole, et sur l'autel prochain
Prend le sacré couteau, le plonge dans son sein.

A peine son sang coule et fait rougir la terre,
Les dieux font sur l'autel entendre leur tonnerre;
Les vents agitent l'air d'heureux frémissements,
Et la mer leur répond par des mugissements.
La rive au loin gémit, blanchissante d'écume;
La flamme du bûcher d'elle-même s'allume;
Le ciel brille d'éclairs, s'entr'ouvre, et parmi nous
Jette une sainte horreur qui nous rassure tous.
Le soldat étonné dit que, dans une nue,
Jusque sur le bûcher Diane est descendue,
Et croit que, s'élevant au travers de ses feux,
Elle portait au ciel notre encens et nos vœux.
Tout s'empresse, tout part : la seule Iphigénie,
Dans ce commun bonheur, pleure son ennemie.
Des mains d'Agamemnon venez la recevoir;
Venez, Achille et lui brûlent de vous revoir,
Madame; et désormais tous deux, d'intelligence,
Sont prêts à confirmer leur auguste alliance.

RACINE. (Iphigénie.)

DERNIER COMBAT DE MITHRIDATE

CONTRE LES ROMAINS.

Il vit, chargé de gloire, accablé de douleurs ;
De sa mort en ces lieux la nouvelle semée
Ne vous a pas vous seule et sans cause alarmée.
Les Romains, qui partout l'appuyaient par des cris,
Ont par ce bruit fatal glacé tous les esprits.
Le roi, trompé lui-même, en a versé des larmes,
Et désormais certain du malheur de ses armes,
Par un rebelle fils de toutes parts pressé,
Sans espoir de secours, tout prêt d'être forcé,
Et voyant, pour surcroît de douleur et de haine,
Parmi ses étendards porter l'aigle romaine,
Il n'a plus aspiré qu'à s'ouvrir des chemins
Pour éviter l'affront de tomber dans leurs mains.

D'abord il a tenté les atteintes mortelles
Des poisons que lui-même a crus les plus fidèles ;
Il les a trouvés tous sans force et sans vertu.
Vain secours, a-t-il dit, que j'ai trop combattu !
Contre tous les poisons soigneux de me défendre,
J'ai perdu tout le fruit que j'en pouvais attendre :
Essayons maintenant des secours plus certains,
Et cherchons un trépas plus funeste aux Romains.
Il parle, et, défiant leurs nombreuses cohortes,
Du palais, à ces mots, il fait ouvrir les portes.
A l'aspect de ce front, dont la noble fureur
Tant de fois dans leurs rangs répandit la terreur,
Vous les eussiez vu tous, retournant en arrière,
Laisser entre eux et nous une large carrière,
Et déjà quelques-uns couraient épouvantés
Jusque dans les vaisseaux qui les ont apportés.
Mais le dirai-je, ô ciel ! rassurés par Pharnace,
Et la honte en leur cœur réveillant leur audace,
Ils reprennent courage, ils attaquent le roi,

Qu'un reste de soldats défendait avec moi.

Qui pourrait exprimer par quels faits incroyables,
Quels coups accompagnés de regards effroyables,
Son bras, se signalant pour la dernière fois,
A de ce grand héros terminé les exploits?
Enfin, las et couvert de sang et de poussière,
Il s'était fait de morts une noble barrière.
Un autre bataillon s'est avancé vers nous.
Les Romains pour le joindre ont suspendu leurs coups;
Ils voulaient tous ensemble accabler Mithridate;
Mais lui : « C'en est assez, m'a-t-il dit, cher Arbate,
Le sang et ma fureur m'emportent trop avant;
Ne livrons pas surtout Mithridate vivant! »
Aussitôt dans son sein il plonge son épée;
Mais la mort fuit encor sa grande âme trompée.
Ce héros dans mes bras est tombé tout sanglant,
Faible, et qui s'irritait contre un trépas si lent;
Et, se plaignant à moi de ce reste de vie,
Il soulevait encor sa main appesantie,
Et, marquant à mon bras la place de son cœur,
Semblait d'un coup plus sûr implorer la faveur.

RACINE. (*Mithridate*.)

SONGE D'ATHALIE.

C'était pendant l'horreur d'une profonde nuit;
Ma mère Jézabel devant moi s'est montrée,
Comme au jour de sa mort pompeusement parée;
Ses malheurs n'avaient point abattu sa fierté;
Même elle avait encor cet éclat emprunté,
Dont elle eut soin de peindre et d'orner son visage,
Pour réparer des ans l'irréparable outrage.
« Tremble! m'a-t-elle dit, fille digne de moi!
Le cruel Dieu des Juifs l'emporte aussi sur toi.
Je te plains de tomber dans ses mains redoutables,

Ma fille. » En achevant ces mots épouvantables,
Son ombre vers mon lit a paru se baisser;
Et moi, je lui tendais les mains pour l'embrasser :
Mais je n'ai plus trouvé qu'un horrible mélange
D'os et de chairs meurtris et traînés dans la fange,
Des lambeaux pleins de sang et des membres affreux,
Que des chiens dévorants se disputaient entre eux...
..... Dans ce désordre à mes yeux se présente
Un jeune enfant couvert d'une robe éclatante,
Tel qu'on voit des Hébreux les prêtres revêtus.
Sa vue a ranimé mes esprits abattus :
Mais lorsque, revenant de mon trouble funeste,
J'admirais sa douceur, son air noble et modeste,
J'ai senti tout à coup un homicide acier
Que le traître en mon sein a plongé tout entier.
De tant d'objets divers le bizarre assemblage
Peut-être du hasard vous paraît un ouvrage :
Moi-même, quelque temps honteuse de ma peur,
Je l'ai pris pour l'effet d'une sombre vapeur.
Mais de ce souvenir mon âme possédée
A deux fois, en dormant, revu la même idée;
Deux fois mes tristes yeux se sont vus retracer
Ce même enfant toujours tout prêt à me percer.
Lasse enfin des horreurs dont j'étais poursuivie,
J'allais prier Baal de veiller sur ma vie,
Et chercher du repos au pied de ses autels :
Que ne peut la frayeur sur l'esprit des mortels!
Dans le temple des Juifs un instinct m'a poussée,
Et d'apaiser leur Dieu j'ai conçu la pensée;
J'ai cru que des présents calmeraient son courroux;
Que ce Dieu, quel qu'il soit, en deviendrait plus doux.
Pontife de Baal, excusez ma faiblesse.
J'entre : le peuple fuit, le sacrifice cesse.
Le grand prêtre vers moi s'avance avec fureur.
Pendant qu'il me parlait, ô surprise! ô terreur!
J'ai vu ce même enfant dont je suis menacée,

Tel qu'un songe effrayant l'a peint à ma pensée.
Je l'ai vu : son même air, son même habit de lin,
Sa démarche, ses yeux, et tous ses traits enfin ;
C'est lui-même, il marchait à côté du grand prêtre ;
Mais bientôt à ma vue, on l'a fait disparaître.
Voilà quel trouble ici m'oblige à m'arrêter,
Et sur quoi j'ai voulu tous deux vous consulter.

J. RACINE. (*Athalie*.)

SONGE DE THYESTE.

De mes ennuis secrets rien n'arrête le cours :
Tout à de tristes nuits joint de plus tristes jours.
Une voix, dont en vain je cherche à me défendre,
Jusqu'au fond de mon cœur semble se faire entendre :
J'en suis épouvanté. Les songes de la nuit
Ne se dissipent point par le jour qui les suit.
Malgré ma fermeté, d'infortunés présages
Asservissent mon âme à ces vaines images.
Cette nuit même encor, j'ai senti dans mon cœur
Tout ce que peut un songe inspirer de terreur.
Près de ces noirs détours que la rive infernale
Forme à replis divers dans cette île fatale,
J'ai cru longtemps errer parmi des cris affreux
Que des mânes plaintifs poussaient jusques aux cieux.
Parmi ces tristes voix, sur ce rivage sombre,
J'ai cru d'Érope en pleurs entendre gémir l'ombre ;
Bien plus, j'ai cru la voir s'avancer jusqu'à moi,
Mais dans un appareil qui me glaçait d'effroi :
« Quoi ! tu peux t'arrêter dans ce séjour funeste !
Suis-moi, m'a-t-elle dit, infortuné Thyeste. »
Le spectre, à la lueur d'un triste et noir flambeau,
A ces mots, m'a traîné jusque sur son tombeau.
J'ai frémi d'y trouver le redoutable Atrée,
Le geste menaçant et la vue égarée,
Plus terrible pour moi, dans ces cruels moments,

Que le tombeau, le spectre et ses gémissements.
J'ai cru voir le barbare entouré de furies ;
Un glaive encore fumant armait ses mains impies ;
Et, sans être attendri de ses cris douloureux,
Il semblait dans son sang plonger un malheureux.
Érope, à cet aspect, plaintive, désolée,
De ses lambeaux sanglants à mes yeux s'est voilée.
Alors j'ai fait, pour fuir, des efforts impuissants ;
L'horreur a suspendu l'usage de mes sens.
A mille affreux objets l'âme entière livrée,
La frayeur m'a jeté sans force aux pieds d'Atrée.
Le cruel d'une main semblait m'ouvrir le flanc,
Et de l'autre, à longs traits, m'abreuver de mon sang ;
Le flambeau s'est éteint ; l'ombre a percé la terre,
Et le songe a fini par un coup de tonnerre.

CRÉBILLON. (Atrée et Thyeste.)

LA MORT DES TEMPLIERS,

RACONTÉE A PHILIPPE LE BEL, LEUR BOURREAU.

Un immense bûcher, dressé pour leur supplice,
S'élève en échafaud, et chaque chevalier
Croit mériter l'honneur d'y monter le premier ;
Mais le grand maître arrive, il monte, il les devance :
Son front est rayonnant de gloire et d'espérance ;
Il lève vers les cieux un regard assuré :
Il prie, et l'on croit voir un mortel inspiré.
D'une voix formidable aussitôt il s'écrie :
« Nul de nous n'a trahi son Dieu ni sa patrie ;
Français, souvenez-vous de nos derniers accents ;
Nous sommes innocents, nous mourons innocents.
L'arrêt qui nous condamne est un arrêt injuste ;
Mais il est dans le Ciel un tribunal auguste
Que le faible opprimé jamais n'implore en vain,
Et j'ose t'y citer, ô pontife romain !

Encor quarante jours!... Je t'y vois comparaître. »
Chacun en frémissant écoutait le grand maître.
Mais quel étonnement, quel trouble, quel effroi,
Quand il dit : « O Philippe, ô mon maître, ô mon roi !
Je te pardonne en vain, ta vie est condamnée :
Au tribunal de Dieu je t'attends dans l'année. »

(Au roi :)

Les nombreux spectateurs, émus et consternés,
Versent des pleurs sur vous, sur ces infortunés ;
De tous côtés s'étend la terreur, le silence,
Il semble que du Ciel descende la vengeance.
Les bourreaux interdits n'osent plus approcher ;
Ils jettent en tremblant le feu sur le bûcher,
Et détournent la tête... Une fumée épaisse
Entoure l'échafaud, roule et grossit sans cesse ;
Tout à coup le feu brille : à l'aspect du trépas,
Ces braves chevaliers ne se démentent pas.
On ne les voyait plus ; mais leurs voix héroïques
Chantaient de l'Éternel les sublimes cantiques ;
Plus la flamme montait, plus ce concert pieux
S'élevait avec elle et montait vers les Cieux.
Votre envoyé paraît, s'écrie... Un peuple immense,
Proclamant avec lui votre auguste clémence,
Auprès de l'échafaud soudain s'est élancé...
Mais il n'était plus temps... les chants avaient cessé.

RAYNOUARD. (*Les Templiers.*)

MORT D'ANNE DE BOULEN.

Sire, chargé par vous d'un ordre de clémence,
Je courais à la mort enlever l'innocence ;
Je vois de tous côtés vos sujets éperdus,
Vos malheureux sujets à grands flots répandus
Dans la place où leur reine, indignement traînée,
Devait sur l'échafaud finir sa destinée.

Ils venaient voir mourir ce qu'ils ont adoré.
Je vole au-devant d'eux, et d'espoir enivré,
En mots entrecoupés, de loin, tout hors d'haleine,
Je m'écrie : « Arrêtez ! sauvez, sauvez la reine !
Grâce, pardon ! Je viens, je parle au nom du roi. »
Ils ne m'ont répondu que par un cri d'effroi.
A ces clameurs succède un plus affreux silence ;
J'interroge, on se tait. Je frémis, je m'avance :
Je lis dans tous les yeux, je ne vois que des pleurs :
Un deuil universel remplissait tous les cœurs.
J'étais glacé de crainte ; et cependant la foule
S'entr'ouvre, me fait place, et lentement s'écoule :
J'arrive au lieu fatal, j'appelle... Il n'est plus temps.
O reine ! j'aperçois vos restes palpitants.
J'ai vu son sang, j'ai vu cette tête sacrée
D'un corps inanimé maintenant séparée ;
Ses yeux, environnés des ombres de la mort,
Semblaient vers ce séjour se tourner sans effort ;
Ses yeux où la vertu répandait tous ses charmes,
Ses yeux encor mouillés de leurs dernières larmes.
Femmes, enfants, vieillards, regardaient en tremblant
Ces augustes débris, ce front pâle et sanglant.
Des vengeances des lois l'exécuteur farouche,
Lui-même, consterné, les sanglots à la bouche,
Détournait ses regards d'un spectacle odieux,
Et s'étonnait des pleurs qui tombaient de ses yeux.
Mille voix condamnaient des juges homicides.
J'ai vu des citoyens baisant ses mains livides,
Racontant ses bienfaits, et les bras étendus,
L'invoquer dans le Ciel, asile des vertus.
Au milieu de l'opprobre, on lui rendait hommage ;
Chacun tenait sur elle un différent langage ;
Mais tous la bénissaient ; tous avec des sanglots,
De ses derniers discours répétaient quelques mots.
Elle a parlé d'un frère, honneur de sa famille,
Du roi de vous, madame, et surtout de sa fille.

A ses tristes sujets elle a fait ses adieux,
Et son âme innocente a monté vers les Cieux.

   Marie-Joseph Chénier. (*Henri VIII.*)

MORT D'HECTOR.

POLYDAMAS A PARIS.

Dans les champs phrygiens, l'ordre du sage Énée
Tenait de nos guerriers la vaillance enchaînée;
Sortis de leurs remparts jusqu'alors assiégés,
Sous leurs différents chefs les Grecs étaient rangés :
Entre eux et les Troyens s'étend un large espace,
Où vont lutter la force, et l'adresse, et l'audace :
Les deux camps sont muets, et du combat fatal
Chacun désire, attend, redoute le signal.
Sitôt qu'Hector parut, on ouvrit la barrière.
« Le voilà ! dit Achille enflammé de colère,
Viens, ton sang va payer le sang de mon ami :
Le vainqueur de Patrocle est mon seul ennemi,
C'est Hector que je veux ! — C'est Hector qui t'immole ! »
Lui répond votre frère. Il dit, et son trait vole,
Atteint le bouclier, y reste suspendu.
Achille est ébranlé du choc inattendu :
Il prend son javelot, dans les airs le balance,
Et de tout son effort à son tour il le lance :
Mais Hector le prévoit, et le coup est paré;
Du trait de son rival chacun s'est emparé.
Tandis qu'Achille, armé de la lance troyenne,
Fond sur Hector, Hector le frappe de la sienne :
Il brise sa cuirasse; et le fer repoussé
Sur le céleste acier se recourbe émoussé.
Leur sang plus d'une fois avait rougi la terre;
Ils luttaient tout couverts de sueur, de poussière,
Leur javelot brisé, leur casque renversé,
Et Jupiter entre eux n'avait point prononcé,

Lorsque, suivi d'Hélène, accourut votre père :
Il s'écrie ; à sa vue, on s'agite, on espère ;
Et déjà deux hérauts plaçaient en même temps
Leur sceptre pacifique entre les combattants.
Mais Achille frémit de perdre sa victime :
Son courage, ou plutôt sa fureur se ranime ;
Il presse Hector ; Hector résiste, mais soudain
Son fer se brise, éclate, échappe de sa main...
Que pouvait sa vaillance ?... il est atteint !... il tombe
Troie entière descend avec lui dans la tombe...
La mort d'Hector n'a point désarmé le vainqueur :
Tournez les yeux, voyez un spectacle d'horreur !
Voyez, après son char dégouttant de carnage,
Les pieds gonflés des nœuds qu'a redoublés la rage,
Notre Hector suspendu ! son front défiguré,
Ce front terrible aux Grecs, des Troyens adoré,
Roule et sillonne au loin la fange qui le souille ;
De ses longs cheveux noirs la flottante dépouille
Sème de ses débris le sol ensanglanté ;
Ulysse, Ulysse même en est épouvanté.
Achille, l'œil terrible et la voix menaçante,
Presse à coups redoublés, vers les rives du Xante,
Ses coursiers qui, toujours dociles à sa voix,
Refusent d'obéir pour la première fois.
L'impitoyable Achille, orgueilleux de son crime,
Sourit d'un air affreux à sa pâle victime,
Triomphe d'un cadavre, et bravant tous les dieux,
De son sang qui ruisselle il enivre ses yeux.

LUCE DE LANCIVAL. (*Hector*.)

ÉGYSTE RACONTE L'APPARITION DU SPECTRE DE THYESTE, SON PÈRE.

O mon père !... pourquoi ton spectre errant, livide,
Assiége-t-il mes pas ? il me parle, il me suit,

Sur ce même portique, au milieu de la nuit.
Ne crois pas qu'une erreur, dans le sommeil tracée,
De sa confuse image ait troublé ma pensée :
Je veillais sous ces murs, où de son souvenir
Ma douleur recueillie osait s'entretenir ;
Le calme qui régnait à cette heure tranquille,
Environnait d'effroi ce solitaire asile ;
Mes regards, sans objet, dans l'ombre étaient fixés :
Il vint, il m'apparut les cheveux hérissés,
Pâle, offrant de son sein la cicatrice horrible ;
Dans l'une de ses mains brille un acier terrible,
L'autre tient une coupe... ô spectacle odieux !
Souillée encor d'un sang tout fumant à mes yeux,
L'air farouche, et la lèvre à ses bords abreuvée :
Prends, dit-il, cette épée à ton bras réservée ;
Voici, voici la coupe où mon frère abhorré
Me présenta le sang de mon fils massacré ;
Fais-y couler le sien que proscrit ma colère,
Et qu'à longs traits encor ma soif s'y désaltère.
Il recule à ces mots, me montrant de la main
Le Tartare profond, dont il suit le chemin.
Le dirai-je ? sa voix, perçant la nuit obscure,
Ce geste, et cette coupe, et sa large blessure,
Ce front décoloré, ses adieux menaçants...
J'ignore quel prestige égara tous mes sens.
Entraîné sur ses pas vers ces demeures sombres,
Gouffre immense où gémit le peuple errant des ombres,
Vivant, je crus descendre au noir séjour des morts.
Là, jurant et le Styx et les dieux de ses bords,
Et les monstres hideux de ses rives fatales,
Je vis, à la pâleur des torches infernales,
Les trois sœurs de l'enfer irriter leurs serpents,
Le rire d'Alecton accueillir mes serments ;
Thyeste les reçut, me tendit son épée,
Et je m'en saisissais, quand à ma main trompée
Le vain spectre échappa, poussant d'horribles cris.

Je fuyais... Je ne sais à mes faibles esprits
Quelle flatteuse erreur présenta sa chimère.
Il me sembla monter au trône de mon père ;
Que, de sa pourpre auguste, héritier glorieux,
Tout un peuple en mon nom brûlait l'encens des dieux ;
Je vis la Grèce entière à mon joug enchaînée,
La reine me guidant aux autels d'hyménée,
Et mes fiers ennemis, consternés et tremblants,
Abjurer à mes pieds leurs mépris insolents.

NÉPOMUCÈNE LEMERCIER. (*Agamemnon.*)

JEANNE D'ARC RACONTE SON HISTOIRE

A BEDFORT, SON JUGE.

Prince, je vous dirai la simple vérité :
Quand déjà les Anglais dévastaient ce royaume,
Près des bords de la Meuse et sous un toit de chaume,
Mes parents m'élevaient à côté de mes sœurs,
Et de la charité m'enseignaient les douceurs.
J'étais dans l'âge heureux que la paix accompagne.
Durant le jour, j'allais de montagne en montagne
Conduire nos troupeaux, ou, cherchant le saint lieu,
Chanter devant l'autel les louanges de Dieu.
Deux besoins de mon cœur, l'aumône et la prière,
Remplissaient mes instants... Dans notre humble chaumière
On me parlait souvent des maux de mon pays,
De nos princes captifs, par leurs sujets trahis ;
Et moi, me confiant en la main qui délivre,
Je me faisais relire, aux pages du saint livre,
L'histoire du berger que protégeait le Ciel,
Ou Débora partant pour sauver Israël.
Bientôt d'affreux vainqueurs en nos champs accoururent
Nos troupeaux, nos moissons devant eux disparurent.
Dans le fond des forêts il fallut nous cacher,
Et du toit paternel deux fois nous arracher.

Partout des cris, du sang, d'éternelles alarmes,
Et je vis bien souvent, non sans verser des larmes,
Nos soldats mutilés, que l'Anglais insultait,
Tendre à la charité le bras qui leur restait.
Nous attendions la mort, nous la croyions prochaine.
Un jour je m'arrêtai tremblante au pied d'un chêne;
J'y pleurai bien longtemps, et, tombant à genoux,
Je m'écriai : « Seigneur, ayez pitié de nous !
Voyez nos rois proscrits, nos villes alarmées !
N'êtes-vous plus le Dieu qui commande aux armées?
Si nos fautes du Ciel allument le courroux,
Ne frappez que moi seule; oui, je m'offre pour tous.
Rendez, rendez la France à sa gloire première... »
Je parlais... et soudain dans des flots de lumière,
Aux bruits miraculeux des célestes concerts,
Une vierge des cieux m'apparut dans les airs.
« Tes vœux sont exaucés; lève-toi, me dit-elle.
Bergère comme toi, simple et faible mortelle,
J'ai porté la houlette, et, priant dans mon cœur,
Protégé nos cités contre Attila vainqueur.
Paris révère en moi sa céleste patronne;
Le Seigneur te destine à la même couronne;
Et tu dois, délivrant nos remparts asservis,
Dégager les serments qu'il a faits à Clovis.
Il parle par ma voix; son ordre ici m'amène.
Il ne veut s'appuyer d'aucune gloire humaine,
Et, n'offrant aux Français qu'un roseau pour soutien,
Son glaive deviendra visible près du tien.
Pars, Orléans t'appelle en sa fidèle enceinte,
Et le front de ton roi demande l'huile sainte. »
La vision céleste à ces mots s'envola;
Mais des feux m'embrasaient, oui, je les sentais là;
Je portais dans mon sein sa promesse gravée;
Je brûlais pour la palme à mes mains réservée;
Affranchir son pays est un bien précieux
Qu'on ne refuse pas lorsqu'on l'obtient des Cieux.

De ce don solennel chaque jour plus éprise,
J'embrassais en espoir l'héroïque entreprise ;
Mes jours étaient troublés, mon sommeil sans repos,
J'agitais sur mon front d'invisibles drapeaux,
Et je ne pouvais voir, dans mes saintes alarmes,
Un panache ennemi, sans demander des armes.
Surpris de mes transports, ignorant mon dessein,
Mes parents effrayés me pressaient sur leur sein.
Dans les bois, dans les murs de notre humble chapelle,
Toujours la même voix : « Dieu t'attend... Dieu t'appelle! »
Je partis. . . . .
. . . .
Dans le camp des Français régnait un morne effroi ;
Tous pressaient en pleurant l'exil du jeune roi.
J'arrive, au même instant un cri guerrier s'élève...
De Martel dans Fierbois on court chercher le glaive ;
Nous marchons, et ma voix fait passer dans nos rangs
Ces transports enflammés qui chassent les tyrans.
Voilà, prince, quelle est l'histoire de ma vie :
Je n'ai point mérité qu'elle me soit ravie.
Le Ciel, qu'on ose ici m'accuser de trahir,
Avait tout commandé, je n'ai fait qu'obéir.

SOUMET. (Jeanne d'Arc.)

MÊME SUJET.

Mon nom vous est connu. Depuis que je suis née,
L'hiver n'a pas vingt fois vu s'achever l'année.
Sous un rustique toit Dieu cacha mon berceau :
Non loin de Vaucouleurs, quelques prés, un troupeau,
Des auteurs de mes jours composaient la richesse ;
Le travail de leurs mains nourrissait leur vieillesse.
Docile à leurs leçons, heureuse à leur côté,
Mon enfance croissait dans la simplicité ;
Et bergère, comme eux j'errais sur les montagnes,

Chantant le nom du Dieu qui bénit les campagnes.

Chaque jour cependant, jusqu'à nous apportés,
Des bruits affreux troublaient nos hameaux attristés :
On disait qu'inondant et nos champs et nos villes,
L'Anglais, à la faveur de nos haines civiles,
Allait bientôt, brisant nos remparts asservis,
Saper les fondements du trône de Clovis,
Et de la Loire enfin franchissant la barrière,
Sur les murs d'Orléans arborer sa bannière.
Des maux de mon pays en secret tourmenté,
Tout mon cœur s'indignait, jour et nuit agité;
Et du bruit des combats, au milieu des prairies,
Seule j'entretenais mes longues rêveries.
Un soir (il m'en souvient), de la cime des monts,
L'orage, en s'étendant, menaçait nos vallons;
Tout fuyait. Près de là, l'ombre d'un chêne antique
Protégeait du hameau la chapelle rustique :
J'y cours; et sur la pierre où j'implorais les cieux,
Le sommeil, malgré moi, vint me fermer les yeux.
Tout à coup, de splendeur et de gloire éclatante,
Du céleste séjour une jeune habitante,
La houlette à la main se montre devant moi :
« Humble fille des champs, dit-elle, lève-toi!
Du très-haut souverain l'ordre vers toi m'amène.
Geneviève est mon nom. Les rives de la Seine
Me virent, comme toi, conduire les troupeaux.
Quand du fier Attila les funestes drapeaux
Envoyaient la terreur aux deux bouts de la France
Ma voix, au nom du Ciel, promit sa délivrance.
Le Ciel veut par ton bras l'accomplir aujourd'hui.
Du trône des Français, va, sois l'heureux appui.
Le Dieu qui, des bergers empruntant l'entremise,
Jadis arma David et dirigea Moïse,
Dans les murs de Fierbois, au pied des saints autels,
Cacha depuis longtemps aux regards des mortels

Le glaive qui, remis aux mains d'une bergère,
Doit briser les efforts d'une main étrangère
En secret, éclairé par un avis des cieux,
Déjà Valois attend le bras victorieux
Que suscite pour lui leur faveur imprévue.
Pleine d'un feu divin, va t'offrir à sa vue;
Marche : Orléans t'appelle au pied de ses remparts;
Marche : à ta voix l'Anglais fuira de toutes parts;
Et le temple de Reims verra dans son enceinte
Sur le front de ton roi s'épancher l'huile sainte. »

L'immortelle, à ces mots, remonte dans les airs,
Et moi, le cœur ému de sentiments divers,
Je m'éveille incertaine, et n'osant croire encore
Au choix trop éclatant dont l'Éternel m'honore.
Mais trois fois, quand la nuit ramène le repos,
Je vois les mêmes traits, j'entends les mêmes mots :
« Humble fille des champs, lève-toi, Dieu t'appelle;
Au Ciel, à ton pays, tremble d'être infidèle! »

Je cède enfin : je pars, respirant les combats;
Le frère de ma sœur accompagnait mes pas.
J'avais atteint le front des collines prochaines;
Là, muette et pensive, à nos bois, à nos plaines,
Par un dernier regard j'adressai mes adieux,
Et le toit paternel disparut à mes yeux!...
. . . . Au travers du trouble et du ravage,
Vers la cour de Valois le Ciel m'ouvre un passage.
J'arrive : on m'interroge, on doute de ma foi;
Mais les pontifes saints ont rassuré mon roi :
Je parais à ses yeux. Sans crainte, sans audace,
J'entre. Un de ses guerriers est assis à sa place,
Lui-même au milieu d'eux il siége confondu;
Mais un esprit céleste, à mes yeux descendu,
Me le montrait du doigt et planait sur sa tête.
J'approche, et devant lui je m'incline et m'arrête;

Des Cieux, à haute voix, j'annonce les décrets.
« Oui, me dit-il, commande, et mes guerriers sont prêts
A suivre sur tes pas l'ardeur qui les transporte. »
Il dit, et de Fierbois à son ordre on m'apporte
Le glaive qui bientôt doit venger les Français.
Nous partons... Mais pourquoi retracer nos succès?
Jeune et faible instrument de la faveur céleste,
Je marchais, je parlais... Dieu seul a fait le reste.

        D'AVRIGNY. (*Jeanne d'Arc.*)

IDAMORE

DIT QUEL EST LE SORT DES PARIAS DANS L'INDE.

Il est sur ce rivage une race flétrie,
Une race étrangère au sein de sa patrie;
Abominable, impie, horrible au peuple entier,
Les Parias; le jour à regret les éclaire,
La terre sur son sein les porte avec colère,
Et Dieu les retrancha du nombre des humains
Quand l'univers créé s'échappa de ses mains.
L'Indien, sous les feux d'un soleil sans nuage,
Fuit la source limpide où se peint leur image,
Les doux fruits que leur main de l'arbre a détachés,
Ou que d'un souffle impur leur haleine a touchés.
D'un seul de leurs regards a-t-il reçu l'atteinte,
Il se plonge neuf fois dans les flots d'une eau sainte :
Il dispose à son gré de leur sang odieux;
Trop au-dessous des lois, leurs jours sont à ses yeux
Comme ceux d'un reptile ou des monstres immondes
Que le limon du Gange enfante sous ses ondes.

        CASIMIR DELAVIGNE. (*Le Paria.*)

MARIE DE COMMINE

RACONTE LA VENUE DE FRANÇOIS DE PAULE AU PLESSIS-LÈS-TOURS.

Le saint n'empruntait pas sa douce majesté
Au sceptre pastoral dont la magnificence
Des princes du conclave atteste la puissance,
A la mitre éclatante, aux ornements pieux
Que le nonce de Rome étale à tous les yeux.
Point de robe à longs plis dont la pourpre chrétienne
Réclame le secours d'un bras qui la soutienne.
Pauvre, et pour crosse d'or un rameau dans les mains,
Pour robe un lin grossier traînant sur les chemins.
. . . .
Puis venaient en chantant les pasteurs des villages;
Les seigneurs suzerains, appuyés sur leurs pages,
Les rênes dans les mains, devançaient leurs coursiers.
J'ai vu les écussons de nos preux chevaliers,
J'ai vu les voiles blancs des jeunes châtelaines
Confondre leurs couleurs sur les monts, dans les plaines.
La croix étincelait aux rayons d'un ciel pur;
Des bannières du roi, l'or, les lis et l'azur,
Que paraient de nos bois les dépouilles fleuries,
Courbaient autour du saint leurs nobles armoiries.
Des enfants devant lui faisaient fumer l'encens;
Le peuple s'inclinait sous ses bras bénissants.
Ainsi des murs d'Amboise au pied de ces tourelles
Il traînait sur ses pas la foule des fidèles.
Longtemps j'ai contemplé cet imposant tableau...
Et quand le chemin tourne au penchant du coteau,
Reprenant avec Berthe un sentier qui l'abrége,
J'ai sur mon palefroi devancé le cortége.

CASIMIR DELAVIGNE (Louis XI.)

NEMOURS

RAPPELLE LA MORT DE SON PÈRE A COMMINE.

Oublier! lui! qu'entends-je? Oublier! quoi! son crime,
Ce supplice inconnu, l'échafaud, la victime?
Quoi! trois fils à genoux sous l'instrument mortel,
Vêtus de blanc tous trois comme au pied de l'autel?
On nous avait parés pour cette horrible fête.
Soudain le bruit des pas retentit sur ma tête :
Tous mes membres alors se prirent à trembler;
Je l'entendis passer, s'arrêter, puis parler.
Il murmura tout bas ses oraisons dernières;
Puis, prononçant mon nom et ceux de mes deux frères :
« Pauvres enfants! » dit-il, après qu'il eut prié :
Puis... plus rien. O moment d'éternelle pitié!
Tendant vers lui mes mains, pour l'embrasser sans doute,
Je crus sentir des pleurs y tomber goutte à goutte;
Les siens... Non, non : ses yeux éteints dans les douleurs,
Ses yeux n'en versaient plus, ce n'étaient pas des pleurs!...

. . . .

. . . . C'était du sang, du sang, celui d'un père.
Oublier! il le peut, ce roi dont la colère
A pu voir sur mon front jusqu'au dernier moment
Le sang dont je suis né s'épuiser lentement :
Moi! jamais. C'est folie, ou Dieu le veut, Commine :
Mais soit folie enfin, soit volonté divine,
Je touche de mes mains, je vois ce qui n'est pas;
Rien ne se meut dans l'ombre, et moi, j'entends ses pas.
Je me soulève encor vers sa mourante image;
Une rosée affreuse inonde mon visage.
Le jour m'éclaire en vain : sur ce vêtement blanc,
Sur mon sein, sur mes bras, du sang! partout du sang!
Dieu le veut, Dieu le veut : non, ce n'est pas folie;
Dieu ne peut oublier, et défend que j'oublie;

Dieu me dit qu'à venger mon père assassiné
Ce baptême de sang m'avait prédestiné.

Casimir Delavigne. (*Louis XI*.)

NEMOURS

RACONTE A MARIE DE COMMINE DANS QUEL ÉTAT IL A RETROUVÉ LE CHATEAU DE SON PÈRE.

      En traversant la France,
Je visitai ces murs, berceau de mon enfance ;
Morne et le cœur navré, j'entendis les roseaux
Murmurer tristement au pied de leurs créneaux.
Que de fois à ce bruit j'ai rêvé sous les hêtres,
Dont l'antique avenue ombragea mes ancêtres !
Le fer les a détruits ces témoins de mes jeux ;
Mon vieux manoir désert tombe et périt comme eux.
L'herbe croît dans ses cours ; les ronces et le lierre
Ferment aux pèlerins sa porte hospitalière.
Le portrait de mon père, arraché du lambris,
Était là, dans un coin, gisant sur des débris.
Pas un des serviteurs dont il reçut l'hommage,
Et qui heurtent du pied sa vénérable image,
N'a de l'ancien seigneur reconnu l'héritier,
Hors le chien du logis, couché sous le foyer,
Qui, regardant son maître avec un air de fête,
Pour me lécher les mains a relevé la tête.

Casimir Delavigne. (*Louis XI*.)

ÉDOUARD

RACONTE A SON FRÈRE LE SONGE QU'IL A FAIT.

Pour le couronnement on nous cherchait tous deux.
Je t'ai dit : « Viens, Richard, ma mère nous appelle. »
Et, te prenant la main, je voulais fuir près d'elle

Un tigre dont les yeux semblaient nous menacer.
Mes pieds marchaient, couraient sans pouvoir avancer,
Et toujours, mais en vain.

. . . .

Tout à coup, à Windsor je me crus transporté.
Le feuillage tremblait par les vents agité;
Leur souffle tiède et lourd annonçait un orage
Pour deux pâles boutons, qui, presque du même âge,
Sur un même rameau confondant leur parfum,
L'un à l'autre enlacés, semblaient n'en former qu'un.
Unis comme eux, Richard, nous admirions leurs charmes.
En voyant l'eau du ciel qui les couvrait de larmes,
Je les pris en pitié sans deviner pourquoi,
Et tu me dis alors : « Mon frère, un d'eux, c'est toi :
L'autre, c'est moi. » Soudain le fer brille. O prodige!
Ce sang par jets vermeils s'échappe de leur tige.
Comme si c'était moi qui le perdais ce sang,
Mon cœur vint à faillir; ma main en se baissant,
Pour chercher dans la nuit leurs feuilles dispersées,
Toucha de deux enfants les dépouilles glacées.
Puis je ne sentis plus; mais j'entendis des voix
Qui disaient : « Portez-les au tombeau de nos rois. »

    Casimir Delavigne. (*Les Enfants d'Edouard.*)

SONGE DE CROMWELL.

Écoute : — Étant enfant, j'eus une vision. —
J'avais été chassé, pour basse extraction,
De ces nobles gazons que tout Oxford renomme,
Et qu'on ne peut fouler sans être gentilhomme.
Rentré dans ma cellule, en mon cœur indigné,
Je pleurais, maudissant le rang où j'étais né.
La nuit vint; je veillais assis près de ma couche.
Soudain ma chair se glace au souffle d'une bouche,
Et j'entends près de moi, dans un trouble mortel,

Une voix qui disait : *Honneur au roi Cromwell!*
Elle avait à la fois cette voix presque éteinte,
L'accent de la menace et l'accent de la plainte.
Dans les ténèbres, pâle et de terreur saisi,
Je me lève, cherchant qui me parlait ainsi.
Je regarde ! — C'était une tête coupée !...
De blafardes lueurs dans l'ombre enveloppée,
Livide, elle portait sur son front pâlissant
Une auréole... oui, de la couleur du sang.
Il s'y mêlait encore un reste de couronne.
Immobile,.... Vieillard, regarde : j'en frissonne ! —
Elle me contemplait avec un ris cruel
Et murmurait tout bas : *Honneur au roi Cromwell!*
Je fais un pas... Tout fuit! sans laisser de vestige
Que mon cœur à jamais glacé par ce prodige!

     Victor Hugo. (*Cromwell.*)

Discours tragiques.

AUGUSTE RAPPELLE A CINNA SES BIENFAITS.

Tu vois le jour, Cinna ; mais ceux dont tu le tiens
Furent les ennemis de mon père et les miens :
Au milieu de leur camp tu reçus la naissance ;
Et lorsque après leur mort tu vins en ma puissance,
Leur haine, enracinée au milieu de ton sein,
T'avait mis contre moi les armes à la main ;
Tu fus mon ennemi, même avant que de naître,
Et tu le fus encor quand tu me pus connaître ;
Et l'inclination jamais n'a démenti
Ce sang qui t'avait fait du contraire parti.
Autant que tu l'as pu, les effets l'ont suivie :

Je ne m'en suis vengé qu'en te donnant la vie ;
Je te fis prisonnier pour te combler de biens ;
Ma cour fut ta prison, mes faveurs tes liens ;
Je te restituai d'abord ton patrimoine ;
Je t'enrichis après des dépouilles d'Antoine ;
Et tu sais que depuis, à chaque occasion,
Je suis tombé pour toi dans la profusion.
Toutes les dignités que tu m'as demandées,
Je te les ai sur l'heure et sans peine accordées ;
Je t'ai préféré même à ceux dont les parents
Ont jadis dans mon camp tenu les premiers rangs,
A ceux qui de leur sang m'ont acheté l'empire,
Et qui m'ont conservé le jour que je respire ;
De la façon enfin qu'avec toi j'ai vécu,
Les vainqueurs sont jaloux du bonheur du vaincu.
Quand le ciel me voulut, en rappelant Mécène,
Après tant de faveurs, montrer un peu de haine,
Je te donnai sa place, en ce triste accident,
Et te fis, après lui, mon plus cher confident.
Aujourd'hui même encor, mon âme irrésolue
Me pressant de quitter ma puissance absolue,
De Maxime et de toi j'ai pris les seuls avis ;
Et ce sont, malgré lui, les tiens que j'ai suivis.
Bien plus, ce même jour, je te donne Émilie,
Le digne objet des vœux de toute l'Italie,
Et qu'ont mise si haut mon amour et mes soins,
Qu'en te couronnant roi je t'aurais donné moins.
Tu t'en souviens, Cinna ; tant d'heur et tant de gloire
Ne peuvent pas sitôt sortir de ta mémoire ;
Mais ce qu'on ne pourrait jamais imaginer,
Cinna, tu t'en souviens, et veux m'assassiner.....

Tu veux m'assassiner, demain au Capitole,
Pendant le sacrifice ; et ta main, pour signal,
Me doit, au lieu d'encens, donner le coup fatal.
La moitié de tes gens doit occuper la porte,

L'autre moitié te suivre, et te prêter main-forte.
Ai-je de bons avis, ou de mauvais soupçons ?
De tous ces meurtriers te dirai-je les noms ?
Procule, Glabrion, Virginian, Rutile,
Marcel, Plaute, Lénas, Pomponne, Albin, Icile,
Maxime, qu'après toi j'avais le plus aimé ;
Le reste ne vaut pas l'honneur d'être nommé ;
Un tas d'hommes perdus de dettes et de crimes,
Que pressent de mes lois les ordres légitimes,
Et qui, désespérant de les plus éviter,
Si tout n'est renversé, ne sauraient subsister.

Tu te tais maintenant, et gardes le silence,
Plus par confusion que par obéissance.
Quel était ton dessein, et que prétendais-tu,
Après m'avoir, au temple, à tes pieds abattu ?
Affranchir ton pays d'un pouvoir monarchique ?
Si j'ai bien entendu, tantôt, ta politique,
Son salut désormais dépend d'un souverain
Qui, pour tout conserver, tienne tout en sa main ;
Et si sa liberté te faisait entreprendre,
Tu ne m'eusses jamais empêché de la rendre ;
Tu l'aurais acceptée au nom de tout l'Etat,
Sans vouloir l'acquérir par un assassinat.
Quel était donc ton but ? d'y régner en ma place ?
D'un étrange malheur son destin le menace,
Si, pour monter au trône et lui donner la loi,
Tu ne trouves dans Rome autre obstacle que moi ;
Si jusques à ce point son sort est déplorable,
Que tu sois, après moi, le plus considérable,
Et que ce grand fardeau de l'empire romain
Ne puisse, après ma mort, tomber mieux qu'en ta main

Apprends à te connaître, et descends en toi-même :
On t'honore dans Rome, on te courtise, on t'aime ;
Chacun tremble sous toi, chacun t'offre des vœux ;

Ta fortune est bien haut : tu peux ce que tu veux ;
Mais tu ferais pitié, même à ceux qu'elle irrite,
Si je t'abandonnais à ton peu de mérite.
Ose me démentir, dis-moi ce que tu vaux,
Conte-moi tes vertus, tes glorieux travaux,
Les rares qualités par où tu m'as dû plaire,
Et tout ce qui t'élève au-dessus du vulgaire.
Ma faveur fait ta gloire, et ton pouvoir en vient ;
Elle seule t'élève, et seule te soutient ;
C'est elle qu'on adore, et non pas ta personne ;
Tu n'as crédit ni rang qu'autant qu'elle t'en donne ;
Et, pour te faire choir, je n'aurais aujourd'hui
Qu'à retirer la main qui seule est ton appui.
J'aime mieux, toutefois, céder à ton envie :
Règne, si tu le peux, aux dépens de ma vie.
Mais oses-tu penser que les Serviliens,
Les Cosses, les Métels, les Pauls, les Fabiens,
Et tant d'autres enfin de qui les grands courages
Des héros de leur sang sont les vives images,
Quittent le noble orgueil d'un sang si généreux,
Jusqu'à pouvoir souffrir que tu règnes sur eux ?

CORNEILLE. (*Cinna.*)

AGRIPPINE

REPROCHE A NÉRON SON INGRATITUDE.

Approchez-vous, Néron, et prenez votre place.
On veut sur vos soupçons que je vous satisfasse.
J'ignore de quel crime on a pu me noircir ;
De tous ceux que j'ai faits je vais vous éclaircir.
Vous régnez : vous savez combien votre naissance
Entre l'empire et vous avait mis de distance.
Les droits de mes aïeux, que Rome a consacrés,
Étaient même sans moi d'inutiles degrés.

Quand de Britannicus la mère condamnée
Laissa de Claudius disputer l'hyménée,
Parmi tant de beautés qui briguèrent son choix,
Qui de ses affranchis mendièrent les voix,
Je souhaitai son lit, dans la seule pensée
De vous laisser au trône où je serais placée.
Je fléchis mon orgueil : j'allai prier Pallas.
. . . .
. . . .
Mais ce lien du sang, qui nous joignait tous deux,
Écartait Claudius d'un lit incestueux :
Il n'osait épouser la fille de son frère.
Le sénat fut séduit : une loi moins sévère
Mit Claude dans mon lit et Rome à mes genoux.
C'était beaucoup pour moi; ce n'était rien pour vous.
Je vous fis sur mes pas entrer dans sa famille;
Je vous nommai son gendre, et vous donnai sa fille.
Silanus, qui l'aimait, s'en vit abandonné,
Et marqua de son sang ce jour infortuné.
Ce n'était rien encore. Eussiez-vous pu prétendre
Qu'un jour Claude à son fils dût préférer son gendre?
De ce même Pallas j'implorai le secours :
Claude vous adopta, vaincu par ses discours,
Vous appela Néron, et du pouvoir suprême
Voulut, avant le temps, vous faire part lui-même.
C'est alors que chacun, rappelant le passé,
Découvrit mon dessein, déjà trop avancé;
Que de Britannicus la disgrâce future
Des amis de mon père excita le murmure.
Mes promesses aux uns éblouirent les yeux;
L'exil me délivra des plus séditieux.
Claude même, lassé de ma plainte éternelle,
Éloigna de son fils tous ceux de qui le zèle,
Engagé dès longtemps à suivre son destin,
Pouvait du trône encor lui rouvrir le chemin.
Je fis plus : je choisis moi-même dans ma suite

Ceux à qui je voulais qu'on livrât sa conduite,
J'eus soin de vous nommer, par un contraire choix,
Des gouverneurs que Rome honorait de sa voix;
Je fus sourde à la brigue, et crus la renommée.
J'appelai de l'exil, je tirai de l'armée,
Et ce même Sénèque, et ce même Burrhus,
Qui depuis..... Rome alors estimait leurs vertus.
De Claude en même temps épuisant les richesses,
Ma main, sous votre nom, répandait ses largesses.
Les spectacles, les dons, invincibles appâts,
Vous attiraient les cœurs du peuple et des soldats,
Qui d'ailleurs, réveillant leur tendresse première,
Favorisaient en vous Germanicus, mon père.
Cependant Claudius penchait vers son déclin ;
Ses yeux, longtemps fermés, s'ouvrirent à la fin :
Il connut son erreur ; occupé de sa crainte,
Il laissa pour son fils échapper quelque plainte,
Et voulut, mais trop tard, assembler ses amis.
Ses gardes, son palais, son lit m'étaient soumis.
. . . .
Mes soins, en apparence, épargnant ses douleurs,
De son fils, en mourant, lui cachèrent les pleurs ;
Il mourut. Mille bruits en courent à ma honte.
J'arrêtai de sa mort la nouvelle trop prompte ;
Et, tandis que Burrhus allait secrètement
De l'armée en vos mains exiger le serment,
Que vous marchiez au camp, conduit sous mes auspices,
Dans Rome, les autels fumaient de sacrifices ;
Par mes ordres trompeurs tout le peuple excité
Du prince déjà mort demandait la santé.
Enfin, des légions l'entière obéissance
Ayant de votre empire affermi la puissance,
On vit Claude ; et le peuple, étonné de son sort,
Apprit en même temps votre règne et sa mort.
C'est le sincère aveu que je voulais vous faire :
Voilà tous mes forfaits ; en voici le salaire :

Du fruit de tant de soins à peine jouissant
En avez-vous paru six mois reconnaissant,
Que, lassé d'un respect qui vous gênait peut-être,
Vous avez affecté de ne me plus connaître.
J'ai vu Burrhus, Sénèque, aigrissant vos soupçons,
De l'infidélité vous tracer les leçons,
Ravis d'être vaincus dans leur propre science
J'ai vu favoriser de votre confiance
Othon, Sénécion, jeunes voluptueux,
Et de tous vos plaisirs flatteurs respectueux ;
Et lorsque, vos mépris excitant mes murmures,
Je vous ai demandé raison de tant d'injures,
Seul recours d'un ingrat qui se voit confondu,
Par de nouveaux affronts vous m'avez répondu.
. . . .
. . . .
Je vois de votre cœur Octavie effacée,
Prête à sortir du lit où je l'avais placée.
Je vois Pallas banni, votre frère arrêté ;
Vous attentez enfin jusqu'à ma liberté ;
Burrhus ose sur moi porter ses mains hardies ;
Et lorsque, convaincu de tant de perfidies,
Vous deviez ne me voir que pour les expier,
C'est vous qui m'ordonnez de me justifier.

RACINE. (*Britannicus.*)

MITHRIDATE A SES ENFANTS.

Approchez, mes enfants. Enfin l'heure est venue
Qu'il faut que mon secret éclate à votre vue ;
A mes nobles projets je vois tout conspirer ;
Il ne me reste plus qu'à vous les déclarer
Je fuis : ainsi le veut la fortune ennemie.
Mais vous savez trop bien l'histoire de ma vie

Pour croire que longtemps, soigneux de me cacher,
J'attende en ces déserts qu'on me vienne chercher.
La guerre a ses faveurs, ainsi que ses disgrâces.
Déjà plus d'une fois, retournant sur mes traces,
Tandis que l'ennemi, par ma fuite trompé,
Tenait après son char un vain peuple occupé,
Et, gravant en airain ses frêles avantages,
De mes États conquis enchaînait les images,
Le Bosphore m'a vu, par de nouveaux apprêts,
Ramener la terreur du fond de ses marais,
Et, chassant les Romains de l'Asie étonnée,
Renverser en un jour l'ouvrage d'une année.
D'autres temps, d'autres soins. L'Orient accablé
Ne peut plus soutenir leur effort redoublé :
Il voit, plus que jamais, ses campagnes couvertes
De Romains que la guerre enrichit de nos pertes.
Des biens des nations ravisseurs altérés,
Le bruit de nos trésors les a tous attirés :
Ils y courent en foule ; et, jaloux l'un de l'autre,
Désertent leur pays pour inonder le nôtre.
Moi seul je leur résiste : ou lassés, ou soumis,
Ma funeste amitié pèse à tous mes amis ;
Chacun à ce fardeau veut dérober sa tête ;
Le grand nom de Pompée assure sa conquête ;
C'est l'effroi de l'Asie ; et, loin de l'y chercher,
C'est à Rome, mes fils, que je prétends marcher.
Ce dessein vous surprend ; et vous croyez peut-être
Que le seul désespoir aujourd'hui le fait naître.
J'excuse votre erreur ; et, pour être approuvés,
De semblables projets veulent être achevés.
Ne vous figurez point que de cette contrée
Par d'éternels remparts Rome soit séparée.
Je sais tous les chemins par où je dois passer ;
Et si la mort bientôt ne me vient traverser,
Sans reculer plus loin l'effet de ma parole,
Je vous rends dans trois mois au pied du Capitole.

Doutez-vous que l'Euxin ne me porte en deux jours
Aux lieux où le Danube y vient finir son cours ?
Que du Scythe avec moi l'alliance jurée
De l'Europe en ces lieux ne me livre l'entrée ?
Recueilli dans leurs ports, accru de leurs soldats,
Nous verrons notre camp grossir à chaque pas.
Daces, Pannoniens, la fière Germanie,
Tous n'attendent qu'un chef contre la tyrannie.
Vous avez vu l'Espagne, et surtout les Gaulois,
Contre ces mêmes murs qu'ils ont pris autrefois,
Exciter ma vengeance, et jusque dans la Grèce,
Par des ambassadeurs accuser ma paresse.
Ils savent que, sur eux prêt à se déborder,
Ce torrent, s'il m'entraîne, ira tout inonder ;
Et vous les verrez tous, prévenant son ravage,
Guider dans l'Italie et suivre mon passage.

C'est là qu'en arrivant, plus qu'en tout le chemin,
Vous trouverez partout l'horreur du nom romain,
Et la triste Italie encor toute fumante
Des feux qu'a rallumés sa liberté mourante.
Non, princes, ce n'est point au bout de l'univers
Que Rome fait sentir tout le poids de ses fers ;
Et de près inspirant les haines les plus fortes,
Tes plus grands ennemis, Rome, sont à tes portes.
Ah ! s'ils ont pu choisir pour leur libérateur
Spartacus, un esclave, un vil gladiateur ;
S'ils suivent au combat des brigands qui les vengent,
De quelle noble ardeur pensez-vous qu'ils se rangent
Sous les drapeaux d'un roi longtemps victorieux,
Qui voit jusqu'à Cyrus remonter ses aïeux ?
Que dis-je ? En quel état croyez-vous la surprendre ?
Vide de légions qui la puissent défendre,
Tandis que tout s'occupe à me persécuter,
Leurs femmes, leurs enfants, pourront-ils m'arrêter ?
Marchons, et dans son sein rejetons cette guerre

Que sa fureur envoie aux deux bouts de la terre ;
Attaquons dans leurs murs ces conquérants si fiers,
Qu'ils tremblent, à leur tour, pour leurs propres foyers [1].
Annibal l'a prédit ; croyons-en ce grand homme :
Jamais on ne vaincra les Romains que dans Rome.
Noyons-la dans son sang justement répandu ;
Brûlons ce Capitole où j'étais attendu ;
Détruisons ses honneurs, et faisons disparaître
La honte de cent rois, et la mienne peut-être ;
Et, la flamme à la main, effaçons tous ces noms
Que Rome y consacrait à d'éternels affronts.

RACINE. (*Mithridate*.)

ESTHER IMPLORANT LA CLÉMENCE D'ASSUÉRUS
EN FAVEUR DES JUIFS.

..... O Dieu ! confonds l'audace et l'imposture !
Ces Juifs, dont vous voulez délivrer la nature,
Que vous croyez, seigneur, le rebut des humains,
D'une riche contrée autrefois souverains,
Pendant qu'ils n'adoraient que le Dieu de leurs pères,
Ont vu bénir le cours de leurs destins prospères.
Ce Dieu, maître absolu de la terre et des cieux,
N'est point tel que l'erreur le figure à vos yeux.
L'Éternel est son nom, le monde est son ouvrage ;
Il entend les soupirs de l'humble qu'on outrage,
Juge tous les mortels avec d'égales lois,
Et du haut de son trône interroge les rois.
Des plus fermes États la chute épouvantable,
Quand il veut, n'est qu'un jeu de sa main redoutable.
Les Juifs à d'autres dieux osèrent s'adresser :
Roi, peuples, en un jour, tout se vit disperser !
Sous les Assyriens, leur triste servitude
Devint le juste prix de leur ingratitude.

[1] Ces deux rimes, *fiers* et *foyers*, ne sont pas admissibles, et encore moins chez Racine que chez un autre.

Mais, pour punir enfin nos maîtres à leur tour,
Dieu fit choix de Cyrus, avant qu'il vît le jour
L'appela par son nom, le promit à la terre,
Le fit naître, et soudain l'arma de son tonnerre,
Brisa les fiers remparts et les portes d'airain,
Mit des superbes rois la dépouille en sa main,
De son temple détruit vengea sur eux l'injure.
Babylone paya nos pleurs avec usure.
Cyrus, par lui vainqueur, publia ses bienfaits,
Regarda notre peuple avec des yeux de paix,
Nous rendit et nos lois et nos fêtes divines ;
Et le temple déjà sortait de ses ruines.
Mais, de ce roi si sage héritier insensé,
Son fils interrompit l'ouvrage commencé,
Fut sourd à nos douleurs. Dieu rejeta sa race,
Le retrancha lui-même, et vous mit en sa place.
Que n'espérions-nous point d'un roi si généreux !
« Dieu regarde en pitié son peuple malheureux,
Disions-nous : un roi règne, ami de l'innocence. »
Partout du nouveau prince on vantait la clémence.
Les Juifs partout de joie en poussèrent des cris.
« Ciel ! verra-t-on toujours, par de cruels esprits,
Des princes les plus doux l'oreille environnée,
Et du bonheur public la source empoisonnée !
Dans le fond de la Thrace un barbare enfanté
Est venu dans ces lieux souffler la cruauté.
Notre ennemi cruel devant vous se déclare ;
C'est lui, c'est ce ministre infidèle et barbare,
Qui, d'un zèle trompeur à vos yeux revêtu,
Contre notre innocence arme votre vertu.
Et quel autre, grand Dieu ! qu'un Scythe impitoyable
Aurait de tant d'horreurs dicté l'ordre effroyable !
Partout l'affreux signal, en même temps donné,
De meurtres remplira l'univers étonné ;
On verra, sous le nom du plus juste des princes,
Un perfide étranger désoler vos provinces ;

Et, dans ce palais même, en proie à son courroux,
Le sang de vos sujets regorger jusqu'à vous.
Et que reproche aux Juifs sa haine envenimée?
Quelle guerre intestine avons-nous allumée?
Les a-t-on vus marcher parmi vos ennemis?
Fut-il jamais au joug esclaves plus soumis?
Adorant, dans leurs fers, le Dieu qui les châtie,
Pendant que votre main, sur eux appesantie,
A leurs persécuteurs les livrait sans secours,
Ils conjuraient ce Dieu de veiller sur vos jours,
De rompre des méchants les trames criminelles,
De mettre votre trône à l'ombre de ses ailes.
N'en doutez point, seigneur, il fut votre soutien,
Lui seul mit à vos pieds le Parthe et l'Indien,
Dissipa devant vous les innombrables Scythes,
Et renferma les mers dans vos vastes limites.
Lui seul aux yeux d'un juif découvrit le dessein
De deux traîtres tout prêts à vous percer le sein.
RACINE. (*Esther.*)

LUSIGNAN CHERCHE A RAMENER SA FILLE
A LA RELIGION CHRÉTIENNE.

Mon Dieu, j'ai combattu soixante ans pour ta gloire,
J'ai vu tomber ton temple, et périr ta mémoire;
Dans un cachot affreux abandonné vingt ans,
Mes larmes t'imploraient pour mes tristes enfants;
Et lorsque ma famille est par toi réunie,
Quand je trouve une fille, elle est ton ennemie.
Je suis bien malheureux!.... C'est ton père, c'est moi,
C'est ma seule prison qui t'a ravi ta foi.
Ma fille, tendre objet de mes dernières peines,
Songe au moins, songe au sang qui coule dans tes veines :
C'est le sang de vingt rois tous chrétiens comme moi;
C'est le sang des héros, défenseurs de ma loi;
C'est le sang des martyrs. O fille encor trop chère!

Connais-tu ton destin ? Sais-tu quelle est ta mère ?
Sais-tu bien qu'à l'instant que son flanc mit au jour
Ce triste et dernier fruit d'un malheureux amour,
Je la vis massacrer par la main forcenée,
Par la main des brigands à qui tu t'es donnée ?
Tes frères, ces martyrs égorgés à mes yeux,
T'ouvrent leurs bras sanglants, tendus du haut des cieux.
Ton Dieu que tu trahis, ton Dieu que tu blasphèmes,
Pour toi, pour l'univers, est mort en ces lieux mêmes ;
En ces lieux où mon bras le servit tant de fois,
En ces lieux où son sang te parle par ma voix.
Vois ces murs, vois ce temple, envahis par tes maîtres :
Tout annonce le Dieu qu'ont vengé tes ancêtres.
Tourne les yeux : sa tombe est près de ce palais ;
C'est ici la montagne où, lavant nos forfaits,
Il voulut expirer sous les coups de l'impie ;
C'est là que de la tombe il rappela sa vie.
Tu ne saurais marcher dans cet auguste lieu,
Tu n'y peux faire un pas sans y trouver ton Dieu ;
Et tu n'y peux rester sans renier ton père,
Ton honneur qui te parle, et ton Dieu qui t'éclaire.
Je te vois dans mes bras et pleurer et gémir ;
Sur ton front pâlissant Dieu met le repentir ;
Je vois la vérité dans ton cœur descendue,
Je retrouve ma fille après l'avoir perdue,
Et je reprends ma gloire et ma félicité,
En dérobant mon sang à l'infidélité.

VOLTAIRE. (*Zaïre.*)

PHILOCTÈTE A PYRRHUS,
DANS L'ILE DE LEMNOS.

Ah ! par les immortels de qui tu tiens le jour,
Par tout ce qui jamais fut cher à ton amour,
Par les mânes d'Achille et l'ombre de ta mère,
Mon fils, je t'en conjure, écoute ma prière ;

Ne me laisse pas seul en proie au désespoir,
En proie à tous les maux que tes yeux peuvent voir.
Cher Pyrrhus, tire-moi des lieux où ma misère
M'a longtemps séparé de la nature entière.
C'est te charger, hélas! d'un bien triste fardeau,
Je ne l'ignore pas ; l'effort sera plus beau
De m'avoir supporté : toi seul en étais digne ;
Et de m'abandonner la honte est trop insigne :
Tu n'en es pas capable ; il n'est que les grands cœurs
Qui sentent la pitié que l'on doit aux malheurs,
Qui sentent d'un bienfait le plaisir et la gloire.
Il sera glorieux, si tu daignes m'en croire,
D'avoir pu me sauver de ce fatal séjour.
Jusqu'aux vallons d'OEta le trajet est d'un jour ;
Jette-moi dans un coin du vaisseau qui te porte,
A la poupe, à la proue, où tu voudras, n'importe ;
Je t'en conjure encore, et j'atteste les dieux :
Le mortel suppliant est sacré devant eux.
Je tombe à tes genoux, ô mon fils, je les presse
D'un effort douloureux qui coûte à ma faiblesse.
Que j'obtienne de toi la fin de mes tourments ;
Accorde cette grâce à mes gémissements.
Mène-moi dans l'Eubée, ou bien dans ta patrie ;
Le chemin n'est pas long à la rive chérie
Où j'ai reçu le jour, aux bords du Sperchius,
Bords charmants, et pour moi depuis longtemps perdus !
Mène-moi vers Pœan : rends un fils à son père.
Eh! que je crains, ô ciel ! que la Parque sévère
De ses ans, loin de moi, n'ait terminé le cours !
J'ai fait plus d'une fois demander ses secours :
Mais il est mort, sans doute, ou ceux de qui le zèle
Lui devait de mon sort porter l'avis fidèle,
A peine en leur pays, ont bien vite oublié
Les serments qu'avait faits leur trompeuse pitié.

Ce n'est plus qu'en toi seul que mon espoir réside :

Sois mon libérateur, ô Pyrrhus! sois mon guide;
Considère le sort des fragiles humains :
Et qui peut un moment compter sur les destins?
Tel repousse aujourd'hui la misère importune,
Qui tombera demain dans la même infortune.
Il est beau de prévoir ces retours dangereux,
Et d'être bienfaisant alors qu'on est heureux.

La Harpe. (*Philoctète.*)

LEONIDAS AUX TROIS CENTS SPARTIATES.

Eh bien! écoutez donc l'espoir qu'un dieu m'inspire,
Et le but salutaire où notre mort aspire!
Contre ce roi barbare, et qui compte aux combats
Autant de nations que nos rangs de soldats,
Que pourraient tous les Grecs? puissance inattendue,
Il faut qu'une vertu, même à Sparte inconnue,
Frappe, étonne, confonde un despote orgueilleux.
De notre sang versé va sortir, en ces lieux,
Une leçon sublime; elle enseigne à la Grèce
Le secret de sa force, aux Perses leur faiblesse.
Devant nos corps sanglants on verra le grand roi
Pâlir de sa victoire, et reculer d'effroi;
Ou, s'il ose franchir le pas des Thermopyles,
Il frémira d'apprendre, en marchant sur nos villes,
Que dix mille, après nous, y sont prêts pour la mort.
Mais, que dis-je? dix mille! ô généreux transport!
Notre exemple en héros va féconder la Grèce!
Un cri vengeur succède au cri de sa détresse :
« Patrie! indépendance! » A ce cri tout répond,
Des monts de Messénie aux mers de l'Hellespont;
Et cent mille héros, qu'un saint accord anime,
S'arment, en attestant notre mort unanime.
Au bruit de leurs serments, sur ces rochers sacrés,
Réveillez-vous alors, ombres qui m'entourez,

Voyez en fugitif, sur une frêle barque,
L'Hellespont emporter ce superbe monarque,
Et la Grèce, éclipsant ses exploits les plus beaux,
Rassurer son Olympe aux pieds de nos tombeaux.
Si de tels intérêts j'ose un moment descendre,
Amis, je vous dirai quel culte à notre cendre
Vont consacrer l'histoire et la postérité.
Oui, nous nous emparons d'une immortalité
Où nulle gloire humaine encor n'est parvenue ;
Et, quand de Sparte enfin l'heure sera venue,
De ses débris sacrés, qui ne se tairont pas,
Les tyrans effrayés détourneront leurs pas.
Alors, des temps fameux levant les voiles sombres,
Le voyageur sur Sparte évoquera nos ombres,
Et de Léonidas et de ses compagnons
Les échos n'auront pas oublié les grands noms

     PICHAT. (*Léonidas.*)

MARIE STUART DANS SA PRISON,

A ÉLISABETH.

Par où commencerai-je ? et comment à ma bouche
Prêterai-je un discours qui vous plaise et vous touche ?
Accorde-moi, mon Dieu, de ne point l'offenser !
Emousse tous les traits qui pourraient la blesser !
Toutefois, quand d'un mot mon destin peut dépendre,
Sans me plaindre de vous, je ne puis me défendre.
Oui, vous fûtes injuste et cruelle envers moi.
Seule, sans défiance, en vous mettant ma foi,
Comme une suppliante, enfin, j'étais venue :
Et vous, entre vos mains vous m'avez retenue.
De tous les souverains blessant la majesté,
Malgré les saintes lois de l'hospitalité,
Malgré le droit des gens et la foi réclamée,
Dans les murs d'un cachot vous m'avez enfermée.
Dépouillée à la fois de toutes mes grandeurs,

Sans secours, sans amis, presque sans serviteurs,
Au plus vil dénûment dans ma prison réduite,
Devant un tribunal, moi reine, on m'a conduite.
Enfin, n'en parlons plus. Qu'en un profond oubli
Tout ce que j'ai souffert demeure enseveli.
Je veux en accuser la seule destinée.
Contre moi, malgré vous, vous fûtes entraînée ;
Vous n'êtes pas coupable, et je ne le suis pas :
Un esprit de l'abîme, envoyé sur nos pas,
A jeté dans nos cœurs cette haine funeste,
Et des hommes méchants ont achevé le reste.
La démence a du glaive armé contre vos jours
Ceux dont on n'avait point invoqué le secours.
Tel est le sort des rois : leur haine, en maux féconde,
Enfante la discorde et divise le monde.
J'ai tout dit. C'est à vous, ma sœur, de nous juger.
Entre nous maintenant il n'est point d'étranger.
Nous nous voyons enfin. Si j'ai pu vous déplaire,
Parlez, dites mes torts ; je veux vous satisfaire.
Ah ! que ne m'avez-vous dès l'abord accordé
L'entretien par mes vœux si longtemps demandé !
Nous n'aurions pas, ma sœur, en ce jour déplorable.
Une telle entrevue, et dans un lieu semblable.

    P. Lebrun. (*Marie Stuart.*)

NANGIS A LOUIS XIII,

CONTRE LE CARDINAL RICHELIEU.

Je dis qu'il est bien temps que vous y songiez, sire,
Que le cardinal-duc a de sombres projets,
Et qu'il boit le meilleur du sang de vos sujets.
Votre père Henri, de mémoire royale,
N'eût pas ainsi livré sa noblesse loyale ;
Il ne la frappait point sans y fort regarder ;
Et, bien gardé par elle, il la savait garder ;

Il savait qu'on peut faire, avec des gens d'épées,
Quelque chose de mieux que des têtes coupées ;
Qu'ils sont bons à la guerre. Il ne l'ignorait point,
Lui dont plus d'une balle a troué le pourpoint.

. . . .

Sire ! en des jours mauvais comme ceux où nous sommes,
Croyez un vieux : gardez un peu de gentilshommes.

. . . .

Soyez plus ménager des peines du bourreau.
C'est lui qui doit garder son estoc au fourreau,
Non pas nous. D'échafauds montrez-vous économe ;
Craignez d'avoir un jour à pleurer tel brave homme,
Tel vaillant de grand cœur, dont, à l'heure qu'il est [1],
Le squelette blanchit aux chaînes d'un gibet !
Sire ! le sang n'est pas une bonne rosée ;
Nulle moisson ne vient sur la Grève arrosée.
Cette voix des flatteurs, qui dit que tout est bon,
Qu'après tout on est fils d'Henri-Quatre et Bourbon,
Si haute qu'elle soit, ne couvre pas sans peine
Le bruit sourd qu'en tombant fait une tête humaine.
Je vous en donne avis : ne jouez pas ce jeu,
Roi, qui serez un jour face à face avec Dieu.

Victor Hugo.

LA VEUVE D'ÉDOUARD IV D'ANGLETERRE REFUSANT DE SIGNER SON DÉSHONNEUR ET CELUI DE SES ENFANTS.

Le signer ! qu'à ce point la terreur m'avilisse !
Que de mon lâche cœur cette main soit complice !
Pour flétrir mes enfants, pour les déshériter,
Pour abdiquer ces droits qu'on leur vient disputer ;

---

[1] *Est* et *gibet*, rimant ensemble, ne répondent pas à la sévérité que s'est imposée M. Hugo en matière de rimes. En revanche, *rosée* et *arrosée*, qui viennent après, ne laissent rien à désirer sous le rapport des sons.

Droits augustes, milord, certains, incontestables,
Et dont j'écraserai tous ces bruits misérables !
Le signer ! je suis faible, et cependant j'irais,
Reine et mère à la fois, dans mes yeux, sur mes traits,
Portant le démenti d'une telle infamie,
Aborder, le front haut, cette ligue ennemie.
J'irais, je traînerais mes deux fils sur mes pas ;
Je prendrais Édouard, l'héritier, dans mes bras :
Oui, j'en aurais la force ; et, courant leur répondre,
Au peuple rassemblé dans les places de Londre,
Je dirais, je crierais... Que sais-je ? Ah ! si les mots
Me manquent, au besoin, mes regards, mes sanglots
Répandront au dehors ma douleur maternelle ;
Si ma voix me trahit, mes pleurs crieront pour elle :
« Peuple, sauve ton roi ; c'est Édouard, c'est lui,
« Édouard orphelin qui te demande un appui ;
« Abandonné de tous, c'est en toi qu'il espère ;
« Adopte mes enfants qu'on prive de leur père. »
Mes enfants ! mes enfants !.. Ah ! qu'ils viennent, vos lords,
Qu'ils m'insultent en face : ils me verront alors,
Entre mes deux enfants, faire tête à l'outrage.
La lionne qu'on blesse aurait moins de courage,
Moins de fureur que moi, si jamais je défends
Les jours, les droits sacrés, l'honneur de mes enfants.

  Casimir Delavigne. (*Les Enfants d'Édouard.*)

Inspirations lyrico-tragiques.

CORNÉLIE,

EN PRÉSENCE DE L'URNE OU SONT RENFERMÉES LES CENDRES DE POMPÉE.

O vous, à ma douleur objet terrible et tendre,
Éternel entretien de haine et de pitié,

Restes du grand Pompée, écoutez sa moitié.
N'attendez point de moi de regrets, ni de larmes ;
Un grand cœur à ses maux applique d'autres charmes.
Les faibles déplaisirs s'amusent à parler ;
Et quiconque se plaint cherche à se consoler.
Moi, je jure des dieux la puissance suprême,
Et, pour dire encor plus, je jure par vous-même,
Car vous pouvez bien plus sur ce cœur affligé
Que le respect des dieux qui l'ont mal protégé ;
Je jure donc par vous, ô pitoyable reste,
Ma divinité seule après ce coup funeste,
Par vous, qui seul ici pouvez me soulager,
De n'éteindre jamais l'ardeur de le venger.
Ptolémée à César, par un lâche artifice,
Rome, de ton Pompée a fait un sacrifice ;
Et je n'entrerai point dans tes murs désolés,
Que le prêtre et le dieu ne lui soient immolés.
Faites-m'en souvenir, et soutenez ma haine,
O cendres, mon espoir aussi bien que ma peine !
Et, pour m'aider un jour à perdre son vainqueur,
Versez dans tous les cœurs ce que ressent mon cœur.

    P. CORNEILLE. (*Pompée.*)

SABINE,

FEMME D'HORACE ET SOEUR DES CURIACES,

AVANT LE COMBAT DES TROIS HORACES.

Je suis Romaine, hélas ! puisqu'Horace est Romain ;
J'en ai reçu le titre en recevant sa main ;
Mais ce nœud me tiendrait en esclave enchaînée,
S'il m'empêchait de voir en quels lieux je suis née.
Albe, où j'ai commencé de respirer le jour,
Albe, mon cher pays, et mon premier amour,
Lorsque entre nous et toi je vois la guerre ouverte
Je crains notre victoire autant que notre perte.

Rome, si tu te plains que c'est là te trahir,
Fais-toi des ennemis que je puisse haïr.
Quand je vois, de tes murs, leur armée et la nôtre,
Mes trois frères dans l'une, et mon mari dans l'autre,
Puis-je former des vœux, et, sans impiété,
Importuner le ciel pour ta félicité?
Je sais que ton état, encore en sa naissance,
Ne saurait sans la guerre affermir sa puissance;
Je sais qu'il doit s'accroître, et que les grands destins
Ne le borneront pas chez les peuples latins;
Que les dieux t'ont promis l'empire de la terre,
Et que tu n'en peux voir l'effet que par la guerre.
Bien loin de m'opposer à cette noble ardeur
Qui suit l'arrêt des dieux et court à ta grandeur,
Je voudrais déjà voir tes troupes couronnées,
D'un pas victorieux franchir les Pyrénées.
Va jusqu'en l'Orient pousser tes bataillons,
Va sur les bords du Rhin planter tes pavillons,
Fais trembler sous tes pas les colonnes d'Hercule,
Mais respecte une ville à qui tu dois Romule.
Ingrate, souviens-toi que du sang de ses rois
Tu tiens ton nom, tes murs et tes premières lois.
Albe est ton origine; arrête, et considère
Que tu portes le fer dans le sein de ta mère.
Tourne ailleurs les efforts de tes bras triomphants:
Sa joie éclatera dans l'heur[1] de ses enfants;
Et, se laissant ravir à l'amour maternelle,
Ses vœux seront pour toi, si tu n'es plus contre elle.

P. CORNEILLE. (*Horace.*)

IMPRÉCATIONS DE CAMILLE.

Rome, l'unique objet de mon ressentiment!
Rome à qui vient ton bras d'immoler mon amant!
Rome qui t'a vu naître, et que ton cœur adore!

---

[1] *Heur* pour *bonheur*. Mot vieilli, mais encore très-poétique.

Rome enfin que je hais, parce qu'elle t'honore!
Puissent tous ses voisins, ensemble conjurés,
Saper ses fondements, encor mal assurés !
Et, si ce n'est assez de toute l'Italie,
Que l'Orient contre elle à l'Occident s'allie!
Que cent peuples, unis des bouts de l'univers,
Passent, pour la détruire, et les monts et les mers!
Qu'elle-même sur soi renverse ses murailles,
Et de ses propres mains déchire ses entrailles!
Que le courroux du Ciel, allumé par mes vœux,
Fasse pleuvoir sur elle un déluge de feux!
Puissé-je de mes yeux y voir tomber la foudre,
Voir ses maisons en cendre et ses lauriers en poudre,
Voir le dernier Romain à son dernier soupir,
Moi seule en être cause, et mourir de plaisir!

CORNEILLE. (*Les Horaces.*)

REMORDS DE PHÈDRE.

Misérable! et je vis, et je soutiens la vue
De ce sacré soleil dont je suis descendue!
J'ai pour aïeul le père et le maître des dieux ;
Le ciel, tout l'univers est plein de mes aïeux.
Où me cacher? Fuyons dans la nuit infernale.
Mais, que dis-je? mon père y tient l'urne fatale.
Le sort, dit-on, l'a mise en ses sévères mains ;
Minos juge, aux enfers, tous les pâles humains.
Ah! combien frémira son ombre épouvantée,
Lorsqu'il verra sa fille, à ses yeux présentée,
Contrainte d'avouer tant de forfaits divers,
Et des crimes peut-être inconnus aux enfers!
Que diras-tu, mon père, à ce spectacle horrible?
Je crois voir de tes mains tomber l'urne terrible;
Je crois te voir, cherchant un supplice nouveau,
Toi-même de ton sang devenir le bourreau.

RACINE. (*Phèdre.*)

FUREURS D'ORESTE.

Grâce aux dieux, mon malheur passe mon espérance :
Oui, je te loue, ô Ciel, de ta persévérance !
Appliqué sans relâche au soin de me punir,
Au comble des douleurs tu m'as fait parvenir ;
Ta haine a pris plaisir à former ma misère :
J'étais né pour servir d'exemple à ta colère,
Pour être du malheur un modèle accompli.
Hé bien ! je meurs content, et mon sort est rempli.
Où sont ces deux amants ? Pour couronner ma joie,
Dans leur sang, dans le mien, il faut que je me noie ;
L'un et l'autre, en mourant, je les veux regarder :
Réunissons trois cœurs qui n'ont pu s'accorder.
Mais quelle épaisse nuit tout à coup m'environne !
De quel côté sortir ? d'où vient que je frissonne ?
Quelle horreur me saisit ! Grâce au ciel, j'entrevoi.......
Dieux ! quels ruisseaux de sang coulent autour de moi !

Prenant Pylade pour Pyrrhus.

...... Quoi ! Pyrrhus, je te rencontre encore !
Trouverai-je partout un rival que j'abhorre ?
Percé de tant de coups, comment t'es-tu sauvé ?
Tiens, tiens, voilà le coup que je t'ai réservé.
Mais que vois-je ! A mes yeux Hermione l'embrasse ;
Elle vient l'arracher au coup qui le menace !
Dieux ! quels affreux regards elle jette sur moi !
Quels démons, quels serpents traîne-t-elle après soi ?
Hé bien ! filles d'enfer, vos mains sont-elles prêtes ?
Pour qui sont ces serpents qui sifflent sur vos têtes !
A qui destinez-vous l'appareil qui vous suit ?
Venez-vous m'enlever dans l'éternelle nuit ?
Venez ; à vos fureurs Oreste s'abandonne !
Mais non, retirez-vous, laissez faire Hermione
L'ingrate mieux que vous saura me déchirer :
Et je lui porte enfin mon cœur à dévorer.

RACINE. (*Andromaque.*)

IMPRÉCATIONS D'ATHALIE.

. . . . Dieu des Juifs, tu l'emportes !
Oui, c'est Joas : je cherche en vain à me tromper.
Je reconnais l'endroit où je le fis frapper ;
Je vois d'Ochosias et le port et le geste ;
Tout me retrace enfin un sang que je déteste.
David, David triomphe ; Achab seul est détruit.
Impitoyable Dieu, toi seul as tout conduit !
C'est toi qui, me flattant d'une vengeance aisée,
M'as, vingt fois en un jour, à moi-même opposée ;
Tantôt pour un enfant excitant mes remords,
Tantôt m'éblouissant de tes riches trésors,
Que j'ai craint de livrer aux flammes, au pillage.
Qu'il règne donc, ce fils, ton soin et ton ouvrage !
Et que, pour signaler son empire nouveau,
On lui fasse en mon sein enfoncer le couteau !
Voici ce qu'en mourant lui souhaite sa mère :
Que dis-je, souhaiter ? Je me flatte, j'espère,
Qu'indocile à ton joug, fatigué de ta loi,
Fidèle au sang d'Achab, qu'il a reçu de moi,
Conforme à son aïeul, à son père semblable,
On verra de David l'héritier détestable
Abolir tes honneurs, profaner ton autel,
Et venger Athalie, Achab et Jézabel !
     RACINE. (*Athalie.*)

REMORDS DE LOUIS XI

AUX PIEDS DE SAINT FRANÇOIS DE PAULE.

Ah ! si dans mes tourments vous descendiez, mon père,
Je vous arracherais des larmes de pitié !
Les angoisses du corps n'en sont qu'une moitié,
Poignante, intolérable, et la moindre peut-être.
Je ne me plais qu'aux lieux où je ne puis pas être.
En vain je sors de moi : fils rebelle jadis,

Je me vois dans mon père et me crains dans mon fils.
Je n'ai pas un ami ; je hais ou je méprise ;
L'effroi me tord le cœur, sans jamais lâcher prise.
Il n'est point de retraite où j'échappe aux remords ;
Je veux fuir les vivants : je suis avec les morts.
Ce sont des jours affreux ; j'ai des nuits plus terribles :
L'ombre, pour m'abuser, prend des formes visibles ;
Le silence me parle, et mon Sauveur me dit,
Quand je viens le prier : « Que me veux-tu, maudit? »
Un démon, si je dors, s'assied sur ma poitrine ;
Je l'écarte : un fer nu s'y plonge et m'assassine.
Je me lève éperdu ; des flots de sang humain
Viennent battre ma couche ; elle y nage, et ma main,
Que penche sur leur gouffre une main qui la glace
Sent des lambeaux hideux monter à leur surface...

   Casimir Delavigne. (*Louis XI.*)

FERNANDO,

sur l'amour de la patrie.

   O bien qu'aucun bien ne peut rendre !
O patrie ! ô doux nom, que l'exil fait comprendre,
Que murmurait ma voix, qu'étouffaient mes sanglots,
Quand Venise, en fuyant, disparut sous les flots !
Pardonnez, Éléna ; peut-on vivre loin d'elle?
Si l'on a vu les feux dont son golfe étincelle,
Connu ses bords charmants, respiré son air doux,
Le ciel, sur d'autres bords, n'est plus le ciel pour nous.
Que la froide Allemagne et que ses noirs orages
Tristement sur ma tête abaissaient leurs nuages !
Que son pâle soleil irritait mes ennuis !
Ses beaux jours sont moins beaux que nos plus sombres nuits.
Je disais, tourmenté d'une pensée unique :
« Soufflez encor pour moi, vents de l'Adriatique ! »
J'ai cédé, j'ai senti frémir dans mes cheveux

Leur brise, qu'à ces mers redemandaient mes vœux.
Dieu! quel air frais et pur inondait ma poitrine!
Je riais, je pleurais : je voyais Palestrine,
Saint-Marc que j'appelais, s'approcher à ma voix!
Et tous mes sens émus s'enivraient à la fois
De la splendeur du jour, des murmures de l'onde,
Des jeux, des bruits du port, des chants du gondolier!...
Ah! des fers dans ces murs qu'on ne peut oublier!
Un cachot, si l'on veut, sous leurs plombs redoutables,
Plutôt qu'un trône ailleurs, un tombeau dans nos sables,
Un tombeau qui, parfois témoin de vos douleurs,
Soit foulé par vos pieds et baigné de vos pleurs.
    CASIMIR DELAVIGNE. (*Marino Faliero.*)

REGRETS DE CHRISTINE DE SUÈDE
POUR LE PAYS NATAL.

Ainsi qu'à moi, Steinberg, il vous souvient peut-être
Du plaisir qu'à mes yeux vous avez vu paraître,
Lorsque, pour retomber sur le sol étranger,
Je franchissais, joyeuse et d'un pied plus léger,
Le ruisseau dont le cours a marqué la limite
Qu'au Danemark jadis la Suède a prescrite;
Et que, dans un transport soudain, je m'écriais.
« A tout jamais adieu, terre et ciel que je hais! »
Eh bien! sous le ciel pur de France et d'Italie,
J'ai souvent regretté, dans ma mélancolie,
Cet air froid, ce ciel dur, ces horizons glacés,
Où s'effacent des monts, l'un sur l'autre entassés;
Ces vieux ifs que l'hiver de ses frimas assiége,
Géants enveloppés dans leurs manteaux de neige,
Et ces légers traîneaux, qu'en mon illusion,
Je vois glisser encor comme une vision.
Oh! c'est qu'ils sont puissants sur notre âme attendrie,
Ces souvenirs lointains d'enfance et de patrie!
    ALEXANDRE DUMAS. (*Christine.*)

DERNIERS MOMENTS DE CHRISTINE DE SUÈDE.

Une heure!... une heure encore, et tout s'achèvera!
Vienne donc le moment... Mon âme quittera
Ce monde où devant moi tour à tour j'ai vu naître
Tous ces plaisirs d'un jour que l'homme peut connaître!
Pouvoir, amour, science; et, sans les regretter,
Moi qui les épuisai, je pourrai les quitter;
Car j'ai trouvé toujours, au fond de chaque joie,
Quelque chose d'amer qui vers le ciel renvoie...
Pour guider tout un peuple en ces rudes chemins,
Le Seigneur avait mis un flambeau dans mes mains.
Je vis que ce flambeau, de sa flamme trop forte,
Brûle toujours la main de l'élu qui le porte;
Et j'approchai bientôt, voyant mes vœux déçus,
Le flambeau de ma bouche, et je soufflai dessus!

. . . .

De la science alors poursuivant le mystère,
Je voulus me mêler aux sages de la terre!
Lever un coin du voile, où mes yeux indiscrets
Croyaient du Créateur surprendre les secrets.
Je vis que dans la nuit où notre esprit se plonge
Tout était vanité, déception, mensonge!
Que sur l'Éternité Dieu seul était debout,
Et qu'excepté de lui... on doit douter de tout.

Alexandre Dumas. (*Christine.*)

LE DOGE MARINO FALIERO
venant d'entendre prononcer sa sentence de mort.

Bords sacrés, ciel natal, palais que j'élevai,
Flots rougis de mon sang, où mon bras a sauvé
Ces fiers patriciens qui, sans moi, dans les chaînes,
Rameraient aujourd'hui sur les flottes de Gênes,

De ma voix qui s'éteint recueillez les accents.
Si je fus criminel, sont-ils donc innocents?
Je ne les maudis pas : Dieu seul peut les maudire.
Mais voici les destins que je dois leur prédire :
Faites pour quelques-uns, les lois sont des fléaux;
Point d'appui dans un peuple où l'on n'a point d'égaux
Seuls héritiers par vous des libertés publiques,
Vos fils succomberont sous vos lois despotiques.
Esclaves éternels de tous les conquérants,
Ces tyrans détrônés flatteront des tyrans.
Leurs trésors passeront; et les vices du père
Aux vices des enfants légueront la misère.
Nobles déshonorés, un jour on les verra,
Pour quelques pièces d'or qu'un juif leur jettera,
Prostituer leur titre, et vendre les décombres
De ces palais déserts où dormiront vos ombres.
D'un peuple sans vigueur mère sans dignité,
Stérile en citoyens dans sa fécondité,
Lorsque Venise, enfin de débauche affaiblie,
Ivre de sang royal, opprimée, avilie,
Morte, n'offrira plus que deuil, que désespoir,
Qu'opprobre aux étrangers, étonnés de la voir,
En sondant ses cachots, en comptant ses victimes,
Ils diront : « Elle aussi, mise à mort pour ses crimes! »
  CASIMIR DELAVIGNE. (*Marino Faliero*.)

Dialogues tragiques.

DON DIÈGUE

REMETTANT A SON FILS LE SOIN DE SA VENGEANCE.

D. DIÈGUE.

Rodrigue, as-tu du cœur?

D. RODRIGUE.

Tout autre que mon père
L'éprouverait sur l'heure.

D. DIÈGUE.

Agréable colère !
Digne ressentiment à ma douleur bien doux !
Je reconnais mon sang à ce noble courroux ;
Ma jeunesse revit en cette ardeur si prompte.
Viens, mon fils, viens, mon sang, viens réparer ma honte,
Viens me venger.

D. RODRIGUE.

De quoi ?

D. DIÈGUE.

D'un affront si cruel,
Qu'à l'honneur de tous deux il porte un coup mortel,
D'un soufflet. L'insolent en eût perdu la vie ;
Mais mon âge a trompé ma généreuse envie ;
Et ce fer, que mon bras ne peut plus soutenir,
Je le remets au tien pour venger et punir.
Va contre un arrogant éprouver ton courage :
Ce n'est que dans le sang qu'on lave un tel outrage.
Meurs ou tue. Au surplus, pour ne te point flatter,
Je te donne à combattre un homme à redouter.
Je l'ai vu tout sanglant, au milieu des batailles,
Se faire un beau rempart de mille funérailles.

D. RODRIGUE.

Son nom ? C'est perdre temps en propos superflus.

D. DIÈGUE.

Donc, pour te dire encor quelque chose de plus,
Plus que brave soldat, plus que grand capitaine :
C'est...

D. RODRIGUE.

De grâce, achevez.

D. DIÈGUE.

Le père de Chimène.

D. RODRIGUE.

Le...

D. DIÈGUE.

Ne réplique point : je connais ton amour ;
Mais qui peut vivre infâme est indigne du jour.
Plus l'offenseur est cher, et plus grande est l'offense.
Enfin tu sais l'affront, et tu tiens la vengeance.
Je ne te dis plus rien : venge-moi, venge-toi ;
Montre-toi digne fils d'un père tel que moi.
Accablé des malheurs où le destin me range,
Je m'en vais les pleurer. Va, cours, vole, et nous venge.

DON RODRIGUE

DEMANDANT RAISON DE L'INSULTE FAITE A SON PÈRE.

D. RODRIGUE.

A moi, comte, deux mots.

LE COMTE.

Parle.

D. RODRIGUE.

Ote-moi d'un doute.
Connais-tu bien don Diègue ?

LE COMTE.

Oui.

D. RODRIGUE.

Parlons bas, écoute :
Sais-tu que ce vieillard fut la même vertu,
La vaillance et l'honneur de son temps ? Le sais-tu ?

LE COMTE.

Peut-être.

D. RODRIGUE.

Cette ardeur que dans les yeux je porte,
Sais-tu que c'est son sang ? le sais-tu ?

LE COMTE.

      Que m'importe

D. RODRIGUE.

A quatre pas d'ici je te le fais savoir.

LE COMTE.

Jeune présomptueux !

D. RODRIGUE.

     Parle sans t'émouvoir.
Je suis jeune, il est vrai ; mais aux âmes bien nées
La valeur n'attend pas le nombre des années.

LE COMTE.

Te mesurer à moi ! Qui t'a rendu si vain,
Toi qu'on n'a jamais vu les armes à la main ?

D. RODRIGUE.

Mes pareils à deux fois ne se font pas connaître,
Et pour leur coup d'essai veulent des coups de maître.

LE COMTE.

Sais-tu bien qui je suis ?

D. RODRIGUE.

     Oui : tout autre que moi
Au seul bruit de ton nom pourrait trembler d'effroi
Mille et mille lauriers dont ta tête est couverte
Semblent porter écrit le destin de ma perte.
J'attaque en téméraire un bras toujours vainqueur ;
Mais j'aurai trop de force, ayant assez de cœur.
A qui venge son père il n'est rien d'impossible ;
Ton bras est invaincu, mais non pas invincible.

LE COMTE.

Ce grand cœur qui paraît au discours que tu tiens,
Par tes yeux, chaque jour, se découvrait aux miens ;
Et, croyant voir en toi l'honneur de la Castille,
Mon âme avec plaisir te destinait ma fille.
Je sais ta passion, et suis ravi de voir
Que tous ses mouvements cèdent à ton devoir,

Qu'ils n'ont point affaibli cette ardeur magnanime,
Que ta haute vertu répond à mon estime,
Et que, voulant pour gendre un chevalier parfait,
Je ne me trompais point au choix que j'avais fait.
Mais je sens que pour toi ma pitié s'intéresse ;
J'admire ton courage, et je plains ta jeunesse.
Ne cherche point à faire un coup d'essai fatal ;
Dispense ma valeur d'un combat inégal ;
Trop peu d'honneur pour moi suivrait cette victoire :
A vaincre sans péril on triomphe sans gloire.
On te croirait toujours abattu sans effort ;
Et j'aurais seulement le regret de ta mort.

D. RODRIGUE.

D'une indigne pitié ton audace est suivie :
Qui m'ose ôter l'honneur craint de m'ôter la vie !

LE COMTE.

Retire-toi d'ici.

D. RODRIGUE.

Marchons sans discourir.

LE COMTE.

Es-tu si las de vivre?

D. RODRIGUE.

As-tu peur de mourir.

LE COMTE.

Viens; tu fais ton devoir; et le fils dégénère,
Qui survit un moment à l'honneur de son père.

P. CORNEILLE. (*Le Cid.*)

JUNIE ENTRE BRITANNICUS ET NÉRON.

NÉRON.

Prince, continuez des transports si charmants.
Je conçois vos bontés par ses remerciments,
Madame ; à vos genoux je viens de le surprendre

Mais il aurait aussi quelque grâce à me rendre :
Ce lieu le favorise, et je vous y retiens
Pour lui faciliter de si doux entretiens.

BRITANNICUS.

Je puis mettre à ses pieds ma douleur ou ma joie,
Partout où sa bonté consent que je la voie ;
Et l'aspect de ces lieux, où vous la retenez,
N'a rien dont mes regards doivent être étonnés.

NÉRON.

Et que vous montrent-ils qui ne vous avertisse
Qu'il faut qu'on me respecte et que l'on m'obéisse ?

BRITANNICUS.

Ils ne nous ont pas vu l'un et l'autre élever,
Moi pour vous obéir, et vous pour me braver,
Et ne s'attendaient pas, lorsqu'ils nous virent naître
Qu'un jour Domitien me dût parler en maître.

NÉRON.

Ainsi par le destin nos vœux sont traversés :
J'obéissais alors, et vous obéissez.
Si vous n'avez appris à vous laisser conduire,
Vous êtes jeune encore, et l'on peut vous instruire.

BRITANNICUS.

Et qui m'en instruira ?

NÉRON.

Tout l'empire à la fois,
Rome.

BRITANNICUS.

Rome met-elle au nombre de vos droits
Tout ce qu'a de cruel l'injustice et la force,
Les emprisonnements, le rapt et le divorce ?

NÉRON.

Rome ne porte point ses regards curieux
Jusque dans des secrets que je cache à ses yeux.
Imitez son respect.

BRITANNICUS.

On sait ce qu'elle en pense.

NÉRON.

Elle se tait, du moins : imitez son silence.

BRITANNICUS.

Ainsi Néron commence à ne plus se forcer.

NÉRON.

Néron de vos discours commence à se lasser.

BRITANNICUS.

Chacun devait bénir le bonheur de son règne.

NÉRON.

Heureux ou malheureux, il suffit qu'on me craigne.

BRITANNICUS.

Je connais mal Junie, ou de tels sentiments
Ne mériteront pas ses applaudissements.

NÉRON.

Du moins, si je ne sais le secret de lui plaire,
Je sais l'art de punir un rival téméraire.

BRITANNICUS.

Pour moi, quelque péril qui me puisse accabler,
Sa seule inimitié peut me faire trembler.

NÉRON.

Souhaitez-la ; c'est tout ce que je vous puis dire.

BRITANNICUS.

Le bonheur de lui plaire est le seul où j'aspire.

NÉRON.

Elle vous l'a promis : vous lui plairez toujours.

BRITANNICUS.

Je ne sais pas du moins épier ses discours.
Je la laisse expliquer sur tout ce qui me touche,
Et ne me cache point pour lui fermer la bouche.

NÉRON.

Je vous entends. Hé bien, gardes !

JUNIE.

      Que faites-vous ?
C'est votre frère. Hélas ! c'est un amant jaloux.
Seigneur, mille malheurs persécutent sa vie.
Ah ! son bonheur peut-il exciter votre envie ?
Souffrez que, de vos cœurs rapprochant les liens,
Je me cache à vos yeux et me dérobe aux siens.
Ma fuite arrêtera vos discordes fatales ;
Seigneur, j'irai remplir le nombre des vestales.
Ne lui disputez plus mes vœux infortunés ;
Souffrez que les dieux seuls en soient importunés.

NÉRON.

L'entreprise, madame, est étrange et soudaine.
Dans son appartement, gardes, qu'on la remène !
Gardez Britannicus dans celui de sa sœur.

BRITANNICUS.

C'est ainsi que Néron sait disputer un cœur !

    RACINE. (*Britannicus*.)

ATHALIE

INTERROGEANT LE JEUNE JOAS SUR SA NAISSANCE.

ATHALIE.

O ciel ! plus j'examine et plus je le regarde...
C'est lui ! D'horreur encor tous mes sens sont saisis.
 Montrant Zacharie.
Épouse de Joad, est-ce là votre fils ?

JOSABETH.

Qui ? lui, madame ?

ATHALIE.

  Lui.

JOSABETH.

    Je ne suis point sa mère.
 Montrant Joas.
Voilà mon fils.

ATHALIE à Joas.

Et vous, quel est donc votre père ?
Jeune enfant, répondez.

JOSABETH.

Le ciel jusque aujourd'hui...

ATHALIE.

Pourquoi vous pressez-vous de répondre pour lui ?
C'est à lui de parler.

JOSABETH.

Dans un âge si tendre,
Quel éclaircissement en pouvez-vous attendre ?

ATHALIE.

Cet âge est innocent : son ingénuité
N'altère point encor la simple vérité.
Laissez-le s'expliquer sur tout ce qui le touche.

JOSABETH, bas.

Daigne mettre, grand Dieu, ta sagesse en sa bouche.

ATHALIE.

Comment vous nommez-vous ?

JOAS.

J'ai nom Eliacin.

ATHALIE.

Votre père ?

JOAS.

Je suis, dit-on, un orphelin
Entre les bras de Dieu jeté dès ma naissance,
Et qui de mes parents n'eus jamais connaissance.

ATHALIE.

Vous êtes sans parents ?

JOAS.

Ils m'ont abandonné

ATHALIE.

Comment ? et depuis quand ?

JOAS.

Depuis que je suis né.

ATHALIE.

Ne sait-on pas au moins quel pays est le vôtre ?

JOAS.

Ce temple est mon pays ; je n'en connais point d'autre.

ATHALIE.

Où dit-on que le sort vous a fait rencontrer ?

JOAS.

Parmi des loups cruels prêts à me dévorer.

ATHALIE.

Qui vous mit dans ce temple ?

JOAS.

Une femme inconnue,
Qui ne dit point son nom, et qu'on n'a point revue.

ATHALIE.

Mais de vos premiers ans quelles mains ont pris soin ?

JOAS.

Dieu laissa-t-il jamais ses enfants au besoin ?
Aux petits des oiseaux il donne leur pâture,
Et sa bonté s'étend sur toute la nature.
Tous les jours je l'invoque ; et d'un soin paternel
Il me nourrit des dons offerts sur son autel.

ATHALIE.

Quel prodige nouveau me trouble et m'embarrasse !
La douceur de sa voix, son enfance, sa grâce,
Font insensiblement à mon inimitié
Succéder... Je serais sensible à la pitié !

ABNER.

Madame, voilà donc cet ennemi terrible ?
De vos songes menteurs l'imposture est visible,
A moins que la pitié qui semble vous troubler
Ne soit ce coup fatal qui vous faisait trembler

ATHALIE, à Joas et à Josabeth.

Vous sortez?

JOSABETH.

Vous avez entendu sa fortune :
Sa présence à la fin pourrait être importune.

ATHALIE.

A Joas.

Non : revenez. Quel est tous les jours votre emploi?

JOAS.

J'adore le Seigneur; on m'explique sa loi.
Dans son livre divin on m'apprend à la lire,
Et déjà de ma main je commence à l'écrire.

ATHALIE.

Que vous dit cette loi?

JOAS.

Que Dieu veut être aimé,
Qu'il venge tôt ou tard son saint nom blasphémé,
Qu'il est le défenseur de l'orphelin timide,
Qu'il résiste au superbe et punit l'homicide.

ATHALIE.

J'entends. Mais tout ce peuple enfermé dans ce lieu,
A quoi s'occupe-t-il?

JOAS.

Il loue, il bénit Dieu.

ATHALIE.

Dieu veut-il qu'à toute heure on prie, on le contemple?

JOAS.

Tout profane exercice est banni de son temple.

ATHALIE.

Quels sont donc vos plaisirs?

JOAS.

Quelquefois à l'autel
Je présente au grand prêtre ou l'encens ou le sel;
J'entends chanter de Dieu les grandeurs infinies;
Je vois l'ordre pompeux de ses cérémonies.

ATHALIE.

Hé quoi! vous n'avez point de passe-temps plus doux?
Je plains le triste sort d'un enfant tel que vous.
Venez dans mon palais, vous y verrez ma gloire.

JOAS.

Moi! des bienfaits de Dieu je perdrais la mémoire!

ATHALIE.

Non, je ne vous veux pas contraindre à l'oublier.

JOAS.

Vous ne le priez point.

ATHALIE.

Vous pourrez le prier.

JOAS.

Je verrais cependant en invoquer un autre.

ATHALIE.

J'ai mon dieu que je sers, vous servirez le vôtre :
Ce sont deux puissants dieux.

JOAS.

Il faut craindre le mien :
Lui seul est Dieu, madame, et le vôtre n'est rien.

ATHALIE.

Les plaisirs près de moi vous chercheront en foule.

JOAS.

Le bonheur des méchants comme un torrent s'écoule.

ATHALIE.

Ces méchants, qui sont-ils?

JOSABETH.

Hé, madame! excusez
Un enfant...

ATHALIE, à Josabeth.

J'aime à voir comme vous l'instruisez.
Enfin, Éliacin, vous avez su me plaire,

Vous n'êtes point sans doute un enfant ordinaire.
Vous voyez, je suis reine et n'ai point d'héritier :
Laissez là cet habit, quittez ce vil métier ;
Je veux vous faire part de toutes mes richesses ;
Essayez dès ce jour l'effet de mes promesses.
A ma table, partout à mes côtés assis,
Je prétends vous traiter comme mon propre fils.

JOAS.

Comme votre fils !

ATHALIE.

Oui... Vous vous taisez ?

JOAS.

Quel père
Je quitterais ! et pour...

ATHALIE.

Hé bien ?

JOAS.

Pour quelle mère !

RACINE. (*Athalie.*)

LE CID
PRENANT PARTI POUR LE FILS DE SON AMI.

FANÈS.

C'est toi !

LE CID.

Je veux que tu m'écoutes.

FANÈS.

J'attends quelqu'un.

LE CID.

Qui donc ?

FANÈS.

Mon fils.

LE CID.

De qui tu doutes?

FANÈS.

Que n'en suis-je à douter!

LE CID.

J'ai vu ce qu'il a fait.

FANÈS.

Et tu dis qu'à l'honneur ce fils n'a pas forfait?

LE CID.

Certe.

FANÈS.

Et quand tu le dis, tu ne sens pas la rage,
La honte, devant moi, te monter au visage?

LE CID.

Je n'ai point à rougir.

FANÈS.

N'es-tu pas son parrain?

LE CID.

Je l'excuse aujourd'hui; je le loûrai demain.

FANÈS.

Mais tu l'as vu faiblir.

LE CID.

Généreuse faiblesse?

FANÈS.

C'était vertu?

LE CID.

Qui sait?

FANÈS.

Opprobre à ma vieillesse,
Si l'affront fait aux miens n'est par moi réparé!

LE CID.

Comment?

FANÈS.

En le tuant!

LE CID.
Fanès!

FANÈS.
Je le tûrai.

LE CID.
Tais-toi.

FANÈS.
Quand le rameau s'est flétri jeune encore,
Il faut le séparer du tronc qu'il déshonore.

LE CID.
Il faut venir en aide à sa fragilité,
Pour qu'il couronne un jour le tronc qui l'a porté.

FANÈS.
Va-t'en!

LE CID.
Pourquoi?

FANÈS.
Tes bras deviendraient son refuge.

LE CID.
Ils le seront.

FANÈS.
Va-t'en!

LE CID.
Je resterai.

FANÈS.
Pour juge
Je veux que nous n'ayons que Dieu seul entre nous.
Il vient là ; cette main le jette à mes genoux ;
Je lui donne un moment pour recueillir son âme.
« Allons, votre prière!... » et puis meure l'infâme
Je fais justice, et cours chercher en combattant
Ma place au lit funèbre où son frère m'attend.

LE CID.
Toi, son père!

FANÈS.

Le père est juste et non barbare,
Qui prodigue un vil sang dont le fils est avare.

LE CID.

Était-ce bien son sang qu'il voulut épargner?

FANÈS.

De la mêlée alors pourquoi donc s'éloigner?

LE CID.

Quel sentiment saisit cette âme vierge encore,
Quel trouble l'agitait, quelle horreur? je l'ignore;
Mais au-devant du choc sans crainte il a volé;
Sous leurs coups, qu'il cherchait, il n'a pas chancelé.
Soigneux de les parer plutôt que de les rendre,
Le premier qu'il porta, ce fut pour me défendre;
Le sang jaillit : alors, je le vis frissonner
Comme atteint par le coup qu'il venait de donner.

FANÈS.

Eh! quand on lâche pied, qu'importe qu'on frissonne
De celui qu'on reçoit ou de celui qu'on donne?

. . . .
. . . .

LE CID.

De plus braves que nous ont eu leur jour d'effroi.

FANÈS.

Pas moi du moins!

LE CID.

Toi-même.

FANÈS.

Encore un coup, pas moi!

LE CID.

Toi comme un autre.

FANÈS.

Non!

LE CID.
A ta première affaire....
FANÈS.
Non !

LE CID.
Ton cœur a battu plus fort qu'à l'ordinaire.
FANÈS.
Jour de Dieu ! non !...

LE CID.
C'est sûr.
FANÈS.
Tu le crois ?

LE CID.
Je le crois.
FANÈS.
Tu n'as donc pas dis vrai pour la première fois !

LE CID.
Un démenti, Fanès !
FANÈS.
A qui m'insulte en face
Je le donne.

LE CID.
A ton Cid ?
FANÈS.
Choisis l'heure et la place.
Je ne crains pas le Cid.

LE CID.
Je le sais.
FANÈS.
Pas autant
Que tu vas en champ clos le savoir à l'instant.

LE CID.
Conviens qu'il fera beau, Fanès, nous voir aux prises,

Nous, leur exemple à tous, leurs chefs, nous, têtes grises !
Nos jeunes hidalgos sont prompts à s'emporter,
Et c'est une leçon qui doit leur profiter :
Ils feront comme nous. Eh quoi ! si la colère
Allait jusqu'à t'armer contre le sein d'un frère,
Le sein que tant de fois tu vins couvrir du tien,
Tes entrailles pour moi ne te diraient donc rien ?
Tu crois ton bras bien fort ; mais, Fanès, qu'il me blesse,
Et toi, qui de ton fils accuses la faiblesse,
Devant un peu de sang, reculant aujourd'hui,
Tu sentiras le cœur te manquer comme à lui.

FANÈS.

Pardonne, j'étais fou.

LE CID.

Vieille barbe !

FANÈS.

Pardonne !
Tu sais qu'au moindre choc le sang-froid m'abandonne.
Je ne fus jamais bon qu'à me battre, à mourir ;
Mais à mourir pour toi dont je dois tout souffrir,
Dont la volonté calme ou me pousse ou m'arrête ;
Que suis-je, moi ? le bras ; et le Cid est la tête.
Mais peux-tu m'en vouloir ? j'étais si malheureux !
Je le suis tant ! Deux fils !... hélas, j'en avais deux !
Le premier dans sa gloire à mes côtés succombe,
Et je ne puis pour lui conquérir une tombe...

LE CID.

Ben-Saïd, qui par eux l'aura fait respecter,
Forcera ses vainqueurs à te le rapporter.
Il aurait dû déjà répondre à mon message.

FANÈS.

Le second...

LE CID.

De son frère il est la digne image :
Fernand fut ton orgueil, Rodrigue est ton espoir.

Je le verrai, Fanès ; c'est moi qui dois le voir ;
Moi seul.

   FANÈS, qui éclate en sanglots et tombe sur un siége.
  Il a traîné mon blason dans la boue !
J'ai beau rougir des pleurs qui me brûlent la joue,
Ils sortent malgré moi. Je dois faire pitié,
Faire honte, mon Cid, à ta vieille amitié.
Un soldat, sur un fils qui de lui n'est pas digne,
Pleurer comme une femme ! aussi je m'en indigne.
Et j'ai perdu Fernand, et je n'ai pas pleuré !
Mais lui n'était que mort ; l'autre est déshonoré.

  CASIMIR DELAVIGNE. (*La Fille du Cid.*)

COMÉDIES.

Portraits, Caractères et Définitions dans la Comédie.

L'HONNÊTE HOMME MISANTHROPE.

. . . . . Je hais tous les hommes
Les uns, parce qu'ils sont méchants et malfaisants ;
Et les autres, pour être aux méchants complaisants,
Et n'avoir pas pour eux ces haines vigoureuses
Que doit donner le vice aux âmes vertueuses.
De cette complaisance on voit l'injuste excès
Pour le franc scélérat avec qui j'ai procès.
Au travers de son masque on voit à plein le traître ;
Partout il est connu pour tout ce qu'il peut être ;
Et ses roulements d'yeux et son ton radouci

N'imposent qu'à des gens qui ne sont point d'ici.
On sait que ce pied-plat, digne qu'on le confonde,
Par de sales emplois s'est poussé dans le monde,
Et que par eux son sort, de splendeur revêtu,
Fait gronder le mérite et rougir la vertu.
Quelques titres honteux qu'en tous lieux on lui donne,
Son misérable honneur ne voit pour lui personne
Nommez-le fourbe, infâme, et scélérat maudit,
Tout le monde en convient, et nul n'y contredit.
Cependant sa grimace est partout bienvenue,
On l'accueille, on lui rit, partout il s'insinue ;
Et s'il est par la brigue un rang à disputer,
Sur le plus honnête homme on le voit l'emporter.
Têtebleu ! ce me sont de mortelles blessures
De voir qu'avec le vice on garde des mesures ;
Et parfois il me prend des mouvements soudains
De fuir dans un désert l'approche des humains.

     MOLIÈRE. (*Le Misanthrope.*

L'HOMME QUI S'ARRANGE DU MONDE TEL QU'IL EST.

Mon Dieu ! des mœurs du temps montrons-nous moins en peine,
Et faisons un peu grâce à la nature humaine ;
Ne l'examinons point dans la grande rigueur,
Et voyons ses défauts avec quelque douceur.
Il faut parmi le monde une vertu traitable ;
A force de sagesse on peut être blâmable :
La parfaite raison fuit toute extrémité,
Et veut que l'on soit sage avec sobriété.
Cette grande roideur des vertus des vieux âges
Heurte trop notre siècle et les communs usages ;
Elle veut aux mortels trop de perfection :
Il faut fléchir au temps sans obstination ;
Et c'est une folie, à nulle autre seconde,

De vouloir se mêler de corriger le monde.
J'observe, comme vous, cent choses tous les jours
Qui pourraient mieux aller, prenant un autre cours;
Mais, quoi qu'à chaque pas je puisse voir paraître,
En courroux, comme vous, on ne me voit point être :
Je prends tout doucement les hommes comme ils sont,
J'accoutume mon âme à souffrir ce qu'ils font;
Et je crois qu'à la cour, de même qu'à la ville,
Mon flegme est philosophe autant que votre bile.

MOLIÈRE. (*Le Misanthrope*.)

LE CRITIQUE MALVEILLANT ET LE CRITIQUE LÉGER.

L'orateur des foyers et des mauvais propos !
Quels titres sont les siens ? L'insolence et des mots ;
Les applaudissements, le respect idolâtre
D'un essaim d'étourdis, chenilles du théâtre,
Et qui, venant toujours grossir le tribunal
Du bavard imposant qui dit le plus de mal,
Vont semer, d'après lui, l'ignoble parodie
Sur les fruits du talent et les dons du génie.
Cette audace d'ailleurs, cette présomption,
Qui prétend tout ranger à sa décision,
Est d'un fat ignorant la marque la plus sûre
L'homme éclairé suspend l'éloge et la censure,
Il sait que sur les arts, les esprits et les goûts,
Le jugement d'un seul n'est point la loi de tous ;
Qu'*attendre* est pour juger la règle la meilleure,
Et que l'arrêt public est le seul qui demeure.
J'ai rencontré souvent de ces gens à bons mots,
De ces hommes charmants, qui n'étaient que des sots.
Malgré tous les efforts de leur petite envie,
Une froide épigramme, une bouffonnerie,

A ce qui vaut mieux qu'eux n'ôtera jamais rien ;
Et, malgré les plaisants, le bien est toujours bien.

GRESSET. (*Le Méchant.*)

LE FAISEUR DE CHATEAUX EN ESPAGNE.

On peut bien quelquefois se flatter dans la vie :
J'ai, par exemple, hier, mis à la loterie,
Et mon billet enfin pouvait bien être bon.
Je conviens que cela n'est pas certain : oh ! non ;
Mais la chose est possible, et cela doit suffire ;
Puis, en me le donnant, on s'est mis à sourire,
Et l'on m'a dit : « Prenez, car c'est là le meilleur. »
Si je gagnais pourtant le gros lot, quel bonheur !
J'achèterai d'abord une ample seigneurie...
Non, plutôt une bonne et grasse métairie :
Oh ! oui, dans ce canton : j'aime ce pays-ci :
Et Justine, d'ailleurs, me plaît beaucoup aussi.
Ma foi, j'aime déjà ma ferme à la folie.
Moi ! gros fermier ! J'aurai ma basse-cour remplie
De poules, de poussins, que je verrai courir :
De mes mains chaque jour je prétends les nourrir.
C'est un coup d'œil charmant, et puis cela rapporte
Quel plaisir, quand, le soir, assis devant ma porte,
J'entendrai le retour de mes moutons bêlants,
Que je verrai de loin revenir à pas lents
Mes chevaux vigoureux et mes belles génisses !
Ils sont nos serviteurs ; elles sont nos nourrices.
Et mon petit Victor, sur son âne monté,
Fermant la marche avec un air de dignité !
Je serai plus heureux que monsieur sur un trône
Je serai riche, riche, et je ferai l'aumône.
Tout bas, sur mon passage, on se dira : « Voilà
Ce bon monsieur Victor. » Cela me touchera.

Je puis bien m'abuser; mais ce n'est pas sans cause :
Mon projet est au moins fondé sur quelque chose.

Il cherche.

Sur un billet. Je veux revoir ce cher... Eh ! mais...
Où donc est-il ? Tantôt encore je l'avais.
Depuis quand ce billet est-il donc invisible ?
Ah ! l'aurais-je perdu ? Serait-il bien possible ?
Mon malheur est certain, me voilà confondu.

Il crie.

Que vais-je devenir ? Hélas ! j'ai tout perdu.

COLLIN D'HARLEVILLE. (*Les Châteaux en Espagne.*)

LE CÉLIBATAIRE SATISFAIT DE SON ÉTAT.

Dans mon gouvernement, despotisme complet :
Je rentre quand je veux, je sors quand il me plaît,
Je dispose de moi, je m'appartiens, je m'aime,
Et sans rivalité je jouis de moi-même.
Célibat ! célibat ! le lien conjugal
A ton indépendance offre-t-il rien d'égal ?
Je me tiens trop heureux, et j'estime qu'en somme
Il n'est pas de bourgeois récemment gentilhomme,
De général vainqueur, de poëte applaudi,
De gros capitaliste à la Bourse arrondi,
Plus libre, plus content, plus heureux sur la terre,
Pas même d'empereur, s'il n'est célibataire.

CASIMIR DELAVIGNE. (*L'École des Vieillards.*)

LE VIEILLARD MARIÉ.

Et je te soutiens, moi, que le sort le plus doux,
L'état le plus divin, est celui d'un époux
Qui, longtemps enterré dans un triste veuvage,
Rentre au lien chéri dont tu fuis l'esclavage.

Il aime, il ressuscite, il sort de son tombeau;
Ma femme a de mes jours rallumé le flambeau.
Non, je ne vivais plus; le cœur froid, l'humeur triste,
Je végétais, mon cher : mais maintenant j'existe.
Que de soins! que d'égards! quels charmants entretiens!
Des défauts, elle en a; mais n'as-tu pas les tiens!
Tu crains pour mes amis les travers de son âge?
J'ai deux fois plus d'amis qu'avant mon mariage.
Ma caisse, dans ses mains, fait jaser les railleurs.
Je brave leurs discours; je suis riche, et d'ailleurs
Une bonne action que j'apprends en cachette
Compense bien pour moi les rubans qu'elle achète.
Hortense a l'humeur vive; et moi, ne l'ai-je pas?
Nous nous fâchons parfois; mais qu'elle fasse un pas,
Contre tout mon courroux sa grâce est la plus forte.
Je n'ai pas de chagrin que sa gaieté n'emporte.
Suis-je seul? elle accourt; suis-je un peu las? sa main,
M'offrant un doux appui, m'abrége le chemin.
J'ai quelqu'un qui me plaint quand je maudis ma goutte;
Quand je veux raconter, j'ai quelqu'un qui m'écoute.
Je suis tout glorieux de ses jeunes attraits;
Ses regards sont si vifs! son visage est si frais!...
Quand cet astre à mes yeux luit dans la matinée,
Il rend mon front serein pour toute la journée;
Je ne me souviens plus des outrages du temps :
J'aime, je suis aimé, je renais, j'ai vingt ans.

CASIMIR DELAVIGNE. (*L'École des Vieillards.*)

L'ÉDUCATION DES FEMMES.

Ce sont les arts qui font le charme de la vie,
Et par eux une femme est toujours embellie.
Votre sexe avec nous peut bien les partager;
Rien d'aimable ne doit lui rester étranger.

Il est doux de trouver dans une épouse chère
Des arts consolateurs qui sachent nous distraire,
De pouvoir, sans quitter son modeste séjour,
Se reposer le soir des fatigues du jour.
Ayez donc des talents ! mais il est nécessaire
Qu'on en fasse un plaisir et non pas une affaire.
Chacun veut aujourd'hui briller ! voilà le mal !
Ce vice est parmi nous devenu général ;
Il est dans tous les rangs : le marchand le plus mince
Élève ses enfants comme des fils de prince ;
Sa fille, qu'en tous lieux il se plaît à vanter,
N'entend rien au ménage et ne sait pas compter :
En revanche, elle fait des vers, de la musique,
Et l'on trouve un piano... dans l'arrière-boutique.

        Casimir Bonjour. (*L'Éducation.*)

UN MINISTRE DES FINANCES.

. . . . De votre oncle on a fait un grand homme ;
Et le duc d'Albano sans doute est économe.
Mais de ses fonds à lui. Les comptes du trésor
Qu'il n'a pas trouvés clairs, sont plus obscurs encor.
Perdu dans ce chaos de chiffres et de nombres,
Il voulut séparer la lumière des ombres.
C'était là son orgueil, et dès son premier pas
Il dit : Que le jour soit ; mais le jour ne fut pas.
Changeant, confondant tout et s'embrouillant lui-même,
Il va, roule à tâtons de système en système.
Dans cette épaisse nuit, troublé par ses grands biens,
Il mêle quelquefois nos fonds avec les siens,
Et par distraction garde ce qu'il faut rendre ;
Mais l'argent se ressemble, et l'on peut s'y méprendre.

        Casimir Delavigne. (*La Princesse Aurélie.*)

UN DIPLOMATE.

De plein vol au conseil sur ses rivaux il plane;
Mais sans voler très-haut, terre à terre, et pourtant
Aux yeux des étrangers c'est un homme important.
Nourrir entre eux et nous la bonne intelligence,
C'est la part qu'il choisit pour son tiers de régence.
Grave dans ses travaux, le soir moins solennel,
Il s'est fait pour le monde un sourire éternel.
Nul soin ne vient rider son front diplomatique.
Sans jamais s'expliquer, parlant pour qu'on s'explique,
Il est fin; mais souvent, dupe d'un moins adroit,
Il arrive trop tard, faute de marcher droit.

CASIMIR DELAVIGNE. (*La Princesse Aurélie.*)

LA PRESSE LOYALE ET LA PRESSE DÉLOYALE.

Tiens, la presse, Mortins, est le plus beau des droits
Qu'on puisse en honnête homme exercer sous les lois;
Des franchises de tous protectrice vivante,
Du faible elle est l'espoir, du puissant l'épouvante;
Honneur à l'écrivain qui dit la vérité
Au pouvoir menaçant comme au peuple irrité,
Les juge en souverain sans faveur et sans crainte,
Car sa magistrature est périlleuse et sainte.
Mais je ne connais pas de moyen plus fatal
Que l'abus d'un tel bien pour consommer le mal,
Et je méprise moins le voleur dont l'adresse,
Dans l'ombre se cachant, à ma bourse s'adresse;
Il est moins vil pour moi que l'obscur intrigant
Qui, fort d'un droit sacré dont il use en brigand,
Se cache aux yeux des lois dans son ignominie,
Pour me voler l'honneur par une calomnie.

CASIMIR DELAVIGNE. (*La Popularité.*)

Dialogues Comiques.

SCÈNE DE TRISSOTIN ET VADIUS.

TRISSOTIN.

Voici l'homme qui meurt du désir de vous voir ;
En vous le produisant, je ne crains point le blâme
D'avoir admis chez vous un profane, madame.
Il peut tenir son coin parmi les beaux esprits.

PHILAMINTE.

La main qui le présente en dit assez le prix.

TRISSOTIN.

Il a des vieux auteurs la pleine intelligence,
Et sait du grec, madame, autant qu'homme de France.

PHILAMINTE, à Bélise.

Du grec ! ô ciel ! du grec ! Il sait du grec, ma sœur !

BÉLISE, à Armande.

Ah ! ma nièce, du grec !

ARMANDE.

Du grec ! quelle douceur !

PHILAMINTE.

Quoi ! monsieur sait du grec ! Ah ! permettez, de grâce,
Que pour l'amour du grec, monsieur, on vous embrasse.

Vadius embrasse aussi Bélise et Armande.

HENRIETTE, à Vadius qui veut aussi l'embrasser.

Excusez-moi, monsieur, je n'entends pas le grec.

Ils s'asseyent.

PHILAMINTE.

J'ai pour les livres grecs un merveilleux respect.

VADIUS.

Je crains d'être fâcheux par l'ardeur qui m'engage
A vous rendre aujourd'hui, madame, mon hommage
Et j'aurai pu troubler quelque docte entretien.

PHILAMINTE.

Monsieur, avec du grec on ne peut gâter rien.

TRISSOTIN.

Au reste, il fait merveille en vers ainsi qu'en prose,
Et pourrait, s'il voulait, vous montrer quelque chose.

VADIUS.

Le défaut des auteurs dans leurs productions,
C'est d'en tyranniser les conversations,
D'être au palais, aux cours, aux ruelles, aux tables,
De leurs vers fatigants, lecteurs infatigables.
Pour moi, je ne vois rien de plus sot à mon sens
Qu'un auteur qui partout va gueuser des encens ;
Qui, des premiers venus saisissant les oreilles,
En fait le plus souvent les martyrs de ses veilles.
On ne m'a jamais vu ce fol entêtement ;
Et d'un Grec là-dessus je suis le sentiment,
Qui par un dogme exprès défend à tous ses sages
L'indigne empressement de lire leurs ouvrages.
Voici de petits vers pour de jeunes amants,
Sur quoi je voudrais bien avoir vos sentiments.

TRISSOTIN.

Vos vers ont des beautés que n'ont point tous les autres.

VADIUS.

Les Grâces et Vénus règnent dans tous les vôtres.

TRISSOTIN.

Vous avez le tour libre et le beau choix des mots.

VADIUS.

On voit partout chez vous l'*ithos* et le *pathos*.

TRISSOTIN.

Nous avons vu de vous des églogues d'un style
Qui passe en doux attraits Théocrite et Virgile.

VADIUS.

Vos odes ont un air noble, galant et doux,
Qui laisse de bien loin votre Horace après vous.

TRISSOTIN.

Est-il rien d'amoureux comme vos chansonnettes?

VADIUS.

Peut-on voir rien d'égal aux sonnets que vous faites?

TRISSOTIN.

Rien qui soit plus charmant que vos petits rondeaux?

VADIUS.

Rien de si plein d'esprit que tous vos madrigaux?

TRISSOTIN.

Aux ballades surtout vous êtes admirable.

VADIUS.

Et dans les bouts-rimés je vous trouve adorable.

TRISSOTIN.

Si la France pouvait connaître votre prix...

VADIUS.

Si le siècle rendait justice aux beaux esprits..

TRISSOTIN.

En carrosse doré vous iriez par les rues.

VADIUS.

On verrait le public vous dresser des statues.

A Trissotin.

Hom! c'est une ballade, et je veux que tout net
Vous m'en...

TRISSOTIN, à Vadius.

Avez-vous vu certain petit sonnet
Sur la fièvre qui tient la princesse Uranie?

VADIUS.

Oui. Hier il me fut lu dans une compagnie.

TRISSOTIN.

Vous en savez l'auteur?

VADIUS.

Non, mais je sais fort bien
Qu'à ne le point flatter son sonnet ne vaut rien.

TRISSOTIN.

Beaucoup de gens pourtant le trouvent admirable.

VADIUS.

Cela n'empêche pas qu'il ne soit misérable;
Et, si vous l'avez vu, vous serez de mon goût.

TRISSOTIN.

Je sais que là-dessus je n'en suis point du tout,
Et que d'un tel sonnet peu de gens sont capables.

VADIUS.

Me préserve le ciel d'en faire de semblables!

TRISSOTIN.

Je soutiens qu'on ne peut en faire de meilleur;
Et ma grande raison est que j'en suis l'auteur.

VADIUS.

Vous?

TRISSOTIN.

Moi.

VADIUS.

Je ne sais donc comment se fit l'affaire.

TRISSOTIN.

C'est qu'on fut malheureux de ne pouvoir vous plaire.

VADIUS.

Il faut qu'en écoutant j'aie eu l'esprit distrait,
Ou bien que le lecteur m'ait gâté le sonnet.
Mais laissons ce discours et voyons ma ballade.

TRISSOTIN.

La ballade, à mon goût, est une chose fade;

Ce n'en est plus la mode, elle sent son vieux temps.
VADIUS.
La ballade pourtant charme beaucoup de gens.
TRISSOTIN.
Cela n'empêche pas qu'elle ne me déplaise.
VADIUS.
Elle n'en reste pas pour cela plus mauvaise.
TRISSOTIN.
Elle a pour les pédants de merveilleux appas.
VADIUS.
Cependant nous voyons qu'elle ne vous plaît pas.
TRISSOTIN.
Vous donnez sottement vos qualités aux autres.

Ils se lèvent tous.
VADIUS.
Fort impertinemment vous me jetez les vôtres.
TRISSOTIN.
Allez, petit grimaud, barbouilleur de papier.
VADIUS.
Allez, rimeur de balle, opprobre du métier.
TRISSOTIN.
Allez fripier d'écrits, impudent plagiaire.
VADIUS.
Allez, cuistre...
PHILAMINTE.
Hé! messieurs, que prétendez-vous faire?
TRISSOTIN, à Vadius.
Va, va restituer tous les honteux larcins
Que réclament sur toi les Grecs et les Latins.
VADIUS.
Va, va-t'en faire amende honorable au Parnasse
D'avoir fait à tes vers estropier Horace.
TRISSOTIN.
Souviens-toi de ton livre, et de son peu de bruit.

VADIUS.

Et toi, de ton libraire à l'hôpital réduit.

TRISSOTIN.

Ma gloire est établie, en vain tu la déchires.

VADIUS.

Oui, oui, je te renvoie à l'auteur des satires.

TRISSOTIN.

Je t'y renvoie aussi.

VADIUS.

J'ai le contentement
Qu'on voit qu'il m'a traité plus honorablement.
Il me donne en passant une atteinte légère
Parmi plusieurs auteurs qu'au palais on révère ;
Mais jamais dans ses vers il ne te laisse en paix,
Et l'on t'y voit partout être en butte à ses traits.

TRISSOTIN.

C'est par là que j'y tiens un rang plus honorable.
Il te met dans la foule, ainsi qu'un misérable ;
Il croit que c'est assez d'un coup pour t'accabler,
Et ne t'a jamais fait l'honneur de redoubler :
Mais il m'attaque à part comme un noble adversaire
Sur qui tout son effort lui semble nécessaire ;
Et ses coups, contre moi redoublés en tous lieux,
Montrent qu'il ne se croit jamais victorieux.

VADIUS.

Ma plume t'apprendra quel homme je puis être.

TRISSOTIN.

Et la mienne saura te faire voir ton maître.

VADIUS.

Je te défie en vers, prose, grec, et latin.

TRISSOTIN.

Hé bien ! nous nous verrons seul à seul chez Barbin.

MOLIÈRE. (*Les Femmes savantes.*)

SCÈNE DU SONNET.

ORONTE.

L'estime où je vous tiens ne doit point vous surprendre,
Et de tout l'univers vous la pouvez prétendre.

ALCESTE.

Monsieur...

ORONTE.

L'État n'a rien qui ne soit au-dessous
Du mérite éclatant que l'on découvre en vous.

ALCESTE.

Monsieur...

ORONTE.

Oui, de ma part je vous tiens préférable,
A tout ce que j'y vois de plus considérable.

ALCESTE.

Monsieur...

ORONTE.

Sois-je du ciel écrasé, si je mens
Et pour vous confirmer ici mes sentiments,
Souffrez qu'à cœur ouvert, monsieur, je vous embrasse,
Et qu'en votre amitié je vous demande place.
Touchez là, s'il vous plaît. Vous me la promettez,
Votre amitié?

ALCESTE.

Monsieur...

ORONTE.

Quoi! vous y résistez?

ALCESTE.

Monsieur, c'est trop d'honneur que vous me voulez faire.
Mais l'amitié demande un peu plus de mystère;
Et c'est assurément en profaner le nom
Que de vouloir le mettre à toute occasion.
Avec lumière et choix cette union veut naître :

Avant que ¹ nous lier il faut nous mieux connaître;
Et nous pourrions avoir telles complexions,
Que tous deux du marché nous nous repentirions.

ORONTE.

Parbleu! c'est là-dessus parler en homme sage,
Et je vous en estime encore davantage :
Souffrons donc que le temps forme des nœuds si doux.
Mais cependant je m'offre entièrement à vous :
S'il faut faire à la cour pour vous quelque ouverture,
On sait qu'auprès du roi je fais quelque figure :
Il m'écoute, et dans tout il en use, ma foi,
Le plus honnêtement du monde avecque ² moi.
Enfin, je suis à vous de toutes les manières;
Et, comme votre esprit a de grandes lumières,
Je viens, pour commencer entre nous ce beau nœud,
Vous montrer un sonnet que j'ai fait depuis peu,
Et savoir s'il est bon qu'au public je l'expose.

ALCESTE.

Monsieur, je suis mal propre ³ à décider la chose :
Veuillez m'en dispenser.

ORONTE.

Pourquoi?

ALCESTE.

J'ai le défaut
D'être un peu plus sincère en cela qu'il ne faut.

ORONTE.

C'est ce que je demande; et j'aurais lieu de plainte
Si, m'exposant à vous pour me parler sans feinte,
Vous alliez me trahir et me déguiser rien.

---

¹ Plus correctement, il faudrait *avant de*.

² *Avecque* pour *avec*, ne s'employait déjà plus que très-rarement du temps de Molière, au moins chez les bons poëtes.

³ Aujourd'hui *mal propre* ne s'emploie plus pour *peu propre*, dans ce sens.

ALCESTE.

Puisqu'il vous plaît ainsi, monsieur, je le veux bien.

ORONTE.

Sonnet. C'est un sonnet. *L'espoir*.. C'est une dame
Qui de quelque espérance avait flatté ma flamme.
L'espoir... Ce ne sont point de ces grands vers pompeux,
Mais de petits vers doux, tendres et langoureux.

ALCESTE.

Nous verrons bien.

ORONTE.

L'espoir... Je ne sais si le style
Pourra vous en paraître assez net et facile,
Et si du choix des mots vous vous contenterez.

ALCESTE.

Nous allons voir, monsieur.

ORONTE.

Au reste, vous saurez
Que je n'ai demeuré qu'un quart d'heure à le faire.

ALCESTE.

Voyons, monsieur, le temps ne fait rien à l'affaire.

ORONTE lit.

L'espoir, il est vrai, nous soulage,
Et nous berce un temps notre ennui :
Mais, Philis, le triste avantage,
Lorsque rien ne marche après lui.

PHILINTE.

Je suis déjà charmé de ce petit morceau.

ALCESTE, bas à Philinte.

Quoi! vous avez le front de trouver cela beau!

ORONTE.

Vous eûtes de la complaisance;
Mais vous en deviez moins avoir,
Et ne vous pas mettre en dépense,
Pour ne me donner que l'espoir.

PHILINTE.

Ah! qu'en termes galants ces choses-là sont mises!

ALCESTE, bas, à Philinte.

Hé quoi! vil complaisant, vous louez des sottises!

ORONTE.

    S'il faut qu'une attente éternelle
    Pousse à bout l'ardeur de mon zèle,
    Le trépas sera mon recours.
    Vos soins ne m'en peuvent distraire :
    Belle Philis, on désespère
    Alors qu'on espère toujours.

PHILINTE.

La chute en est jolie, amoureuse, admirable.

ALCESTE, bas, à part.

La peste de ta chute! empoisonneur, au diable!
En eusses-tu fait une à te casser le nez!

PHILINTE.

Je n'ai jamais ouï de vers si bien tournés.

ALCESTE, bas, à part.

Morbleu!

ORONTE, à Philinte.

    Vous me flattez, et vous croyez peut-être....

PHILINTE.

Non, je ne flatte point.

ALCESTE, bas, à part.

                Hé! que fais-tu donc, traître?

ORONTE, à Alceste.

Mais, pour vous, vous savez quel est notre traité :
Parlez-moi, je vous prie, avec sincérité.

ALCESTE.

Monsieur, cette matière est toujours délicate,
Et sur le bel esprit nous aimons qu'on nous flatte.
Mais un jour à quelqu'un, dont je tairai le nom,

Je disais, en voyant des vers de sa façon,
Qu'il faut qu'un galant homme ait toujours grand empire
Sur les demangeaisons qui nous prennent d'écrire;
Qu'il doit tenir la bride aux grands empressements
Qu'on a de faire éclat de tels amusements;
Et que, par la chaleur de montrer ses ouvrages,
On s'expose à jouer de mauvais personnages.

ORONTE.

Est-ce que vous voulez me déclarer par là
Que j'ai tort de vouloir...

ALCESTE.

Je ne dis pas cela.
Mais je lui disais, moi, qu'un froid écrit assomme;
Qu'il ne faut que ce faible à décrier un homme;
Et, qu'eût-on d'autre part cent belles qualités,
On regarde les gens par leurs méchants côtés.

ORONTE.

Est-ce qu'à mon sonnet vous trouvez à redire?

ALCESTE.

Je ne dis pas cela. Mais, pour ne point écrire,
Je lui mettais aux yeux comme dans notre temps
Cette soif a gâté de fort honnêtes gens.

ORONTE.

Est-ce que j'écris mal? et leur ressemblerais-je?

ALCESTE.

Je ne dis pas cela. Mais enfin, lui disais-je,
Quel besoin si pressant avez-vous de rimer?
Et qui diantre vous pousse à vous faire imprimer?
Si l'on peut pardonner l'essor d'un mauvais livre,
Ce n'est qu'aux malheureux qui composent pour vivre.
Croyez-moi, résistez à vos tentations;
Dérobez au public ces occupations,
Et n'allez point quitter, de quoi que l'on vous somme,

Le nom que, dans la cour, vous avez d'honnête homme
Pour prendre de la main d'un avide imprimeur
Celui de ridicule et misérable auteur.
C'est ce que je tâchai de lui faire comprendre.

MOLIÈRE. (*Le Misanthrope.*)

LE JOUEUR.

HECTOR.

Le voici : ses malheurs sur son front sont écrits ;
Il a tout le visage et l'air d'un premier pris.

VALÈRE.

Non, l'enfer en courroux et toutes ses furies
N'ont jamais exercé de telles barbaries.
Je te loue, ô destin, de tes coups redoublés ;
Je n'ai plus rien à perdre, et tes vœux sont comblés !
Pour assouvir encor la fureur qui t'anime,
Tu ne peux rien sur moi ; cherche une autre victime.

HECTOR, à part.

Il est sec.

VALÈRE.

De serpents mon cœur est dévoré,
Tout semble en un moment contre moi conjuré.

Il prend Hector à la cravate.

Parle. As-tu jamais vu le sort et son caprice
Accabler un mortel avec plus d'injustice,
Le mieux assassiner ? Perdre tous les paris ;
Vingt fois le coupe-gorge, et toujours premier pris !
Réponds-moi donc, bourreau !

HECTOR.

Mais ce n'est pas ma faute

VALÈRE.

As-tu vu, de tes jours, trahison aussi haute ?
Sort cruel, ta malice a bien su triompher,

Et tu ne me flattais que pour mieux m'étouffer.
Dans l'état où je suis je puis tout entreprendre ;
Confus, désespéré, je suis prêt à me pendre.

HECTOR.

Heureusement pour vous vous n'avez pas un sou
Dont vous puissiez, monsieur, acheter un licou...
. . . .
. . . .

VALÈRE.

Calmons ce désespoir où la fureur me livre.
Approche ce fauteuil.

Hector approche un fauteuil.

VALÈRE, assis.

Va me chercher un livre.

HECTOR.

Quel livre voulez-vous lire en votre chagrin ?

VALÈRE.

Celui qui te viendra le premier sous la main ;
Il m'importe peu : prends dans ma bibliothèque.

HECTOR sort, et rentre tenant un livre.

Voilà Sénèque.

VALÈRE.

Lis.

HECTOR.

Que je lise Sénèque ?

VALÈRE.

Oui. Ne sais-tu pas lire ?

HECTOR.

Hé! vous n'y pensez pas,
Je n'ai lu de mes jours que dans des almanachs.

VALÈRE.

Ouvre, et lis. . . . . .
. . . .
. . . .

HECTOR.

. . . . « Que faut-il à la nature humaine?
Moins on a de richesse, et moins on a de peine :
C'est posséder les biens que savoir s'en passer. »
Que ce mot est bien dit, et que c'est bien penser!
Ce Sénèque, monsieur, est un excellent homme.
Était-il de Paris?

VALÈRE.

Non, il était de Rome.
Dix fois à carte triple être pris le premier!

HECTOR.

Ah! monsieur, nous mourrons un jour sur un fumier.

VALÈRE.

Il faut que de mes maux enfin je me délivre;
J'ai cent moyens tout prêts pour m'empêcher de vivre :
La rivière, le feu, le poison et le fer.

HECTOR.

Si vous vouliez, monsieur, chanter un petit air;
Votre maître à chanter est ici : la musique
Peut-être calmerait cette humeur frénétique.

VALÈRE.

Que je chante!

HECTOR.

Monsieur !...

VALÈRE.

Que je chante, bourreau!
Je veux me poignarder : la vie est un fardeau
Qui pour moi désormais devient insupportable.

HECTOR.

Vous la trouviez pourtant tantôt bien agréable.
« Qu'un joueur est heureux ! sa poche est un trésor;

Sous ses heureuses mains le cuivre devient or, »
Disiez-vous.

VALÈRE

Ah! je sens redoubler ma colère.

REGNARD. (*Le Joueur.*)

SCÈNE ENTRE L'AUTEUR DRAMATIQUE ET LE COMÉDIEN.

VICTOR, à Floridore.

Est-ce trop présumer de votre complaisance
Que d'implorer de vous un moment d'audience?

FLORIDORE, à Granville.

Vous permettez?

GRANVILLE, inspecteur qui n'est pas connu de Floridore.

Comment!

FLORIDORE.

Veuillez donc vous asseoir,

Granville s'assied et les observe.

A Victor.

Je suis à vous. J'écoute.

VICTOR, se contenant à peine.

On m'a donné l'espoir
Qu'oubliant des débats que moi-même j'oublie...

FLORIDORE.

De quoi donc s'agit-il? de votre comédie?
Je ne la jouerai pas.

VICTOR.

Observez cependant
Que les bureaux, monsieur, s'ouvrent dans un instant.

FLORIDORE.

Comment donc, sur l'affiche on n'a pas mis de bande?

VICTOR.

Non, le public attend.

FLORIDORE.

Que le public attende.
Je ne la jouerai pas.

VICTOR.

Si...

FLORIDORE.

J'y suis résolu.

VICTOR.

Si je sacrifiais ce qui vous a déplu.

FLORIDORE.

Mon rôle, j'en suis sûr, ne fera pas fortune.

VICTOR.

Pourquoi?

FLORIDORE.

Pour cent raisons.

VICTOR.

Je n'en demande qu'une.

FLORIDORE.

Si j'en veux jusqu'au bout détailler les défauts,
Je ne finirai pas...

VICTOR.

Mais encore...

FLORIDORE.

Il est faux.
Je prête au ridicule enfin dans votre ouvrage.

VICTOR, *se laissant emporter par degrés.*

Ce n'est pas vous, monsieur, mais votre personnage.

FLORIDORE.

Tenez, d'un bout à l'autre il le faudra changer.

VICTOR.

Y songez-vous, ô ciel!

FLORIDORE.

C'est à vous d'y songer.
En tout cas, il ne peut qu'y gagner, ce me semble.

VICTOR.

Valût-il cent fois mieux, que deviendra l'ensemble.

FLORIDORE.

Ce n'est pas mon affaire.

VICTOR, hors de lui.

Eh! c'est la mienne à moi.
A quel titre, après tout, par quelle étrange loi,
Usurpant sur mon sort un pouvoir despotique,
M'osez-vous en tyran dicter votre critique?
Quand je vous lus ma pièce, elle obtint votre voix;
Il fallait exercer la rigueur de vos droits.
Ai-je demandé grâce? Un éloge unanime
Sur vos scrutins flatteurs consigna votre estime.
Les démentirez-vous, et votre jugement
Balancera-t-il seul le commun sentiment?
Ce qui vous parut bon vous semble pitoyable;
Votre humeur peut changer, mais l'art reste immuable;
Mais des torts de l'auteur l'ouvrage est innocent.
Vous redoutez pour vous le revers qui m'attend?
Ne peut-on siffler l'un sans déshonorer l'autre?
C'est mon ouvrage enfin qu'on donne, et non le vôtre.
Et savez-vous, monsieur, par quels soins, quels ennuis
Quel sacrifice entier de mes jours, de mes nuits,
Par quels travaux sans fin, qu'ici je vous abrège,
J'ai payé d'être auteur le fâcheux privilége?
Ce rôle que proscrit votre légèreté,
Je l'ai conçu longtemps, et longtemps médité.
Ces vers dont votre goût s'irrite et s'effarouche,
Ne sont pas sans dessein placés dans votre bouche.
Mais non, de juger tout le droit vous est acquis,
Et c'est à tout blâmer que brille un goût exquis.
Jugez donc, sans appel prononcez au théâtre,

Et recueillez l'encens d'une foule idolâtre.
Quand, poussés par l'humeur ou par votre intérêt,
Vous portez au hasard votre infaillible arrêt,
Notre partage à nous, misérables esclaves,
C'est de bénir vos lois, d'adorer nos entraves,
Et de prendre pour nous en toute humilité
Les affronts d'un sifflet par vous seul mérité.

FLORIDORE.

C'est éloquent; d'honneur, le dépit vous inspire :
Ce ton pourrait blesser, s'il ne faisait pas rire.
Vous vous plaignez de nous ; d'où vient ? Le comité
Reçoit votre grand œuvre à l'unanimité ;
Après six ans au plus, par faveur singulière,
Le comité consent à le mettre en lumière.
On répète vos vers, et pendant cinq grands mois
On fatigue pour vous sa mémoire et sa voix.
Un passage déplaît, je demande, j'exige,
Dans son intérêt seul, que monsieur le corrige,
Monsieur prend feu soudain, c'est un bruit, des éclats...
On juge toujours mal quand on n'approuve pas,
Je le sais; mais pourtant c'est fort mal reconnaître
Les bontés que pour vous on a laissé paraître.

VICTOR.

Vos bontés ! Secourez ma mémoire en défaut :
Où sont donc ces bontés que vous prônez si haut ?
Écouter les auteurs qui vous en semblent dignes,
Quel généreux effet de vos bontés insignes !
Un rôle qui vous plaît est par vous accepté :
Il doit vous faire honneur, n'importe, c'est bonté.
Dans l'espoir qu'un succès doublera vos richesses,
Vous poussez la bonté jusqu'à jouer nos pièces ;
J'eus tort de l'oublier, et vous avez raison :
Je suis ingrat, monsieur, comme vous êtes bon.

FLORIDORE.

Tout beau, monsieur l'auteur ! comment, du persiflage !

Nous saurons vous forcer à changer de langage,
Nous verrons qui de nous doit faire ici la loi.
On ne vous jouera pas.

VICTOR.

Qui l'empêchera?

FLORIDORE.

Moi.

VICTOR.

Vous!

FLORIDORE.

Moi-même et je cours...

VICTOR, en fureur.

Restez, il faut m'entendre :
A chercher vos mépris m'aurait-on vu descendre,
Sans cet espoir secret qu'enfin la vérité
Devait, en me vengeant, consoler ma fierté?
Certes c'est une audace étrange et merveilleuse
Qu'elle ait pu violer votre oreille orgueilleuse ;
Mais quoi que vous fassiez, vous ne la fuirez pas :
Pour vous en accabler je m'attache à vos pas.

(Il le saisit par le bras.)

De l'art où vous brillez quand vous plaidez la cause,
Vous nous exagérez les devoirs qu'il impose :
Mais les remplissez-vous? Que sont-ils devenus,
A quoi les bornez-vous ces devoirs méconnus?
A promener vos fronts de couronne en couronne,
Du midi dans le nord, du Rhin à la Garonne,
A guider sur le cours un char bien suspendu,
Signer chez le caissier quand son compte est rendu,
A bâtir des châteaux, à planter des parterres,
A courir mille arpents sans sortir de vos terres,
Et vivant en seigneurs, de la cour éloignés,
A remplir de vous seuls un bourg où vous régnez !

FLORIDORE.

Monsieur...

VICTOR, le retenant par le bras.

Vous m'entendrez. Oui, par votre indolence,
Le théâtre avili marche à sa décadence.
Que de vieux manuscrits, qui sont encor nouveaux,
Dans vos cartons poudreux ont trouvé leurs tombeaux!
Que d'enfants inconnus du vivant de leurs pères
En paraissant au jour sont nés sexagénaires,
Et mutilés par vous quand vous nous les offrez,
Réduits à votre taille, énervés, torturés,
Ne rendent à l'oubli, qui soudain les réclame,
Que des corps en lambeaux, sans vigueur et sans âme!
Contre tant de dégoûts que peuvent les auteurs?
Désespérés enfin d'un siècle de lenteurs,
Ils ravalent leur muse aux jeux du vaudeville,
Aux tréteaux de la farce où votre orgueil l'exile.
Ainsi périt en eux, dès leurs premiers essais,
Le germe des beaux vers et des nobles succès.
Tout périt; vous frappez notre littérature
Dans sa gloire passée et sa splendeur future...
Je le sais, ma franchise est un crime à vos yeux,
Je vois que je me perds, mais j'aime cent fois mieux
Tenir du travail seul une obscure existence,
En creusant un sillon vieillir dans l'indigence,
Sans espoir de repos, de fortune et d'honneur,
Que mendier de vous ma gloire ou mon bonheur.
Adieu.

GRANVILLE, se levant, ramène Victor, et lui dit froidement en montrant Floridore.

Monsieur jouera.

LORIDORE.

Moi!

VICTOR.

Monsieur?

GRANVILLE.

Lui, vous dis-je.

FLORIDORE.

Jamais.

VICTOR.

En ma faveur vous feriez ce prodige?
Quoi, sans conditions?

GRANVILLE.

La seule que j'y mets,
C'est de vous assurer si vos acteurs sont prêts.
Pour monsieur, rien ne presse ; il entre au second acte.
Allez donc, mais sur l'heure, ou bien je me rétracte.

VICTOR.

J'obéis...

GRANVILLE, lui tendant la main.

Touchez là... mon cher, embrassons-nous.

VICTOR, se jetant dans ses bras.

Ah! monsieur l'inspecteur, j'étais perdu sans vous.

CASIMIR DELAVIGNE. (*Les Comédiens.*)

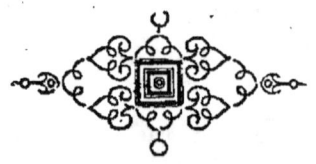

LEÇONS DE MORALE ET DE LITTÉRATURE

TIRÉES DE

LA POÉSIE PHILOSOPHIQUE, DIDACTIQUE ET DESCRIPTIVE.

PREUVES PHYSIQUES DE L'EXISTENCE DE DIEU.

Oui, c'est un Dieu caché que le Dieu qu'il faut croire.
Mais, tout caché qu'il est, pour révéler sa gloire,
Quels témoins éclatants devant moi rassemblés !
Répondez, cieux et mers ; et vous, terre, parlez !
Quel bras peut vous suspendre, innombrables étoiles?
Nuit brillante, dis-nous qui t'a donné tes voiles?
O cieux ! que de grandeur, et quelle majesté !
J'y reconnais un maître à qui rien n'a coûté,
Et qui dans vos déserts a semé la lumière,
Ainsi que dans nos champs il sème la poussière.
Toi qu'annonce l'aurore, admirable flambeau,
Astre toujours le même, astre toujours nouveau,
Par quel ordre, ô soleil, viens-tu du sein de l'onde
Nous rendre les rayons de ta clarté féconde?
Tous les jours je t'attends, tu reviens tous les jours :
Est-ce moi qui t'appelle et qui règle ton cours?

Et toi dont le courroux veut engloutir la terre,
Mer terrible, en ton lit quelle main te resserre?
Pour forcer ta prison tu fais de vains efforts;
La rage de tes flots expire sur tes bords.
Fais sentir ta vengeance à ceux dont l'avarice
Sur ton perfide sein va chercher son supplice;
Hélas! prêts à périr, t'adressent-ils leurs vœux?
Ils regardent le ciel, secours des malheureux.
La nature, qui parle en ce péril extrême,

Leur fait lever les mains vers l'asile suprême :
Hommage que toujours rend un cœur effrayé
Au Dieu que jusqu'alors il avait oublié!

La voix de l'univers à ce Dieu me rappelle;
La terre le publie. Est-ce moi, me dit-elle,
Est-ce moi qui produis mes riches ornements?
C'est celui dont la main posa mes fondements.
Si je sers tes besoins, c'est lui qui me l'ordonne;
Les présents qu'il me fait, c'est à toi qu'il les donne.
Je me pare des fleurs qui tombent de sa main :
Il ne fait que l'ouvrir, et m'en remplit le sein.
Pour consoler l'espoir du laboureur avide,
C'est lui qui dans l'Égypte, où je suis trop aride,
Veut qu'au moment prescrit le Nil, loin de ses bords,
Répandu sur ma plaine, y porte mes trésors.
A de moindres objets tu peux le reconnoître :
Contemple seulement l'arbre que je fais croître[1];
Mon suc, dans la racine à peine répandu,
Du tronc qui le reçoit à la branche est rendu :
La feuille le demande, et la branche fidèle,
Prodigue de son bien, le partage avec elle.
De l'éclat de ses fruits justement enchanté,
Ne méprise jamais ces plantes sans beauté,
Troupe obscure et timide, humble et faible vulgaire;
Si tu sais découvrir leur vertu salutaire,
Elles pourront servir à prolonger tes jours,
Et ne t'afflige pas si les leurs sont si courts :
Toute plante, en naissant, déjà renferme en elle
D'enfants qui la suivront une race immortelle :
Chacun de ses enfants, dans ma fécondité,
Trouve un gage nouveau de sa postérité.

L. RACINE. (*La Religion.*)

---

[1] *Reconnoître* et *croître* sont des rimes en tout temps inadmissibles, et que l'orthographe nouvelle, qui a remplacé dans *reconnaître* l'*o* par un *a*, rend plus insoutenables encore.

L'AME ET LE CORPS.

Je pense. La pensée, enfant de la lumière,
Ne peut sortir du sein de l'épaisse matière.
J'entrevois ma grandeur. Ce corps lourd et grossier
N'est donc pas tout mon bien, n'est pas moi tout entier
Quand je pense, chargé de cet emploi sublime,
Plus noble que mon corps un autre être m'anime.
Je trouve donc qu'en moi, par d'admirables nœuds,
Deux êtres opposés sont réunis entre eux :
De la chair et du sang, le corps, vil assemblage,
L'âme, rayon de Dieu, son souffle, son image.
Ces deux êtres, liés par des nœuds si secrets,
Séparent rarement leurs plus chers intérêts ;
Leurs plaisirs sont communs aussi bien que leurs peines
L'âme, guide du corps, doit en tenir les rênes.
Mais par des maux cruels quand le corps est troublé,
De l'âme quelquefois l'empire est ébranlé ;
Quand le vaisseau périt, en vain le maître ordonne :
A l'orage souvent lui-même il s'abandonne.
Lorsque du coup fatal le temps frappe le corps,
Le coup qui les divise en détruit les ressorts ;
Mais l'être simple et pur n'a rien qui se divise,
Et sur l'âme le temps ne trouve point de prise.
Que dis-je ? Tous ces corps dans la terre engloutis,
Disparus à nos yeux, sont-ils anéantis ?
D'où nous vient du néant cette crainte bizarre ?
Tout en sort, rien n'y rentre : heureusement avare,
La nature, attentive à ménager son bien,
Le répare, le change, et n'en perd jamais rien.
Quel est donc cet instant où l'on cesse de vivre ?
L'instant où de ses fers une âme se délivre.
Le corps, né de la poudre, à la poudre est rendu ;
L'esprit retourne au ciel dont il est descendu.
Peut-on lui disputer sa naissance divine ?
N'est-ce pas cet esprit, plein de son origine,

Qui, malgré son fardeau, s'élève, prend l'essor,
A son premier séjour quelquefois vole encor,
Et revient tout chargé de richesses immenses?
Platon! combien de fois jusqu'au ciel tu t'élances!
Descartes! qui souvent m'y ravis avec toi!
Pascal! que sur la terre à peine j'aperçoi!
Vous! qui nous remplissez de vos douces manies,
Poëtes enchanteurs, admirables génies!
Virgile! qui d'Homère appris à nous charmer!
Boileau! Corneille! et toi, que je n'ose nommer[1],
Vos esprits n'étaient-ils qu'étincelles légères,
Que rapides clartés et vapeurs passagères?
Que ne puis-je prétendre à votre illustre sort,
O vous, dont les grands noms sont exempts de la mort!
Eh! pourquoi, dévoré par cette folle envie,
Vais-je étendre mes vœux au delà de la vie?
Par de brillants travaux je cherche à dissiper
Cette nuit dont le temps me doit envelopper :
Des siècles à venir je m'occupe sans cesse;
Ce qu'ils diront de moi m'agite et m'intéresse;
Je veux m'éterniser, et, dans ma vanité,
J'apprends que je suis né pour l'immortalité.

L. RACINE. (*La Religion*.)

L'IMMORTALITÉ DE L'AME.

Père des fictions, les poëtes menteurs
De ces dogmes, dit-on, furent les inventeurs,
Et sitôt que la Grèce, ivre de son Homère,
Eut de l'empire sombre admiré la chimère,
Le peuple qu'effrayait Tisiphone et ses sœurs,
D'un charmant Élysée espéra les douceurs.
Pluton fut leur ouvrage, et leurs mains, je l'avoue,
Étendirent jadis Ixion sur sa roue.
L'onde affreuse du Styx qui coulait sous leurs lois

[1] Louis Racine se souvient ici, avec une délicatesse extrême un sentiment touchant, de son illustre père, Jean Racine.

Ferma les noirs cachots qu'elle entoura neuf fois.
Ils livrèrent Tantale à des ondes perfides,
Qui sans cesse échappaient à ses lèvres arides.
Par l'urne de Minos et ses arrêts cruels,
Ils jetèrent l'effroi dans l'âme des mortels.
Ils leur firent entendre une ombre malheureuse,
Qui poussant vers le ciel une voix douloureuse,
S'écriait : *Par les maux que je souffre en ces lieux*
Apprenez, ô mortels ! à respecter les dieux !
Hardis fabricateurs de mensonges utiles,
Eussent-ils pu trouver des auditeurs dociles,
Sans la secrète voix, plus forte que la leur,
Cette voix qui nous crie, au fond de notre cœur,
Qu'un juge nous attend, dont la main équitable
Tient de nos actions le compte redoutable !
Il ne laissera point l'innocent en oubli :
Espérons et souffrons : tout sera rétabli.

L. RACINE. (*La Religion.*)

LE JUGEMENT DERNIER.

Déjà je crois le voir, j'en frémis par avance,
Ce jour de châtiment comme de récompense.
Déjà j'entends des mers mugir les flots troublés ;
Déjà je vois pâlir les astres ébranlés ;
Le feu vengeur s'allume, et le son des trompettes
Va réveiller les morts dans leurs sombres retraites.
Ce jour est le dernier des jours de l'univers.
Dieu cite devant lui tous les peuples divers ;
Et pour s'en séparer, les saints, son héritage,
De sa religion vont consommer l'ouvrage.
La terre, le soleil, les temps, tout va périr,
Et de l'éternité les portes vont s'ouvrir.
Elles s'ouvrent. Ce Dieu si longtemps invisible,
S'avance précédé de sa gloire terrible :
Entouré du tonnerre, au milieu des éclairs,

Son trône étincelant s'élève dans les airs.
Le grand rideau se tire, et ce Dieu vient en maître.
Malheureux qui pour lors commence à le connaître !
Ses anges ont partout fait entendre leur voix ;
Et, sortant de la poudre une seconde fois,
Le genre humain, tremblant, sans appui, sans refuge,
Ne voit plus de grandeur que celle de son juge.
Ébloui des rayons dont il se sent percer,
L'impie avec horreur voudrait les repousser ;
Il n'est plus temps. Il voit la gloire qui l'opprime ;
Il tombe enseveli dans l'éternel abîme....
Et, loin des voluptés où fut livré son cœur,
Ne trouve devant lui que la rage et l'horreur.
Le vrai chrétien lui seul ne voit rien qui l'étonne,
Et sur ce tribunal que la foudre environne,
Il voit le même Dieu qu'il a cru, sans le voir,
L'objet de son amour, la fin de son espoir ;
Mais il n'a plus besoin de foi ni d'espérance ;
Un éternel amour en est la récompense.

L. RACINE. (*La Religion.*)

IMMENSITÉ DE LA CRÉATION.

Oh ! comme en voyageant dans le vaste Empyrée,
L'imagination parle à l'âme inspirée !
Les soleils aux soleils succèdent à nos yeux ;
Les cieux évanouis se perdent dans les cieux :
De la création je crois toucher la cime,
Et soudain à mes pieds se montre un autre abîme.
O prodige ! le monde allait s'agrandissant ;
Le monde tout à coup s'abaisse en décroissant ;
De degrés en degrés s'étend la chaîne immense ;
L'infini s'arrêtait, l'infini recommence.
De l'ouvrage du Ciel, invisibles tissus,
Invisibles à l'œil, du verre inaperçus,
Des univers sans noms et des mondes d'atomes,

Familles, nations, républiques, royaumes,
Ayant leurs lois, leurs mœurs, leur haine, leur amour,
Abrégés de la vie et chefs-d'œuvre d'un jour,
Des confins du néant où Dieu mit leur naissance,
Jusqu'en leur petitesse attestent leur puissance,
Le montrent aussi grand que dans l'immensité,
Entouré de l'espace et de l'éternité.
Ainsi dans la nature insensible et vivante,
Au bord du double abîme, éperdu d'épouvante,
J'atteins par la pensée, ou le verre, ou mes yeux,
Tout ce qui remplit l'air, ou la terre, ou les cieux :
Ne voyant plus le terme où l'univers s'arrête,
Des mondes sous mes pieds, des mondes sur ma tête,
Je ne vois qu'un grand cercle où se perd mon regard,
Dont le centre est partout et les bords nulle part :
Planètes, terre, mers, en merveilles fécondes;
Et par delà ces mers, ces planètes, ces mondes,
Dieu, le Dieu créateur, qui pour temple a le Ciel,
Les astres pour cortége, et pour nom l'Éternel;
Qui donne un frein aux mers et des lois aux comètes,
Allume les soleils, fait tourner les planètes,
Et vient, plus grand encore et plus majestueux,
Se peindre et s'admirer dans un cœur vertueux.

DELILLE. (L'Imagination.)

LA MORT.

Mais c'est la mort surtout dont les touchants tableaux
Placent l'homme au-dessus de tous les animaux;
Là, dans tout l'intérêt de sa dernière scène,
Paraît la dignité de la nature humaine.
Dans leur stupide oubli les animaux mourants
Jettent vers le passé des yeux indifférents;
Savent-ils s'ils ont eu des enfants, des ancêtres,
S'ils laissent des regrets, s'ils sont chers à leurs maîtres?
Gloire, amour, amitié, tout est fini pour eux :

L'homme seul, plus instruit, est aussi plus heureux.
Pour lui, loin d'une vie en orages féconde,
Quand ce monde finit commence un autre monde,
Et du tombeau qui s'ouvre à sa fragilité,
Part le premier rayon de l'immortalité ;
Son âme se ranime, et, dans sa conscience,
Auprès de la vertu retrouve l'espérance.
De loin il entrevoit le séjour du repos,
De ses parents en pleurs il entend les sanglots ;
Il voit, après sa mort, leur troupe désolée
D'un long rang de douleurs border son mausolée.
Au sortir d'une vie où de maux et de biens
La fortune inégale a tissu ses liens,
Il reprend fil à fil cette trame si chère
Dont la mort va couper la chaîne passagère ;
Le souvenir lui peint ses travaux, ses succès,
La gloire qu'il obtint, les heureux qu'il a faits.
Ainsi, sur les confins de la nuit sépulcrale,
L'affreuse mort au fond de la coupe fatale,
Laisse encore pour lui quelques gouttes de miel :
Il touche encor la terre en montant vers le ciel.
Sur sa couche de mort il vit pour sa famille,
Sent tomber sur son cœur les larmes de sa fille,
Prend son plus jeune enfant, qui, sans prévoir son sort,
Essaye encor la vie et joue avec la mort ;
Recommande à l'aîné ses domaines champêtres,
Ses travaux imparfaits, l'honneur de ses ancêtres ;
Laisse à tous en mourant le faible à secourir,
L'innocent à défendre et le pauvre à nourrir ;
De ses vieux serviteurs récompense le zèle ;
Jouit des pleurs touchants de l'amitié fidèle,
Reçoit son dernier vœu, lui fait son dernier don ;
De ses ennemis même emporte le pardon,
Et dans l'embrassement d'une épouse chérie
Délie et ne rompt pas les doux nœuds de la vie.

DELILLE.

LA SCULPTURE.

O prodige ! longtemps dans sa masse grossière,
Un vil bloc enferma le dieu de la lumière.
L'art commande, et d'un marbre Apollon est sorti !
Son œil a vu le monstre, et le trait est parti ;
Son arc frémit encore entre ses mains divines ;
Un courroux dédaigneux a gonflé ses narines !
Avec ces yeux perçants devant qui l'avenir,
Le passé, le présent, viennent se réunir,
Du haut de sa victoire il regarde sa proie,
Et rayonne d'orgueil, de jeunesse et de joie.
Chez lui rien n'est mortel : avec la majesté
Son air aérien joint la légèreté ;
A peine sur la terre il imprime sa trace ;
Ses cheveux sur son front sont noués avec grâce.
D'un tout harmonieux j'admire les accords ;
L'œil avec volupté glisse sur ce beau corps.
A son premier aspect, je m'arrête, je rêve ;
Sans m'en apercevoir, ma tête se relève,
Mon maintien s'ennoblit. Sans temple, sans autels,
Son air commande encor l'hommage des mortels ;
Et, modèle des arts et leur première idole,
Seul il semble survivre au dieu du Capitole.

J. Delille. (*L'Imagination*.)

LA PEINTURE.

A ces brillants contours que dessina sa sœur,
La Peinture plus riche ajouta la couleur.
Son empire est plus vaste, et sa noble magie
Parle aux yeux, parle au cœur avec plus d'énergie ;
Mais leur but est le même : ainsi que du ciseau,
Le choix d'un beau modèle est l'objet du pinceau.
Tant que l'art plus borné ne montre à notre vue
Que le monde visible et la beauté connue,

Le choix est plus facile, et l'art judicieux
Des traits qu'il faut choisir avertira les yeux ;
Mais du monde réel franchissant la barrière,
Dans le monde idéal s'il étend sa carrière,
Comment montrer à l'homme un objet plus qu'humain,
Peindre un être immortel d'une mortelle main,
Lui composer des sens, une forme, un visage,
Et créer à la fois le modèle et l'image ?
C'est là que, du génie épuisant les secrets,
L'imagination épure tous ses traits ;
Là triomphe son art. C'est toi que j'en atteste,
O divin Raphaël, dont le pinceau céleste
Osa représenter, par un sublime essor,
Le Christ transfiguré sur le mont de Thabor.
Ah ! pour ce grand moment où, reprenant son être,
Le dieu va se montrer et l'homme disparaître,
Où prendre ton modèle, artiste audacieux ?
Il n'est point sur la terre, il n'est point dans les cieux ;
Il est dans sa pensée. Il dessine, il colore,
Il dit : « Que le dieu naisse, » et le dieu vient d'éclore !
Ses vêtements, ses traits, ses yeux éblouissants,
Des célestes clartés semblent resplendissants :
Tout l'Olympe attentif contemple sa victoire :
Ses disciples tremblants se courbent sous sa gloire :
L'ouvrage était parfait, si la cruelle mort...
Ah ! jeune infortuné, digne d'un meilleur sort
Hâte-toi : le temps fuit, achève ton ouvrage !
Si le destin sévère épargne ton jeune âge,
Tu seras Raphaël ! Vain espoir ! il n'est plus,
Et ses nobles travaux restent interrompus.
En vain, se soulevant à son heure dernière,
Il tourne encor vers eux sa mourante paupière ;
En vain, pour achever son ouvrage naissant,
Il reprend en ses mains son pinceau languissant ;
Il meurt... Courez, portez à son ombre chérie
Ces fleurs, ces frêles dons, emblèmes de sa vie.

Mais non... son ombre attend un hommage plus beau
Muses, talents, beaux-arts, placez sur son tombeau
Ce chef-d'œuvre échappé de sa main défaillante
Joignez-y ses pinceaux, sa palette brillante ;
Et, changeant en triomphe une pompe de deuil,
Conduisez un trophée et non pas un cercueil :
Rome n'aura jamais vu de fête plus belle.
Et moi, moi qui jadis, d'une voix solennelle,
Jurai de visiter ces beaux champs, ce beau ciel,
Où Virgile chantait comme a peint Raphaël,
J'irai, j'en jure encor, j'irai voir cet asile
Où Raphaël peignait comme a chanté Virgile.
Virgile ! Raphaël ! ô douleur, ô destin !
Tous deux si tôt ravis par le sort inhumain !
Tous deux ils ont pleuré sur leur gloire imparfaite ;
Mais le temps ne peut rien sur les vers du poëte,
Et dans le Vatican, par le temps outragés,
Les traits de Raphaël périssent négligés !
Rome, au nom de ta gloire, arrête ce ravage ;
Chaque trait effacé te dérobe un hommage ;
Et, quand ton culte saint renaît de toutes parts,
Garde encor dans tes murs le culte des beaux-arts.

J. Delille. (*L'Imagination*.)

LE VAISSEAU.

Quelle majestueuse et fière architecture !
Le calcul prévoyant dessina sa structure ;
Dans sa coupe légère, avec solidité,
Il réunit la force à la rapidité !
Emporté par la voile, et dédaignant la rame,
Le chêne en est le corps, et le vent en est l'âme.
L'aimant, fidèle au pôle, et le timon prudent,
Dirigent ses sillons sur l'abîme grondant.
L'équilibre des poids le balance sur l'onde ;
Son vaste sein reçoit tous les trésors du monde ;

La foudre arme ses flancs; géant audacieux,
Sa carène est dans l'onde, et ses mâts dans les cieux.
Longtemps de son berceau l'enceinte l'emprisonne;
Signal de son départ, tout à coup l'airain tonne :
Soudain, lassé du port, de l'ancre et du repos,
Aux éclats du tonnerre, aux cris des matelots,
Au bruit des longs adieux mourants sur les rivages,
Superbe, avec ses mâts, ses voiles, ses cordages,
Il part, et, devant lui chassant les flots amers,
S'empare fièrement de l'empire des mers.
J. DELILLE. (L'Imagination.)

LA GRACE.

Et comment définir, expliquer ses appas?
Ah! la grâce se sent et ne s'explique pas :
Rien n'est si vaporeux que ces teintes légères;
L'œil se plaît à saisir ses formes passagères;
Elle brille à demi, se fait voir un moment;
C'est ce parfum dans l'air exhalé doucement;
C'est cette fleur qu'on voit négligemment éclore,
Et qui, prête à s'ouvrir, semble hésiter encore;
L'esprit, qui sous son voile aime à la deviner,
Joint au plaisir de voir celui d'imaginer.
L'imagination en secret la préfère
A la froide beauté constamment régulière.
Je ne sais quoi nous plaît dans ces traits indécis,
Que la beauté n'a point dans ses contours précis.
J. DELILLE. (L'Imagination.)

LA COMÉDIE DE MOLIÈRE.

Je sais que, parcourant les mœurs de chaque état,
Le comique ne peint que la vie ordinaire;
Le sujet est commun, mais l'art n'est pas vulgaire :
Il a sa vérité, ses modèles à part;

Il ne prend point des sots, des méchants au hasard ;
Le cœur n'est pas toujours plaisant dans sa bêtise.
Il faut des passions bien choisir la sottise ;
Il faut, dans le tissu d'un plan ingénieux,
La faire vivre, agir et mouvoir à nos yeux ;
Il faut nous attacher, nous égayer, nous plaire ;
Il faut suivre, en un mot, la nature ou Molière...
Molière ! à ce nom seul se rassemblent les ris,
Les fronts sont déridés, les cœurs épanouis.
Qui dans les plis du cœur surprend mieux la nature ?
Qui sait mieux lui donner cette adroite tournure
Qui rend le ridicule ou le vice indiscret,
Et fait, avec le rire, éclater leur secret ?
Quel naïf, et souvent quel sublime langage !
O Molière ! ô grand homme ! ô véritable sage !
Avec un vain amas de sots admirateurs,
Je ne te loûrai pas dans mes portraits flatteurs,
D'avoir du cœur humain corrigé le caprice,
Détruit le ridicule et réformé le vice :
Tous deux sont immortels, et ne font que changer ;
Tu peux charmer le monde et non le corriger.
Comme par une vague une vague est poussée,
La sottise du jour est bientôt remplacée.
Sans cesse variant nos volages humeurs,
Le temps conduit la mode, et la mode les mœurs ;
Ainsi pour un travers il s'en reproduit mille.
Mais, puisqu'il nous distrait, ton art nous est utile :
Tous ces fous, tous ces sots, par toi si bien décrits,
Incommodes ailleurs, charment dans tes écrits.
Que dis-je ? chacun d'eux, grâce à ton art suprême,
Chez toi, sans le savoir, vient rire de lui-même :
Ainsi l'oiseau léger, crédule et curieux,
Vient se prendre au miroir qui le montre à ses yeux.

J. DELILLE. (*L'Imagination.*)

LA FONTAINE.

L'Imagination, dans cet auteur qu'elle aime,
Du modeste apologue a fait un vrai poëme :
Il a son action, son nœud, son dénoûment.
Chez lui, l'utilité s'unit à l'agrément;
Le vrai nous blesse moins en passant par sa bouche :
Il ménage l'orgueil qu'un reproche effarouche;
Sous l'attrait du plaisir il cache la leçon,
Et par d'heureux détours nous mène à la raison.
Cet art ingénieux, que la crainte a fait naître,
Qu'inventa le sujet pour conseiller son maître,
Par Ésope l'esclave, et Phèdre l'affranchi,
A Rome et chez les Grecs fut sans faste enrichi.
Il reçut le bon sens, l'élégante justesse :
Mais né dans l'esclavage, il en eut la tristesse.
La Fontaine y jeta sa naïve gaieté.
Quel instinct enchanteur! quelle simplicité!
Il ignore son art, et c'est son art suprême;
Il séduit d'autant plus qu'il est séduit lui-même.
Le chien, le bœuf, le cerf, sont vraiment ses amis;
A leur grave conseil par lui je suis admis.
Louis, qui n'écoutait, du sein de la victoire,
Que des chants de triomphe et des hymnes de gloire,
Dont, peut-être, l'orgueil goûtait peu la leçon
Que reçoit dans ses vers l'orgueil du roi lion,
Dédaigna la Fontaine et crut son art frivole.
Chantre aimable! ta muse aisément s'en console.
Louis ne te fit point un luxe de sa cour;
Mais le sage t'accueille en son humble séjour;
Mais il te fait son maître, en tous lieux, à tout âge,
Son compagnon des champs, de ville, de voyage;
Mais le cœur te choisit, mais tu reçus de nous,
Au lieu du nom de grand, un nom cent fois plus doux;
Et qui voit ton portrait, le quittant avec peine,
Se dit avec plaisir : « C'est le bon la Fontaine. »

J. DELILLE. (*L'Imagination.*)

RACINE ET CORNEILLE.

Voyez l'adorateur de la belle nature,
Racine, des forfaits adoucir la peinture :
Dans cette grande lutte où d'un jeune empereur
Le vice et la vertu se disputent le cœur,
Néron, monstre naissant, s'essaye encor au crime ;
Narcisse, à force d'art, est devenu sublime ;
Mais le cœur déchiré ne les soutiendrait plus,
Si Burrhus n'y versait le baume des vertus.
. . . .
L'homme seul, sans prodige, attache dans Corneille ;
Son génie est divin, c'est sa seule merveille.
Ainsi que ses héros, ses vers sont plus qu'humains ;
Il peint presque des dieux en peignant les Romains ;
Mais à leur renommée il manquait ce grand homme,
Le ciel devait Corneille aux grands destins de Rome.

J. DELILLE. (*L'Imagination.*)

SHAKSPEARE.

Non, dans ses plus beaux jours, jamais la scène antique
N'imprima plus avant la tristesse tragique,
Soit que le grand César, entouré d'ennemis,
Parmi ses meurtriers reconnaisse son fils ;
Soit qu'Hamlet éperdu, dans sa coupable mère
Retrouve avec horreur le bourreau de son père ;
Soit qu'un Maure jaloux, d'un bras désespéré,
Immole, en le pleurant, un objet adoré ;
Soit que d'un conjuré la femme criminelle
Dans le sang de son roi trempe sa main cruelle,
Et, du bras qui trancha ses vénérables jours,
Efface en vain ce sang qui reparaît toujours ;
Soit que de ses États chassé par sa famille,
Le vieux Léar s'exile, appuyé sur sa fille,
Et mêle dans la nuit ses lugubres accents

Au fracas de la foudre, au murmure des vents.
L'Anglais, de son Eschyle amateur idolâtre,
Se presse, en sanglotant, autour de son théâtre;
De Sophocle lui-même égalant la terreur,
Il tend plus fortement tous les ressorts du cœur;
A la mort étonnée arrache ses victimes,
Aux tombeaux leurs secrets, et leurs voiles aux crimes;
Fait rugir la fureur, fait pleurer les remords,
Et marche dans le sang sur la cendre des morts.
Les spectateurs troublés frissonnent ou gémissent;
L'épouvante l'écoute, et les pleurs l'applaudissent.

J. DELILLE. (*L'Imagination*.)

LE DANTE ET MILTON.

Le Dante, qui mêla dans sa vie et ses vers
Les beautés, les défauts, les succès, les revers;
Qui monte, qui descend, inégal, mais sublime,
Du noir abîme aux cieux, des cieux au noir abîme.
D'une affreuse beauté son style étincelant
Est, comme son enfer, profond, sombre et brûlant:
Soit qu'aux portes du gouffre où règne la vengeance,
Il écrive ces mots : *Ici plus d'espérance;*
Soit que du noir cachot où rugit Ugolin,
Au milieu de ses fils qui demandent du pain,
Et dont un feu cruel dévore les entrailles,
Il ferme sans retour les fatales murailles
Où l'affreux désespoir se renferme avec eux.
Ah! de quels traits il peint ce père malheureux,
Ses soupirs étouffés, son horrible constance,
Cette douleur sans larme et ce morne silence;
Tandis que l'un sur l'autre il voit tomber ses fils!
O murs! écroulez-vous à ces affreux récits
Non, Oreste fuyant les déesses sévères,
Ces scènes qui hâtaient l'enfantement des mères,
N'effrayaient point autant l'oreille ni les yeux.

Comme lui parcourant et l'enfer et les cieux,
Milton a pris son vol : zéphyrs, faites silence.
Il va chanter Eden, va chanter l'innocence,
Et le jeune univers commençant ses beaux jours,
Et le premier hymen, et les premiers amours.
Loin d'ici le poëte et le peintre profane,
Loin la lyre d'Homère et les pinceaux d'Albane !
Cet amour innocent, pur et délicieux,
Veut des pinceaux trempés dans les couleurs des cieux :
Milton prend sa palette ; et la fleur près d'éclore
L'eau pure qu'un berger n'a point troublée encore,
Les doux rayons du jour sont moins purs, sont moins doux,
Que les chastes couleurs dont il peint ces époux.
Est-ce donc là celui qui, du séjour du crime,
Creusait au fier Satan l'épouvantable abîme ;
Qui l'ensevelissait dans des gouffres de feu,
Sous la masse du monde et sous le poids d'un Dieu ?

J. DELILLE. (*L'Imagination*.)

NEWTON.

Pénétrez de Newton le secret sanctuaire :
Loin d'un monde frivole et de son vain fracas,
Et de ces vils pensers qui rampent ici-bas,
Dans cette vaste mer de feux étincelante,
Devant qui notre esprit recule d'épouvante,
Newton plonge ; il poursuit, il atteint ces grands corps
Qui jusqu'à lui, sans lois, sans règles, sans accords,
Roulaient désordonnés sous ces voûtes profondes :
De ces brillants chaos Newton a fait des mondes.
Atlas de tous ces cieux qui reposent sur lui,
Il les fait l'un de l'autre et la règle et l'appui ;
Il calcule leur cours, leur grandeur, leurs distances.
C'est en vain qu'égarée en ces déserts immenses
La comète espérait échapper à ses yeux ;
Fixes ou vagabonds, il saisit tous ses feux

Qui, suivant de leur cours l'incroyable vitesse,
Sans cesse s'attirant, se repoussant sans cesse,
Et par deux mouvements, mais par la même loi,
Roulent tous l'un sur l'autre, et chacun d'eux sur soi.
O pouvoir d'un grand homme et d'une âme divine !
Ce que Dieu seul a fait, Newton seul l'imagine ;
Et chaque astre répète en proclamant leur nom :
« Gloire au Dieu qui créa les mondes et Newton ! »
J. DELILLE. (*L'Imagination*.)

NECKER OU LA POPULARITÉ.

Mirabeau nous l'a dit, croyons-en sa parole :
La roche Tarpéienne est près du Capitole.
Lui-même, secondé par un heureux hasard,
Mourut fort à propos ; peut-être un jour plus tard
Du haut du tribunat nous l'aurions vu descendre.
Eh ! qui sait quel destin le sort garde à sa cendre ?
Tout ce peuple qu'il vit suivre son char en deuil,
Peut-être va demain outrager son cercueil.
Ah ! si l'orgueil encor refuse de me croire,
Qu'il contemple Necker[1] et connaisse la gloire.
Jeune, il avait déjà, dans ses emplois obscurs,
Pressenti la grandeur de ses destins futurs :
Élevé par degrés auprès du rang suprême,
Son roi le consultait, il était roi lui-même.
Paris l'idolâtrait ; adoré des hameaux,
On leur nommait Necker, ils oubliaient leurs maux.
Aux Français, rassemblés sous ses fameux auspices,
Son astre promettait des destins plus propices ;
Un exil triomphant ajoute à tant d'éclat :
En pleurant un seul homme on croit pleurer l'État.
Partout le deuil est pris, la douleur ordonnée,

[1] Necker, ministre célèbre de Louis XVI. Son nom allemand se prononce ordinairement Neckre ; mais, pour la mesure du vers, on le prononce ici comme il s'écrit.

Les tribunaux déserts, la scène abandonnée
Peuple heureux, calmez-vous ; on le rend à vos vœux :
Préparez son triomphe, et rendez grâce aux dieux.
Il revient ! près de lui, siégeant en souveraine,
Sa fille[1], ivre d'honneur, se croit bien plus que reine :
Les hommes, les chevaux, de sa gloire lassés,
Tardent trop de le rendre à nos vœux empressés.
Le rebelle désir de le voir reparaître
A brisé le pouvoir et détrôné son maître.
Parmi les cris, les vœux, les flots d'adorateurs,
Il vient ! son char rapide échappe aux orateurs.
Infortuné ! jouis quand tu le peux encore ;
Le peuple peut demain haïr ce qu'il adore.
Il entre enfin ! il entre ! ô douleur ! ô regret !
L'idole s'est montrée, et le dieu disparaît !
Ainsi le peuple ingrat trahit le grand Pompée ;
Tel plutôt un enfant rejette sa poupée.
Que dis-je ? le dédain fait place à la fureur.
Poursuivi dans les bois, promenant sa terreur,
Des murs qu'enorgueillit sa triomphale entrée,
Précipitant dans l'ombre une fuite ignorée,
Il part ; il va revoir ces lieux pleins de son nom,
Et témoins aujourd'hui de son triste abandon.
Mais un billet fatal a trahi son passage :
Au lieu de cris d'amour, j'entends des cris de rage.
Tout ce peuple qu'il vit, dételant ses coursiers,
S'atteler à son char couronné de lauriers,
Qui l'avait proclamé père de la patrie,
Tout honteux maintenant de son idolâtrie,
L'insulte, l'emprisonne. Aux mains de ses bourreaux
Il échappe avec peine, et, pour comble de maux
Présentant en spectacle à la haine vengée
Sa popularité, par le peuple outragée,
A travers les débris du trône des Capet,

---

[1] Madame de Staël.

Il fuit, il se relègue au donjon de Copet,
Malheureux, et prêtant une oreille alarmée
Aux mourantes rumeurs de tant de renommée !
    J. DELILLE. (*L'Imagination.*)

LES ABEILLES.

Mais quel bourdonnement a frappé mes oreilles ?
Ah ! je les reconnais, mes aimables abeilles.
Cent fois on a chanté ce peuple industrieux ;
Mais comment sans transport voir ces filles des cieux ?
Quel art bâtit leurs murs, quel travail peut suffire
A ces trésors de miel, à ces amas de cire ?
Je ne vous dirai point leurs combats éclatants,
Si la mort est donnée à l'un des combattants,
Si ce peuple est régi par une seule reine,
S'il peut d'un ver commun créer sa souveraine,
Si leur cité contient trois peuples à la fois,
Époux, reine, ouvrière, hôtes des mêmes toits ;
D'autres décideront ; mais leur noble industrie,
Mais ces hardis calculs de leur géométrie,
Leurs fonds pyramidaux savamment compassés,
En six angles égaux leurs bâtiments tracés,
Cette forme, élégante autant que régulière,
Qui ménage l'espace autant que la matière ;
Cette reine étonnante en sa fécondité,
Qui seule tous les ans fait sa postérité,
Et les profonds respects de son peuple qui l'aime,
Sont toujours un prodige et non pas un problème :
Aussi de nos savants le regard curieux
Souvent pour une ruche abandonne les cieux.
Les Géber, les Raumur [1] ont décrit ces merveilles,
Et le chantre d'Auguste a chanté les abeilles.
    DELILLE. (*L'Homme des champs.*)

[1] On écrit Réaumur.

LE CHEVAL.

Voyez ce fier coursier, noble ami de son maître,
Son compagnon guerrier, son serviteur champêtre,
Le traînant dans un char, ou s'élançant sur lui.
Dès qu'a sonné l'airain, dès que le fer a lui,
Il s'éveille, il s'anime, et redressant la tête,
Provoque à la mêlée, insulte à la tempête :
De ses naseaux brûlants il souffle la terreur,
Il bondit d'allégresse, il frémit de fureur.
On charge ; il dit : Allons! se courrouce et s'élance.
Il brave le mousquet, il affronte la lance ;
Parmi le feu, le fer, les morts et les mourants,
Terrible, échevelé, s'enfonce dans les rangs ;
Du bruit des chars guerriers fait retentir la terre,
Prête aux foudres de Mars les ailes du tonnerre :
Il prévient l'éperon, il obéit au frein,
Fracasse par son choc les cuirasses d'airain,
S'enivre de valeur, de carnage et de gloire,
Et partage avec nous l'orgueil de la victoire ;
Puis revient dans nos champs, oubliant ses exploits,
Reprendre un air plus calme et de plus doux emplois.

DELILLE. (*L'Homme des champs.*)

LE CHIEN.

A leur tête est le chien, aimable autant qu'utile,
Superbe et caressant, courageux, mais docile.
Formé pour le conduire et pour le protéger,
Du troupeau qu'il gouverne il est le vrai berger.
Le Ciel l'a fait pour nous, et dans leur cour rustique
Il fut des rois pasteurs le premier domestique.
Redevenu sauvage, il erre dans les bois :
Qu'il aperçoive l'homme, il rentre sous ses lois ;
Et, par un vieil instinct qui jamais ne s'efface,
Semble de ses amis reconnaître la race.

Gardant du bienfait seul le doux ressentiment,
Il vient lécher la main après le châtiment.
Souvent il me regarde; humide de tendresse,
Son œil affectueux implore une caresse.
J'ordonne, il vient à moi; je menace, il me fuit;
Je l'appelle, il revient; je fais signe, il me suit;
Je m'éloigne, quels pleurs! je reviens, quelle joie!
Chasseur sans intérêt, il m'apporte sa proie.
Sévère dans la ferme, humain dans la cité,
Il soigne le malheur, conduit la cécité;
Et moi, de l'Hélicon malheureux Bélisaire,
Peut-être un jour ses yeux guideront ma misère.
Est-il hôte plus sûr, ami plus généreux?
Un riche marchandait le chien d'un malheureux :
Cette offre l'affligea. Dans mon destin funeste,
Qui m'aimera, dit-il, si mon chien ne me reste?
Point de trêve à ses soins, de borne à son amour,
Il me garde la nuit, m'accompagne le jour.
Dans la foule étonnée, on l'a vu reconnaître,
Saisir et dénoncer l'assassin de son maître;
Et quand son amitié n'a pu le secourir,
Quelquefois sur sa tombe il s'obstine à mourir.
Enfin le grand Buffon écrivit son histoire;
Homère l'a chanté, rien ne manque à sa gloire;
Et, lorsqu'à son retour, le chien d'Ulysse absent
Dans l'excès du plaisir meurt en le caressant,
Oubliant Pénélope, Eumée, Ulysse même,
Le lecteur voit en lui le héros du poëme.

DELILLE. (*L'Homme des champs.*)

LA CHASSE DU CERF.

Le cor, pour éveiller les châteaux d'alentour,
Frappe et remplit les airs de bruyantes fanfares :
L'ardent coursier hennit, et vingt meutes barbares,
Près de porter la guerre au monarque des bois,

En rapide aboîment font éclater leur voix.
Ennemis affamés que les veneurs devancent,
Les chiens vers la forêt en tumulte s'avancent,
Et bientôt sur leurs pas l'impétueux coursier
Tout fier d'un conducteur brillant d'or et d'acier,
Non loin de la retraite où l'ennemi repose,
Arrive. L'assaillant en ordre se dispose.
Tous ces flots de chasseurs, prudemment partagés,
Se forment en deux corps sur les ailes rangés.
Les chiens au milieu d'eux se placent en silence.
Tout se tait; le cor sonne; on s'écrie, on s'élance,
Et soudain comme un trait, meute, coursier, chasseur,
Du rempart des taillis ont franchi l'épaisseur.
Éveillé dans son fort au bruit de la tempête,
La terreur dans les yeux, le cerf dresse la tête,
Voit la troupe sur lui fondant comme un éclair;
Il déserte son gîte; il court, vole et fend l'air,
Et sa course déjà, de l'aquilon rivale,
Entre l'armée et lui laisse un vaste intervalle.
Mais les chiens plus ardents, vers la terre inclinés,
Dévorant les esprits de son corps émanés,
Demeurent sans repos attachés sur sa trace;
Ils courent. L'animal, ô nouvelle disgrâce!
L'animal est surpris dans un fort écarté.
Moins confiant alors en son agilité,
Par la feinte et la ruse il défend sa faiblesse;
Sur lui-même trois fois il tourne avec souplesse,
On cherche un jeune cerf de sa vieillesse ami,
Et l'expose en sa place à l'œil de l'ennemi.

Mais la brûlante odeur des esprits qu'il envoie,
Conductrice des chiens, les ramène à sa voie.
C'est alors qu'il bondit et veut franchir les airs;
Sa trace est reconnue. Enfin dans ces déserts,
Contre tant d'ennemis ne trouvant plus d'asile,
Le roi de la forêt à jamais s'en exile;

Il franchit les fossés, les palis et les ponts,
Et les murs et les champs, et les bois et les monts.
Tout fumant de sueur, près d'un fleuve il arrive,
Et la meute avec lui déjà touche la rive.
Le premier dans les flots il s'élance à leurs yeux :
Avec des hurlements, les chiens plus furieux,
Trempés de leur écume, affamés de carnage,
Se plongent dans le fleuve, et l'ouvrent à la nage.

Cependant un nocher devance leur abord;
Et tandis que sa nef les porte à l'autre bord,
L'infortuné poussant une pénible haleine,
Et glacé par le froid de la liquide plaine,
Vogue, franchit le fleuve, et de l'onde sorti,
Fuit encor, de chasseurs et de chiens investi.
Sa force enfin trompant son courage, il s'arrête,
Il tombe; le cor sonne, et sa mort qui s'apprête
L'enflamme de fureur; l'animal aux abois
Se montre digne encor de l'empire des bois.
Il combat de la tête, il couvre de blessures
L'aboyant ennemi dont il sent les morsures.
Mais il résiste en vain, hélas ! trop convaincu
Que, faible, languissant, de fatigue vaincu,
Il ne peut inspirer que de vaines alarmes ;
Pour fléchir son vainqueur il a recours aux larmes :
Ses larmes ne sauraient adoucir son vainqueur.
Il détourne ses yeux, se cache ; et le piqueur,
Impitoyable et sourd aux longs soupirs qu'il traîne,
Le perçant d'un poignard, ensanglante l'arène.
Il expire, et les cors célèbrent son trépas.

ROUCHER. (Les Mois.)

VERSAILLES.

Venez, suivez mon vol au pays des prestiges,
A ce pompeux Versaille, à ce riant Marli,

Que Louis, la nature, et l'art, ont embelli.
C'est là que tout est grand, que l'art n'est point timide;
Là tout est enchanté, c'est le palais d'Armide;
C'est le jardin d'Alcine, ou plutôt d'un héros
Noble dans sa retraite et grand dans son repos,
Qui cherche encore à vaincre, à dompter des obstacles,
Et ne marche jamais qu'entouré de miracles.
Voyez-vous et les eaux, et la terre, et les bois,
Subjugués à leur tour, obéir à ses lois;
A ses douze palais d'élégante structure
Ces arbres marier leur verte architecture,
Ces bronzes respirer, ces fleuves suspendus,
En gros bouillons d'écume à grand bruit descendus,
Tomber, se prolonger dans des canaux superbes,
Là s'épancher en nappe, ici monter en gerbes,
Et, dans l'air s'enflammant aux feux d'un soleil pur,
Pleuvoir en gouttes d'or, d'émeraude et d'azur?
Si j'égare mes pas dans ces bocages sombres,
Des Faunes, des Sylvains, en ont peuplé les ombres;
Et Diane et Vénus enchantent ce beau lieu;
Tout bosquet est un temple, et tout marbre est un dieu:
Et Louis, respirant du fracas des conquêtes,
Semble avoir invité tout l'Olympe à ses fêtes.

J. DELILLE. (*Les Jardins.*)

NICE.

O Nice! heureux séjour, montagnes renommées,
De lavande, de thym, de citrons parfumées;
Que de fois sous tes plants d'oliviers toujours verts,
Dont la pâleur s'unit au sombre azur des mers,
J'égarai mes regards sur ce théâtre immense!
Combien je jouissais! soit que l'onde en silence
Mollement balancée et roulant sans efforts,
D'une frange d'écume allât ceindre ses bords

Soit que son vaste sein se gonflât de colère;
J'aimais à voir le flot, d'abord ride légère,
De loin blanchir, s'enfler, s'allonger et marcher,
Bondir tout écumant de rocher en rocher;
Tantôt se déployer comme un serpent flexible,
Tantôt, tel qu'un tonnerre avec un bruit horrible,
Précipiter sa masse, et de ses tourbillons
Dans les rocs caverneux engloutir les bouillons.
Ce mouvement, ce bruit, cette mer turbulente,
Roulant, montant, tombant en montagne écumante,
Enivraient mon esprit, mon oreille, mes yeux;
Et le soir me trouvait immobile en ces lieux.

J. Delille. (*Les Jardins.*)

LEÇONS DE MORALE ET DE LITTÉRATURE

TIRÉES DE

L'ÉPOPÉE[1].

FAMINE DE PARIS.

Mais lorsqu'enfin les eaux de la Seine captive
Cessèrent d'apporter dans ce vaste séjour
L'ordinaire tribut des moissons d'alentour;
Quand on vit dans Paris la faim pâle et cruelle,
Montrant déjà la mort qui marchait après elle,
Alors on entendit des hurlements affreux;
Ce superbe Paris fut plein de malheureux,
De qui la main tremblante et la voix affaiblie
Demandaient vainement le soutien de leur vie.
Bientôt le riche même, après de vains efforts,
Éprouva la famine au milieu des trésors.

Ce n'étaient plus ces jeux, ces festins et ces fêtes,
Où de myrte et de rose ils couronnaient leurs têtes,
Où parmi des plaisirs toujours trop peu goûtés,
Les vins les plus parfaits, les mets les plus vantés,
Sous des lambris dorés qu'habite la mollesse,
De leur goût dédaigneux irritaient la paresse.
On vit avec effroi tous ces voluptueux,
Pâles, défigurés, et la mort dans les yeux,
Périssant de misère au sein de l'opulence,
Détester de leurs biens l'inutile abondance.

---

[1] Voir ce que nous avons dit de l'épopée en France, dans l'*Aperçu des différents genres* dont il est traité dans ce volume.

Le vieillard, dont la faim va terminer les jours,
Voit son fils au berceau, qui périt sans secours.
Ici meurt dans la rage une famille entière ;
Plus loin, des malheureux, couchés sur la poussière,
Se disputaient encore, à leurs derniers moments,
Les restes odieux des plus vils aliments.
Ces spectres affamés, outrageant la nature,
Vont au sein des tombeaux chercher leur nourriture ;
Des morts épouvantés les ossements poudreux,
Ainsi qu'un pur froment, sont préparés par eux.
Que n'osent point tenter les extrêmes misères !
On les vit se nourrir des cendres de leurs pères.
Ce détestable mets avança leur trépas,
Et ce repas pour eux fut le dernier repas...
Trop heureux, en effet, d'abandonner la vie !...

D'un ramas d'étrangers la ville était remplie ;
Tigres que nos aïeux nourrissaient dans leur sein,
Plus cruels que la mort, et la guerre, et la faim.
Les uns étaient venus des campagnes belgiques ;
Les autres, des rochers et des monts helvétiques ;
Barbares dont la guerre est l'unique métier,
Et qui vendent leur sang à qui veut le payer.
De ces nouveaux tyrans les avides cohortes
Assiégent les maisons, en enfoncent les portes.
. . . .
De la cruelle faim le besoin consumant
Fait expirer en eux tout autre sentiment ;
Et d'un peu d'aliment la découverte heureuse
Était l'unique but de leur recherche affreuse.
Il n'est point de tourment, de supplice et d'horreur
Que, pour en découvrir, n'inventât leur fureur.

Une femme (grand Dieu ! faut-il à la mémoire
Conserver le récit de cette horrible histoire ?),
Une femme avait vu par ces cœurs inhumains
Un reste d'aliment arraché de ses mains.

Des biens que lui ravit la fortune cruelle,
Un enfant lui restait, près de périr comme elle :
Furieuse, elle approche avec un coutelas
De ce fils innocent qui lui tendait les bras ;
Son enfance, sa voix, sa misère et ses charmes,
A sa mère en fureur arrachent mille larmes ;
Elle tourne sur lui son visage effrayé,
Plein d'amour, de regret, de rage, de pitié ;
Trois fois le fer échappe à sa main défaillante.
La rage enfin l'emporte, et, d'une voix tremblante,
Détestant son hymen et sa fécondité :

« Cher et malheureux fils, que mes flancs ont porté,
Dit-elle, c'est en vain que tu reçus la vie ;
Les tyrans ou la faim l'auraient bientôt ravie.
Et pourquoi vivrais-tu ? pour aller dans Paris,
Errant et malheureux, pleurer sur ses débris ?
Meurs avant de sentir mes maux et ta misère :
Rends-moi le jour, le sang que t'a donné ta mère :
Que mon sein malheureux te serve de tombeau,
Et que Paris du moins voie un crime nouveau ! »
En achevant ces maux, furieuse, égarée,
Dans les flancs de son fils sa main désespérée
Enfonce, en frémissant, le parricide acier ;
Porte le corps sanglant auprès de son foyer,
Et d'un bras que poussait sa faim impitoyable,
Prépare avidement ce repas effroyable.

Attirés par la faim, les farouches soldats
Dans ces coupables lieux reviennent sur leurs pas :
Leur transport est semblable à la cruelle joie
Des ours et des lions qui fondent sur leur proie :
A l'envi l'un de l'autre ils courent en fureur ;
Ils enfoncent la porte. O surprise ! ô terreur !
Près d'un corps tout sanglant à leurs yeux se présente
Une femme égarée, et de sang dégouttante.

« Oui, c'est mon propre fils ; oui, monstres inhumains,

C'est vous qui dans son sang avez trempé mes mains ;
Que la mère et le fils vous servent de pâture :
Craignez-vous plus que moi d'outrager la nature ?
Quelle horreur, à mes yeux, semble vous glacer tous !
Tigres, de tels festins sont préparés pour vous ! »
Le discours insensé, que sa rage prononce,
Est suivi d'un poignard qu'en son cœur elle enfonce.
De crainte, à ce spectacle, et d'horreur agités,
Ces monstres confondus courent épouvantés.
Ils n'osent regarder cette maison funeste :
Ils pensent voir sur eux tomber le feu céleste ;
Et le peuple, effrayé de l'horreur de son sort,
Levait les mains au ciel et demandait la mort.

    VOLTAIRE. (*La Henriade.*)

MORT DE COLIGNY.

Cependant tout s'apprête, et l'heure est arrivée
Qu'au fatal dénoûment la reine a réservée.
Le signal est donné sans tumulte et sans bruit :
C'était à la faveur des ombres de la nuit ;
De ce mois malheureux l'inégale courrière
Semblait cacher d'effroi sa tremblante lumière ;
Coligny languissait dans les bras du repos,
Et le sommeil trompeur lui versait ses pavots.

Soudain de mille cris le bruit épouvantable
Vient arracher ses sens à ce calme agréable.
Il se lève, il regarde, il voit de tous côtés
Courir des assassins à pas précipités ;
Il voit briller partout les flambeaux et les armes,
Son palais embrasé, tout un peuple en alarmes,
Ses serviteurs sanglants, dans la flamme étouffés ;
Les meurtriers en foule au carnage échauffés,
Criant à haute voix : « Qu'on n'épargne personne ;

C'est Dieu, c'est Médicis, c'est le roi qui l'ordonne! »

Il entend retentir le nom de Coligny :
Il aperçoit de loin le jeune Téligny,
Téligny dont l'amour a mérité sa fille,
L'espoir de son parti, l'honneur de sa famille,
Qui, sanglant, déchiré, traîné par des soldats,
Lui demandait vengeance et lui tendait les bras.
Le héros malheureux, sans armes, sans défense,
Voyant qu'il faut périr, et périr sans vengeance,
Voulut mourir du moins comme il avait vécu,
Avec toute sa gloire et toute sa vertu.
Déjà des assassins la nombreuse cohorte
Du salon qui l'enferme allait briser la porte ;
Il leur ouvre lui-même, et se montre à leurs yeux,
Avec cet œil serein, ce front majestueux,
Tel que, dans les combats, maître de son courage,
Tranquille, il arrêtait ou pressait le carnage.
A cet air vénérable, à cet auguste aspect,
Les meurtriers surpris sont saisis de respect ;
Une force inconnue a suspendu leur rage.
« Compagnons, leur dit-il, achevez votre ouvrage,
Et de mon sang glacé souillez ces cheveux blancs,
Que le sort des combats respecta quarante ans.
Frappez, ne craignez rien : Coligny vous pardonne ;
Ma vie est peu de chose, et je vous l'abandonne ;
J'eusse aimé mieux la perdre en combattant pour vous. »
Ces tigres, à ces mots, tombent à ses genoux ;
L'un, saisi d'épouvante, abandonne ses armes ;
L'autre embrasse ses pieds qu'il trempe de ses larmes ;
Et de ses assassins ce grand homme entouré,
Semblait un roi puissant par son peuple adoré.
Besme, qui, dans la cour, attendait sa victime,
Monte, accourt, indigné qu'on diffère son crime ;
Des assassins trop lents il veut hâter les coups :
Aux pieds de ce héros il les voit trembler tous.

A cet objet touchant lui seul est inflexible ;
Lui seul, à la pitié toujours inaccessible,
Aurait cru faire un crime et trahir Médicis,
Si du moindre remords il se sentait surpris.
A travers les soldats il court d'un pas rapide :
Coligny l'attendait d'un visage intrépide ;
Et bientôt dans le flanc ce monstre furieux
Lui plonge son épée en détournant les yeux,
De peur que d'un coup d'œil cet auguste visage
Ne fît trembler son bras, et glaçât son courage.

Du plus grand des Français tel fut le triste sort :
On l'insulte, on l'outrage encore après sa mort.
Son corps, percé de coups, privé de sépulture,
Des oiseaux dévorants fut l'indigne pâture ;
Et l'on porta sa tête aux pieds de Médicis :
Conquête digne d'elle et digne de son fils !
Médicis la reçut avec indifférence,
Sans paraître jouir du fruit de sa vengeance,
Sans remords, sans plaisir, maîtresse de ses sens,
Et comme accoutumée à de pareils présents.

VOLTAIRE. (*La Henriade.*)

L'HISTOIRE.

Sur un fier tribunal, au fond d'un sanctuaire,
Soudain le héros vit une déesse austère.
Par sa voix appelés, renaissant tour à tour,
Tous les siècles rangés venaient former sa cour.
Plusieurs, le front hideux et respirant la guerre,
De leurs crimes encor épouvantaient la terre ;
Marchant sur des débris, et de sang tout couverts,
Ils se traînaient au bruit des armes et des fers.
D'autres semblaient plus doux : déjà leurs traits moins sombres,
D'un front demi-barbare éclaircissaient les ombres ;
Quelques-uns de rayons semblaient étincelants.

Le vieillard immortel, le Temps, en cheveux blancs,
Remontait en arrière aux jours de sa jeunesse.
Il déroulait encore aux yeux de la déesse
Le long cercle des ans mesurés par ses pas.
Les races qu'il fit naître et rendit au trépas,
En sortent ; à sa voix, chaque peuple respire ;
Les tombeaux sont déserts ; la mort n'a plus d'empire.
Ici, d'un peuple heureux l'hymne reconnaissant
Proclamait les vertus d'un maître bienfaisant.
Plus loin, par les tyrans l'humanité foulée,
S'élevait comme une ombre auguste et désolée ;
De ses lambeaux sanglants elle essuyait ses pleurs :
Les peuples opprimés racontaient leurs malheurs.
L'Histoire présidait à ces pompeux spectacles,
La balance à la main prononçait ses oracles :
Et de la vérité l'inflexible burin
Les gravait aussitôt sur des tables d'airain,
D'un airain immortel. Debout dans cette enceinte,
De la Postérité l'image auguste et sainte
Répétait ces accents dont le long souvenir
Allait rouler au sein de l'immense avenir,
Et d'échos en échos retentir dans les âges.
Différentes de voix, d'aspect et de visages,
Près du trône siégeaient deux immortalités :
L'une de Némésis a les traits redoutés ;
Sa splendeur, qui s'échappe en éclairs formidables,
Jette un jour éternel sur le front des coupables,
Sur ces grands criminels, auteurs des grands revers,
Et les montre de loin aux yeux de l'univers,
Empreints d'une éclatante et vaste ignominie.
Mais l'autre, aux ailes d'or, éblouissant génie,
Ornant de rayons purs son front majestueux,
Accompagne les noms des mortels vertueux,
Et leur offre à jamais de renaissants hommages.

THOMAS. (*Pétreide*.)

LE MIRAGE ET LE SIMOUN.

Soudain des cris de joie, éclatant dans la nue,
Raniment dans les cœurs l'espérance perdue :
Voilà que le désert, aux voyageurs surpris,
Déroule à l'orient de fortunés abris ;
Une immense oasis, dans des vapeurs lointaines,
Avec ses frais vallons, ses humides fontaines,
Son lac étincelant, ses berceaux de jasmin,
Surgit à l'horizon du sablonneux chemin.
Salut ! belle oasis, île de fleurs semée,
Vase toujours chargé des parfums d'Idumée !
Cette nuit, Bonaparte et ses soldats errants
Fouleront les sentiers de tes bois odorants,
Et sur les bords fleuris de tes fraîches cascades,
Sous la nef des palmiers aux mouvantes arcades,
Dans le joyeux bivac qui doit les réunir,
Des tourments du désert perdront le souvenir.
Doux rêve de bonheur ! l'oasis diaphane,
Fantôme aérien, trompe la caravane ;
Les crédules soldats, qu'un prestige séduit,
Vers le but qui s'éloigne errent jusqu'à la nuit.
Alors, comme un jardin qu'une fée inconnue
De sa baguette d'or dissipe dans la nue,
L'île miraculeuse aux ombrages trompeurs
Se détache du sol en subtiles vapeurs,
Disperse en variant leurs formes fantastiques,
Ses contours onduleux, ses verdoyants portiques,
Et des yeux fascinés trompant le fol espoir,
Mêle ses vains débris aux nuages du soir.
Ils sont tous retombés sur leur lit d'agonie ;
Tous reprochent au ciel sa poignante ironie,
Et muets de stupeur, d'un œil désenchanté,
Contemplent du désert la pâle nudité.
Quelle nuit ! du milieu de ces plaines fatales,
De lugubres échos sortent par intervalles ;
C'étaient les derniers sons, les soupirs déchirants,

Qu'à leurs tristes amis adressaient les mourants,
Lamentables adieux qu'une bouche flétrie
Mêlait avec effort au nom de la patrie.
Mais le chef de l'armée, escorté de flambeaux,
Secourable génie au milieu des tombeaux,
Sur ces couches de deuil que la fièvre désole,
Allait, semait partout sa magique parole :
« Soldats, c'est un combat que nous livrons ici ;
« Le désert a lassé notre corps endurci,
« Nous vaincrons le désert. Une telle victoire,
« Vétérans de Lodi, manquait à votre histoire.
« L'excès du mal annonce un avenir plus doux :
« Vos tourments sont les miens, et j'ai soif comme vous. »
Et ces mots consolants, où son âme est empreinte,
Rallumaient dans les cœurs une espérance éteinte.
Le soldat, sur le sol languissamment couché,
A ce lâche trépas s'est lui-même arraché ;
Il s'apprête à la marche, et sa vue attentive
Épie à l'orient une aurore tardive ;
Elle luit ; mais ses feux sur la plaine tombés
Dorent à l'horizon des nuages plombés ;
L'air est calme, et pourtant, comme par un prodige,
L'épine des nopals frissonne sur leur tige :
Privé de ses rayons, le soleil élargi
Semble un disque de fer dans la forge rougi,
Et, lugubres signaux d'une crise prochaine,
Des bruits mystérieux résonnent dans la plaine.
Soudain le chamelier, enfant de ce désert,
A montré le midi de tourbillons couvert :
« Voyez-vous, a-t-il dit, cette arène mouvante !
« Le simoun ! le simoun !... » Ce long cri d'épouvante
Glace les bataillons dans la plaine arrêtés,
Et l'Arabe s'enfuit à pas précipités.
Il n'est plus temps : déjà le vent de flamme arrive ;
Il pousse en mugissant son haleine massive ;
Étend sur les soldats son immense rideau ;

Et creuse sous leurs pieds un mobile tombeau.
La trombe gigantesque, en traversant l'espace,
Du sol inhabité laboure la surface,
Et son aile puissante au vol inattendu
Promène dans le ciel le désert suspendu.
Ainsi planait la mort dans la nue enflammée,
Ainsi le vent de feu grondait sur une armée,
Quand les Perses vainqueurs, de dépouilles couverts,
Du saint temple d'Ammon profanaient les déserts.
Sacriléges fureurs! Sous la dune brûlante
Le Kamsin étouffa cette armée insolente,
Et, vingt siècles après, les peuples musulmans
Des soldats de Cambyse ont vu les ossements.
Mais de Napoléon l'étoile lumineuse
Suivait dans le désert la France aventureuse;
En vain le vent de flamme élancé vers le nord,
Sur l'armée a vomi ses éléments de mort;
Expirante de soif, par l'élément brisée,
Enfin elle s'arrache à la zone embrasée;
Elle marche, et déjà sous un ciel plus serein,
L'horizon se dévoile au soldat pèlerin.
Sous les replis lointains de la plaine blanchâtre,
Une riche contrée, immense amphithéâtre,
Déroule à l'orient ses ombrages confus,
Ses bois d'acacias, ses hauts palmiers touffus;
Et la brise du soir de parfums enivrée,
Annonce aux voyageurs la mer de Césarée;
Leurs yeux de la Syrie embrassent le contour;
Aspect délicieux! On eût dit qu'en un jour
Un peuple hospitalier, habitant de ces rives,
Sous de verts pavillons attendait des convives.
Et pourtant, sur ces bords fixant des yeux rêveurs,
Ils n'osent saluer ces bocages sauveurs;
Ils redoutent encor qu'un perfide mirage
Ne livre au vent du soir ce fortuné rivage.

MÉRY ET BARTHÉLEMY. (*Napoléon en Egypte.*)

PESTE DE JAFFA.

Non loin du camp s'élève une antique mosquée,
Comme un vaste refuge aux mourants indiquée ;
Le marbre de ses murs, dépouillé d'ornements,
Conserve encor des mots écrits par les imans ;
Des touffes de palmiers ornent son vestibule,
Et du frais Océan la brise qui circule,
Glissant sur les rosiers d'un limpide bassin,
Porte dans la mosquée un air suave et sain.
C'est là que la pitié, loin des tentes bannie,
Dans un lit moins brûlant accueille l'agonie ;
Sous le large portail des murs hospitaliers,
Pêle-mêle introduits, fantassins, cavaliers,
Dans le camp de la mort ont conquis une place ;
La douleur qui se plaint, la rage qui menace,
L'abattement muet, l'effréné désespoir,
Peuplent le double rang du funèbre dortoir ;
Hospice désastreux ! enceinte dévastée !
Où l'ange de la mort, effroyable Protée,
Couvrant de mille aspects son visage odieux,
Toujours d'un nouveau masque épouvante les yeux !
Auprès du vétéran qui sans murmure expire,
Son jeune compagnon, dans l'accès du délire,
Se débat sur sa couche, et mêle avec effort
Un rire convulsif au râle de la mort ;
Et tandis que les uns, par un geste farouche,
Rejettent le linceul de leur brûlante couche,
D'autres, de leurs manteaux étroitement drapés,
Du suaire guerrier meurent enveloppés.

Sitôt que brille enfin sous la profonde arcade
Cette faible lueur qu'attend l'œil du malade,
Quand l'aube, se glissant à travers les barreaux,
Dessine sur les murs les moresques vitraux,
Et que, dans l'édifice où ce jour luit à peine,

Apparaît de la nuit la désastreuse scène,
Des esclaves bédouins, malheureux ennemis,
Comme une vile proie à la peste promis,
De l'un à l'autre lit parcourant l'intervalle,
Passent en promenant la civière fatale :
Ils s'éloignent chargés de cadavres impurs ;
Dans la fosse béante ouverte autour des murs,
Leurs mains vont enfouir ces dépouilles immondes,
Et des chiens affamés les meutes vagabondes,
Convives odieux par la peste nourris,
Exhument en hurlant ces horribles débris.

Mais la mort, poursuivant ses fureurs redoublées,
Aura bientôt rempli ces places dépeuplées ;
A l'œil du désespoir l'indomptable fléau
Déroule chaque jour un plus sombre tableau.
Autour de son chevet qu'aucune main n'effleure,
L'homme demande en vain un homme qui le pleure ;
Quelquefois vous voyez des spectres affaiblis,
L'air morne et solennel, se dresser sur leurs lits,
Et, du geste indiquant les angles de la salle,
Appeler leurs amis d'une voix sépulcrale ;
Mais de leur agonie insensible témoin,
L'égoïsme muet veille à son propre soin ;
Par l'horreur qui la suit l'infortune exilée
Traîne au sein de la foule une mort isolée.
Vainement le malade invoque le secours
De l'art opérateur qui prolonge nos jours,
Accoudé sans témoin sur la fatale claie,
D'une main courageuse il visite sa plaie,
Et, guidé par l'instinct à défaut de savoir,
Arrache le duvet humide d'un sang noir.
Un homme cependant dans cette horrible enceinte,
De la terreur publique ose braver l'atteinte :
Desgenette est son nom ; sur un marbre pieux
La Grèce l'eût inscrit à côté de ses dieux.

Courbé près d'un mourant que la fièvre désole,
Il reproche à la foule une terreur frivole,
Rassure le soldat qui tremble pour ses jours,
Puis d'une horrible preuve appuyant ses discours,
Au fond d'une tumeur par le mal calcinée,
Il puise sur l'acier la goutte empoisonnée,
Et dans sa propre veine, ouverte de sa main,
Infiltre sans pâlir le liquide venin.

Sublime dévouement ! Mais toujours incrédule,
La foule, en l'admirant, d'épouvante recule ;
Le mal contagieux, réfutant la raison,
Du contact homicide atteste le poison.
Quand le vaste linceul de la nuit qui s'abaisse
Sur ce grand sarcophage étend son ombre épaisse,
Tant de soupirs mêlés, tant de cris confondus,
Comme une seule voix sont encore entendus ;
Une lampe de fer suspendue aux ogives,
Dessine en traits blafards des figures pensives
Tel le croissant des nuits de ses reflets tremblants
Effleure des tombeaux les simulacres blancs.
Alors si du Carmel où veille la prière,
Tinte à coups mesurés la cloche hospitalière,
Si la brise, en passant sur le couvent latin,
Porte au camp dévasté ce murmure lointain,
Le soldat expirant, que trouble un dernier songe,
Recueille avec effroi le son qui se prolonge ;
Il retrouve, à la voix qui descend du Carmel,
Un confus souvenir du culte paternel,
Et croit qu'auprès de lui, sous ces tristes murailles,
Le lamentable airain sonne ses funérailles.

Non, généreux guerriers ! dans cet asile impur
Vous ne mourrez pas tous de ce trépas obscur ;
La rage du fléau bientôt sera trompée :
Les uns vers le Delta périront par l'épée;
D'autres, dans les hameaux de leur lointain pays,

Parleront du Thabor et de Ptolémaïs.
Souffrez encore un jour : à la prochaine aurore
Un prodige sauveur à vos yeux doit éclore.
Elle brille : au dehors de ces arceaux voûtés
Quel son longtemps muet retentit ? Écoutez !!!
La fanfare du camp, qui dans les airs expire,
Chante l'hymne : *Veillons au salut de l'empire !*
Distinguez-vous la voix des soldats attendris ?
Le nom du général se mêle à tous ces cris ;
La foule vers ces lieux semble être convoquée ;
Le long murmure approche : on ouvre la mosquée :
Un peuple de soldats arrêté sur le seuil
Mesure avec effroi ce long palais du deuil...
Tout à coup, s'arrachant à ces groupes timides,
Plus calme qu'à Lodi, plus grand qu'aux Pyramides,
Bonaparte est entré : ses plus chers généraux
Kléber, Regnier, Murat, escortent le héros ;
Il marche, et de mourants la salle parsemée
Tressaille sur les pas du père de l'armée.
Dans les regards éteints un céleste pouvoir
Fait luire à son aspect le reflet de l'espoir ;
De ces rangs désolés compagnes assidues,
La douleur et la mort sont comme suspendues ;
Et dans leurs lits de jonc des spectres enchaînés
Se dressent un moment sur leurs bras décharnés ;
Tous invoquent des yeux l'homme que Dieu protége ;
Et tandis que les chefs qui forment son cortége,
Pâles imitateurs d'un magnifique effort,
Pour la première fois tremblent devant la mort,
Et, dans cet air chargé d'atomes homicides,
Se penchent avec soin sur des parfums acides ;
Lui, le front découvert, prononce dans les rangs
Ces mots mystérieux qui charment les mourants ;
Sur ces lits qu'il dénombre étendant sa main nue,
Lentement il poursuit cette horrible revue.
On vit dans ce moment le magique docteur

Porter dans chaque plaie un doigt consolateur ;
Au souffle du malade il mêlait son haleine,
Découvrait les tumeurs qui se cachent sous l'aine,
Et dans ce temple impur, dieu de la guérison,
Il promettait la vie en touchant le poison.
    Méry et Barthélemy. (*Napoléon en Égypte.*)

LE PARRICIDE AUX ENFERS.

Un réprouvé hurlait, debout près d'une pierre ;
Ses yeux, toujours ouverts, n'avaient pas de paupière.
Nul démon avec lui n'eût changé de douleur :
Son seul supplice était de regarder son cœur.
Il l'avait pris souffrant au fond de sa poitrine ;
Et, placé sur ce roc qu'une torche illumine,
Tout l'enfer le voyait... Berceau des maux subis,
Dans ce cœur rouge et dur ainsi qu'un gros rubis.
Un feu vif dessinait des formes animées,
D'étranges visions sans cesse transformées ;
Et quelquefois aussi, dans ce tableau changeant,
Des cheveux blancs flottaient comme des fils d'argent.
Le réprouvé suivait, sous la chair transparente,
Les contours colorés de l'étincelle errante ;
Et son regard voyait s'y dérouler toujours
L'horrible canevas du drame de ses jours.
Rien n'était oublié !... Libre de tout nuage,
Il peut juger l'objet aux lueurs de l'image.
Dans ce tableau fidèle et terrible, il peut voir,
Durant l'éternité, ses crimes se mouvoir.
Il peut les voir, d'abord à l'état de pensée,
Dans l'ombre funéraire autour d'eux amassée,
Mûrir leur germe noir, et puis éclore au jour,
Couvés, sous ses fureurs, comme un œuf de vautour.
Les grincements de dents succèdent au blasphème ;
Il consume sa haine à s'abhorrer lui-même,
Et, comme enveloppé dans un linceul de sang,

Jamais de ce miroir son spectre n'est absent.
A chaque changement que le tableau signale,
En aiguillons cuisants, l'étincelle infernale
Pénètre dans ses yeux qui, partout sillonnés,
Tremblent, dans leur orbite, à demi calcinés.
Si le feu trop subtil quelquefois les dévore,
Ils renaissent bientôt pour regarder encore.
Si son front, dans l'horreur d'une convulsion,
Se rejette en arrière et fuit la vision,
Un souffle faible et lent murmure : « Parricide! »
Une main apparaît dans l'obscurité vide,
Une main de vieillard, une main sans couleur,
Et dont lui-même un jour augmenta la pâleur!
Elle descend sur lui, flétrie et décharnée;
Saisit par les cheveux sa tête condamnée,
Courbe le criminel écumant et hagard,
Et sur son châtiment ramène son regard.

SOUMET. (*La divine Épopée.*)

L'ANGE DES BOIS ET DES FLEURS A LA FIN DU MONDE.

Ma douce royauté comme la vierge expire.
Le sceptre défleuri du verdoyant empire
Échappe de mes doigts, et la séve en torrents
Cesse de circuler dans mes rameaux mourants.
O terre! dont nos mains creusent la sépulture,
Que tes flancs étaient beaux sous ma riche ceinture!
Que sur toi balancés, mes réseaux odorants
Apportaient de fraîcheur à tes lacs transparents!
Mes bois de citronniers, ignorés des tempêtes,
Inondaient de leurs fleurs tes éternelles fêtes;
Et je perpétuais, de jardin en jardin,
Ta seule ressemblance avec l'antique Éden.
J'avais pour la beauté des panaches de moire;
Mes palmiers se penchaient sur le front de la gloire;

Et jusque sous le joug des peuples du turban,
Les oracles hantaient mes cèdres du Liban.
Les liserons dorés, les mousses saxifrages,
Échappaient sous mon aile au souffle des orages.
Le tremble au bord des eaux parlait avec ma voix ;
Je disais : « Je vous aime ! » à la rose des bois.
Mes lis de la pudeur tissaient les chastes voiles ;
J'avais autant de fleurs que les cieux ont d'étoiles.

. . . .

Oh ! souvenirs flétris !... je n'irai plus demain
Tresser pour mes cheveux les bluets du chemin !
Je n'irai plus montrer mes lilas à l'aurore ;
Marquer par un baiser ceux qui doivent éclore,
Ou confier, suivant son léger tourbillon,
Leur invisible hymen au vol d'un papillon !
Oh ! je n'entendrai plus, plein de notes champêtres,
Les chœurs des passereaux voltigeant sous mes hêtres.
Frais vallons, recevez l'adieu de votre roi...
Le saule d'Orient a moins de pleurs que moi !

. . . .

Rameaux entrelacés du brillant mélodore.
Myrtes encore émus des sons de la mandore ;
Primevères d'azur, qui veniez sans péril
Éveiller le printemps sous un glaçon d'avril ;
Superbe amarantine, éliantes pourprées,
De mon sérail de fleurs sultanes préférées !
Sensibles mimosas, dont la molle langueur
En s'inclinant sur moi m'abritait de bonheur ;
Rayons de l'astérie, encens des balsamines,
Épis, grappes, festons, calices, étamines,
Tous les enchantements de mon empire... adieu !
J'ai pris vos doux parfums et les reporte à Dieu !

SOUMET. (*La divine Épopée.*)

L'ANGE DES MERS A LA FIN DU MONDE.

Ce monde était à moi... Mon flot que rien n'altère
Disputait aux volcans le noyau de la terre;
Je m'y frayais ma route; et chaque sept mille ans,
Pour submerger ses monts je sortais de ses flancs.
J'emportais, je changeais sa verdoyante robe,
Et j'étais, après Dieu, l'architecte du globe;
Et ne cherchant que moi dans leur course sans fin,
Tous les fleuves baisaient mes pieds de séraphin.
C'est ma main qui dressait les vagues des deux pôles
En étages glacés de fumantes coupoles;
Et puis, pour démolir leur stérile hauteur,
Mon vol allait chercher les vents de l'équateur.
Préparés au combat, ces vents, comme une armée,
Suivaient, chaque printemps, leur course accoutumée,
En poussant vers les blocs dont l'hiver est gardien
Les courants attiédis du flot torridien.
Attaquée à sa cime, attaquée à sa base,
La coupole croulait sur la mer qu'elle écrase;
Elle croulait... sauvant du choc retentissant
Chacun de ses cristaux en mont éblouissant.
Des fleuves en tombaient plus grands que l'Amazone,
Et ces pics de glaçons allaient, de zone en zone,
Étaler au soleil leur prisme voyageur;
Vers l'océan du sud promener la fraîcheur;
Et leur vapeur, volant sur la terre épuisée,
Lui versait la jeunesse en perles de rosée.
Si je frappais les eaux de mon pied souverain,
Jaillissait jusqu'aux cieux le volcan sous-marin;
Et la trombe à grand bruit, sur l'élément liquide,
Tombait d'un pli flottant de ma ceinture humide.
Livrant mon aile verte aux feux blancs de l'éclair,
J'emportais l'Océan dans les plaines de l'air.
J'aiguillonnais l'orage; et ma main, sous la brume,
Me suspendait aux crins de mes coursiers d'écume.

La forêt de corail dans mes flancs végétait,
La vie à gros bouillons de mes vagues sortait;
Et j'alimentais seul les sources éternelles
Que la terre versait par toutes ses mamelles.
. . . .
Quel silence à présent sur mes rocs désolés !
Seigneur, j'ai fait ma tâche, et vous me rappelez !

    SOUMET. (*La divine Épopée.*)

L'ANGE DE L'AIR A LA FIN DU MONDE.

De ce globe adoré, plus beau que tous les autres,
Que Dieu laissa tomber de ses mains dans les nôtres,
C'est moi qui, chaque jour, avec fidélité,
D'un manteau transparent couvrais la nudité.
Mon souffle créateur était son atmosphère.
Oh ! que j'aimais le soir à balancer sa sphère
Dans les vagues contours de mon empire bleu.
Frère de la lumière et premier-né de Dieu,
J'animais du grand tout les plus humbles parcelles;
Ma force au feu vital donnait ses étincelles;
J'animais la nature, et, dans mon sein d'amant,
L'existence puisait son plus pur élément;
Et la terre, aspirant mon haleine jalouse,
Dormait entre mes bras comme une blonde épouse.
Sans mes couleurs, son ciel, muet, inanimé,
N'eût été qu'un dais noir de lueurs parsemé.
En arc-en-ciel flottant, rayonnante parure,
Les sept pinceaux du jour teignaient ma chevelure.
Aux déserts africains, sous le soleil penchant,
J'attachais le mirage aux prismes du couchant;
Et dans les nuits du Nord, de prestiges remplies,
Mon regard allumait les belles parhélies.
Aux brises du matin je mesurais leur vol.
Sans moi, de l'ouragan au chant du rossignol,

Toute voix de ce globe aurait été bannie :
Je portais dans mon sein l'âme de l'harmonie,
J'avais des bruits rêveurs, des murmures cachés
Pour l'onde solitaire et les saules penchés.
Je trouvais des soupirs et des accents funèbres
Pour les cyprès des morts pleurant dans les ténèbres ;
Et mon souffle amoureux courait le long des eaux
Éveiller mollement le frisson des roseaux.
Adieu mes ramiers blancs, vous, peuplades d'atomes,
Envergure de l'aigle embrassant mes royaumes,
Aérostats brillants où l'homme, dans ses jeux,
Osait porter la main sur mon sceptre orageux ;
Vaisseaux du firmament dont je gonflais les toiles,
Qui saviez conquérir mes deux ailes pour voiles ;
Tous les enchantements de mon empire... adieu !
Je prends vos souvenirs et les reporte à Dieu !

    SOUMET. (*La divine Épopée.*)

L'ANGE GARDIEN.

Dieu se lève, et soudain sa voix terrible appelle
De ses ordres secrets un ministre fidèle,
Un de ces esprits purs qui sont chargés par lui
De servir aux humains de conseil et d'appui,
De lui porter leurs vœux sur leurs ailes de flamme,
De veiller sur leur vie et de garder leur âme.
Tout mortel a le sien : cet ange protecteur,
Cet invisible ami veille autour de son cœur,
L'inspire, le conduit, le relève s'il tombe,
Le reçoit au berceau, l'accompagne à la tombe,
Et, portant dans les Cieux son âme entre ses mains,
La présente en tremblant au juge des humains.
C'est ainsi qu'entre l'homme et Jéhovah lui-même,
Entre le pur néant et la grandeur suprême,
D'êtres inaperçus une chaîne sans fin

Réunit l'homme à l'ange et l'ange au séraphin ;
C'est ainsi que, peuplant l'étendue infinie,
Dieu répandit partout l'esprit, l'âme et la vie.

LAMARTINE.

LA TERRE AVANT LE DÉLUGE.

La terre était riante et dans sa fleur première ;
Le jour avait encor cette même lumière
Qui du ciel embelli couronna les hauteurs
Quand Dieu la fit tomber de ses doigts créateurs.
Rien n'avait dans sa forme altéré la nature,
Et des monts réguliers l'immense architecture
S'élevait jusqu'aux cieux par ses degrés égaux,
Sans que rien de leur chaîne eût brisé les anneaux.
La forêt, plus féconde, ombrageait sous ses dômes
Des plaines et des fleurs les gracieux royaumes,
Et des fleuves aux mers le cours était réglé
Dans un ordre parfait qui n'était pas troublé.
Jamais un voyageur n'aurait, sous le feuillage,
Rencontré loin des flots l'émail du coquillage,
Et la perle habitait son palais de cristal.
Chaque trésor restait dans l'élément natal,
Sans enfreindre jamais la céleste défense ;
Et la beauté du monde attestait son enfance ;
Tout suivait sa loi douce et son premier penchant,
Tout était pur encor. Mais l'homme était méchant.

ALFRED DE VIGNY.

SCÈNES DU DÉLUGE.

Cependant sous les flots montés également
Tout avait par degrés disparu lentement,
Les cités n'étaient plus ; rien ne vivait, et l'onde

Ne donnait qu'un aspect à la face du monde.
Seulement quelquefois sur l'élément profond
Un palais englouti montrait l'or de son front;
Quelques dômes pareils à de magiques îles,
Restaient pour attester la splendeur de leurs villes.
Là parurent encore un moment deux mortels :
L'un la honte d'un trône et l'autre des autels;
L'un se tenant au bras de sa propre statue;
L'autre au temple élevé d'une idole abattue.
Tous deux jusqu'à la mort s'accusèrent en vain
De l'avoir attirée avec le flot divin.
Plus loin, et contemplant la solitude humide,
Mourait un autre roi seul sur sa pyramide.
Dans l'immense tombeau s'était d'abord sauvé
Tout son peuple ouvrier qui l'avait élevé;
Mais la mer implacable, en fouillant dans les tombes,
Avait tout arraché du fond des catacombes :
Les mourants et leurs dieux, les spectres immortels,
Et la race embaumée, et le sphinx des autels,
Et ce roi fut jeté sur les sombres momies
Qui dans leurs lits flottants se heurtaient endormies.
Expirant, il gémit de voir à son côté
Passer ces demi-dieux sans immortalité,
Dérobés à la mort, mais reconquis par elle
Sous les palais profonds de leur tombe éternelle;
Il eut le temps encor de penser une fois
Que nul ne saurait plus le nom de tant de rois,
Qu'un seul jour désormais comprendrait leur histoire,
Car la postérité mourait avec leur gloire.

ALFRED DE VIGNY.

FIN.

TABLE DES MATIÈRES.

	Pages.
Avertissement	I
Nouveau traité de versification française	V

CONTES MORAUX ET HISTOIRES, PHILOSOPHIQUES, EN VERS.

Griselidis (Perrault)	1
Les dix francs d'Alfred (Léon Guérin)	23
Socrate et Glaucon (Andrieux)	27
Le meunier Sans-Souci (id.)	29
Une promenade de Fénelon (id.)	32
Dioclétien (Ch. Nodier)	37
Le poëte et le mendiant (id.)	39

LA FABLE, L'APOLOGUE ET LA PARABOLE.

Le pouvoir des fables (La Fontaine)	42
Le père et ses enfants (id.)	43
Le laboureur et ses enfants (id.)	44
L'avantage de la science (id)	45
Le héron (id.)	46
Le lion et le rat (id.)	47
La colombe et la fourmi (id.)	48
Le vieillard et les trois jeunes hommes (id.)	49
La mort et le mourant (id.)	50
L'aveugle et le paralytique (Florian)	52
Le château de cartes (id.)	53
La carpe et les carpillons (id.)	55
Le danseur de corde et le balancier (id.)	56

	Pages.
Le grillon et le ver luisant (L. DE JUSSIEU)	57
Le petit menteur (Mme DESBORDES-VALMORE)	58
La raison du plus fort n'est pas toujours la meilleure (LÉON GUÉRIN).................................	59
L'aigle et le soleil (DE LAMARTINE).................	61

L'ÉPITRE ET LA SATIRE.

Avantages à tirer de ses détracteurs (BOILEAU).......	63
A un jeune incrédule (PANARD).....................	64
A mon petit logis (DUCIS).........................	66
L'amitié (id.)	67
La ville et les champs (COLLARDEAU)................	68
Le bonheur de la campagne (DE LAMARTINE)	70
La liberté (id.)	75
Réponse à M. de Lamartine (CASIMIR DELAVIGNE)...	77
La satire (BOILEAU)	79
Même sujet (JOSEPH DESPAZE)	79
Satire de l'homme (BOILEAU)......................	80
La vraie et la fausse noblesse (id.).................	89
Les femmes du monde (GILBERT)....................	91
Les drames et les romans du jour (MILLEVOYE).......	ibid.
Les dramaturges de nos jours (A. BARBIER)..........	94
La bourse (BARTHÉLEMY)...........................	95

L'ÉLÉGIE NARRATIVE, L'ÉLÉGIE LYRIQUE ET HÉROIQUE.

Le petit Savoyard. — Le départ (ALEX. GUIRAUD)....	97
— Paris (id.)..................	99
— Le retour (id.)..............	100
Le convoi d'un enfant (DOVALLE)..................	102
Les trois sœurs (LÉON GUÉRIN)....................	104
La jeune fille agonisante (CAMPENON)	110
Les petits orphelins (BELMONTET).................	113
La pauvre fille (SOUMET).........................	115
La nuit de Noël (id.).............................	116
La sœur grise (ALEX. GUIRAUD)...................	118
L'ange et l'enfant (REBOUL)......................	120

	Pages.
La chute des feuilles (MILLEVOYE)	121
L'anniversaire (id.)	123
Sur la mort d'un enfant (ANDRÉ CHÉNIER)	124
Sur la mort d'une jeune fille (PARNY)...............	ibid.
Le tombeau de la jeune fille (DE LAMARTINE)	125
Le poëte mourant (ANDRÉ CHÉNIER)	126
Sur la disgrâce de Fouquet (LA FONTAINE)	127
La bataille de Waterloo (CASIMIR DELAVIGNE).......	129
La mort de Jeanne d'Arc (id.).....................	131

INSPIRATIONS POÉTIQUES ET RELIGIEUSES.

Odes mythologiques.

Au comte du Luc (J.-B. ROUSSEAU)	134
La mort de J.-B. Rousseau (LE FRANC DE POMPIGNAN).	140
L'enthousiasme (LEBRUN)..........................	142
A Buffon, contre ses détracteurs (id.)...............	146
Le soleil fixe au milieu des planètes (MALFILATRE).....	148

Odes et Stances élégiaques.

A un père sur la mort de sa fille (MALHERBE.......	151
Adieux d'un jeune poëte à la vie (GILBERT)..........	153
La jeune captive (ANDRÉ CHÉNIER)	154
La suite d'un bal (VICTOR HUGO)...................	156
Louis XVII (id.).................................	157
A un ami sur la mort d'un ami commun (DE LAMARTINE).	160
L'automne (id.).................................	161
Souffrances d'hiver (TURQUETY)....................	162

Paraphrases.

La grandeur de Dieu manifestée par ses ouvrages (J.-B. ROUSSEAU)......................................	164
Aveuglement des hommes (id.)....................	166
Actions de grâces d'une convalescente (id.)..........	168

Odes religieuses, Hymnes, Cantiques.

L'esprit de Dieu, ou l'enthousiasme religieux (J.-B. ROUSSEAU)......................................	170

	Pages.
Moïse sauvé des eaux (VICTOR HUGO)	172
L'Annonciation (TURQUETY)	175
La Passion (id.)	177
La Résurrection (ANTONY DESCHAMPS)	181
L'Assomption (TURQUETY)	183
Le prêtre (id.)	185
L'athée (id.)	189
Le chrétien mourant (DE LAMARTINE)	190
Le crucifix (id.)	191
Pensées des morts (id.)	194
Les destinées du christianisme (ANTOINE DE LA TOUR)	201
Le jugement dernier (GILBERT)	203
Fins dernières (VICTOR HUGO)	205
Prières pour tous (id.)	207
A une jeune fille (id.)	211
L'enfant (id.)	212
L'hymne de la nuit (DE LAMARTINE)	213
Hymne du matin (id.)	215
L'humanité (id.)	218
Hymne au Christ (id.)	220
Pour le premier jour de l'année (id.)	223
Au rossignol (id.)	227
A l'Esprit-Saint (id.)	230
Les révolutions (id.)	234
Hymne au soleil (id.)	238
— de l'enfant à son réveil (id.)	239

Odes historiques.

Bataille de Péterwaradin (J.-B. ROUSSEAU)	241
Le vaisseau le Vengeur (LEBRUN)	245
Bonaparte (DE LAMARTINE)	246
Napoléon II (VICTOR HUGO)	251
La colonne de la place Vendôme (id.)	254
L'arc de triomphe de l'Étoile (id.)	256

Dithyrambes.

L'immortalité (DELILLE)	259
La poésie sacrée (DE LAMARTINE)	264

Iambes.

	Pages.
André Chénier à ses amis (ANDRÉ CHÉNIER)..........	270
Amertume du même poëte pendant sa captivité (*id.*)...	271
Derniers vers d'André Chénier (*id.*)................	272
La curée des places après la révolution de 1830 (A. BARBIER).....................................	273
Le courage civique (*id.*)...........................	274
Napoléon (*id.*)....................................	276

Odes (genre gracieux.)

A Philomèle (J.-B. ROUSSEAU)......................	277
Au rossignol (A. DE LAMARTINE)...................	278
Fontenay (CHAULIEU).............................	281
A mes amis (VICTOR HUGO).......................	283
A une jeune fille (*id.*)............................	284

Sonnets.

A Dieu (DESBARREAUX)............................	285
Sur la mort de Richelieu (CLAUDE DE MALLEVILLE)....	*ibid.*
Au cardinal de Richelieu (MAYNARD)................	286
Contre Colbert, au sujet de la disgrâce du surintendant Fouquet (JEAN HÉNAULT).......................	287
Sur la mort de Jean Hénault (ANONYME)............	*ibid.*
Le vrai bonheur (SAINTE-BEUVE)..................	288
L'ange (ANTOINE DE LA TOUR).....................	*ibid.*
Le jour des morts (*id.*)............................	289
L'automne (*id.*)..................................	290

Cantates.

Sur un arbrisseau (J.-B. ROUSSEAU)................	290
Cantate pour les enfants d'une maison de charité (DE LAMARTINE)................................	294

Grandes Chansons, Romances.

Souvenirs de l'enfance (BÉRANGER).................	297
Les enfants de la France (*id.*)......................	299

	Pages.
Le retour dans la patrie (Béranger.)	500
La sainte-alliance des peuples (*id.*)	502
Le voyage imaginaire (*id.*)	504
Sur la journée de Waterloo (*id.*)	505
L'orage (*id.*)	506
La petite fée (*id.*)	509
Le tailleur et la fée (*id.*)	510
Les souvenirs du peuple (*id.*)	512
Le montagnard émigré (Chateaubriand)	514
Priez pour moi (Millevoye)	515

Ballades.

La feuille de chêne (Millevoye)	517
La veille de Noël (Mme Amable Tastu)	518
La fée et la péri (Victor Hugo)	521
La grand'mère (*id.*)	525
La chaumière (A. Brizeux)	526
Histoire de la forêt (Léon Guérin)	528
La rivière sous la forêt (*id.*)	534

L'IDYLLE ET L'ÉGLOGUE.

L'aveugle (André Chénier)	539
La liberté (*id.*)	546
La noce bretonne (A. Brizeux)	551
Charlottembourg, ou le tombeau de la reine de Prusse (Chateaubriand)	554
Le sacrifice des petits enfants (Léonard)	555
Mme Deshoulières à ses enfants (Mme Deshoulières)	559

POÉSIE DRAMATIQUE.

Modèles de récits et de narrations, tirées de la tragédie.

Le Cid raconte sa victoire sur les Maures (Corneille)	562
Mort d'Hippolyte (Racine)	564
Mort d'Ériphyle (*id.*)	566
Dernier combat de Mithridate contre les Romains (*id.*)	568

DES MATIÈRES.

Pages.

Songe d'Athalie (RACINE).................... 569
Songe de Thyeste (CRÉBILLON).................. 571
Mort des Templiers (RAYNOUARD).................. 572
Mort d'Anne de Boulen (MARIE-JOSEPH CHÉNIER)....... 573
Mort d'Hector (LUCE DE LANCIVAL)................ 575
Égyste raconte l'apparition du spectre de Thyeste, son père (NÉPOMUCÈNE LEMERCIER)................... 576
Jeanne d'Arc raconte son histoire à Bedfort, son juge (SOUMET) 578
Même sujet (D'AVRIGNY)........................ 580
Idamore dit quel est le sort des parias dans l'Inde (CASIMIR DELAVIGNE)........................ 583
Marie de Commine raconte la venue de François de Paule au Plessis-lès-Tours (*id.*) 584
Nemours rappelle la mort de son père à Commine (*id.*). 585
Nemours raconte à Marie de Commine dans quel état il a retrouvé le château de son père (*id.*)............ 586
Edouard raconte à son frère le songe qu'il a fait (*id.*).. *ibid.*
Songe de Cromwell (VICTOR HUGO)................. 587

Discours tragiques.

Auguste rappelle à Cinna ses bienfaits (CORNEILLE).... 588
Agrippine reproche à Néron son ingratitude (RACINE).. 591
Mithridate à ses enfants (*id.*)..................... 594
Esther implorant la clémence d'Assuérus en faveur des Juifs (*id.*).................................. 597
Lusignan cherche à ramener sa fille à la religion chrétienne (VOLTAIRE)............................ 599
Philoctète à Pyrrhus, dans l'île de Lemnos (LA HARPE). 400
Léonidas aux trois cents Spartiates (PICHAT).......... 402
Marie Stuart dans sa prison, à Elisabeth (LEBRUN)..... 403
Nangis à Louis XIII, contre le cardinal Richelieu (VICTOR HUGO)....................................... 404
La veuve d'Edouard IV d'Angleterre, refusant de signer son déshonneur et celui de ses enfants CASIMIR DELAVIGNE).................................... 405

Inspirations lyrico-tragiques.

	Pages.
Cornélie en présence de l'urne où sont renfermées les cendres de Pompée (CORNEILLE)	406
Sabine, femme d'Horace et sœur des Curiaces, avant le combat des trois Horaces (*id.*)	407
Imprécations de Camille (*id.*)	408
Remords de Phèdre (RACINE)	409
Fureurs d'Oreste (*id.*)	410
Imprécations d'Athalie (*id.*)	411
Remords de Louis XI aux pieds de Saint-François de Paule (CASIMIR DELAVIGNE)	*ibid.*
Fernando, sur l'amour de la patrie (*id.*)	412
Regrets de Christine de Suède (ALEXANDRE DUMAS)	413
Derniers moments de Christine de Suède (*id.*)	414
Le doge Marino Faliero après sa sentence de mort (CASIMIR DELAVIGNE)	*ibid.*

Dialogues tragiques.

Don Diègue remettant à son fils le soin de sa vengeance (CORNEILLE)	445
Don Rodrigue demandant raison de l'insulte faite à son père (*id.*)	447
Junie entre Britannicus et Néron (RACINE)	419
Athalie interrogeant le jeune Joas sur sa naissance (*id.*)	422
Le Cid prenant parti pour le fils de son ami (CASIMIR DELAVIGNE)	427

COMÉDIES.

Portraits, caractères et définitions dans la comédie.

L'honnête homme misanthrope (MOLIÈRE)	433
L'homme qui s'arrange du monde tel qu'il est (*id.*)	434
Le critique malveillant et le critique léger (GRESSET)	435
Le faiseur de châteaux en Espagne (COLLIN D'HARLEVILLE)	436
Le célibataire satisfait de son état (CASIMIR DELAVIGNE)	437
Le vieillard marié (*id.*)	*ibid.*
L'éducation des femmes (CASIMIR BONJOUR)	438

DES MATIÈRES.

	Pages.
Un ministre des finances (CASIMIR DELAVIGNE).......	439
La presse loyale et la presse déloyale (*id.*)	440

Dialogues comiques.

Scène de Trissotin et Vadius (MOLIÈRE).............	441
— du sonnet (*id.*)	447
— du Joueur (REGNARD).....................	452
— entre l'auteur dramatique et le comédien (CASIMIR DELAVIGNE)............................	455

POÉSIE PHILOSOPHIQUE, DIDACTIQUE ET DESCRIPTIVE.

Preuves physiques de l'existence de Dieu (L. RACINE)...	462
L'âme et le corps (*id.*)...........................	464
L'immortalité de l'âme (*id.*)	465
Le jugement dernier (*id.*).......................	466
Immensité de la création (DELILLE)................	467
La mort (*id.*)	468
La sculpture (*id.*)..............................	470
La peinture (*id.*)...............................	ibid.
Le vaisseau (*id.*)..............................	472
La grâce (*id.*).................................	473
La comédie de Molière (*id*)....................	ibid.
La Fontaine (*id.*)..............................	475
Racine et Corneille (*id.*).......................	476
Shakspeare (*id.*)	477
Le Dante et Milton (*id*).......................	ibid.
Newton (*id.*)..................................	478
Necker ou la popularité (*id.*)....................	479
Les abeilles (*id.*)..............................	481
Le cheval (*id.*)................................	482
Le chien (*id.*).................................	ibid.
La chasse du cerf (ROUCHER)	483
Versailles (DELILLE)	485
Nice (*id.*)....................................	486

L'ÉPOPÉE.

Famine de Paris (VOLTAIRE).......................	488

Mort de Coligny (V̲OLTAIRE)............................ 494
L'histoire (THOMAS) 495
Le Mirage et le Simoun (BARTHÉLEMY ET MÉRY)....... 495
Peste de Jaffa (*id.*)............................ 498
Le parricide aux enfers (SOUMET) 502
L'Ange des bois et des fleurs à la fin du monde (*id.*)... 503
L'Ange des mers à la fin du monde (*id.*)............. 504
L'Ange de l'air à la fin du monde (*id.*).............. 506
L'Ange gardien (LAMARTINE).................... 507
La Terre avant le déluge (ALFRED DE VIGNY).......... 508
Scènes du déluge (*id.*).......................... *ibid.*

FIN DE LA TABLE.

BIBLIOTHÈQUE D'ÉLITE POUR LA JEUNESSE.

Morale. Histoire. Voyages. Histoire naturelle. Littérature.

COLLECTION DES MEILLEURS OUVRAGES
Pour l'Instruction et l'Amusement de l'Enfance et de la Jeunesse,

PUBLIÉE

sous les auspices de M. le ministre de l'Instruction publique,

par Mesdames GUIZOT, A. TASTU, ULLIAC-TRÉMADEURE, DELAFAYE-BRÉHIER, L. BERNARD, E. VOÏART, MISS EDGEVORTH, CAMPAN, etc. — MM. DEPPING, WYSS, BERQUIN, FOË, etc.

Tous les vol. in-12 de cette Collection sont imprimés sur papier fin satiné, et ornés de très-jolies vignettes sur acier et de couvertures avec ornements gravés sur bois.

Prix de chaque vol., 3 fr. 50 c.

Mme Guizot.

L'ÉCOLIER, ou Raoul et Victor, ouvrage couronné par l'Académie; 6e édition, 2 vol., 8 vign.

UNE FAMILLE, ouvrage continué par madame Tastu; 6e édit., 2 vol., 8 vign.

LES ENFANTS, contes à l'usage de la jeunesse; 6e édit., 2 vol., 8 vign.

RÉCRÉATIONS MORALES (les), contes; 6e édit., 1 vol., 4 vign.

NOUVEAUX CONTES A L'USAGE DE LA JEUNESSE; 6e édit., 2 vol., 8 vign.

LETTRES DE FAMILLE SUR L'ÉDUCATION, ouvrage couronné par l'Académie; 3e édit., 2 vol., portrait. 1841.

Mmes Tastu et Voïart.

ÉDUCATION MORALE POPULAIRE DE CÉSAR CANTU, imitée de l'italien; 2 beaux vol., 8 vign. 1841.

LECTURES POUR LES JEUNES FILLES, leçons et modèles de littérature en prose et en vers, etc.; 2 vol., portraits.

LES ENFANTS DE LA VALLÉE D'ANDLAU, par mesd. E. Voïart et Tastu; 2e édit., 2 vol., 8 vign.

ROBINSON CRUSOÉ, de D. de Foé, traduit par madame A. Tastu; 2 vol. 20 grav.

ROBINSON SUISSE, traduit de Wyss, par madame E. Voïart; 4e édit., 1 gros vol., 9 vign.

Mme J. Delafaye-Bréhier.

LES ENFANTS DE LA PROVIDENCE, ou Aventures de trois jeunes orphelins; 4e édit., 2 vol., 8 vign.

LES PETITS BÉARNAIS, ou Leçons de morale; 6e édit., 2 vol., 8 vign.

LE COLLÈGE INCENDIÉ, ou les Écoliers en voyage; 4e édit., 1 vol., 4 vign.

Michel Masson.

LES ENFANTS CÉLÈBRES, ou Histoire des enfants qui se sont immortalisés par le malheur, la piété, le courage, le génie, le savoir et les talents; 2e édit., 1 vol., 8 vign. 1841.

Mlle Ulliac-Trémadeure.

LES JEUNES NATURALISTES, ou Entretiens familiers sur l'histoire naturelle; 5e édit., 2 forts vol., 32 vign. 1841.

CLAUDE BERNARD, ou le Gagne-Petit, ouvrage de morale populaire; 1 vol., 4 vign. 1841.

ÉTIENNE ET VALENTIN, ou Mensonge et Probité; suivis de *Jean Marie*, ouvrage couronné; 2e édit., 1 vol., 4 vign. 1841.

EMILIE, ou la Jeune Fille auteur; 2e édit., 1 vol., 4 vign.

CONTES AUX JEUNES AGRONOMES; 7e édit., 1 vol., 4 vign.

CONTES AUX JEUNES NATURALISTES; 5e édit., 1 vol., 4 vign.

CONTES AUX JEUNES ARTISTES; 4e édit., 1 vol., 4 vign.

Berquin.

L'AMI DES ENFANTS, nouvelle édition conforme à l'édition originale; 2 gros vol., 16 fig.

Guyet de Fernex.

BEAUTÉS DE LA LITTÉRATURE FRANÇAISE, ou Leçons et modèles en prose et en vers, extraits de nos meilleurs auteurs; 2 vol., portraits. 1841.

Miss Edgevorth.

CONTES DE MISS EDGEWORTH, à l'usage de la jeunesse, 2 forts vol., 16 fig. 1841.

Depping.

LES JEUNES VOYAGEURS EN FRANCE; 5e édit., 4 vol. ornés de 100 gravures.

LES JEUNES VOYAGEURS EN ANGLETERRE; 2e édit., 4 vol. ornés de 100 gravures.

MERVEILLES ET BEAUTÉS DE LA NATURE EN FRANCE; 9e édit., 2 vol. 16 fig.

Mme Laure Bernard.

LES MYTHOLOGIES racontées à la jeunesse; 2e édit., 1 vol. avec 60 vign.

Mme Campan.

THÉÂTRE D'ÉDUCATION pour les jeunes personnes; 4e édit., 1 vol., 4 fig. 1841.

Imprimerie de Ducessois, 55, quai des Grands-Augustins. (Près le Pont-Neuf.)

www.ingramcontent.com/pod-product-compliance
Lightning Source LLC
Chambersburg PA
CBHW070358230426
43665CB00012B/1169